Lesen und Lernen

Heiner Willenberg

Lesen und Lernen

Eine Einführung in die Neuropsychologie des Textverstehens

Spektrum Akademischer Verlag Heidelberg · Berlin

Die Deutsche Bibliothek – CIP-Einheitsaufnahme

Willenberg, Heiner:
Lesen und Lernen: Eine Einführung in die Neuropsychologie des Textverstehens / Heiner Willenberg. – Heidelberg ; Berlin : Spektrum, Akad. Verl., 1999
ISBN 3-8274-0205-0

Lektorat: Katharina Neuser-von Oettingen, Ulrike Finck (Ass.)
Produktion: Elke Littmann
Reihengestaltung: Zembsch' Werkstatt, München
Einbandgestaltung: Kurt Bitsch, Birkenau
Druck und Verarbeitung: Strauss Offsetdruck, Mörlenbach

Inhaltsverzeichnis

Wen die Bücher nicht fähig machen, daß er auch das verstehen und beurtheilen lernt, was sie nicht enthalten, wessen Verstand die Bücher nicht überhaupt schärfen und aufklären, der wäre schwerlich viel schlimmer dran, wenn er auch gar keine Bücher gelesen hätte.

Lessing

Teil I

Grundlagen

1. Texte als Filter für Informationen

1.1 Lesen heißt auch lernen

Viele wichtige Informationen nehmen wir über gedruckte oder geschriebene Texte auf. Natürlich besitzt unser Leben auch die Fülle anderer Informationsquellen: Wenn wir durch einen duftenden Gewürzladen gehen, einem interessanten Menschen begegnen, unser neues Haus betreten oder eine Flugreise in die Südsee antreten, dann sind wir mitten im intensiven Erleben und nehmen es über alle Sinne auf.

Aber das Wissen über die Gewürze, das Reiseziel und einen Hauskauf haben wir meist durch Texte in unser Leben aufgenommen, möglicherweise sind auch Teile unserer Menschenbeurteilung durch Lese-Begegnungen fundiert worden. Denn selten schauen wir tiefer in das Wesen anderer Menschen hinein, als wenn wir in einem literarischen Text die Gedanken einer Figur von innen sehen.

Bücher stellen heute nur noch eine Provinz in der Welt des Gedruckten dar. Was kommt nicht alles auf diesem Wege zu uns: Memoranden, Gebrauchsanweisungen, Akten, wichtige Zeitungsartikel, Verträge und vieles mehr. Eine Studie der OECD hat gezeigt, daß die Fähigkeit von Menschen, gedruckte und geschriebene Sprache zu verstehen, eng mit ihrem beruflichen Erfolg verknüpft ist und zugleich mit ihrem Engagement für öffentliche Fragen - und zwar in allen untersuchten Ländern. Noch weitergehend kann man erkennen, daß auch die wirtschaftliche Kraft eines Landes mit der konzentrierten Lesefähigkeit ihrer mittleren und führenden Schichten verbunden ist. In den letzten zwanzig Jahren, so ein Fazit der Studie: "Literacy requirements have increased dramatically."

Bei jedem Thema finden wir beeindruckende Darstellungen, die in den Speicher unserer Erfahrungen eingehen, es gibt aber auch schlecht lesbare oder schwierige Versionen, bei denen uns die Buchstaben vor den Augen verschwimmen. Wenn sich der Autor zuwenig Mühe gegeben hat, muß sich der Leser mehr anstrengen. Kann aber der Leser die Schwarte nicht weglegen (weil es nichts anderes gibt) oder hat er das Gefühl, der trockene Ton könnte auch von seiner eigenen Müdigkeit herrühren, dann sind besondere Fähigkeiten gefragt. Mit diesem Hinweis auf die Fähigkeiten haben wir die Brücke zu den Leistungen unseres Gehirns gebaut: Wir können uns seine Eigenarten zunutze machen, um schneller oder tiefer in die Informationen hineinzukommen. Wir gewinnen dadurch auch Einblicke in die Webart und Vernetzung unseres Zentralorgans, das wir selten so entspannt in Aktion erleben wie beim freiwilligen Lesen und das wir dabei näher kennenlernen können. Auf dieser Brücke, auf der sich

Texte und Kopf treffen, sind wir in der Lage, einige Hinweise für unseren inneren Prozessor zu verstehen.

Was macht das Lesen von Texten schwierig?

Mühsames Lesen ist besonders hinderlich, wenn wir etwas lernen müssen (Sachtexte) oder in die Tiefe gehen wollen (Literatur). Die Gründe sind vielfältig:

- Texte sind oft einfach gestrickt, weil die Schreiber nicht genügend Zeit hatten, sich wirklich dicht zu informieren.
- Manche von ihnen schreiben die Informationen aus dem Zettelkasten oder aus dem Archiv zusammen.
- Texte sind mühsam, weil der Autor zwar ein hervorragender Sachkenner ist, aber in der Fülle seines Wissens versinkt und nicht besonders klar darzustellen vermag.
- Literatur enttäuscht uns bisweilen, weil wir mit anderen Erwartungen kommen und nicht die intensive Personenbeschreibung finden oder die spannende Handlung, die wir uns vorgestellt haben.
- Texte sind auch schwer zu verstehen, weil der Gegenstand kompliziert ist, weil der Autor mit seinem Wortschatz auf dem Niveau einsteigt, auf dem er selber diskutiert, oder weil er Gedanken spielerisch verdichtet, wie Peter Hille es tut, wenn er sagt: "Bücher sind Ernten: Tollkirschen und Weizen".

1.1 "Bücher sind Ernten: Tollkirschen und Weizen"

Wenn so viele Informationen über Texte kommen, die aber zum Teil komplex oder nicht leserfreundlich geschrieben sind, dann wäre es eine gute Tat, Lesefähigkeiten zu erwerben. Denn, und dies ist ein weiteres gewichtiges Argument, Menschen, die ihre Lektüre wirklich in allen wesentlichen Aspekten verstehen, haben auch etwas gelernt! Sie haben Informationen aufgenommen, sie in ihr eigenes Wissensnetz integriert, und sie haben die Machart der Darstellung in Ansätzen durchschaut. Auf diese Weise ist eine selbständige und kritische Verarbeitung möglich - was ist denn Lernen anderes? Diese Einsicht stammt aus den Arbeiten zur Lesepsychologie, wie sie Just und Carpenter vorgelegt haben (v.a. 1987, s.a. Kintsch 1982, Steiner 1988). Nun werden viele Menschen Lesen eher als ein Dahingleiten ansehen, das holprige Stellen übergeht und sich wieder einklinkt, wenn mehr Klarheit oder Evidenz aufscheinen. Wer aber mit der Absicht liest, ein Thema soweit zu verstehen, daß er seine Gedanken bereichert bzw. verändert oder gar Handlungen damit koordinieren kann, der ist beim Lernen angelangt. Denn die beiden letzten Aspekte sind eigentlich schon wieder Definitionen für das Lernen gewesen, nämlich die Addition von Informationen oder die Umstrukturierung des Wissens und die Beeinflussung bewußten Verhaltens.

Eine weitere Brücke dieses Lese-Lern-Ansatzes zu den etablierten Lernpsychologien wird von der Bedeutung des Wissen gebildet. Es muß für beides, für Lesen wie Lernen, ein Netzwerk oder ein Schema des nötigen Wissens vorhanden sein. Dessen Verbindungen sollten beim Lernen wie beim Lesen weiter ausgefüllt werden - was in eher assoziativer Weise oder in aktiver Form geschehen kann. Just und Carpenter betonen ausdrücklich, daß die jeweiligen Wissenszusammenhänge offene Stellen haben müssen, denn sonst paßt nichts Neues hinein. Ein gutes Exempel dafür hat Hans Aebli (1979) in einer Tagebucheintragung Robinson Crusoes gefunden. Der Inselbewohner habe am Anfang lediglich einen einfachen Informationskatalog über wilde Ziegen gehabt, nämlich daß sie sehr behende herumklettern und daß man sie nur mit Mühe erschießen kann. Wenn man sie trifft, erhält man ein wohlschmeckendes Fleisch. In diese wenigen Einträge seines Schemas "Ziegen auf der Insel" fügte er zu seiner eigenen Überraschung einen weiteren ein: Man könnte ja auch versuchen, eine weibliche Ziege zu fangen, sie zu zähmen und sich an ihrer Milch zu laben. Hier sieht man deutlich die Erweiterbarkeit des Schemas. Dieser Schritt bedarf einer inneren Umstrukturierung im Kopf des einsamen Matrosen, der bisher nur mit dem Gewehr gejagt hat und der nun auf die Idee kommt, eine Falle zu bauen.

Der neuropsychologische Ansatz des Lesens, Verstehens und eventuellen Lernens, der im vorliegenden Buch vertreten wird, kann dem Thema der Wissensspeicherung nichts grundsätzlich Neues hinzufügen, er kann nur von Bestehendem Gebrauch machen. Die Ursache dafür liegt in der Komplexität menschlicher Wissensnetze, die mit den Mitteln der Gehirnforschung nicht genauer als bisher zu erfassen sind. Neuropsychologische Einsichten können aber den direkten Umgang mit Texten deutlich bereichern. Vorhandenes Wissen ist ja häufig, wie dargestellt, nichts anderes als das Ergebnis schon geleisteten sinnvollen Lesens. Wir werden diesen direkten Leseprozeß, den wir ausführlicher untersuchen, manchmal mit einem Wisseneinschub unterstützen müssen. Meistens genügen dafür gut ausgewählte Lexika und Wörterbücher. An einigen Stellen sind auch Fingerzeige zu bekommen, wie eine Bücherliste aufzubauen ist, damit wir uns von unten nach oben lesen können. Vielleicht erinnern wir uns dann an Robinson, der sein Ziegenbild an der richtigen Stelle ergänzt hat.

Wir formulieren zum Schluß folgende Abgrenzung: Einige Lernpsychologien schauen weitgehend auf andere Materialien als Texte, sie halten die Lupe auf die Lösung praktischer oder mathematischer Probleme oder auf den Zusammenhang von Reiz und Reaktionen. Sie erforschen auch Motivationshierarchien und Gedächtnistypen: All das sind wichtige Projekte. Aber die Mehrzahl der Menschen zwischen sechs und hundert Jahren bekommt die Fülle von Informationen über die Lektüre von Texten und durch die Auseinandersetzung mit ihnen.

Hilfen und Grenzen der angewandten Gehirnkunde

Trockene Lektüren, die eine Barriere zu neuem Wissen bilden, kann man sich selber in bedeutendem Maß lebendiger machen, wenn man quasi "mit Gehirn" aussucht und liest:

- Indem man Hinweise aufgreift, wie Bücher mit ein, zwei Blicken auf Lesbarkeit und Tiefgang einzuschätzen sind.
- Indem man simple Texte so auflädt, daß man Informationen darin findet, die sonst nur aus den besseren Büchern zu bekommen wären.
- Indem man kompetent die komplexeren Texte mit den passenden Leseweisen leichter zu durchschauen.lernt.
- Indem man doch noch den interessierten Blick für die Schreibweise eines Verfassers entwickelt, der scheinbar eine papierene Mauer vor einem aufgebaut hatte.
- Indem man erkennt, daß in manchen Texten eben nur eine einzige Qualität (beruhend auf einer Teilfähigkeit des Autors) enthalten ist und keine weiteren zu finden sind.

Beispiele

Dies sei exemplarisch angedeutet. Nehmen wir einmal an, Sie suchen eine plastische Beschreibung von Menschen und erinnern sich an folgende Stelle:

> "[Ein] Intelligenzler, der über Kunst, über Musik, für die gemeinen Zeitungen schreibt, ein Theoretiker und Kritiker, der selbst komponiert, soweit eben das Denken es ihm erlaubt. Weiche, magere Hände dazu, die mit Gesten von feinem Ungeschick seine Rede begleiten, manchmal zart über das dicke Schläfen-und Nackenhaar streichen. Dies war nun des Besuchers Bild in der Sofaecke. Größer war er nicht geworden; und vor allem seine Stimme, nasal, deutlich, gelernt wohllautend, war dieselbe geblieben. [...] Höre ich ihn denn sagen und sehe seinen breiten, an den Winkeln verkniffenen Mund unter der mangelhaft rasierten Oberlippe sich vorn artikulierend bewegen: 'Was ist heute die Kunst?'" (Thomas Mann: Doktor Faustus, 1947)

Die literarische Porträtkunst wird ja nach Thomas Mann noch weiterleben, so denken Sie, und Sie finden im nächsten Buch, das Sie aufschlagen, folgende Beschreibung einer englischen Lady:

> "Verena Steynton war eine hochgewachsene, schlanke Frau um die Vierzig, die sich stets untadelig und elegant kleidete. Damit stach sie deutlich von den anderen Frauen am Ort ab, die zumeist viel Arbeit mit der Landwirtschaft und weder Zeit noch Neigung hatten, sich besonders um ihr Äußeres zu kümmern." (Rosamunde Pilcher: September, 1991)

Sie spüren dann, daß Ihre inneren Vorstellungen deutlich mehr hinzufügen müssen, um zu einem dichten Porträt der Figuren zu kommen als im ersten Beispiel. Aber man kann solche einfacheren Schilderungen mit der eigenen Imagination aufladen, wenn man sich dieser Fähigkeit ein wenig vergewissert hat. Und Sie stoßen beim nächsten Buch auf die Beschreibung, wie eine Mutter eine Trennung von ihrem Sohn in Szene setzt:

> "Nach den Weihnachtsferien brachte ich Sindbad nach Zürich, wo ihn Laurence nach Österreich mitnahm. Die Trennung von meinem Jungen war wieder sehr schmerzlich, und auch bei meiner Ankunft in Victoria Station mußte ich immer an Sindbad denken und gab im stillen John [dem Vater] die Schuld an all den Schmerzen, die mir die jahrelange Trennung von meinem Sohn bereitet hatte. Ich vergaß mich und schwor einen schrecklichen Eid, ich wollte John nicht mehr sehen. Ich ahnte ja nicht, daß sein Tod unmittelbar bevorstand."
> (Peggy Guggenheim: Ich habe alles gelebt, 1980)

Und Sie ahnen wahrscheinlich, daß diese Autorin vielleicht die eine oder andere dramatische Szene skizzieren kann - aber imaginatives Schreiben ist nicht ihre Sache, und dem Leser hilft auch keine Meisterprüfung im Fach Imagination weiter.

Dieselben Exempel, die hier an erzählender Prosa vorgeführt wurden, finden sich gleichfalls unter informierenden Texten. Es gibt dort beeindruckende Darstellungen, die Spuren in unser Wissen und Denken legen, es gibt aufladbare Texte, die wir mit unseren Fähigkeiten analysieren und bebildern können oder bei denen wir eigene Ideen entwickeln. Und es gibt solche, die wir am besten zur Seite legen, weil nur ein enormer Aufwand den Honig darin finden würde. Nehmen wir zur Demonstration zwei Publikationen über die Eisenbahn, zunächst über den Bahnhof:

> "Für den Eisenbahner sind Bahnhöfe Anlagen, auf denen sich zugleich Betriebs- und Verkehrsvorgänge abspielen. Betrieb und Verkehr sind jedoch im Eisenbahnwesen zweierlei Begriffe, die vom Fachmann streng auseinandergehalten werden.
> Zum Betrieb der Eisenbahnen gehören alle Vorgänge und Tätigkeiten, die mit der Bildung und Beförderung der Züge zusammenhängen. Betriebsfunktionen erblickt man zum Beispiel in den Tätigkeiten des Rangierarbeiters. [...]
> Der Verkehr dagegen umfaßt alle Vorkehrungen und Einrichtungen, die dem Kunden die Benützung der Eisenbahn ermöglichen. Ein Schalterbeamter, der Billette

verkauft, Gepäck oder Güter zur Beförderung annimmt, Auskunft erteilt usw., übt Verkehrstätigkeiten aus. [...]
Wenn wir zu einer Bahnfahrt einen Zug besteigen [...], dann sehen wir nur die unmittelbare Dienstabwicklung. Alles was dahinter steckt: die Anlagen und verschiedenen Einrichtungen, die Verkehrs- und Betriebsvorgänge, kurz die Geheimnisse der Eisenbahn, bleiben dem Außenstehenden vielfach verborgen." (E. Schenker (Redaktion): Die Geheimnisse der Eisenbahn, 1955)

Diesem Autor können wir auch zutrauen, uns klar, sachlich und mit Beispielen über eine Lokomotive und ihren Führerstand zu informieren, über die Totmannbremse, die automatische Zugsicherung und über die Schwierigkeiten, vier Dieselmotoren gleichmäßig zu bremsen. Schauen wir zum Kontrast noch in ein Buch über Eisenbahnwagen hinein:

"Hülsenpuffer mit Ringfeder
Hülsenpuffer mit Ringfedern (Bild 149) finden bei allen neuen Fahrzeugen Verwendung. Sie entsprechen den Forderungen in den Merkblättern 0-526 der OSShd sowie 526 VE und 528 VE des UIC-Kodex. Bei der Herstellung von Puffern für Güterwagen ist die TGL 7138 zu beachten. [...] Puffer mit eingebauter Ringfeder sind auf der Hülse durch einen gelben geschlitzten Ring mit der Angabe der Endkraft in Mp gekennzeichnet." (Werner Deinert: Eisenbahnwagen, 1985)

Ein solcher Text ist für Leute verfaßt, die das Thema schon gut kennen - anhand der Zeichnung (die wir hier nicht abdrucken) kann sich der Fachmann auch Vorstellungen bilden - sonst gleicht dieses Buch einem Nachschlagewerk für eine mehrjährige Ausbildung, es ist leider nicht zum Lesen geschrieben.

1.2 Fünf Grundprinzipien einer neuropsychologischen Lese- und Lerntheorie

Teilfähigkeiten

In der Gehirnforschung wird langsam klar, daß es nicht die angemessene Fragestellung ist, nach einer einzigen Leitfähigkeit zu suchen oder nach dem einen Dirigenten, den wir Bewußtsein nennen. Wir haben es - um in der Computersprache zu reden - nicht nur mit dem einem Prozessor in unserem Gehirn zu tun, nicht nur mit einer alles entscheidenden und lenkenden Zentrale, sondern mit vielen Bereichen, die nebeneinander und kooperierend hochkomplexe Aufgaben zur gleichen Zeit bearbeiten wie z.B. die Wahrnehmung oder die Bewegungen.

Es kann vorkommen, daß wir mit einem Gehirnteil etwas sehen und zur gleichen Zeit mit einer anderen Unterabteilung eine Bewegung machen sowie in einem Gespräch plaudern. Erst diese parallele Schaltung des Gehirns erlaubt die Bewältigung ganz schneller Ereignisse (wie im Sport), und sie befähigt uns, komplexe Situationen, in denen vieles auf uns einstürzt - wie auf einer Party oder bei einer Prüfung - ‚dennoch einigermaßen geschickt zu meistern.

Diese Gleichzeitigkeit setzt voraus, daß es relativ spezialisierte Teilprovinzen gibt, die im Kortex wie auf einer Landkarte lokalisiert werden können. Die bekannteste und größte Gliederung unseres Gehirns ist die in die linke und rechte Hemisphäre. Weitere Bezirke beschäftigen sich mit der Sprache, den Bewegungen, dem Se- Fei hen, dem Hören und schließlich mit der Umsetzung unserer Intentionen. Die nar beit zwischen diesen Verwaltungseinheiten läßt allerdings eine unerschöpfliche Zahl von je aktualisierbaren Fähigkeits-Koalitionen zu. Mit diesen Teilkompetenzen des Kortex, des Subkortex (und letztlich der Person) haben wir Fähigkeiten, die wir zwar je für sich trainieren können, die wir aber fast immer im Ensemble anwenden müssen! Um im riesigen Reich des Wissens erfolgreich zu sein, brauchen wir alle diese Möglichkeiten, weil sich die Komplexität der Themen nicht nach uns richtet, sondern nach ihren eigenen Gesetzen, und die sind häufig kompliziert.

Ein Schlüssel sei besonders hervorgehoben, der oft vergessen wird, wenn es darum geht, Themen zu erschließen: die Emotionen. Meistens wird in der Lese- und Lernforschung so getan, als ob die Inhalte, mit denen unsere Teilfähigkeiten umgehen, neutrale Ereignisse seien: Eine Theaterszene spielen, einen Text zu Ende lesen wollen, einen Witz anhören, dem Blabla einer Geselligkeit entgehen. Es ist unmittelbar einleuchtend, daß bei all diesen Tätigkeiten Gefühle im Spiel sind: Aufregung, Engagement, Interesse, Amüsement und Mißmut. Diese Gefühle leiten uns, nein sie drängen uns zu solchen Tätigkeiten, und sie halten uns ausdauernd bei der Sache: Man vergegenwärtige sich nur Kinder oder auch Erwachsene, die ins Witzerzählen gekommen sind. Aber nun Lesen und Lernen über Emotionen - wie soll das zusammenpassen? Die Gehirnforschung hat festgestellt, daß viele Informationsströme, die wir aufnehmen, bereits in einer frühen Phase der Verarbeitung auch nach "unten" gehen, in die limbischen Systeme, zum Thalamus, zum Hippokampus und zur Amygdala. Sie werden zwar hauptsächlich im Kortex interpretiert und bewertet, sie erhalten aber ebenfalls eine Art Registrierung von den limbischen Zentren zugeteilt, und zwar vorsprachlicher, emotionaler Art: "Höchste Gefahr - die Aktion ist lebenswichtig" oder "Das gefällt mir - das tue ich gern" oder auch "Das ist langweilig und bringt mir gar nichts". Bis ins Körperempfinden reichen diese Notierungen der inneren Gefühlswerte hinein, und sie bringen dementsprechend entweder eine absolute Aktivierung hervor, eine angenehme Stimulanz oder eine innere Ödnis.

Aus diesen Verbindungen von gefühlsmäßiger Einschätzung und körperlicher Reaktion entsteht so etwas wie eine Erfahrung, die ganz dem Individuum gehört, denn der Angriff der Schlange im Urwald, das freiwillige Spielen einer interessanten Rolle oder die Qual, dem langweiligen Vortrag eines begeisterten Philatelisten nicht entfliehen zu können - das sind ganz subjektive Reaktionen, die nur der Person gehören, und davon bleiben Spuren im eigenen Körper! Aber sie schreiben sich nicht im Körper des Nachbarn ein, denn der war nie im Urwald, er spielt überhaupt nicht und kann sich unermüdet etwas über die Zahnungen baltischer Briefmarken erzählen lassen.

Und nun die Kurve zum Lernen: Ein Kind lernt ganz locker etwas über diese Briefmarken, wenn es in einem tête-à-tête mit dem liebevollen Vater ist, der ihm die

Motive und Farben erklärt, auf das fein gestochene Bild verweist und vielleicht noch etwas zur Geschichte erzählt. Dahinein mischen sich Kaffeeduft und körperliches Wohlgefühl: Baltische Briefmarken sind jetzt etwas, was man kennt und nichts, worüber man etwas lernen mußte!

Theoretisch gesprochen verbinden sich vier Aspekte: eine archaische Reaktion zur Einschätzung der Lage (im Subkortex), eine körperliche Spur, eine Einbettung ins episodische Erleben und eine Zustimmung der kognitiven Zentrale zum ausgesuchten Thema. Weiterhin kann man noch argumentieren, daß die subkortikalen und rechtshemisphärischen Kräfte auch die mentale Spannung aufrechterhalten, aus der eine kontinuierliche Zuwendung zu einem Thema entsteht.

Auch in der Leseforschung gab es immer wieder seriöse Hinweise auf die Rolle der Gefühle für den Zugang zu Texten, zuerst in amerikanischen Studien von Norman Holland. (1968) und von David Bleich (1975). Erwähnt seien noch zwei deutsche Untersuchungen aus der Literaturdidaktik: Harro Müller-Michaels (1988) fand in einer dreijährigen Langzeitstudie, daß Textunterricht besonders dann hängen blieb, wenn er klare Bezüge zu persönlichen Themen oder Elemente des Widerspruchs zur bisherigen Meinung besessen hatte. Und Gerhard Rupp (1987) konnte wiederholt durch die Analyse von Schülertexten, die einen Roman oder eine Erzählung kreativ bearbeitet hatten, feststellen, wie tief die Identifikation mit den Figuren ging und wie stark die Hoffnung auf ein "happy end" bis in die oberen Klassen des Gymnasiums war.

Soweit einige Stichwörter zum allgemeinen Aspekt der Emotion - wir werden uns mit Gefühlen als einer Teilfähigkeit in einem eigenen Kapitel beschäftigen. Emotionen sind fast immer mit dem Lesen und dem Lernen verwoben, aber sie sind nicht überall gleich deutlich vertreten. Die Analyse eines schlechten juristischen Textes, der uns nicht persönlich betrifft, wird eine viel trockenere persönliche Reaktion hervorrufen als etwa die Lektüre einer bewegenden Biographie.

Ringen um Dominanz

Diese partiellen Fähigkeiten im Individuum stehen nicht nur kollegial und freundlich nebeneinander, sondern sie ringen um die Dominanz, um die Erlaubnis, ihre Arbeitsweise durchzusetzen. Sie kämpfen um Synapsenanteile. Je öfter sie angesprochen werden und sich dabei anregen lassen, desto leichter treten sie immer wieder in Aktion. So geht Lernen überhaupt vor sich: durch Training und Wiederholung. Nur in sehr häufiger Repetition entsteht die Kompetenz, komplizierte Aufgaben erfüllen zu können, z.B. eine Operation durchzuführen, eine Lokomotive zu fahren oder ein aussagefähiges Bild zu malen.

Durch ständige Aktivierung einzelner Bahnungen kann auch ein Denkhabitus entstehen, der sich im Erwachsenenalter und im Beruf verfestigt und den viele Menschen nur schlecht ablegen können: Der Spezialist, der Fachidiot, das Gewohnheitstier oder der ewige Moralist sind erkennbare Ausformungen dieses Mechanismus.

Das Gewicht der dominanten Teilbegabung kann man sich mit einem einfachen Beispiel vor Augen führen: Jemand kommt nach einem Arbeitstag nach Hause, an dem es um Probleme einer genauen Übersetzung ging oder um juristische Termini (sprachliche Dominanz), er möchte sich nun hinsetzen und ein Bild malen (räumlicher Aspekt). Eine Anwärmzeit ist unumgänglich. Betty Edwards spricht von mindestens einer halben Stunde, die notwendig sei, um von der Sprache auf das künstlerische Sehen umzuschalten.

Da die Themen also nicht wie in einem elektronischen Terminkalender automatisch erscheinen, muß der Mensch sie aufrufen, an ihre Eigenarten denken und sich die Inhalte bewußt vor Augen halten. Sportler gehen schon länger damit um, weil sie wissen, daß die Muskeln nicht völlig beliebig Höchstleistungen bringen und weil sie auch wissen, daß unser Gehirn nicht ständig in den Details einer Bobbahn zu Hause ist. Auch in der Schule sollte Anwärmung üblich sein, besonders dann, wenn die Schüler aus analytischen Stunden wie Physik kommen und nun im Deutschunterricht Theater spielen wollen. Jeder Theater-Lehrer weiß, daß man die Schüler erst auf das Spiel einstimmen und ihre innere Dominanz auf den körperlichen Ausdruck (verbunden mit Sprache und Emotion) umstellen muß.

Auch eine einseitige Prägung der Lesefähigkeiten - also eine immer wiederkehrende Anwärmung - kann einengend wirken: Eine Haltung, die immer nur die juristische Exaktheit aufruft oder nur die lyrische Anmutung, ist kaum noch in der Lage, sich mit anderen Lektüren mental zu erfrischen. Solch ein Mensch hat einen einzigen Denkhabitus verfestigt und steht anderen Leseaspekten verständnislos gegenüber: "Literatur ist doch nur ungenau und nicht für die Praxis relevant" oder "Diese Fachtexte verstehe ich niemals".

Wenige Themen sind Selbstläufer, die meisten aber müssen sich gegen Konkurrenten oder gegen die Trägheit durchsetzen - dabei ist die Anwärmung das Mittel der Wahl. Diese Heranführung hilft aber auch generell im Umgang mit unseren schwächeren Teilfähigkeiten, auch sie vermögen wir zu wecken und zu ermuntern oder überhaupt ins Spiel der Kräfte einzuführen. Denn wir brauchen alle!

Klar umgrenzte Größen

Das neuronale Dominanzstreben ist nicht primär als ein Ringen der Territorien zu verstehen, so wie wir es aus der Politik kennen, sondern es entspringt inhaltlichen Kräften. Ein Thema, das gerade im Zentrum unserer Aufmerksamkeit steht, will sich ausbreiten, es will eine Weile "überleben". Als Zeitungsleser z.B. möchten wir einen interessanten Artikel zu Ende lesen und uns nicht ständig dabei unterbrechen lassen. So ähnlich geht es mit den meisten aufgerufenen Themen: Sie sind fragil und störbar, was unter anderem mit der Konstruktion unseres Gehirns zusammenhängt: Themen sind dort nicht als feste Pakete hinterlegt, sondern werden immer wieder aufgerufen und - das ist wichtig - sie benutzen dabei neuronale Spuren, die nicht nur ihnen zugewiesen sind. Calvin und Ojemann haben dafür ein schönes Bild gefunden: Auf einer Anzeigetafel in einem großen Stadion können die Lämpchen einen Apfel aufleuchten lassen. Dieselben Lämpchen sind auch fähig, das Wort "Tor" in riesigen Lettern zu zeigen. Daß die Lämpchen, sprich Neuronen, multifunktional sind, heißt aber nicht, daß sie völlig beliebig verwendbar wären - sie unterliegen den Eigenarten ihres jeweiligen Areals (Calvin und Ojemann, 1995). Um beim Stadionbild zu bleiben: Diese Glühbirnen können nicht sprechen und nicht duften.

Aus der Fragilität der Schaltkreise folgt nun das dritte Lernprinzip: Unser Gehirn zieht klar umgrenzte Größen vor, weil nur solche Größen Aussicht auf Stabilität haben. Das heißt, eine Linie soll eine Linie sein und ein Würfel ein Würfel - keine Zweideutigkeiten bitte. Mit diesem Grundprinzip spielen ja viele optischen Täuschungen, in denen man einen Quader entweder von unten sieht oder von oben, beides gleichzeitig geht nicht. Und die klar umgrenzten Größen müssen jedesmal schon im Einfachen vorhanden sein, wenn komplexe Leistungen aufgebaut werden. Jede Schrittfolge braucht feste Treppenstufen. Das sei an einem Beispiel gezeigt:

Jemand ist auf einer Geselligkeit und nimmt in einer bestimmten Situation akustische Signale von seiner Begleiterin auf, die er aus dem Gewirr der Stimmenvielfalt herausfiltert. Die physikalisch meßbaren Schallwellen umfassen bestimmte Frequenzbereiche, sogenannte Formanten, die die Laute der menschlichen Sprache repräsentieren. Über das Ohr, ein Netz von Hörbahnen und mehrere Zwischenstufen "landen" diese Formanten im Hirnstamm (Colliculus superior), wo sie als Laute dekodiert und zugleich in eine räumliche Nachbildung des Hörraums integriert werden. Die nächsten Stufen der Hochschaltung gehen über den primären Hörkortex in den sekundären Hörkortex. Dort werden die Laute zu Wörtern (Heschls Gyrus) umgeformt und dann weiter in semantische Netze der Bedeutung geschickt und schließlich als Initiatoren für Verhaltensweisen benutzt. Dieser Ablauf, der hier idealtypisch auseinandergenommen wurde, läuft in Millisekunden ab - dabei kommt es darauf an, in den Wahrnehmungsfenstern, die nicht schneller als in einem Takt von jeweils 30 msec. geöffnet werden, die lautlichen Zusammenhänge zu identifizieren.

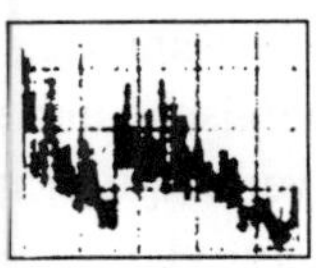	2.[b] [l] [a:]	3. [von links: Freundin]	4. "Blabla"
1. Phonetische Impulse	*2. Lautunterscheidung*	*3. Richtung*	*4. Worterkennung*
5. Geschwätz	6. Laß uns hier weggehen!		
5. Semantische Bedeutung	*6. Pragmatische Bedeutung*		

1.2 Klar umgrenzte Größen in der akustischen Wahrnehmung

Auf unsere Party bezogen versteht der Besucher zuerst die Laute, dann die Quelle, danach ein Wort ("Blabla"), schließlich die semantische Eintragung: "Geschwätz". Und zuletzt folgt eine weitere Stufe, da die Partnerin dies nicht in einem mittelhochdeutschen Seminar äußert, wo es um das ehrwürdige Alter des Wortes geht, sondern und ihre Handlungsintention: "Laß uns hier weggehen! Woanders ist es wahrscheinlich unterhaltsamer." Der gleichfühlende Begleiter faßt eben diesen Entschluß und bewegt sich entschlossen zur Garderobe, dort muß ihm vielleicht noch die Formulierung einer Entschuldigung einfallen, aber das ist eine neue Geschichte.

Man erkennt leicht, daß die Interpretationen in der Grafik von links nach rechts komplexer werden und daß ab Punkt fünf oder sechs menschliches Verhalten auftritt, das facettenreich ist. Hier leuchten die Ordnungsvorstellungen der Gestaltpsychologie durch, die sie v.a. in Wahrnehmungen und Plänen gesehen hat, die man aber auch auf den jeweiligen Stufen des Hörverstehens erkennen kann: Immer muß ein sinnvoller Abschluß auf dem jeweiligen Niveau geleistet werden, damit er zur nächsten Verarbeitung weitergereicht werden kann.

Solche Gliederungsgedanken sind heute in den Begriff des Schemas integriert - ich stelle sie noch einmal am Beispiel des Tagesanfangs dar: Viele Details müssen sich am Beginn eines Tagesverlaufs miteinander verbinden, vom Aufstehen über das Duschen, Anziehen und Frühstücken, damit gelingende Handlungen stattfinden und wir unsere Arbeit aufnehmen können. Diese ersten Handgriffe fügen sich jeweils in größere Routinen, die wir locker beherrschen. Schwieriger ist die Auswahl und die Abfolge der Details, wenn jemand dann um 9 Uhr in einer Besprechung andere Menschen davon überzeugen will, daß die Erhöhung einer Steuer insgesamt positive Auswirkungen mit sich bringt: Welche Fülle von Informationen und Emotionen gälte es in diesem Fall zu einem Gesamtbild zu integrieren.

Aus einer neuropsychologischen Sichtweise hat Jordan Grafman für die Verschachtelung kleiner Ordnungen in größeren Zusammenhängen ein interessantes Konzept vorgelegt. Er konzipiert die Abfolge, die wir eben im Akustischen gezeigt haben, als eine generelle und notwendige Bahnung im Gehirn: Sie beginnt meistens mit dem Sehen im hinteren, okzipitalen Bereich und geht über semantische und syntaktische Muster (temporaler und unterer frontaler Bereich) zu den verknüpfungsstarken Arealen im Frontalen Kortex, der die Handlungsmuster beherbergt und dirigiert. Neu an dieser Vorstellung ist, daß Grafman die zusammenfassenden höheren Ordnungen und Pläne auch inhaltlich im Frontalen Kortex lokalisiert sieht, der damit nicht nur Regieanweisungen gibt, sondern an der Spitze der Erfahrungs- und Wissensspeicher steht!

Eine gewisse Unterstützung erfährt diese Sicht durch die ausgiebigen PET-Untersuchungen Per Rolands in Stockholm, der gezeigt hat, daß die frontalen Partien besonders durch anspruchsvolle Aufgaben aktiviert werden wie z.B. durch philosophische Gespräche, Sachbeschreibungen oder durch die Suche nach einem Weg. (Roland, 1993)

In der Lernpsychologie gibt es einen vergleichbaren Ansatz, der von Wolfgang Bürger vertreten wird. Bürger weist daraufhin, daß Lernende stets von neuem Details

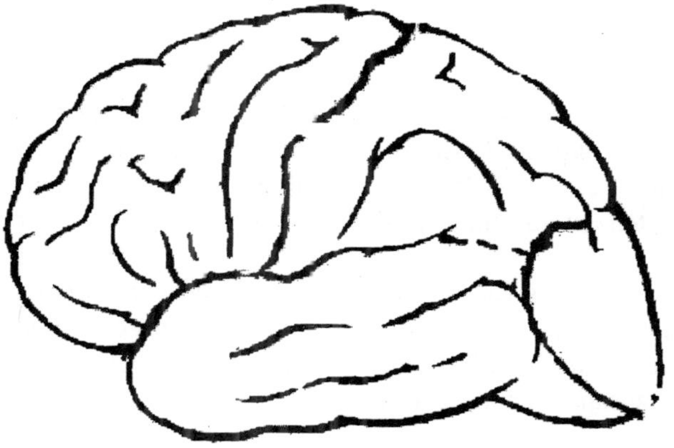

1.3 Aufgaben des Frontalen Kortex (Nach: Jordan Grafman, 1995)

In der Lernpsychologie gibt es einen vergleichbaren Ansatz, der von Wolfgang Bürger vertreten wird. Bürger weist daraufhin, daß Lernende stets von neuem Details in das nächst größere kategoriale System einbauen müssen, um veränderte Erscheinungen bei einer weiteren Begegnung zu verstehen. Interessanterweise zeigt er, daß eine solche schrittweise Entwicklung auch bei Erfindern ablief, die z.B. den Hobel über viele Generationen von der einfachen Abziehklinge zur jetzigen Form entwickelten.

In gleichen Stufen der historischen Entwicklung unterrichtet, nehmen Lernende die einzelnen Funktionen des Hobels am besten wahr. Für unser praktisches Vorhaben läßt sich die Brücke bilden, daß sich Verstehen und Lernen stets auf eine Schrittfolge stützen müssen, und zwar auf eine, deren Abstände größer werden können. Es besteht in der Neuropsychologie beider Richtungen ein gewisser Konsens darüber, daß unser Gehirn die ankommenden Daten mit seiner Arbeit zu größeren Einheiten verbindet, bis wir sie bewußt als eine sinnvolle Information erkennen können.

Wir sollten die neuropsychologisch fundierten Einsichten über die Sequenz klar umgrenzter Größen deshalb lediglich als Hinweise betrachten, denn sonst geraten wir in den Schematismus von Lernmühlen, wie sie in der Pädagogik seit Herbart in Abständen immer wieder vorgeschlagen und nach dem Scheitern jedesmal ad acta gelegt wurden. Wir werden deshalb in unserer Darstellung auch die Teilfähigkeiten variabel beschreiben und sie manchmal vom Panorama zum Detail führen (Analytik), ein andermal vom kleinen Korn zum großen Bild (Wahrnehmung). Wir machen mit unserem Konzept keine Detailvorschriften, sondern versuchen, Kompetenzen, die gerade nötig sind, anzuwärmen und dann in ihrem Vollzug erfahrbar zu machen. Auf diesem Weg ersparen wir uns auch spezielle Trainingseinheiten, die nur mit einem exakten Plan durchführbar wären.

Konvergenzen

Hinter diesem Begriff steht die Einsicht, daß die einzelnen Teilprovinzen des Gehirns allein noch keine komplexe Leistung hervorzubringen vermögen, sondern daß sich spezielle Teile unserer Fähigkeiten in einer blitzartig entstehenden Koalition mit anderen Subkompetenzen zusammenschließen müssen, um diese besondere Aktion zu bewältigen.
Nehmen wir als schlichtes Exempel einen Witz: *Kauft ein Tourist ein Würstchen an der Bude, beißt rein und spuckt eine Schraube aus. Da sagt der Verkäufer: "Da sieht man mal, wo überall die Maschine das Pferd ersetzt."* Welche Bereiche und Unterbereiche müssen zusammenkommen, um ein Verstehen dieses kleinen Textes zu gewährleisten?

- Einschalten des Textmodus "Witz"
  - Aufrufen des landwirtschaftlichen Wissens
    - Teilaspekt, landwirtschaftliche Maschinen sind bis in den allerletzten Winkel eingezogen
      - Überraschung, daß Maschinen jetzt auch in der Wurst sind
        - noch eine Überraschung: Was hatten Pferde mit der Wurst zu tun?

Alle diese Verstehens-Kompetenzen bedürfen der unterschiedlichen Aktivierung feiner und feinster Schaltkreise in verschiedenen Arealen. Edward White hatte dieses Zusammenschießen 1988 Synfire genannt, und Wolf Singer entdeckte es erstmals experimentell bei Sehvorgängen von Katzen, bei denen entfernte Synapsenbereiche völlig synchron aktiv wurden, als die Tiere etwas Sinnvolles wahrnahmen. Sogar Neuronen in der jeweils anderen Hemisphäre konnten in diesen Gleichklang geraten (Singer, 1994). Und schließlich gab Antonio Damasio dieser Synthese den Namen Konvergenz, das heißt der Integration der verschiedenen Zonen und Areale, die für differenzierte Leistungen nötig sind. Damasio hatte die Bedeutung der Zusammenarbeit von Detail-Fähigkeiten entdeckt, indem er und seine Frau Hanna viele Hunderte Menschen untersuchten, die an ganz exakt lokalisierbaren Gehirnstörungen litten. Er sah an diesen Patienten, daß Sprache ungestört vorhanden sein kann bis auf ganz partielle Ausfälle wie z.B. die Bezeichnung von Werkzeugen, Früchten, Möbeln oder die Verben der Bewegung. Und was für uns noch interessanter ist, er konnte zeigen, daß einzelne Konzepte - wie *Tasse* - aus einer Vielzahl von Teilmerkmalen zusammengefügt sind. Bei der *Tasse* gehören dazu: Form, Wärme, Gewicht, Geruch des Getränks, Zerbrechlichkeit, Farbe und Oberflächengefühl. Ein Patient, der - obwohl generell sehend - durch eine Störung partieller visueller Areale eine Tasse nicht mehr benennen kann, wenn er sie sieht, ist weiterhin in der Lage, dieses Gefäß durch das Betasten mit seinen Händen zu identifizieren: Das heißt, die Konvergenzleistung arbeitet auch noch mit reduzierten Eingaben.

Eine eigene Anmerkung zu dieser thematischen Speicherung, die ja in der Linguistik schon länger beobachtet wurde, machte Jerzi Konorski 1970. Es stellte sich die alte Frage, woher es kommt, daß wir beobachtbare kategoriale Einteilungen besitzen, die relativ stabil sind. Seine Antwort weist in die Kindheit und auf die Eigenarten unserer Sinne, die uns immer wieder ähnliche Signale schicken. Konorski unterteilt das Sehen in sechs Kategorien auf, denen wir im Laufe der ersten Jahre begegnen:

1. Die eigenen Glieder und ihre Positionen
2. Kleine bewegliche Objekte
3. Große unbewegliche Objekte
4. Menschliche Gesichter
5. Symbole (Buchstaben, Wörter und andere Zeichen)
6. Räumliche Entfernungen.

Bemerkenswert ist, daß die veröffentlichten Damasio'schen Ausfälle weitgehend in die zweite Kategorie der beweglichen Dinge fallen, in der es wohl die meisten benennbaren Unterscheidungen gibt.

Lernbereitschaft

Eine Grundvoraussetzung haben wir noch ausgelassen, die Sie als Leser bereits erfüllt haben, wenn Sie im Text bis hierher vorgedrungen sind: Es geht um die allgemeine nervliche Wachheit unserer Denk- und Fühlzentrale. Wenn auch der Vergleich mit Maschinen schief ist, so kann man doch sagen, das Gehirn muß erst "gezündet" werden, es muß anlaufen, die Nervenstränge brauchen Energie, und sie zeigen höheres Tempo, wenn sie eingespielt sind. Diese Lernbereitschaft läßt sich mit einigen benachbarten Begriffen wie Wachheit, (der schon erwähnten) Anwärmung, Konzentration und Aufmerksamkeit noch näher kennzeichnen. Beginnen wir mit Wachheit (englisch "arousal"). Das Wort weist auf den Antriebszustand hin, der vom "Zünder", der formatio reticularis, über das Zentralnervensystem in Gang gesetzt und in Gang gehalten wird. Dann zielt es im weiteren Sinne auf die körperlich-geistige Wachheit, die sich am besten in einer Mittellage einpendelt. Marvin Zuckerman hat dafür folgende Kategorien beschrieben:

Tabelle 1.1 Marvin Zuckerman (1984): Stufen der Aktivität

Depressivität	Langeweile, Apathie	positive Gefühle, Anregung	Euphorie	Angst, Streß	Panik
geringe Aktivität	begrenzt aktiv, introvertiert	aktiv, sozial tätig	sehr aktiv bis hyperaktiv	ziellos, unsozial; angespannt	stereotyp, paranoid, ungeordnet

Nur in der mittleren Lage, genauer gesagt in der dritten von links, lernen wir wirklich! In den angrenzenden Zuständen können wir uns vielleicht ausruhen oder Leute mitreißen - in den Randgebieten geht nichts an uns heran.

Beim Thema der Wachheit vermittelt die Neuropsychologie eine differenziertere Sicht, als es viele der neueren Lerntheorien tun. Da es aus unserer Sicht bedeutsam ist, daß Anspannung und Krampf lernhindernd wirken, haben wir der Zuckerman-Skala den Begriff "Streß" als Ergänzung hinzugefügt.

Aus dieser Übersicht geht hervor, daß Entspannungsübungen lediglich in einigen Situationen zur optimalen Lernlage führen. Öfters scheinen jugendliche Lerner, bildlich gesprochen, auf dem Sofa der Trägheit zu liegen, von dem sie durch Arten des Ansporns heruntergeholt werden können und müssen.

1.3 Einordnung der Thesen in die (neuro)psychologische Diskussion

Feste Orte oder übergreifende Schwingungen?

Wir waren mit der Grafmanschen Position, daß der Frontale Kortex komplexe Programme direkt speichere, in einen Widerspruch zum Apfelbild von Calvin und Ojemann geraten, in dem die einzelnen Neuronen für vielfache temporäre Koalitionen bereitstehen, aber nicht für feste Verdrahtungen. Darin findet sich der generelle Widerspruch zwischen Lokalisationstheorien und holistischen Theorien wieder, der die Gehirnforschung durchzieht. Die Liebhaber fester Orte sehen sich durch die PET-Untersuchungen bestätigt, die millimetergenau gezeigt haben, daß bestimmte Tätigkeiten bei allen untersuchten Menschen in denselben anatomischen Orten verankert sind. Michael Posner hat (1994) dies als das bedeutendste Resultat der PET-Arbeiten überhaupt bezeichnet.

Auf der anderen Seite muß man konstatieren, daß neuronale Abläufe nicht allein durch den Zuwachs des Glukoseverbrauchs oder des Blutflusses zu beschreiben sind (den Meßzielen der PET-Untersuchungen), sondern daß sie auch noch elektrische Schwingungen feinster Art und chemische Ausschüttungen mit sich bringen. Auf diesen Bahnen entstehen die jeweiligen ad-hoc Schaltkreise, wie wir sie oben skizziert haben.

In theoretischer Sicht werden wir uns mit dem Gedanken vertraut machen müssen, daß neuronale Ereignisse gleich wie die Elektrizität in zwei Seinsweisen existieren, in Bindung an materielle Orte wie auch in Form von Schaltkreisen und ad-hoc-Feldern.

Konvergenz - aber wie?

Eine weitere Erörterung des Januskopfes Gehirn ist unter dem Aspekt der Konvergenz vonnöten: Wie spielen denn die einzelnen Informationsteile zusammen, und sind sie eher lokaler oder eher holistischer Art?

a) Örtlich erkennbare Module, so Jerry Fodor, sind die eigentlichen Elemente unseres Zentralorgans. In den sensorischen Eingängen agieren sie lange Zeit abgekapselt und senden uns die Informationen über Farben, Linien, Temperaturen oder Geschmacksrichtungen nach "oben". Von diesen Einheiten besitzen wir ca. 50, so schätzt er, und sie bilden wie die Elemente in der Chemie die Basis für alle irgendmöglichen Synthesen. Die Frage stellt sich natürlich schnell, was die skizzierten Wortfelder mit den eingekapselten sensorischen Modulen zu tun haben. Die Antwort Fodors lautet: Wir besitzen Eingangskanäle, die speziell auf menschliche Sprache reagieren und ihre akustischen und optischen Signale zu den höheren, sprachverarbeitenden Zentren schicken. Dort herrscht allerdings keine "Kanaltreue" mehr, sondern eine weite Verbindung aller Informationen untereinander. Dies bewirke, daß unser Gehirn aus einem relativ stupiden Prozessor zu einem cleveren und geschickten System werde! Die Konvergenz erscheint als Crème des Denkens. Direkte Zuordnungen von sprachlichen Inputs zu den aufgebauten Wortfeldern des Individuums sind aber nicht herzustellen.

b) Aus einer anderen lokalen Sicht bieten sich Areale als erkennbare lokale Größen mittleren Kalibers an. Ihre Definition beruht zunächst auf den physiologischen Unterschieden im Gehirn, die Korbinian Brodmann 1909 zur Einteilung von über 50 Arealen kommen ließ. Seine Kartierung gibt bis heute einen der Standards in der Gehirnforschung an, und sie steuert auch den Kurs vieler PET-Untersuchungen. Das Konzept der Areale ist stabil, auch wenn sich die analysierten Funktionen nicht immer an die postulierten Grenzen halten oder wenn sie noch einmal Untereinheiten bilden: Beide Varianten kann man als Region bezeichnen, so wie es die deutschen, schweizerischen und elsässischen Alemannen mit ihrer Grenzüberschreitung am Oberrhein auch tun. Hinzu kommen noch deutliche individuelle Divergenzen in der Lokalisierung desselben Faktors, z.B. in der Wortschatzspeicherung oder in den Ojemannschen Lokalisierungen von Erinnerungen bei seinen Elektrodenstimulierungen.

c) Die Konvergenztheorie braucht zunächst nur das prinzipielle Postulat, daß sich viele Teilqualitäten - ob nun lokal oder holographisch - zu einer größeren Leistung zusammenschließen müssen, und zwar gesteuert von den Regionen, die die höchste Verdichtung von Informationen leisten und demnach auch am besten zur Synthese aufrufen können. Nach gängiger Meinung ist dafür der Frontale Kortex prädestiniert, allerdings unterstützt durch sprachferne Synthetisierer, die in der Limbik agieren, vor allem Thalamus, Hippokampus und Amygdala. Konvergenz bedeutet für die meisten Theoretiker letztlich nicht, daß Programme und Schemata als solche fest gespeichert sind. Grafmans Thesen betonen für die meisten Forscher wohl zu stark die Lokalisation aller Erscheinungen, wenn sie auch eine schöne optische Prägnanz mit sich bringen.

d) Teilfähigkeiten spielen ebenfalls eine Rolle in Howard Gardners Konzept der Vielfältigen Intelligenzen (1983), er ist aber vorsichtig genug, die neuronale Topologie nur als eine Hypothese einzuführen. Gardner geht von dem großen Spektrum beruflicher Erscheinungen aus und findet darin verschiedenartige Schwerpunkte von Begabungen, die auf aktivierten Kompetenzen beruhen. Gegen die Vorherrschaft sprachlicher und mathematisch-analytischer Fähigkeiten weist er auf den Reichtum im beruflichen Leben hin, daß es auch einen visuellen und einen räumlichen Intelligenzschwerpunkt geben muß (z.B. bei Künstlern und Architekten), ebenso einen bewegungsorientierten (Tänzer, Sportler), eine musikalische und zwei personale Intelligenzen, nämlich sich selbst und andere zu verstehen (Psychologen, Pfarrer) oder auf Menschen aktiv zuzugehen und mit ihnen im sozialen Feld etwas zu gestalten (Politiker, Verkäufer). Es ist anzunehmen, daß bei solchen Berufswahlen neuropsychologische Dominanzen eine Rolle gespielt haben: Niemand kann Fußballer in der Bundesliga werden, der nicht ein gerütteltes Maß an körperlicher Begabung besitzt und sie jahrelang trainiert, und keine wird Designerin, wenn sie nicht über eminente Kapazitäten verfügt, in Räumen jeglicher Größe spazieren zu gehen.

Zweifel an einer Einheitstheorie

Bei Gardner fehlen Aspekte des Zusammenwirkens, obwohl er Intelligenz als die "Fähigkeit, Probleme zu lösen oder Produkte zu schaffen" definiert. Es war für seinen Ansatz wichtig, eine gewisse Ausdifferenzierung der Fähigkeiten zu beschreiben und sie als prinzipiell gleichwertig zu betrachten. Ihre Definition als Intelligenzen ist jedoch umstritten, weil es keine verbindende basale Fähigkeit gebe. Die lange und weltweite Suche der psychologischen Forschung nach der "Intelligenz" zeigt, wie komplex dieses Konstrukt ist. Darauf will ich hier nicht eingehen, mir scheint aber in der Forderung nach der basalen Fähigkeit eine ungeprüfte Hypothese psychologischer Forschungen zu liegen. Diese Unifikation steckt u.a. in den statistischen Handbüchern, für die Reliabilität (Zuverlässigkeit) nur dann gegeben ist, wenn ein einzelner schwieriger Teilaspekt des Tests auch von denjenigen Probanden gelöst wurde, die im gesamten Test gute Leistungen zeigten. In solchen Tests können sich Teilfähigkeiten natürlich schwer durchsetzen. Aus der Sichtweise vielfältiger Kompetenzen sind vereinheitlichende Annahmen schwer zu begründen, denn es existiert mit Sicherheit nicht die allumfassende Qualität im Kortex, die bei jeglicher Problemlage alle anderen Provinzen und Aktionen steuert - dazu ist das Gehirn, wie schon angedeutet, zu komplex gestaltet.

Als problematisch erweisen sich auch die Anwendungen der Einheitstheorie, wenn z. B. die alles fundierende Qualität in der Schnelligkeit des Nervenapparates gesehen wird. Denn Tempo ist nur eines der Spezifika im menschlichen Lernen. Die immer wieder in Gang gebrachte Konzentration, die mit Ausdauer am Thema bleibt, ist ein anderes Spezifikum - sonst würden es langsamere Verarbeiter nie zu bedeutenden Leistungen gebracht haben. Zudem ist Schnelligkeit nach Jerome Kagan - öfter als Eltern und Erziehern lieb ist - mit einer fehlerreichen Spontaneität verbunden.

Die Grundlagen dieses Buches gehen von einer Offenheit des Gehirns aus und erkennen die ständige Konkurrenz und die temporären Konvergenzen von Teilleistungen als Voraussetzung dafür, daß Menschen sich selbst entscheiden können, welche Positionen sie auf der Skala ihrer Fähigkeiten verstärken und welche nicht. An dieser

Stelle bekommt das vorliegende Buch seine Bedeutung: Es kann sein, daß dem einen oder der anderen die Vielfältigkeit von Kompetenzen noch gar nicht lebendig geworden ist, die es allein beim Lesen zu entdecken gibt, geschweige denn in den umfassenderen Leistungen des Berufs.

Unversehens sind wir mit diesen Darstellungen in die Nähe der sogenannten Vermögenspsychologie gekommen, die eigentlich ad acta gelegt war. Ihr Ansatz ging dahin, Grundpotenzen zu suchen, die eine Basis für alle anderen menschlichen Tätigkeiten bilden. Christian Wolff sah 1734 dieses fundamentale Vermögen in der Vorstellungskraft. Seine Nachfolger bauten die basalen Fähigkeiten auf drei oder sechs, manche bis zu dreißig und vierzig aus. Daran entzündete sich natürlich Kritik. Prinzipiell ist aber zu bemerken, daß die Psychologie immer versuchen muß, menschliches Verhalten in Teilaspekte zu untergliedern und Klassifikationen vorzunehmen. Die Frage ist dann, wie sie damit umgeht, welchen Stellenwert sie den Bezeichnungen zumißt (s. dazu Ludwig Pongratz, 1967).

William Stern (1921) hat dazu die entscheidende Argumentation geführt. Er schreibt, daß Dispositionen nicht "wie selbständige Geister im Menschen ihr Wesen und Unwesen treiben und die Einheit des Individuums zerreißen, sondern als zusammengehörige, aufeinander bezogene und jeder Isolation widerstrebende Strukturelemente einer das Individuum als Ganzes durchwaltenden Aktivität." Sie sind des weiteren "Möglichkeiten mit Spielraumbreite" (s. a. Pongratz). Diese Worte gehören ins Stammbuch jeder Psychologie, die mit Teilfähigkeiten umzugehen versucht.

Wir sehen an diesen Bemerkungen, daß psychologische Grundprobleme schon älter sind. Ihre neuen Nuancierungen treten durch neue Forschungsmethoden zutage. So ist die Kartierung des Gehirns in Areale und Regionen ein fundiertes Ergebnis, ja ein Ereignis, das durch bildgebende Verfahren wie die Positronen-Emissions-Tomographie oder die Kernspintomographie erst möglich wurde.

Zweifel am Radikalen Konstruktivismus

Eine letzte Einordnung ist noch wichtig, weil sie das Lesen selber betrifft. Aus der Sicht des Radikalen Konstruktivismus verharrt das Gehirn in einer Art Autismus gegenüber der Welt, weil schätzungsweise auf ein Neuron der primären Sinneswahrnehmung ca. 100.000 Neuronen in den Verarbeitungsarealen kommen (s. Gerhard Roth 1987, 280). Ausgehend von dieser Basis schlossen verschiedene Konstruktivisten, wir kämen überhaupt nicht an die Welt heran, sondern konstruierten nur ständig unsere subjektiven Welten, in denen wir monadisch isoliert seien. Für das Lesen von Texten hätte diese Position zur Folge, daß jede Aussage nur das Sprachspiel eines Individuums darstellt, wir also überhaupt keinen Konsens anstreben können, weil jeder an seine eigene Konstruktion gebunden sei.

In diesen Annahmen stecken zwei fundamentale Fehler. Zum einen verfällt eine solche Position dem Widerspruch jedes Relativismus, dem infiniten Regreß, der zu folgender klassischen Zuspitzung führt: Alles ist nur subjektiv, isoliert, relativ - lediglich meine These ist es nicht, sie hat eine Qualität oberhalb aller Subjektivität. Oder wie Ralf Nüse (1995) es bündig ausdrückt: "Wenn man keinen Zugang zu seiner

Umgebung hat, dann kann man auch nicht feststellen, daß man ihn nicht hat.' Und: "Wenn man nichts [Zuverlässiges] über die Welt sagen kann, dann kann man auch nicht behaupten, daß man ein autopoietisches [sich selber konstruierendes] System ist."

Aus neuropsychologischer Sicht kommt das andere Gegenargument: Die hohe Zahl der neuronalen Schaltungen brauchen wir, um aus dem kargen Rohmaterial, das unsere Sinne liefern - Linien, Winkel, Farb- und Tonwellen, muskuläre Bewegungsinformationen - überhaupt ein integriertes Bild herzustellen, dieses Bild dann länger präsent und bewußt zu halten, sowie schließlich die Querverbindungen des Denkens aller Art hin- und herschießen zu lassen. Daraus kann man aber nicht folgern, daß fast alles Lug und Trug sei, denn sonst würden die millionenfachen Konnexe in dieser Welt nicht funktionieren können, sonst würde das Brot im Ofen verbrennen, würden die Flugzeuge abstürzen und keine Verabredungen zustande kommen. Wie sagte Jerry Fodor (1983): Nur durch diese Vielfalt der Assoziationen schafft es unser Gehirn, aus einem stupiden Prozessor zu einem hellen Köpfchen zu werden, und man kann hinzufügen, auch zu einem relativ zuverlässigen.

1.4 Zusammenfassung und Kapitelübersicht

Die fünf Grundprinzipien des Lesens und Lernens, die im ersten Kapitel fundiert wurden, gehen unterschiedlich in die folgenden Darstellungen ein: Die Analyse der Teilfähigkeiten bestimmt den gesamten zweiten Hauptteil des Buches, inhärent sind dabei die Aspekte der Anwärmung und der klar umgrenzten Größen, die in Variationen immer wieder erkennbar werden. Der notwendige Schlüssel der Lernbereitschaft mit seinen vier Öffnungshebeln wird im folgenden zweiten Kapitel vorgestellt. Und die Konvergenz schließlich bestimmt den letzten und dritten Hauptteil mit mehreren Beispielen.

Lesen und dabei etwas aufnehmen, ja vielleicht etwas zu lernen - in einer Skizze sehen die Abläufe folgendermaßen aus: Zunächst müssen wir gedanklich und körperlich *präsent* sein, beim Thema bleiben und unsere mentale Kraft bündeln. Wenn es uns daran mangelt, sollten wir versuchen, den inneren Motor anzuwerfen. Nur Wachheit öffnet die Fähigkeiten, die zum Verstehen führen, Passivität verhilft lediglich zu einer geistesabwesenden Rezeption fremder Vorgaben! Die Darstellung - wie gesagt - im Kapitel "Lernbereitschaft".

Dann profitieren wir vom Ringen der Gehirnareale um *Dominanz*, indem wir diejenigen *Themen und Kompetenzen anwärmen*, mit denen wir uns beschäftigen sollten, um zu einer umfassenden Informationsdichte zu gelangen. Als zentrale Einsicht benutzen wir den Aufbau des Gehirns in Teilprovinzen, denen im wesentlichen unsere *Teilfähigkeiten* folgen. Wir untersuchen sie im zweiten Hauptteil daraufhin, was sie zum Lesen und Lernen beitragen. So sind wir in der Lage zu erkennen, welche schwächeren Teilfähigkeiten wir für bestimmte Texte und Themen besonders aktivieren müssen oder welche starken Kompetenzen wir intensiv auf ein Thema ansetzen können. Nur wenn auch episodische Aspekte angesprochen sind, ganzheitliche Schemata aufgerufen werden und körperliche Aspekte mitmachen, lernt der Mensch lokker und leicht wie in seiner Kindheit oder wie auf einem Ausflug. Die *Emotionalität* kann das Lernen aufschließen, und sie handelt ähnlich wie der Steuermann auf einem Schiff - sie gibt die Richtung der Lernfahrt an. Wir wissen auch, daß unser Gehirn mit *klar umgrenzten Größen* zu arbeiten pflegt, die das Denken auf immer höhere Ebenen hochschaltet und dort weiter zusammenfügt. Was dem Leser auf ver- Fu schiedenen Textebenen als klar umgrenzte Information erscheint, ist sein eigener nd, ist die Wahrnehmung des verstehenden Lerners. Es kommt für uns darauf an, solche Fundstücke auf allen Ebenen eines Textes in den Blick zu bekommen, sei es daß wir eine gelungene Metapher als Verdichtung eines Satzes bemerken, sei es daß wir ein ganzes Kapitel in einem argumentativen Satz wiedererkennen.

Trotzdem brauchen wir auch einen Kapitän, der nicht nur die Himmelsrichtung sondiert, sondern zudem die Kooperation aller Teile kennt und ins Kalkül nehmen kann. So suchen wir Lerner das Zusammenwirken der einzelnen Leistungen, das heißt die *Konvergenz* der koalierenden Teil- und Unterfähigkeiten. Mit dieser Synthese unserer Kompetenzen, die wir im dritten Hauptteil darstellen, schaffen wir uns eine komplexe und mannigfaltige Gestalt der Informationen, die wir bei Bedarf sowohl bunt als auch hoch verdichtet abrufen können. Wir erfahren gleichsam nebenbei, daß sich Leistungen in der Schule, beim Studium und im Beruf immer aus mehreren Kompetenzen zusammensetzen und daß es nicht nur einen einzigen Weg zur "richtigen Leistung" gibt. Der teilweise oder der volle Zusammenklang der Kompetenzen wird wie gesagt im Schlußteil vorgeführt.

Eine solche Wegbeschreibung faltet Abläufe auseinander, die in gelungenem Lesen gleichzeitig wirken. Keine Karte kann den Ablauf in jeglichem Individuum exakt abbilden - die Sequenz hat etwas von einem Zickzackkurs an sich. Wir fangen mit unserer analytischen Kompetenz an und gehen dann in einem Slalom von linkshemisphärischen Dominanzen zu denen der rechten Seite: Wir springen also vom Bildlichen zur Bewegung und zu den Gefühlen, dann wieder nach "links" zu den Sprachkompetenzen und erneut nach "rechts" zur Kreativität. Dieser Zickzackkurs entspricht der Arbeit in schwierigen Lesezonen, in denen wir stets von neuem unsere Teilfähigkeiten aus ganz verschiedenen Provinzen aufwecken und auf das Bewußtseins-Deck holen müssen.

Bei einfacheren oder klar erkennbaren Themen nähern wir uns den Texten jedoch mit einer dominanten Aktivierung unserer Teilfähigkeiten: Bei einem Krimi oder einem Mietvertrag schalten wir die analytischen Kompetenzen prompt ein, bei Erzählungen und Biographien aktivieren wir früh unsere emotionalen Provinzen, und wenn Gedichte oder illustrierte Texte vor uns liegen, öffnen wir von Anfang an unsere Bildräume. Aber auch hier müssen die anderen Kompetenzen folgen!

Da das Buch dieses Hin und Her in einen linearen Weg bringen muß, bietet es, wie schon angedeutet, am Schluß ein Kapitel über "Synthesen" an, in dem Vorschläge zur Konvergenzbildung auch der scheinbar untergeordneten Lern- und Leseaspekte gemacht werden.

Noch ein Wort zu Programmen der Leseförderung und des Lesetrainings. Am systematischsten gehen solche Verfahren wie PQ4R vor, das sich den Texten mit expliziten Prüflisten nähert: Preview, Question, Read, Reflect, Recite, Review (Thomas &

Robinson, 1972). Einige Trainings (Klauer 1996, Grzesik, 1998) arbeiten eher in unserem Sinne, indem sie die Schüler oder Studenten an mehreren Stunden in der Woche zu bestimmten Verhaltensweisen anleiten, z.B. erst die analytische Grundlage des Textverstehens zu legen oder sehr bald nach dem Gesamtsinn und der Perspektive zu fragen.

Die neuropsychologische Forschungen legen es ja nahe, Fähigkeiten gerade nicht als bewußt abgespeicherte Merkzettel anzusehen, sondern als anwendbare, schon begangene Wege in Schaltkreisen (circuits), die jeder als seinen Besitz spürt - die er aber bis ins höhere Alter verfeinern und stärker konturieren kann.

Und zur Abgrenzung gegenüber einigen konsensauflösenden Theorien benutzen wir schließlich ein Begriffspaar Umberto Ecos (1995) und versuchen, mit zweierlei Leseweisen zum Verstehen und zum Lernen zu gelangen:

- mit dem semantischen Lesen, das den Text bis in die Ecken ausleuchtet, um zu erfassen, was der Autor hineingelegt hat oder haben könnte,
- und mit dem kritischen Lesen, das uns zu eigenen Vorstellungen, Ideen und Vernetzungen führt, mit denen wir über den Text hinausgehen.

Eco betont auch, daß es drei Sichtweisen beim Umgang mit Texten zu bedenken gibt, die intentio auctoris, intentio operis und die intentio lectoris. Auf deutsch:

> "man muß im Text nach dem suchen, was der Autor sagen wollte;
> man muß im Text nach dem suchen, was er unabhängig von den Intentionen des Autors sagt. [...]
> man muß im Text nach dem suchen, was der Adressat in bezug auf seinen Signifikationssysteme und / oder seine eigenen Wünsche, Impulse, Vorlieben in ihm findet." (S. 23)

Diese drei Intentionen werden immer nur in Teilen zur Übereinstimmung gelangen, aber sie umschreiben den Kernbereich, in denen die überwiegende Zahl der Leser zu einem Konsens gelangt. Jürgen Belgrad (1996) merkt spöttisch an, in Goethes "Erlkönig" lägen sicherlich sehr viele Deutungsaspekte verborgen, deren Breite reiche aber nicht aus, im Verborgenen des Textmaterials meditatives Steineklopfen im Mittelalter erspähen zu können. Essentiell ist es für den hier vorgestellten Ansatz, nicht die Fransen an den Rändern der Texte und der entferntesten Rezeptionen zu beschreiben, sondern den Kern des Einverständnisses v.a. von Text- und Leserintention zu suchen.

2. Lernbereitschaft

Die Frage nach der Wachheit und Konzentration hatten wir in der Einleitung als letzte behandelt - wenn wir praktisch vorgehen, muß sie aber an vorderster Stelle stehen. Denn ohne eine grundlegende Wachheit sitzen wir verträumt vor unserem Buch und lassen uns beim Lesen von jedem Luftzug und jedem Geräusch ablenken.

Unsere erste Aufgabe wird es sein, die vier zitierten Begriffe: *Wachheit (arousal), Aufmerksamkeit, Konzentration und Anwärmung* so klar voneinander zu trennen, daß wir den Blick dafür bekommen, an welcher Stelle unseres "Lernapparates" eine Betriebsschwäche vorliegt. Dazu können wir die neuropsychologischen Begründungen benutzen, die zu einer praktikablen Trennschärfe führen.

Die zweite Aufgabe: Auf dieser Basis sichten wir Methoden zur Anregung oder Dämpfung unserer inneren Zustände und überprüfen sie. Denn eines der großen Probleme in diesem Bereich ist, daß die Übungen keineswegs sicher wirken und nicht alle Menschen gleich gut anregen. Wenn jemand schon konzentriert ist, machen ihm Konzentrationsübungen Spaß, wenn er es nicht ist, spaltet sich die Wirkung von sehr guten Effekten bis zu gar keinen auf. Eines der Ergebnisse aus der Forschung über Lernstrategien und Lernanregungen lautet: Viele Menschen besitzen bereits einen einfachen Satz an Methoden - und daran schließt sich nicht jede Empfehlung bruchlos an, die bei jemand anderem schon einmal gewirkt hat. Wir werden also ab und zu die Auswirkungen überprüfen müssen, wo wir dazu in der Lage sind und Prozentzahlen der Ergebnisse nennen.

2.1 Wachheit (arousal)

"Aufgeweckt" über einem Text oder einer Aufgabe zu sitzen, ist schon so entscheidend wie die Eröffnungszüge im Schach oder wie der Dampfdruck in den alten Lokomotiven. Die mentale und körperliche Präsenz öffnen dem Leser die Pforte für jegliches Verstehen. Die spannungslose Haltung in der Form eines alten Kartoffelsacks verschließt diese Pforten. Erinnern wir uns noch einmal an Zuckermans Kategorien und lassen wir sechs Menschen vor unserem geistigen Auge erscheinen, die diesen Kategorien für die körperlich-geistige Präsenz entsprechen:

Tabelle 2.1 Marvin Zuckerman (1984): Die Stufen der Aktivität mit möglichen Erscheinungen beim Lernen

Depressivität	Langeweile, Apathie	positive Gefühle, Anregung	Euphorie	Streß	Panik
geringe Aktivität	begrenzt aktiv, introvertiert	aktiv, sozial tätig	sehr aktiv bis hyperaktiv	ziellos, unsozial, angespannt	stereotyp, paranoid, ungeordnet

Neurologische Gründe

Sehen wir uns die neurologischen Gründe für diese sechs Zustände an. Lange Jahrzehnte meinte man in der Gehirnforschung, die intellektuelle Kraft und die Einsichten des Großhirns reichten aus, jede Aufgabe auch angemessen aktiv anzugehen und das Großhirn bestimme seine Wachheit selber. In den fünfziger Jahren entstand langsam die Einsicht, daß unser Gehirn eine Schaltstelle für die innere und äußere Spannung besitzt, die von tieferen Regionen, nämlich dem Mittelhirn, ausgeht. Dort gibt es die Formatio reticularis, die unseren Wachheitszustand in Balance hält oder es wenigstens versucht. Diese Zentrale im Stammhirn reicht mit ihren Vernetzungen auf der einen Seite ins Zentralnervensystem hinein (Steuerung der autonomen Prozesse wie der Atmung), auf der anderen Seite gehen die Verbindungen zum Thalamus und zum Kortex. Der Thalamus ist eine der Schaltstellen unterhalb des Kortex, die alle Einströme emotional bewertet und dann in Regie-Impulse umwandelt.

Zunächst einmal legt es die Einstellung der Formatio reticularis darauf an, Extreme zu vermeiden. Auf der einen Seite heißt das, Über-Erregungen zu dämpfen, weil dabei sowohl die körperlichen Prozesse wie die intellektuellen Fähigkeiten aus dem Ruder laufen würden, was in Zuckermans Skala mit der Starre der Panik dargestellt ist. Auf der anderen Seite bedeutet es, Ruhigstellungen zu verhindern, die selbst dem größten Langweiler schaden würden, weil er dabei das Atmen vergäße - von höheren Tätigkeiten, die er mangels "Zündung" unterließe, ganz zu schweigen.

Das retikuläre System breitet sich mit seinen Verzweigungen zu mehreren interessanten Zentren im Gehirn aus - die verzweigte Struktur dieser Region wird übrigens bereits im Wort "retikulär" wiedergegeben, das von der lateinischen Bezeichnung für "Netz" herrührt. Wichtige Verknüpfungen bestehen zur Amygdala und zum Locus coeruleus, jener Nervengruppe, die eine Sammelstelle für freudige und heitere Informationen darstellt. Wie sagte schon Fontane: "Wer arbeiten will, muß fröhlich sein." Aber auch dämpfende Einflüsse von Drogen oder durch Sauerstoffmangel haben ihren Angriffspunkt an der Formatio reticularis und behindern neben anderem auch die Lesefähigkeit.

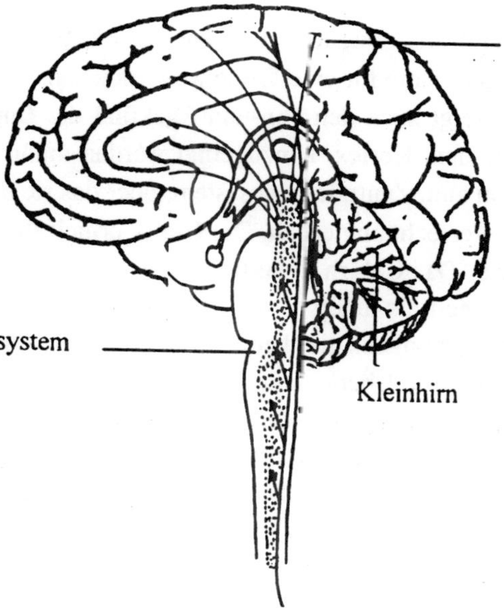

2.1 Schematische Darstellung der Formatio reticularis

Für unsere Zwecke ist es bedeutsam, daß das retikulare System nach beiden Seiten reagiert: Es sendet Impulse, die es aus dem sensorischen Bereich erhält, in die höheren Zentralen. Dort weiß man - allerdings ohne Worte -, wie es dem körperlichen System geht, wieviel Leistung der Körper erbringen kann oder will. Andererseits wirken die kortikalen Gedanken, Entschlüsse oder Bilder als Impulse auf das retikulare System, eine höhere Wachheit einzustellen.
Am Beispiel demonstriert: Jemand liegt dösend auf dem Sofa, sein retikulares System hat erlaubterweise die Parameter auf Ruhe eingestellt:

- Da kommt diesem Menschen ein Gedanke, wo sein verlegter Hundertmarkschein liegt,
- oder er hört einen lieben Menschen seinen Namen rufen,
- oder er hat eine Idee, wie er ein berufliches Problem lösen kann.

Er springt auf und rennt zum Schrank, zur Tür, zum Schreibtisch - plötzlich ziemlich wach und auf Leistung eingestellt: Die Formatio retikularis hat über emotionale Zwischenstufen den Weckruf erhalten und weitergeleitet.
Von der Peripherie her geht es auch: Derselbe Mensch hängt ziemlich ermüdet über seinen Papieren und kann keinen frischen Gedanken mehr fassen. Er nimmt sich einige Minuten Zeit, in denen sein Nervensystem

- eine stärkere Dosis Koffein oder Teein bekommt,
- eine erfrischende Gymnastik oder Massage erhält,
- durch aufmunternde Musik angesprochen wird.

Wenn er nicht völlig erschöpft und ohne Reserven war, schickt die Meta-Schaltstelle neue Impulse nach oben, und er kann für eine Weile weitermachen.

Das vorhergehende Bild zeigt auch den Hin-und Rückfluß der Impulse zwischen dem retikularen System und dem Kortex. Hinzugefügt werden müßte noch die Verbindung unserer Weckstation zum Zentralnervensystem, über das sie die körperlichen Informationen zur internen Verrechnung erhält. Die Grafik erhielt ihre Anregung aus dem Buch Alexander Lurijas "Das Gehirn in Aktion" (1992), in dem er diese Schaltstellen für die mentale Wachheit als unterste von drei Gehirnschichten darstellt (die zweite empfängt die Wahrnehmungen, die dritte verarbeitet sie). Diese Dreiteilung hat eine große Bedeutung für alle Überlegungen zum Lernen. Bisher hat lediglich David Berlyne von ähnlichen Gedanken Gebrauch gemacht. Da sein Buch schon 1960 geschrieben wurde, steckt es voller Begriffe aus der Reiz-Reaktions-Theorie. In seiner Darstellung empfängt das Gehirn nichts anderes als punktuelle Impulse wie Lichtpunkte, Töne, Silben und sensorische Drücke. Lernpsychologisch entspringt daraus lediglich die Aufforderung, immer wieder Neuigkeiten während des Lernens und Lesens zu inszenieren.

Wir gehen einen anderen Weg und vergewissern uns einer möglichen sinnvollen Wachheit, indem wir die beiden geschilderten Eigenarten des retikularen Systems aktivieren.

Stimulierung des Kortex über das Nervensystem von außen

Dabei ist es wichtig zu wissen, daß die direkte Ansprache über vier Schienen geht:

- Sensorik (Schmerz, Temperatur, Eigenwahrnehmung), das heißt praktischerweise Massage der Hände und der Ohren sowie bestimmte Gymnastikübungen v.a. der Gelenke,
- Akustische Einflüsse: Musik mit anregender oder dämpfender Qualität,
- Gerüche,
- Drogen im erlaubten, weil sinnvollen Bereich: Koffein, Teein und Schlaf.

Anregung der Wachheitssysteme von innen: Wir suchen Szenen innerer oder äußerer Aktivität, und wir erzeugen Bilder und Vorstellungen vom Thema, z.T. mit emotionaler Tönung. Dies werden wir detailliert im zweiten Teilkapitel über die Anwärmung behandeln. Lebenserfahrung und Wissenschaft sagen uns allerdings, daß Wachheit insgesamt noch von anderen Einflüssen abhängt wie Stoffwechsel (ausreichende Nahrung), Hormonzustand, Kreislauftraining und allgemeiner Status des neuronalen Systems und seiner Neurotransmitter-Reserven (wir sollten uns nicht in zu großem Streß befinden).

Massagen

Die Argumentation folgt den Büchern von Carl-Herrmann Hempen (1995) sowie von Jürgen K. Kaiser und Koautoren (1994).

Tabelle 2.2 Carl-Herrmann Hempen (1995) und Jürgen K. Kaiser und Koautoren (1994): Neurologische Gründe für die Wirkung von Fingermassagen

1. Im gesamten Hautgewebe liegen Gefäßnervenbündel, die normalerweise von den Muskelhüllen (Faszien) bedeckt sind. An den Füßen, Händen, Ohren und der Nase (Akren) gibt es die Faszien nicht, hier sind die Nerven also leichter zugänglich. (Hempen)
2. Durch kreisendes Drücken lösen wir Nervenimpulse aus. (Kaiser)
3. Informationen werden zum Zentralnervensystem (ZNS im Rückgrat) gesandt. (Kaiser)
4. Dort findet eine Umschaltung statt: Teile der Energie gehen zum Gehirn (Thalamus und Kortex), andere Teile zu den Organen. (Kaiser)
5. An diesen Stellen werden Schmerzblockierer freigesetzt, besonders Cortisol - ein Hormon der Nebennierenrinde - (Hempen), es werden aber auch Anregungen gesetzt.
6. Die Anregung muß stark genug sein und über die Akupunkturbahnen Energie stimulieren (Taubheit, dumpfer Schmerz, Druck, Spannungsgefühl), dann setzt die Wirkung der Schmerzdämpfung oder der allgemeinen Belebung (je nach Massageart) ein. (Hempen / Kaiser)
7. Die Organwirkung geht über die Akupunktur-Leitbahnen, die vorläufig nur indirekt erschließbar sind, indem man schaut, welche Organe über ihre Stimulation erreicht werden. Diese Bahnen ähneln auch bestimmten Linien in der Hautheilkunde, und sie reagieren auf radioaktive Markierungen. (Hempen)

Finger

Wir kreisen mit festem Daumendruck auf den Fingern, auf jedem Punkt ca. zehnmal, und zwar auf den Fingern, im Handteller oder auf dem Handrücken. Aus den genannten Begründungen ist zu schließen, daß eine Fingermassage durchaus vorsichtig die schmerzhaften Stellen suchen sollte, weil damit die Blockade in den Nervenbahnen aufgehoben werden kann. Aufbauend wirkt möglicherweise das Kreisen in Richtung zum Daumen der behandelten Hand hin (s. Kaiser u.a.), ableitend und dämpfend zum kleinen Finger hin. Allerdings ist die Begründung dafür vage.

Ohren

Mit dem Zeigefinger vorsichtig, diesmal ohne Schmerzen zu erzeugen, punktuelles Kreisen im gesamten inneren Ohr. Wir müssen bei der Massage lediglich die ungefähren Zonen anregen, weil die Wirkung über das Bindegewebe weitergegeben wird. Die Feinheiten der Akupunktur sind mit den Fingern sowieso nicht zu erreichen.

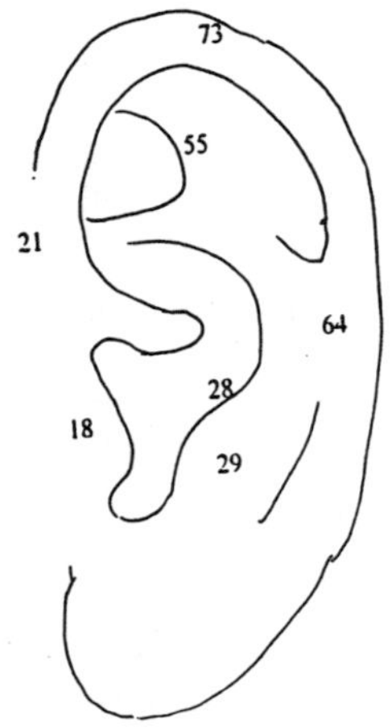

2.2 Einige anregende Akupunkturpunkte am Ohr

Gesicht

Im Gesicht liegen die Akupunkturbahnen am dichtesten, so daß dort eine sanfte Massage Schmerzen auflösen und dadurch den Energiefluß erleichtern kann.

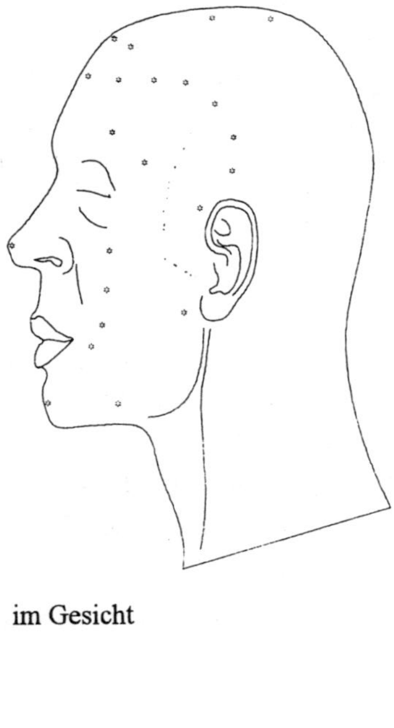

2.3 Einige Akupunkturpunkte im Gesicht

Gymnastik

Gymnastik ist zunächst in der Lage, die Gelenke beweglich zu machen, dabei eine höhere Durchblutung der aktivierten Muskeln zu erreichen, in Maßen das Zentralnervensystem zu stimulieren und schließlich das Gehirn zu erreichen. Der zentrale Wirkmechanismus beruht darauf, daß die Muskeln und Gelenke gut innerviert sind, so daß bei ihrer Bewegung Impulse über das Zentralnervensystem (ZNS) aufsteigen. Denn die Registrierung der eigenen Bewegung vermittelt dem Gehirn dreierlei:

- die blitzschnelle und wiederholte Meldung, in welcher Lage sich die untergeordneten Teile befinden,
- die Anforderung, viele Details zu einer Bewegungssynthese zu bringen,
- die Information, daß die Glieder Stoffwechsel- und Nervenenergie brauchen.

Es existieren mancherlei esoterische Bewegungslehren, deren Wirkung nur dann eintreten soll, wenn man sie exakt nach den Anweisungen ausführt. Entgegen den Thesen dieser speziellen Lehren beschränken wir uns hier darauf, daß Bewegung primär eine unspezifische Erregung sympathikotoner Nervenbahnen erreicht! Über die erwähnte Vernetzung des ZNS mit dem Kortex und dem limbischen Bereich kann eine stärkere neuronale Aktivierung und eine stärkere Durchblutung des Gehirns Platz greifen und damit eine milde Wachheit hervorbringen. Und schließlich scheinen durch diese Anregung auch Akupunkturbahnen freigemacht zu werden, so daß deren Energieflüsse erleichtert sind.

Fundiert ist diese Position durch die Untersuchungen von Hollmann und Fischer (1994), die bewiesen, daß schon bei einfacher Bewegung wie einem leichten Spazierengehen die Durchblutung im untersuchten linken Kortex um 15% steigt und bei der knappen Hälfte der maximalen Belastbarkeit ein Anstieg um durchschnittlich 25 % vorliegt, v.a. im grauen Gewebe der linken Hemisphäre, das die meiste Feinarbeit leistet. Dieser Effekt tritt aber nur bei dynamischer Bewegung auf und nicht beim Dehnen von Muskeln, das ja lokal durchaus eine vermehrte Durchblutung bewirkt. Die Gründe für die Unterschiede liegen wahrscheinlich in den höheren Regieanforderungen, die eine echte Bewegung an das Gehirn stellt.

Sedierung ist mit körperlichen Mitteln nur milde zu erreichen. Hollman und seine Mitarbeiter konnten ebenfalls zeigen, daß durch Bewegung die Ausschüttung der Endorphine, der körpereigenen Beruhigungsstoffe, ansteigt - in größerem Ausmaß aber erst durch ein echtes Ausdauertraining, das wir für unsere Zwecke nicht in Gang setzen wollen. Einfache körperliche Sedierung ist notwendig, wenn wir aus einer Situation der Reizüberflutung zur Ruhe kommen wollen oder nachdem wir lange intellektuell gearbeitet haben, also zum Abschluß des Lesens und Lernens. Die meisten hier vorgeschlagenen Übungen lassen die nervlichen Anspannungen in eine Balance zurückschwingen. Beruhigungen können aber auch von innen, über meditative Übungen kommen, die wir nicht behandeln.

Konkrete gymnastische Übungen sollten v.a. die Gelenke des Kopfes und der Schulter sowie der Hüfte aktivieren:

Schulterkreisen	Langsam nach vorne und zurück (mehrfache), danach in umgekehrter Richtung.
Armschwingen:	Rechts hoch nach vorne - gleichzeitig links nach unten hinten und zurück..
Kopf	Langsam auf die linke Schulter neigen, dann langsam auf die rechte Schulter. Leichtes Ziehen ist erlaubt, Schmerzen sind zu vermeiden.
Hüfte	Wie beim Hula-Hoop bei feststehenden Beinen einen Kreis mit der Hüfte beschreiben.
Rücken	Vom aufrechten Stand den Oberkörper langsam nach unten beugen, kurz nach dem ersten Ziehen aufhören.
Beine	Aus den Hüften heraus nach vorne und zurück schwingen.
Waden	Dehnen und auspressen: Füße fest aufgestellt lassen, in den Liegestütz gehen, Fersen dabei auf den Boden drücken.
Tibeter	Im Liegestütz die Hüfte ganz nach unten sinken lassen und dann wieder im Katzenbuckel anheben, die Beine bleiben dabei gestreckt. Ungeübte haben Schwierigkeiten damit. Schmerzen müssen aber vermieden werden.

Alle Gymnastikübungen haben für die Lernbereitschaft ihren Sinn, die folgende Kennzeichen besitzen:

- eine gewisse Erwärmung, also eine Durchblutungssteigerung,
- Aktivierung der Gelenke, v.a. der oberen,
- ruhige Bewegungen, die keine Schmerzen bereiten, höchstens das Gefühl leichten Ziehens in den Gliedern (also auch keinen Muskelkater, der ja minimale Verletzungen mit sich bringt).

Empfehlenswert für die mentale Wachheit sind auch solche gymnastischen Übungen die in wenigen Minuten viele Bereiche ansprechen. Studenten berichteten zu ca. 60% von positive Einflüssen dieser Übungen, die im Durchschnitt 25 Minuten anhalten. Solche Wachheitstrainings sind also am besten als "Erfrischung" für zwischendurch anzuwenden. Längere Gymnastikübungen, die z.B. über 20 Minuten gehen, wirken laut der Befragungen von Teilnehmern bis zu mehreren Stunden positiv.

Geruch

Der physiologische Weg der Gerüche scheint in seinen ersten Schritten weitgehend aufgeklärt zu sein (s. Hanns Hatt, 1996; Richard Axel, 1995). Er geht von den Riechzellen im Nasen- und Rachenraum vorzugsweise zum Thalamus und zum Limbischen System. Dort entscheidet wohl unsere Emotionalität, was als Gestank erscheint und was als Stimulation. Mit dem Geruchssinn wäre also zu experimentieren. Bekannt ist, daß sich Schiller durch die Ausdünstung von Äpfeln anregen ließ, die am Rande der Fäulnis waren. In Umfragen wurde Jasmin als aufmöbelnder Geruch genannt, der auf viele Menschen noch stärker als das Aroma des Kaffees wirkt. Und die Düfte wirken auch im Neocortex, wie neueste PET-Untersuchungen beweisen, mit denen Gert Kobal 1997 zeigen konnte, daß Teile des Parietal-, Temporal- und Frontallappens beim Riechen aktiv sind (s. Rolf Degen, 1997).

Musik

Wenn man Musik als Anstoß zum Lernen sucht, dann breitet der Markt scheinbar eine Fülle von musiktherapeutischen Angeboten vor uns aus. Es sind drei Grundrichtungen zu erkennen, die mit neuropsychologischen Begründungen arbeiten:

- Beruhigende, meditative Musik, die vor allem EEG-Ströme im Spektrum der Alphawellen anregt,
- Musik, die über den Kopfhörer aufgenommen werden muß, weil sie unterschiedliche Impulse über die beiden Ohren sendet, um damit die Hemisphären differenziert zu aktivieren. Meistens wirkt sie beruhigend, in wenigen Fällen integrierend (s. Ingo Steinbach, 1994).
- Seltene Beispiele, die aktivierend wirken, indem sie die Konzentration anregen (Peter Hübner, 1993).

Einige Überlegungen aus der Neurologie: Musik ist unserem Gehirn nahe, sie ist dort "tonotop" repräsentiert, d.h. die nebeneinanderliegenden Tonhöhen (als Schallwellen beschreibbar) treffen auf gleichartig gelagerte Rezeptionsschichten im akustischen Kortex. Der Goethesche Satz: "Nichts ist drinnen, nichts ist draußen, denn was innen ist, das ist außen" ist ein Hinweis auf diese besondere Übereinstimmung.

Nach der ersten sensorischen Entschlüsselung wird Musik, wenn sie Melodien enthält, bei den meisten Menschen rechtshemisphärisch verarbeitet. Wenn sie komplexer auftritt oder von Kennern rezipiert wird, greifen Areale der linken Hemisphäre zur Analyse mit ein. So weit die herrschende Meinung. Schwieriger wird die Beschreibung musikalischer Wirkungen dadurch, daß sie auch stark in emotionalen Bereichen, also in subkortikalen Schichten, aufgenommen wird und daß sie dabei eine Fülle persönlicher Assoziationen und Erwartungen weckt. Drei Ergebnisse empirischer Untersuchungen basieren darauf:

- die vorherrschende Stimmung des Tages kann dann verstärkt werden, wenn sich er Mensch seine Musik selber auswählen darf,
- selbstgewählte Musik ist auch in der Lage, bei Routine-Arbeit aufzumuntern,
- es gibt große Unterschiede in der Hörweise verschiedener Menschen, selbst wenn sie sich alle auf ein einziges Stück geeinigt haben: Assoziatives Tagträumen, körperliche Bewegungen, genaues Analysieren, sehr persönliche Erinnerungen - all das kann bei den Mitgliedern einer Gruppe stattfinden.

Wenn wir dann noch an die Breite der musikalischen Präferenzen denken, die von meditativer Musik aus Europa oder dem Fernen Osten bis zu Marschmusik oder Heavy Metal reicht, wird einsichtig, daß Musik nur individuell ausgesucht werden kann, sie trifft selten die Vorlieben auch nur einer mittelgroßen Lernergruppe.
Für unsere Absicht der mentalen Stimulation und der körperlichen Erfrischung ergibt sich folgendes Tableau der Möglichkeiten und Grenzen:

- Bestimmte musikalische Rhythmen regen einen motorischen Gleichklang in uns an, der sich in allen Kulturen im Tanz auszudrücken sucht. Aufmunterung und Dynamisierung wird durch schnellere Musik vermittelt sowie durch höhere Tonlagen wie z.B. bei den Klezmerstücken aus der jiddischen Tradition. Beruhigung ergibt sich umgekehrt durch eine langsamere Taktfolge, die etwa 60 Schläge in der Minute enthält, wie sie die Barockmusik häufig aufweist.
- Da Musik im Rhythmus eine Gestaltung zeitlicher Abläufe inszeniert, spricht sie wahrscheinlich auch die Taktgeber im Kortex an, die u.a. für die zeitliche Ordnung von Sätzen zuständig sind (Brocasches Zentrum) oder in größerer Hinsicht für die Planung von Handlungsabläufen (Frontaler Motorkortex). So gesehen erscheint es möglich, diese Steuerungszentralen auf die Zeitsequenz der nächsten Handlungsschritte hin zu justieren. In diesem Sinne arbeitet die Konzentrationsmusik Peter Hübners, die ständig unsere inneren Zeitimpulse anregt und dann wieder auf die Folter spannt oder ins Leere laufen läßt. Eine solche Art der Stimulation gehört im engeren Sinne schon zum Thema "Konzentration" - dort wird sie noch einmal erwähnt.
- Eigene Befragungen von Studenten haben erbracht, daß viele Musikstücke als so selbständig und raumgreifend empfunden werden, daß sie die Leser nicht in die Richtungen der Texte und Themen führen. Die mögliche Begründung dafür liegt in der Einsicht, daß eine wie auch immer geartete Erregung des autonomen Nervensystems oder kortikaler Areale kein exakt beschreibbares Gefühl hervorruft und damit auch keine Lust zu Aktivitäten außerhalb des motorisch-musikalischen Bereichs garantiert. Musik kann vielleicht bei der richtigen Einstellung, daß es dabei um eine allgemeine Anregung geht und nicht um die Stücke selber, kurzfristige Steigerungen der mentalen Aktivität bewirken, dabei liegt die Betonung in den wenigen publizierten Untersuchungen auf kurzfristig.

In Maßen sinnvolle Drogen

Die Wirkstoffe von *Kaffee* und *Tee, Koffein* oder *Teein*, erfrischen uns deshalb, weil sie aktivierende Neurotransmitter (Noradrenaline/Dopamine) anregen und länger in den Synapsen wirken lassen. Das heißt, die natürliche Rückführung dieser Neurotransmitter wird verzögert, und dadurch werden die körpereigenen Opiate aus den Transmitterstellen herausgehalten. Koffein greift in Nervenbahnen der Muskeln, des Herzens, des Magens und des Kortex ein, Teein wirkt ähnlich, wird aber langsamer aufgenommen und entspannt mit seinem Partnerstoff Theophyllin die Koronarien und Bronchien. Insgesamt wirkt es milder und fördert eher den Gedankenfluß.

Das Problem solcher Stimulierung liegt in einer zu hohen Dosis und möglicher Über-Erregung, die sich in Zittern, Nervosität (dem Kaffeerausch) und Schlaflosigkeit äußert, weil eben die Endorphine nicht rechtzeitig wieder in die Schaltstellen eintreten können. Hier hilft nach längerer koffein-unterstützter Anstrengung eine Phase der Bewegung, durch die wir den Endorphinen wieder Auftrieb geben.

Daraus ergibt sich die interessante Schlußfolgerung, daß uns Kaffee und Tee besser und problemloser stimulieren, wenn wir ihren Genuß mit körperlicher Bewegung verbinden bzw. wenn wir im Training sind. Für die Praxis heißt das, wenn schon Kaffee und Tee, dann mit Bewegung verbunden.

Sucht bei verwandten Stoffen wie z.B. beim Cocain schleicht sich ein, weil die stimulierten Synapsen von dieser ungewohnten Dosis immer größere Mengen verlangen und v.a. weil die Befriedigungen, die auf natürlichem Wege zu erreichen sind und die uns auch beruhigen (Erfolg, Bewegung, Liebe), sehr bald für Cocainisten nicht mehr ausreichen, ja ihnen sogar ein dumpfes Gefühl der Lustlosigkeit hinterlassen.

Es ist sicher ungewohnt, den *Schlaf* als eine Droge zu bezeichnen. Er hat aber die Fähigkeit, dem Körper eine Fülle von Neurotransmittern, die durch Arbeit verbraucht wurden, wieder zur Verfügung zu stellen. Und er hilft uns beim Lernen, weniger durch das Buch unter dem Kopfkissen, sondern durch die Zeit, mit der er den Aufbau des Gedächtnisses untermauert.

Zunächst gelangt unsere Erinnerung sachlicher Abläufe und Erzählungen in den Hippokampus, eine subkortikale Instanz, die ihre Inhalte lediglich mittelfristig speichert - das weiß man durch Unfallschocks, die einen Erinnerungsverlust auch für die Zeit von einem bis zu drei Jahren vor dem Geschehen verursachen können. Ältere Ereignisse und älteres Wissen sind härter gepuffert, nämlich im Langzeitgedächtnis des Kortex. Und dabei hilft der Schlaf, der in seinen traumlosen Phasen Informationspakete aus dem Hippokampus in die Großhirnrinde schickt (s. Allan Hobson, 1990)

Gut ausgeschlafen sind wir also für den nächsten Tag wach, zwar haben wir dadurch nicht das Pensum vom Vortag gelernt, aber wir sind für das gestrige und das heutige Thema reaktionsfähiger - und wir haben unseren Lernbesitz aus zurück- liegender Zeit verfestigt, der im Langzeitspeicher zur Routine oder wenigstens leichter auffindbar wird. Konkret gesagt, wir haben in der Nacht nicht die neuen französischen Vokabeln über die Autowerkstatt gelernt - aber wir verfügen nun sicherer über die schon vor langer Zeit gepaukten unregelmäßigen Verben.

Anregungen von innen

Szenen der Aktivität bewirken, daß wir ein bestimmtes Thema als wichtig empfinden, und dieses Gefühl ist ausschlaggebend für das "Aufwecken" von innen. Vor allem die Imagination einer unmittelbar folgenden Tätigkeit führt relativ leicht zu einem Handlungsbeginn. Diese Idee vom ersten Schritt gab es bereits bei den Dadaisten, deren Schreibspiele u.a. so begannen: *"Notiere das erste Wort, das dir einfällt, die nächsten kommen bestimmt."* Auf diese Weise beginnen Menschen tatsächlich, Texte zu schreiben, wenn auch zunächst ganz nah an ihrem subjektiven Befinden (s. Gundel Mattenklott, 1979). Sie sind aber damit einen ersten Schritt zu allgemeineren Themen gegangen.

Für die Wachheit förderlich ist es, wenn man sich diese nächste Tat als einen Schritt zu einer Lösung vorstellt: *Ich kann zu diesem Regal gehen, das Buch herausholen und sehe dann einen wichtigen Stadtplan. Damit kann ich weiterplanen.* Wenn Sie erst einmal das Buch in der Hand und den Stadtplan vor sich haben, sind bereits mittlere Arousal-Signale gesetzt worden: Genauere Vorstellungen vom Thema führen uns weiter ins jeweilige Gebiet hinein - wir widmen ihnen das nächste Teilkapitel über die Anwärmung.

2.2 Anwärmung

Keiner lernt, der sich nicht mit dem Thema vertraut macht

Wenn man moderne Sportler vor dem Wettkampf beobachtet, dann sieht man sie z.B. irgendwo neben der Rodelbahn sitzen, die Augen geschlossen, aber den Oberkörper und die Arme bewegend! Was tun sie? Sie fahren in ihrer Vorstellung die Rodelbahn hinunter, und zwar nicht irgendwie, sondern ganz genau in der Rennzeit, sie sehen die schwierigen Stellen, und sie verinnerlichen sekundengenau ihre Steuerreaktionen.

Einige Fußballer sind berühmt dafür, daß sie auch im unübersichtlichen Getümmel zentimetergenaue Flanken schlagen können. Wie geht das? Man weiß aus seltenen Interviews, daß sie bis zu 1000 verschiedene Stellungsvarianten von Mitspielern und Gegnern im Kopf haben und daß dabei auch die genauen Flankenverläufe gespeichert sind.

Was lernen wir daraus? Eigentlich, wie man sich auf schwierige Situationen vorbereitet, z.B. auf Prüfungen oder Vorträge, aber natürlich auch, wie man sich mit den Themen vertraut macht, die als nächste anstehen und die uns vielleicht nicht gleich locker von der Hand gehen. Denn jedes Thema steht in unserem Gehirn in Konkurrenz mit anderen. Das ist bei jungen Menschen besonders offenkundig: Eine Zeitung auf dem Fußboden, ein Comic neben dem Buch oder Popmusik aus dem Lautsprecher - und schon setzen sich die Interessen am Sportbericht, an Asterix oder an der aktuellen Musikszene durch. Aber auch bei Menschen im Erwachsenenalter treten einige besonders beliebte Themen in den Vordergrund, über die sie immer wieder und immer leicht zu reden vermögen.

Wie kommen wir zu dem neuen Thema, das uns aus der Dominanz des gerade laufenden herausreißt, wie kommen wir dazu, zwei oder drei Texte zu einem neuen Projekt bereitwillig zu lesen? Durch Anwärmung!

Neuropsychologische Basis

Gehen wir zunächst zur neuropsychologischen Basis. In der Einleitung hatten wir die labilen Schaltkreise schon kennengelernt. Im Gehirn sind die Themen eben nicht wie in einem Archiv gelagert, sondern in besonderer Weise gespeichert, nämlich als Vernetzung vieler Einzeldaten, die bei Bedarf zusammengebunden werden. Solche Kreise, im englischen "circuits" genannt, zeichnen sich durch gleiche elektrische Mikroschwingungen aus. Wolf Singer und seine Kollegen konnten dies 1992 erstmals bei Katzen zeigen (s. C.M. Grey et al., 1992): Wenn diese Vierbeiner bestimmte einfache Objekte wie Kreise oder Linien wahrnehmen sollten, dann reagierten zunächst die spezifischen Kolumnen im Okzipitalbereich. In der gleichen Schwingung waren auch andere Kolumnen aktiviert, in denen, so kann man vermuten, optische Informationen verarbeitet werden.

Nehmen wir noch ein weiteres Beispiel, das sich mit dem Namen Christoph von der Malsburg verbindet. Von ihm stammt ein Modell, das sich auch in der Computersimulation bewährt hat: Auf der obersten Ebene ergeht an die Schaltkreise die Aufforderung, ein Gesicht wahrzunehmen, diese "circuits" schicken ihre Impulse auf die nächste tiefer liegende Ebene, auf der markante Teile von Gesichtern zusammengestellt werden, und diese wieder rekrutieren sich aus einer Ebene, in der noch feinere Details zusammenbaubar sind.

Was für uns der entscheidende Punkt ist: Keiner dieser Schaltkreise liegt sozusagen als festes Muster in der Ablage, sondern jeder muß bei Bedarf erneut aufgebaut werden - was nur dann funktioniert, wenn diese Kreise gewohnheitsmäßig, schnell und vertraut aufgerufen werden können.

Daraus resultiert aber die Einsicht ist, daß nicht sämtliche Themen, mit denen wir uns beschäftigen, immer schon in den aufgerufenen, nur temporären Schwingungsnetzen gegenwärtig sind. Bei sinnvoll knappen Ressourcen setzen sich nur die stärksten Lobbyisten durch und bringen ihre Anliegen in den Mittelpunkt. Daraus haben William Calvin (1987) und Gerald Edelman (1985) unabhängig voneinander eine Theorie des neuronalen Darwinismus entwickelt: Nur was so stark ist, daß es immer wieder aktiviert wird, gehört zum bleibenden Bestand.

Solcher Darwinismus von Themen kann sogar Änderungen in den lokalen Speichern hervorrufen. Die berühmtesten Untersuchungen dazu stammen von Michael Merzenich und Partnern (1984), die zeigen konnten, daß bei Menschenaffen, denen ein oder zwei Finger blockiert waren, die entsprechenden Steuerzellen im motorischen Kortex verkümmerten und daß dafür die Projektionsfelder der anderen Finger größer wurden. Auf Menschen übertragen: Das trainierte Fingerspitzengefühl wird bei Klavierspielern mehr Raum einnehmen als bei Leuten, die dieses Gefühl nie einsetzen.

Auf diese Weise kann man erklären, daß sich bei "Fachidioten" durch ihr langes Training sogar die neuronale "Hardware" verändert hat, weil sie immer dieselben Areale benutzt haben, und zwar auf Kosten anderer mentaler Bereiche. Wenn Menschen sich um das Verstehen komplexer Texte bemühen, sollten sie die Dominanz der konkurrierenden Aspekte, v.a. der leichteren Wege, unterdrücken, seien das Tagträume oder angenehme Themen wie Comics oder passiver Musikgenuß, damit nicht der Zugriff auf die beliebten Themen zum Habitus wird.

Wir münzen diese Einsicht positiv um, daß wir nämlich Themen, die wir brauchen und die nicht schon gewohnheitsmäßig in uns vorhanden sind, im Kampf der "Sendeanteile" aktiv durchsetzen, indem wir sie aufrufen und anwärmen. Erleichternd für die Anwärmung ist, wenn eine unspezifische Wachheit (die sich noch nicht auf Themen richtet) schon vorhanden ist, dann lassen sich auch die spezifischen Areale leichter stimulieren, denn es gibt eine gewisse Bereitschaft des Gehirns, eine Synchronisierungt zwischen der allgemeinen Erregung und der speziellen Aktivierung herzustellen. Offensichtlich tendieren die hochgeschalteten Schwingungen dazu, sich auszubreiten und thematische "circuits" mit anzuregen. Noch deutlicher wird diese hilfreiche Eigenschaft unseres Gehirns, wenn wir uns mit spezifischen Inhalten beschäftigen. Angenommen wir haben unser Wissen über Wasservögel aufgerufen und gehen gerade damit um, dann kommen uns die Wörter auch über die anderen gefiederten Tiere, die wir gar nicht im Visier hatten, schneller, als sie es ohne die Öffnung der Nachbarbereiche getan hätten.

Beispiele

Mit diesen Informationen gehen wir an die praktischen Beispiele und vergewissern uns dabei jeweils, warum sie wirksam sind:

Optische Präsenz von Texten

Damit die Themen und Texte überhaupt ins Blickfeld kommen, sollten sie auf dem Tisch liegen, an dem wir lesen (oder wenigstens in seiner Nähe). Denn der Blick darauf öffnet auf der untersten Ebene optische Kanäle - eine notwendige wenn auch nicht hinreichende Voraussetzung für das Verstehen von Texten. Wir ziehen im folgenden Beispiele zur Lektüre des Schriftstellers Wolfdietrich Schnurre heran.

Stichworte

Stichworte, die wir bei der letzten Beschäftigung gemacht haben, führen schnell zu den semantischen Speichern, in denen wir die Themen unserer Texte "eingelagert" haben. Wenn wir also zwei, drei Eigenarten Schnurres notiert haben, öffnen wir damit schon einen größeren Bereich. Und wenn die Notizen vom letzten Lesen nicht mehr verfügbar sind, sollten wir sie aus dem Gedächtnis holen - der Effekt ist der gleiche.

```
Schnurre lebte von 1920 bis 1989 und schrieb ca. 25 Vater-und-Sohn-Geschichten, die meisten in "Als Vaters Bart noch rot war" 1958.
```

2.4 Stichworte zur Erinnerung

Pointen als Notizen

Etwas Überraschendes, Paradoxes aktiviert unsere inneren Problemlöser, die ja ständig versuchen, relativ glatte und eindeutige Sachen zu speichern, weil sie solche klar umgrenzten Größen dann in Ruhe im Gedächtnis ablegen können.

```
Schnurre schreibt viele Geschichten über ein positives, vertrauensvolles Vater-Sohn-Verhältnis, trotzdem enden fast alle traurig.
```

2.5 Der innere Widerspruch öffnet Erinnerungen

Übersichten / Vernetzungen / Karten à la mind-mapping

Hier wird unserer inneren Wahrnehmung gleich der bisherige Zusammenhang präsentiert, also das Wissensnetz, das globale "circuit" vom letztenmal wieder aufgerufen. Zugleich verbinden sich dabei semantische mit optischen Arealen - eine dichte Anwärmung, ja, wenn sie wieder die Wärme des vorigen Tages bekommt. Sonst brauchen wir eventuell einige Zeit, um uns für die Anwärmung zu erwärmen. Mind-mapping arbeitet häufig mit Zeichen, Pfielen und anderen Symbolen. wir begnügen uns hier mit einer einfacheren schematischen Variante, wie sie häufig in literarischen Strukturanalysen benutzt wird (s.u. Titzmann, 1987).

Vater und Sohn	Veitel	Mitschüler
Frieda	Willi	Arbeitgeber
Freunde ?	Jenö	Polizei
	Walter	
HELFER	ORIGINALE	VERSTÄNDNISLOSE, GEGNER

2.6 Eine Skizze kann die Relationen der Stichwörter besser in Erinnerung rufen

Unterstreichen

Unterstreichungen und Markierungen in Texten haben zunächst die Qualität einfacher Notizen, einfach deshalb, weil Unterstreichungen ja nur eine geringe Verarbeitung in sich tragen - wir mußten ja keine eigene Formulierung suchen und wir mußten auch unsere Motorik kaum in Bewegung setzen. Dafür zeigen aber die Anstreichungen eine gewisse Vernetzung im Kontext des Lesers - und so helfen sie uns, doch ein mentales Netz zu reaktivieren.

> "Abgesehen von der plastischen Milieuwiedergabe besteht die literarische Qualität dieser z.T. melancholisch anmutenden Geschichten darin, daß ihre <u>Doppelbödigkeit nur selten auf Anhieb erkennbar ist</u> und sich erst beim genauen Hinschauen im Gehirn des Lesers umso stärker festhakt." M. Adelhoefer: Wolfdietrich Schnurre (1990), S.24.

2.7 Unterstreichungen erinnern auch an den Kontext

Mentale Texte - Geschichten

Das sind Texte, die uns auf bildliche und emotional freundliche Weise ins Thema hineinführen. Mit ihnen gelangen wir mitten in den semantischen Raum des Themas und wir spüren zugleich die emotionale Bedeutung dieses Gegenstands für uns. Diese Hilfe ergibt sich, indem wir den Zugang zum Stoff mit einfachen und emotional geschriebenen Büchern suchen (s. dazu das Kapitel "Emotionen"), oder indem wir uns selber einen solchen Anregungstext schreiben oder erzählen! Aber dann sind wir als Leser schon ziemlich weit in den Anfängen des Gebietes drin.

Bilder zu Texten

2.8 Illustrationen können wie eine Zusammenfassung wirken: Der Vater

Ein Stichwort-Cluster ordnen oder das Assoziationsnetz öffnen

Schreiben Sie einfach die Stichworte, die Ihnen zu einem Thema einfallen, auf ein Blatt oder eine Tafel. Erlauben Sie sich dabei auch ganz subjektive Eintragungen. Beim Schreiben können Sie allererste Ordnungen mitbedenken. Eine bessere Ordnung ergibt sich leicht im zweiten Durchgang. Ein Beispiel für Schnurre:

Vater und Sohn	Berlin		liebt schräge Vögel mit Charakter	verdeckter Humor
	kesse Schnauze	Hoffnung auf unpräten-tiöse Sprache		
großer Bart	liebt sein Berlin	**Schnurre**		
gebeugt und aufrecht			leidet am Idiotismus der Zeit	

2.9 Beispiel eines Stichwort-Clusters zu Wolfdietrich Schnurre

Gespräch über den Text eröffnen oder weiterführen

Man kann mit sich selbst eine Art inneres Interview zu einem Thema beginnen, besser ist es natürlich in einer Gruppe die Mitglieder zu befragen: *"Nenne Deine Hauptthese zu Schnurre. Der erste Satz kommt bestimmt, sag dann noch einen zweiten und dritten - Ich stelle Dir weitere Fragen, wenn sie mir einfallen."* So beginnt das Denken - meistens subjektiv getönt - zu laufen.

2.3 Konzentration

Definitionsversuch und neuropsychologische Begründung

Man kann sich leichter klarmachen, was Konzentration ist, wenn man mit dem anfängt, was unkonzentriertes Verhalten ist. Als Beispiel sei ein Bericht über einen Patienten aus der Neurologie vorgestellt, dessen Stirnhirn geschädigt ist. Aus Fällen wie diesem schlossen die Neurologen, daß der Frontale Kortex eine wichtige Rolle spielt, wenn wir Handlungen ausführen, Pläne machen, unsere Taten in die unmittelbare Zukunft hineinprojizieren usw. Um ein Beispiel zu geben:

> Ein erfolgreicher Anwalt behielt nach einer Tumoroperation, die den oberen Teil beider Frontallappen schädigte, zwar seinen hohen IQ. Aber er "zog es vor, im Bett zu liegen und fernzusehen. Nur dann, wenn seine Frau ihn geradezu zwang, stand er auf, konnte sich aber im Büro auf keinerlei fachliche Arbeit konzentrieren. Alles, was dort vor sich ging, lenkte ihn ab. Dennoch blieb er für seine Kollegen eine gute Informationsquelle, obwohl sie sein Verhalten nicht tolerierten und ihn daher nur telefonisch konsultierten." (Kolb & Whishaw, 1993, S. 261).

Diese Erscheinung nennen wir im Alltag, wo sie in einfacher Form vorkommt, Ablenkbarkeit. Bei Kindern ist das Stirnhirn noch nicht voll ausgereift, deshalb halten sie bei vielen Themen auch noch nicht so lange durch, wie sich Erwachsene das denken.

Der Psychologe Fritz Jansen hat Schüler/innen, deren Leistungen in der Schule nicht so gut waren, beim Lernen mit einer Videokamera aufgenommen. Seine Ergebnisse waren, diese Jugendlichen können ihre Konzentration nur mühsam bei der Sache halten, sie weichen immer wieder aus, sehen woanders hin oder schalten für Augenblicke ab, sie schieben ein kurzes Stück Tagtraum ein, besonders dann, wenn die Aufgabe etwas mehr Anstrengung verlangt.

Für die Neuropsychologie gibt es eine einleuchtende Deutung

a) Der Frontale Kortex reift bei Kindern erst langsam aus - er ist noch nicht so myelinisiert wie bei den Erwachsenen. Zur Erklärung: Die Nervenstränge mit der Myelinumhüllung sind diejenigen, die alle Informationen wesentlich schneller und vor allem auch weiter transportieren als diejenigen ohne Hülle. Und sie unterstützen die Regie-Aufgabe des Stirnhirns, denn es ist ja einleuchtend, daß die Zusammenführung verschiedener Teilleistungen aus den beteiligten Arealen eine große logistische Leistung ist. Folgen wir der möglichen Aufgabe, die Interpretationen mehrerer Schnurre-Geschichten zusammenzufügen, von denen wir im vorigen Teilkapitel gesprochen hatten. Was muß nicht alles integriert werden!

- Der emotionale Impuls, daß diese Aufgabe interessant für das Individuum ist oder wenigstens, daß sie wichtig ist (Limbisches System) und daß sie sich gegenüber dem hochbesetzten Fußballspiel, der Eisenbahn oder dem Reiten durchsetzen sollte.
- Der motorische Impuls, die Texte aufzuschlagen und die Notizen durchzusehen (Motorik).
- Der spezielle Impuls des Frontalen Kortex, nun die Erinnerung an die Lektüre und die Besprechung (Hippokampus) klar und wach zu aktivieren.
- Die frontal gesteuerte Koppelung der semantischen Speicher in der linken Hemisphäre (Stichworte, Beschreibungen) mit denen der rechten Hemisphäre (Szenen, Figuren, innere Vorstellungen).
- Die Verdichtungen verschiedener sprachlicher und imaginativer Aspekte in zwei oder drei Begriffen, deren Merkmale mit den aktivierten Textpartikeln übereinstimmen.
- Und eine ganze Weile müssen alle diese Parameter aktiv bleiben, sie verlangen neuronale Leistung, sie machen müde. Bei den Freizeitbeschäftigungen hingegen bleibt man viel länger wach!

b) Der linke Frontalkortex reift generell später als der rechte: Das heißt, im Schnurre-Beispiel wäre es relativ leicht, über eine Imagination die Figuren der Geschichte hervorzuholen, aber es ist eine ganz andere Anforderung, sie nun mit verbalen Mitteln und auch noch genau in eine Abfolge zu bringen: Jedes Merkmal muß stimmen, die Syntax auch und die Rechtschreibung obendrein. Die veröffentlichte Diskussion von Fachleuten über einen vierzehnjährigen Schüler, der zu einem dramatischen Bild einen Text schreiben mußte, zeigt diesen Zustand ganz deutlich: Die Story, die Philipp erfindet, ist gut und paßt genau zum Bild, was nicht paßt, sind grammatische Elemente und die Rechtschreibung, die teilweise völlig unbedacht erscheint. Bei diesem normal begabten Schüler ist wahrscheinlich ein bestimmter Teil des Gehirns später gereift als im Durchschnitt - die Folge ist, er hat Mühe mit partiellen Leistungen, die vom linken Frontalkortex gesteuert werden.

c) Der linke Frontalkortex reift bei Jungen langsamer als bei Mädchen: So erklärt sich, warum Mädchen in vielen Phasen den Jungen sprachlich überlegen sind (also eventuell auch beim Lesen und in den Fremdsprachen), und es erklärt sich, warum Mädchen die meisten Aufgaben in der Schule klagloser erfüllen, weil ihre interne Planungsfähigkeit früher reift. Als Hindernis kommt eventuell eine ebenfalls zeitig reifende Emotionalität in die Quere, die sich mit der eigenen Person, der eigenen Stellung im sozialen Umfeld und mit den eigenen Hobbys beschäftigt.

Wir bleiben bei der Konzentrationsförderung sowie bei den Steuerungszentralen und fragen uns, was wir hier bewirken können, und wie wir unsere eigene Konzentration oder die der Jugendlichen stärken wollen?

Man kann den Lesern und potentiellen Lernern das Gefühl geben, wie es ist, wenn man eine Sache ergriffen hat und bei ihr bleibt. Das kann durchaus anstrengend sein, muß es aber nicht: Interessante Themen halten lange wach, das weiß jeder, der irgendwann einmal einem Steckenpferd gefolgt ist; Sport, Eisenbahn, Reiten und auch Schmökern können ihre Adepten regelrecht absorbieren. Zu diesem Gefühl des Aufgehens in einer Beschäftigung hat Mihalyi Csikszentmihalyi (1988) die Äußerungen von Menschen zusammengetragen, die voll bei ihrer Sache waren - so ungefähr sieht die Empfindung aus, die wir anstreben und von der wir mit Konzentrationsübungen einen kleinen Eindruck bekommen:

1. "Meine Aufmerksamkeit wandert nicht umher, ich denke nicht an irgend etwas anders. Ich bin völlig in dem, was ich gerade tue. Mein Körper fühlt sich wohl. Ich scheine keine Geräusche zu hören. Die Welt ist mir wie abgeschnitten. Ich denke nicht an mich und meine Probleme." (S. 121f.)
2. "Meine Konzentration ist leicht wie das Atmen, ich denke gar nicht daran. Ich habe meine Umgebung vergessen, nachdem ich angefangen hatte. Ich meine, das Telefon oder die Türklingel könnte läuten oder das Haus abbrennen oder irgend so etwas. Wenn ich beginne, schließe ich die Welt aus, wenn ich aufhöre, lasse ich sie wieder herein."
3. "Ich bin tief in dem drin, was ich gerade tue. Ich sehe mich nicht getrennt von dem, was ich tue." (S. 139f.)

Zu diesem Gefühl (und zur Entwicklung des Stirnhirns) helfen Konzentrationsübungen. Das Gefühl, das man dabei bekommen kann ist: Ich gehe Schritt für Schritt vor, ich bleibe in der Sache drin, meine Konzentration ist wie eine Kette, die nicht reißt oder abbricht. Nebenbei sei gesagt, daß auch Erwachsene im Durchschnitt nicht länger als ca. vierzig Minuten am Stück bei einer Sache bleiben - auch hier differieren die Zeiten je nachdem, worum es geht!.

Übungen zur besseren Konzentration

Zunächst grenzen wir den Begriff mit einigen partiellen Definitionen:ein:

- Nicht direkt inhaltlich gebundene Anwärmungen,
- Angelegt darauf, die mentale Ausrichtung, die Fokussierung auf die Aufgabe herzustellen oder wiederherzustellen,
- Dennoch sollte in den Aufgaben ein Ziel oder ein erstes kleines Ergebnis erkennbar sein,
- Berücksichtigung der Eigenarten des linken und rechten präfrontalen Kortex.
- Die Übungen sollten an jeder beliebigen Stelle aufgenommen werden können.

1. Suchen Sie die Wörter eines Satzes in diesem Salat

ertwopefgj3rpovtferugoqeruürpwasqwkeüpebniriufqwpöosieht1n2rbniurülkvrvßder0b 4brlwkpvofdlirbzmann9oweveq29wpb2remt9rpnqimroihtmwedägjdlliegekwdsmstuhlr foqertaidtierrmittpwderrewrnummer13ürwneqrrerimwjerbqwjtbildrvvoijrtgudasrjntgs djrvürguntenhreöknrowüijstehtrrtqejrnverjrobiqejtoqschreibenrmvqpoämsiebtpävrese ogonoitrjztunterrdvrhvuitimden6bzmwortw4vj3iuti6up43povmer34eruvti3uiesalatvur htekropevsdkfsdjfsirocneiejc.

2. Folgen Sie dieser Rechenkette, solange Sie wollen: Es kommen aber immer wieder volle Zahlen zwischen 1 und 10 vor.

20 x 3 - 17 : 2 x 4 + 2 : 11 : 2; Ergebnis ^{3} x 2 , dann die Quersumme + 23 : 17, Ergebnis^4 x 6 + 4 : na, wo sind wir?

3. Rechnen Sie von 93 rückwärts in 7er-Sprüngen (Rest 2)!

4. Lesen Sie die folgenden Sätze von hinten und sprechen Sie sie vorwärts:

Gesicht menschlichen vom die ist uns für Erde der auf Fläche unterhaltendste Die Viertel*stunden* die als sind größer Viertel-Stündchen die daß, Sache bekannte ganz eine ist Es -
Wahrheitsagen vom nicht aber, Welt der in leben wohl sich's läßt Wahrsagen -
Vom Satz entgegengesetzten den als gefunden wahr öfters ich habe, über Mund der geht davon, ist voll nicht Herz das Wovon -
unnötig nicht ihnen auf Blitzableiter die deswegen macht ,wird gepredigt Kirchen den in Daß -
ist Mode es wie, schreibt so der, den als, kann werden Mode es wie, schreibt so der, lieben mehr Mann den immer mag Ich - (G. Chr. Lichtenberg)

5. Versuchen Sie, die Details auf dem Weihnachtsmarkt zu benennen, und zwar flott!

2.10 Peter Becker: Frankfurter Römer mit Christmarkt 1876

6. Was fällt ihnen zum Stichwort *Honig* ein, schreiben Sie es so assoziativ auf, wie es Ihnen einfällt.

8. Finden Sie die zwölf Veränderungen im zweiten Bild!

2.11 Aubrey Beardsley: Illustration zu einem Märchen von Oscar Wilde (1922)

2.12 Wieviele Bäume sind nur mit zwei Linien gezeichnet?

Die Musik von Hübner und Steinbach

Die Stücke des Komponisten Peter Hübner hatten wir ja bereits erwähnt. Er stellt mit musikalischen Mitteln Ansprüche an die Hör-Regie, die sich immer wieder auf neue melodische und rhythmische Varianten einstellen muß.

Etwas anders geht Ingo Steinbach vor, der mit Obertönen bis zu 20.000 Hertz versucht, bestimmte Areale des Gehirns zu erreichen. In seiner Bearbeitung des Mozart-Zeitgenossen Carulli können Impulse entstehen, mit denen sich die Dominanz der rechten Hemisphäre (vor allem bei Jugendlichen) zur linken Konzentrationszentrale im Frontalen Kortex verschieben läßt - eine Zentrale, die wir dringend für alle analytischen und fast alle sprachlichen Aufgaben benötigen und die bei jungen Menschen oft noch nicht so lange und ausdauernd arbeiten kann.

Die Konzentrationsmusik Michael Hutchisons schließlich arbeitet mit dem dichotischen Hören, d.h. verschiedene Impulse werden über das linke und rechte Ohr ausgestrahlt, in der Hoffnung auf die Aktivierung bestimmter Gehirnwellen. Diese Musik ähnelt den Geräuschen von Motoren und bringt eine große Monotonie mit sich, die von vielen Probanden nicht leicht angenommen wird.

Wirkung

Die vorgestellten Ratschläge haben - über den Fragebogen erfaßt, der am Ende dieses Kapitels (S.50) abgedruckt ist, - bei 50 bis 70 Prozent der Teilnehmer in größeren Studentengruppen positiv gewirkt. Der besten Effekt wurde dem detektivischen Bilderrätsel zugestanden (*Nr. 8: Finden Sie die zwölf Veränderungen im zweiten Bild).* Insgesamt scheint die Wirkung aber immer nur kurzfristig anzuhalten, etwa 20 Minuten lang. Solche Zeitspannen bis hin zu 40 Minuten werden in der Literatur, die sich mit Konzentration beschäftigt, als Frequenzen für die fokussierte Aufmerksamkeit genannt, nach denen auch Erwachsene kurze Durchhänger haben oder nach denen sie sich neu motivieren müssen (Patterson, 1993).

Allerdings verringert sich Konzentration nicht immer gleichmäßig. Ronald A. Cohen (1993, S. 70) hat vier Kurven aufgezeichnet, in denen die innere Spannung und die äußere Genauigkeit bei Menschen zurückgehen:

- in einer relativ geraden abwärtszeigenden Linie, die wie ein mittlerer Skihang aussieht,
- in einem plötzlichen Abbruch, der nach langer und hoher Präsenz eintritt und Erschöpfung anzeigt,
- mit einem schnellen Abschwung am Anfang, der in ein mittleres Niveau der Konzentration einmünde und häufig bei Routineaufgaben vorkommt,
- in phasenweisem Nachlassen, das nach zwei oder Stufen in völliger Unaufmerksamkeit endet.

Der Leser oder die Leserin möge also selbst probieren. Die Wirkung speziell von Musik entfaltet sich am besten, wenn man sie wiederholt über die Kopfhörer auf sich wirken läßt. Größere Gruppen können auch mit Stereolautsprechern daran teilnehmen.

Die folgende Tabelle soll eine gewisse Zuordnung der Konzentrationsübungen zu neuropsychologischen Kategorien herstellen, so daß Sie die Übungen nach Bedarf einsetzen können.

Tabelle 2.3 Übersicht über Konzentrationsübungen und ihre neuropsychologische Zuordnung

Linker Frontalkortex	**Verbindung der Hemisphären**	**Rechter Frontalkortex**
Wortsalat mit Wörtern, aber darin ein Satz, der zu einem Bild paßt. (*Was sieht der Mann im Liegestuhl?)*	Bild (Advent auf dem Frankfurter Römerberg): Schnell Wörter zu einem Bild finden, so viel wie möglich.	Wortfeld assoziativ zu einem Stichwort bilden.
Sätze rückwärts lesen und vorwärts sprechen.		Unterschiede zwischen zwei Bildern, welche zwölf Veränderungen gibt es?
Rückwärts in 7-er Sprüngen zählen.		Bäumezählen, die nur mit zwei Linien statt mit drei gezeichnet sind.
Rechenkette mit Grundrechenarten, die in einer einfache Zahl endet		
	Peter Hübner oder Ingo Steinbach Konzentrationsmusik	
	Andere Übungsmöglichkeiten	
	Krimirätsel im Bild mit Fragen: z.B. Lawrence Treat: "Wer ist der beste Detektiv?" (1994)	Vexierbilder: Formen darin entdecken! Oder Vorstellungen entwickeln: Wie sieht die Rückseite des Hauses aus? Phantasien entwickeln mit der Vorgabe von exaktem Material.
		Rätsel oder Anti-Sprüche auflösen.

2.4 Aufmerksamkeit

Die Theorien über Aufmerksamkeit sind Legion und zum Teil auch widersprüchlich, deshalb arbeiten wir ja in diesem Buch mit den kleineren Schwestern Wachheit, Anwärmung und Konzentration. Die neuropsychologischen Fingerzeige für das allgemeine Thema Aufmerksamkeit bringen einige neue Nuancen, weil sie mithilfe moderner Verfahren deutlicher vorführen, wie die Datenbahnen laufen, wenn sie mit Aufmerksamkeit "befahren" werden: Die Informationen werden vor der bewußten Einschätzung schon vorgeprüft, und zwar im limbischen Bereich, speziell im Thalamus und in der Amygdala - dieses Thema wird hier im Kapitel "Emotionen" behandelt, einige Aspekte davon tauchen auch im Kapitel "Verknüpfungen" auf.

Für Leser, die an einer Einordnung des Begriffs interessiert sind, sei eine kurze Übersicht versucht, die von der Sprachpraxis ausgeht und eine grobe theoretische Einordnung vornimmt. Im alltäglichen Umgang benutzen wir das Wort "Aufmerksamkeit" häufig:

- Die Ehefrau zu ihrem Mann (der ihr nicht aus dem Mantel hilft): *"Sei doch künftig ein bißchen aufmerksamer"*.
- Der Lehrer zu einem Schüler: *"Ein bißchen mehr Aufmerksamkeit möchte ich mir schon ausbitten!"*
- Der Richter zu einem Autofahrer: *"Ihre Aufmerksamkeit war wohl etwas abgelenkt?"*

In allen drei Beispielen werden die Angesprochenen darauf hingewiesen, daß sie ihren Blick und ihre gesamte Wahrnehmung auf einen bestimmten Ausschnitt der Umgebung richten sollen:

- auf die Höflichkeit erwartende Ehefrau,
- auf den Mittelpunkt des Unterrichts (nicht auf das Briefchen unter der Bank),
- auf das geradeaus fahrende Fahrrad beim Rechtsabbiegen und nicht nur auf die anderen Autos.

Damit ist auch das Zentrum der psychologischen Darstellungen getroffen. Aufmerksamkeit heißt, aus einer Wahrnehmungsfülle das Wichtige zu selektieren und sich auch rechtzeitig auf das neue Erfordernis umzustellen wie z.B. auf die schmale Silhouette des Zweiradfahrers. Weitere hilfreiche Merkmale psychologischer Ausfaltung sind: Aufmerksamkeit als bewußte und kontrollierte Auswahl der Handlungen sowie ein bewußtes Umschalten im Handeln. Und der Hinweis auf die Kapazität der Aufmerksamkeit bringt uns auf den Umfang des Arbeitsgedächtnisses, das nur eine begrenzte Anzahl von Informationen zu einem Zeitpunkt bearbeiten kann. Für einen konkreten Fall gefragt: Wieviele Daten und Signale sind im Verkehr bei hohem

Tempo überhaupt noch registrierbar, so daß eine angemessene Reaktion möglich bleibt?

Der Punkt "bewußtes Umschalten" bezieht sich beispielsweise auf Reaktionen in einem Gespräch: Aufmerksam ist jemand, der seine Antworten kontrolliert, bevor er sie äußert und der auch Themen bewußt wechseln kann. Hier bekommt unser Beispiel vom Ehepaar eine zweite Deutungsmöglichkeit, denn der Satz kann auch nach einer Unterhaltung gesagt worden sein, in der es der Mann an Feingefühl mangeln ließ, so daß er nur drauflos geplaudert hat. Der dritte Punkt "Breite des Arbeitsgedächtnisses" bezieht sich auf komplizierte Themen in Texten oder in Kommunikationen: Wie lange braucht jemand, um die Elemente eines Vertrags zu verstehen und kritisch zu prüfen oder auch nur, wie lange braucht er, um eine Anspielung oder einen Witz zu verstehen und zu parieren?

Die philosophischen Meinungen gehen noch weiter. in dem Sinne etwa, daß damit unsere Intentionen bezeichnet werden, unsere generelle Bewußtheit und auch unsere kognitive Fähigkeit allgemein. Die Inhalte dieses weiten Wortfeldes sollen uns hier nicht beschäftigen. Weitere Aspekte treffen wir zum Teil in den erwähnten beiden Kapiteln über die Emotionen und über die Verknüpfungen beim Lesen und Lernen.

Anhang zur Überprüfung der Konzentration

Tabelle 2.4 Fragebogen zur Konzentration

Wachheit	1. Zeitpunkt: Vor der Übung	2. Zeitpunkt: Nach der Übung
1. Ich bin wirklich erschöpft und müde.		
2. Ich bin gerade ziemlich träge.		
3. Ich träume gerade vor mich hin und denke an irgend etwas.		
4. Ich bin normal wach, ich bin da.		
5. Ich bin auf das Thema gespannt, ich möchte jetzt anfangen zu lesen oder zu lernen.		
6. Ich plaudere und schwätze gerade, ich bewege mich, ich bin lustig und laut.		
7. Ich bin gereizt und nervös.		
8. Ich habe Angst und empfinde Unruhe. Ich bin völlig aufgeregt.		
Thema-Anwärmung		
1. Ich habe in den letzten 30 Sekunden an Probleme meines Lernthemas (oder der folgenden Stunde) gedacht.		
2. Ich weiß, was der Hauptbegriff, das Hauptthema meines Themas (der folgenden Stunde) ist.	Thema:	
3. Ich weiß ungefähr, was .... ist. und was ....ist.	Antworten:	
Konzentration		
1. Ich bin in der Lage, den folgenden Satz flott und richtig zu sprechen: *Brautkleid bleibt Brautkleid und Rotkraut bleibt Rotkraut.*		
2. Ich kann locker folgendes Problem lösen: *Jemand hat 400,- DM gespart und gibt davon die Hälfte für einen Pullover und ein Paar Schuhe aus. Die Schuhe kosten dreimal so viel wie der Pullover. Wie teuer war der Pullover?*		

3. Ich kann auch diese Frage leicht lösen: *Ein Mann blickt auf ein Porträt an der Wand und sagt: "Ich habe weder Brüder noch Schwestern, aber dieses Mannes Vater ist meines Vaters Sohn." Wer ist auf dem Bild dargestellt?*		
Aufmerksamkeit		
1. Ich weiß, wie die Teilkapitel des jetzigen Themas heißen und aufeinanderfolgen.		
2. Ich weiß, wo drei verschiedene Bücher zum heutigen Thema bei mir zu finden sind.		
4. Ich kann den Satz so ergänzen, daß er wirklich ganz ungewöhnlich ausgeht und niemand sagen kann, das habe ich erwartet und daß er trotzdem im Wald spielen kann! *Der Jäger ging in den Wald, um * .... zu schießen* (* z.B. Tannenzapfen oder: ....)		
3. Ich weiß, wie die drei Seiten optisch aussehen und aufgebaut sind, die noch in diesem Buch oder Heft zum jetzigen Thema gehören		

Ein weiteres hervorragendes Mittel, um den augenblicklichen Stand der Konzentration bei einzelnen Menschen zu überprüfen ist der Vorschlag aus einem Buch von Vester, Beier und Hirschfeld (1996), nämlich einen Text laut vortragen zu lassen und dabei die Wörter oder Zeilen zu zählen, die jemand ohne Versprecher lesen kann.

Teil II

Die Teilfähigkeiten

3. Genau lesen: Damit fängt alles an

Eine Verhandlungssituation

Nehmen wir einmal folgende Situation an: In derselben kleinen Stadt, in der es ab und zu freie Wohnungen gibt, sitzen zwei verschiedene Leute mit verschiedenen Vermietern zusammen. Den einen nennen wir Sherlock, den anderen Harmonius, beide hocken nicht sehr entspannt auf dem gemütlichen Sofa des Vermieters und sehen sich den Entwurf ihres Mietvertrags an. Harmonius seufzt und unterschreibt, Sherlock seufzt auch, aber er liest - wie es sein Name andeutet - akribisch, findet einige Makken, der gute Vermieter läßt sich auf leichte Korrekturen ein. Und das Ergebnis: Beim Auszug fünf Jahre später zahlt Harmonius Tausende für Schönheitsreparaturen, Sherlock hinterläßt auch eine ordentliche Wohnung, benutzt aber seine Tausender für ein gutes Leben. Worauf gründet sich die Fähigkeit, wichtige Texte wirklich genau lesen zu können?

3.1 Grundlagen in den Hemisphären des Gehirns

Es gibt eine Basis für die Fähigkeit, genau zu sein, nämlich die unterschiedliche Beschaffenheit der Gehirnsubstanz in beiden Hemisphären, die uns einiges über den unterschiedlichen Charakter linken und rechten Denkens vorführt. Dazu müssen wir uns eine Eigenart der Nerven im Gehirn klarmachen, die man am ehesten mit dem Nah-und dem Fernverkehr der Eisenbahn vergleichen kann. Es gibt langsame Stränge, die im lokalen Bereich verlaufen, und es gibt schnellere Strecken, die weite Räume verbinden und die hauptsächlich in Tunneln liegen. Diese Umhüllungen verschaffen den Nervenbahnen noch zusätzliche Geschwindigkeitsimpulse, so daß sie nicht nur fernere und seltenere Ort verknüpfen, sondern insgesamt auch sehr rasant sind. Im folgenden Bild (3.1) sind links einige der kleinräumigen Nervenverbindungen dargestellt, die nur kurze Wege überbrücken, dies aber langsam tun. Rechts in diesem Bild eine der längeren Assoziationsfasern, die ihre Informationen schneller weiterleiten und in andere Cortexregionen hineinreichen. Das nächste Bild (3.2) zeigt ihre dickere Hülle, das Myelin, das wie ein Beschleuniger für die Impulse wirkt.

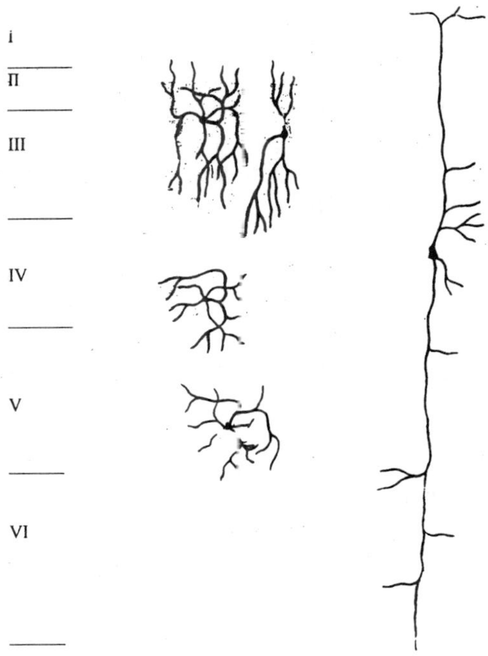

3.1 Zellkörper (Punkte) mit Nervenbahnen (Dendriten und Axonen) in der Kortexrinde. Man erkennt die kurzen und die längeren Verbindungen. (Nach: Frank N. Netter, 1983)

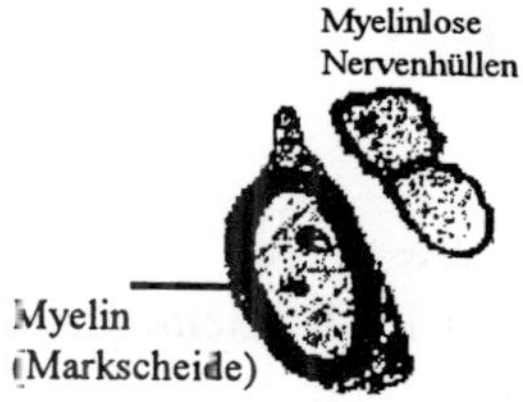

3.2 Schnitte durch Nervenbahnen ohne Hülle, unten ein Schnitt durch eine Leitung mit Myelin (Markscheide). (Nach: Stefan S. Silbernagl & Agamemnon D. Despopoulos,1983)

Nun zur Auswirkung: Die linke Hemisphäre enthält mehr graue Materie als die rechte, das heißt, sie besitzt die langsameren, aber dichter und stärker miteinander verknüpften Fasern: Ihre Nervensubstanz "besteht aus Nervenzellen und nichtmyelinisierten [nicht von Hüllen umgebenen] Fasern, wohingegen" die rechte Hemisphäre "hauptsächlich aus myelinisierten [also umhüllten] Fasern besteht", schreibt Reuben Gur 1980 in einem zentralen Aufsatz zu diesem Thema. Und er zieht die psychologische Konsequenz daraus: Die "verbal-analytischen Funktionen werden von einer inneren Organisation unterstützt, die den Verkehr innerhalb der Regionen fördert, während die räumlich-gestalthaften Aufgaben von einer Struktur ausgeführt werden, die den Informationsfluß über die Teilbereiche hinaus optimal gestaltet."

Die neuronalen Systeme der linke Hemisphäre spezialisieren sich sicher eher auf Details und bündeln ihre Energie auf Brennpunkte - die der rechten Seite verbinden weiter auseinander liegende Informationen, sie machen Ferneres verträglich und müssen nicht so exakt sein. Aber sie können für ein Bruchstück oder für ein isoliertes Teil die verstreuten Reste finden und ein Ganzes herstellen: So ist die rechtshemisphärisch dominierte Wahrnehmung in der Lage, aus einer Augenpartie ein lange nicht gesehenes Gesicht zusammenzusetzen. Und das Denken, das über weite Bahnen verfügt, kann eine Geschichte dazu erfinden, wie ein Hut und eine Torte zusammengehören. Dieses Denken neigt auch zur Harmonie, und so kann sich ein Mensch mit diesen Präferenzen vorstellen, auch mit einem schwierigen Mietvertrag gut zurechtzukommen. Weiträumige Vorstellungen vom Leben und von der Zukunft sind ein weiteres Signum dieser Art. Im Sport und bei anderen Bewegungen koordiniert logischerweise die linke Hälfte die Feinmotorik der rechten Hand, und die rechte Hemisphäre leitet eher die großräumig ablaufenden und vielfältig orientierten Bewegungen.

Aus diesen strukturellen Unterschieden der beiden Gehirnhälften können wir die erste Einsicht für den Umgang mit Texten herausarbeiten: Genaues Lesen arbeitet mit kleineren und genauen Schritten in einem umgrenzten Gebiet, und es braucht eine exakte Passung, d.h. die Anknüpfung und den logischen Bezug zu Informationen in der Nähe des Textteils.

3.2 Anregungen für das Gehirn, genauer zu lesen: Krimilektüre (1)

Wie aktivieren wir nun unser Wissen über den fokussierenden Modus des genauen Lesens? Wir fangen mit einer globalen Einstellung an. Es gibt eine Textsorte, die viele Menschen zum genauen Lesen bringt, und zwar vom Zehnjährigen bis zum Bundeskanzler mit achtzig Jahren. Kriminalromane waren nicht umsonst Konrad Adenauers Lieblingslektüre! Einige Literaten glaubten, aus dieser Information auf ein einfaches Gemüt schließen zu können. In Wahrheit hatte der dominante erste Bundeskanzler ein starkes strategisches Denken und eine stupende Exaktheit in vielen Details!

Wir alle entwickeln während einer forschenden Krimi-Lektüre einen kriminalistischen Blick, mit dem wir ständig die erzählten Fakten überprüfen, was sie mit dem Fall zu tun haben, ob sie uns zum Gauner hinführen oder ob sich da einer nicht durch Widersprüche verrät? Und noch weiter: Da uns die cleveren Kommissare mit Geschick in die Lektüre hineinziehen, gibt es kein leichteres Mittel als kriminalistische Texte, um unseren Sinn für die Genauigkeit zu schulen. So richtet sich der Ermittler in dem unten abgedruckten Kurzkrimi mit folgenden Worten an einen Interviewpartner:

"Bitte erzählen Sie mir nun, was sich *genau* heute abend ereignet hat", unterbrach ihn Fordney. "Nun", begann der Chemiker, "ich kam um etwa vier Uhr nach Hause und nahm meinen Tee. Danach entließ ich meine Haushälterin, die ihre Schwester besuchen wollte, und begab mich ins Labor. Gegen sechs Uhr wurde es dunkel, und ich machte Licht, ich war ganz in meine Arbeit vertieft, als ich etwa gegen elf Uhr das Splittern einer Glasscheibe aus der Richtung der Küche vernahm. Reflexartig drehte ich die Glühbirne über meinem Arbeitsplatz heraus und hielt den Atem an."

Wir üben jetzt an dieser kurzen, prägnanten Geschichte, uns Schritt für Schritt voranzutasten: Wir überprüfen die naheliegende Bedeutung jeder Aussage und halten sie im Hinterkopf parat. Um das schrittweise Lesen zu erleichtern, habe ich mögliche Schlußfolgerungen in den Text eingeschoben.

Austin Ripley: Erpressung

"Professor Fordney (der Detektiv) saß im Arbeitszimmer des bekannten Chemikers William Blubber. "...ich arbeite an einer bestimmten Kunststoffmischung", erzählte der Wissenschaftler gerade. (*Was bedeutet es, daß einer Kunststoffchemiker ist, was weiß er dadurch?)*

"In den letzten Wochen bekam ich mehrere anonyme Briefe, *(bei anonymen Briefen muß doch irgendein Bekannter im Spiel sein*)

in denen ich aufgefordert wurde, dem Schreiber meine neue Formel für 100.000 Dollar zu übergeben. *(100.000 Dollar sind viel Geld, da müssen aber große Erwartungen des Erpressers dahinterstecken.)*

Ein geradezu lächerlicher Betrag angesichts der enormen wirtschaftlichen Möglichkeiten. *(Also geht der Chemiker davon aus, viel Geld zu verdienen.)*

Man drohte mir mit gewissen Maßnahmen gegen mich und meine Familie, falls ich die Polizei einschaltete. *(Der Chemiker ist Familienvater und dadurch verletzbar.)*

Daher habe ich mich auch an Sie gewandt. Ich frage mich, wie die von meinen Arbeiten erfahren haben..." *(Das wird sicherlich eine Zentralfrage: Wer kann außer dem Professor etwas von dieser Formel wissen?*)

"Bitte erzählen Sie mir nun, was sich genau heute abend ereignet hat", unterbrach ihn Fordney. "Nun", begann der Chemiker, "ich kam um etwa vier Uhr nach Hause und nahm meinen Tee. Danach entließ ich meine Haushälterin, die ihre Schwester besuchen wollte, und begab mich ins Labor. *(Welche Rolle spielt die Haushälterin? Sie könnte einiges wissen, und der Besuch bei der Schwester wäre ein Vorwand.)*

Gegen sechs Uhr wurde es dunkel, und ich machte Licht. *(Also ist es Herbst oder Frühjahr.)*

Ich war ganz in meine Arbeit vertieft, als ich etwa gegen elf Uhr das Splittern einer Glasscheibe aus der Richtung der Küche vernahm. *(Die Küche kann demnach nicht weit vom Labor entfernt sein.)*
Reflexartig drehte ich die Glühbirne über meinem Arbeitsplatz heraus und hielt den Atem an, *(geschickte, geistesgegenwärtige Reaktion)*
während sich draußen Schritte näherten. Jemand öffnete leise die Tür und richtete eine Taschenlampe in den Raum. *(Dieser Jemand muß sich gut auskennen.)*
In diesem Augenblick warf ich die Glühbirne zu Boden. Sie explodierte mit einem lauten Knall, *(Naturwissenschaftler kennen sich mit physikalischen Sachen aus: Warme Birnen explodieren.)*
den der Einbrecher wohl für einen Schuß hielt, denn er knipste die Taschenlampe aus. Ich warf mich im Dunkeln auf ihn, und im folgenden traf ihn ein Schuß aus seiner eigenen Waffe..."
(Also jemand ist verletzt worden. Aber wer? Wo sind die Spuren?)
"Sind Sie Rechts- oder Linkshänder?" fragte der Kriminologe unvermittelt. *(Mit welcher Hand würde er die Birne werfen oder mit einer Pistole schießen? Könnte er so schnell von der Birne zur Pistole wechseln?)*
"Wieso?... Ich, eh..." "Ist auch egal", unterbrach ihn Fordney. "Sie können kaum erwarten, daß ich Ihre Geschichte glaube.""

Die Lösung und der genaue Blick

Im ersten Durchgang dieser sehr knappen Handlung haben wir (vielleicht) noch nicht den Knackpunkt gefunden, aber gemerkt, daß der Detektiv Zweifel hat: Geht das Werfen und dann das Schießen im Dunkeln so schnell? Wo sind die Spuren des Einbrechers? Die Lösung erhalten wir aber nur, wenn wir eine Stelle, an der wir nicht kritisch, sondern bewundernd gelesen hatten, noch einmal überprüfen:

> "Gegen sechs wurde es dunkel, und ich machte Licht. Ich war ganz in meine Arbeit vertieft, als ich etwa gegen elf Uhr das Splittern einer Glasscheibe aus der Richtung der Küche hörte. Reflexartig drehte ich die Birne über meinem Arbeitsplatz heraus."

Da hatten wir vorhin nur den Reflex bewundert. Jetzt sollten wir genauer denken: Wie lange brennt die Birne ? Von sechs bis elf Uhr - und sie dann herausdrehen? Das ist wohl der falsche Dreh. Wir sehen jetzt übrigens auch, daß der geschickte Autor die Zeitangabe, "Gegen sechs Uhr wurde es dunkel und ich machte Licht" nicht für die Jahreszeit, sondern für die Brenndauer brauchte! Wir werden solche Informationen, die an scheinbar unwichtigen Stellen stehen, später noch einmal kennenlernen.
Wir hätten jene auffällige Stelle also mit unserem fokussierten Blick betrachten müssen. Wie könnte dieser Blick aussehen? *Glühbirne herausgedreht:* eine Hand greift nach oben / wie lange dreht sie? / Wie fest sitzt eine Birne - braucht man nicht beide

Hände? / Wie heiß ist so eine Birne? / Hatte der Chemiker eventuell Handschuhe an - Davon wird nichts berichtet, die meisten Gummihandschuhe schützen nicht gegen heiße Birnen! / Hier hat der Chemiker geflunkert - warum? Der Pistolenschuß ist wohl in einer anderen Auseinandersetzung gefallen.

3.3 Mietverträge als Krimis lesen

Kleingedrucktes zu lesen kann eine Marter sein, es kann aber auch die Qualitäten eines guten Krimis erreichen, v.a. wenn wir mehrere Texte derselben Sorte, z.B. Mietverträge vergleichen. Und am Ende sehen wir doch so etwas wie Täter, nämlich Menschen, die ihre Verträge mit der Lupe formuliert und dabei ihre Absichten wie Stecknadeln im Heu versteckt haben. Und das Ergebnis: Wir sparen Geld und Ärger. Das mit dem Ärger betrifft beide Seiten, den Mieter wie den Vermieter.
Wir gehen zu dem eingangs schon simulierten Beispiel mit den Schönheitsreparaturen und vergleichen drei gängige Mietverträge.

Vertrag a)

§ 7 Schönheitsreparaturen
1 Die Schönheitsreparaturen während der Mietdauer übernimmt auf eigene Kosten
-- der Vermieter -- der Mieter

[Es folgen die Angaben über die Renovierungsphasen]

§ 8 Bagatellschäden

Kleine Instandhaltungen, die während der Mietdauer erforderlich werden, sind
-- vom Vermieter -- vom Mieter
auf eigene Kosten fachgerecht auszuführen, soweit die Schäden nicht vom anderen Vertragspartner zu vertreten sind.
Die kleinen Instandhaltungen umfassen nur das Beheben kleiner Schäden an den Installationsgegenständen für Elektrizität, Wasser und Gas, den Heiz- und Kocheinrichtungen, an Fenster- und Türverschlüssen sowie an den Verschlußvorrichtungen der Fensterläden.

Vertrag b)

§ 7 Instandhaltung und Instandsetzung der Mieträume
1. Der Mieter verpflichtet sich, entsprechend dem nachstehend aufgeführten Fristenplan während der Dauer der Mietzeit bei Bedarf die Schönheitsreparaturen (Tapezieren und Anstreichen der Wände und Decken, Streichen der Fensterläden, Heizkörper einschließlich Heizungsrohre, der Innentüren samt Rahmen, der Einbauschränke sowie der Fenster und Außentüren von innen auf eigene Kosten durch Fachhandwerker ausführen zu lassen.)
3. [Es folgt der ausführliche Fristenplan]
4. Kommen die Mieter ihrer Verpflichtung nicht spätestens bis zum Auszug nach, so ist der Vermieter berechtigt, die nachträgliche Ausführung der Schönheitsreparaturen - ohne daß es hierzu einer besonderen Mitteilung bedarf - auf Kosten der Mieter vorzunehmen. Die Mieter haften daneben für den Schaden, der durch die nachträgliche Ausführung der Schönheitsreparaturen entsteht (Mietausfall).
5. Der Fristenplan gilt nur, sofern das Mietverhältnis länger als 6 Jahre dauert. Zieht der Mieter vor Ablauf von 6 Jahren aus, so verpflichtet er sich, an den Renovierungskosten der Wohnung wie folgt sich zu beteiligen:
Bei einer Mietdauer von 6 Jahren = 100%
Bei einer Mietdauer von 3 Jahren = 50 %
Bei einer Mietdauer von 1 Jahr = 15 %
Der Nachweis über laufend durchgeführte Schönheitsreparaturen ist durch Rechnungsbelege zu erbringen.

Vertrag c)

§ 8 Schönheitsreparaturen/Bagatell-Schäden

1. Unter Berücksichtigung der in § 3 Ziff. 1 festgelegten Mietzinshöhe übernimmt die Schönheitsreparaturen während der Mietdauer auf eigene Kosten
-- der Vermieter -- der Mieter
Zu den Schönheitsreparaturen gehören insbesondere Anstrich bzw. Tapezieren der Wände und Decken, Anstrich (Versiegelung) der Böden bzw. Reinigung/Erneuerung der Teppichböden, Innenanstrich von Türen und Fenstern, Anstrich von Heizkörpern, Versorgungsleitungen etc.

2. Kleinere Instandhaltungen, die während der Mietdauer erforderlich werden, sind
--- vom Vermieter -- vom Mieter
auf eigene Kosten auszuführen, soweit die Schäden nicht vom anderen Vertragspartner zu vertreten sind. Die kleinen Instandhaltungen umfassen nur das Beheben kleiner Schäden bis zum Betrag von DM 100,- im Einzelfall an Teilen der Wohnung, die dem direkten und häufigen Zugriff des Mieters ausgesetzt sind, wie

z.B. Hähne und Schalter für Wasser, Gas und Elektrizität, Jalousien, Markisen, WC- und Badezimmereinrichtungen, Verschlußvorrichtungen für Fenster, Türen und Fensterläden, Heiz- Koch- und Kühlvorrichtungen, Spiegel, Verglasungen, Beleuchtungskörper usw. Die Verpflichtung besteht nur bis zu einer jährlichen Gesamtsumme aller Einzelreparaturen von bis zu 8% der Jahresmiete, höchstens jedoch DM 300,- pro Jahr.

3. [Hier steht der Fristenplan]

4. Sind bei Ende des Mietverhältnisses Schönheitsreparaturen nach dem vorstehenden Fristenplan noch nicht fällig, so hat der Mieter nur einen Kostenanteil zu tragen, den eine im Falle des vollen Fristablaufs bei Ende des Mietverhältnisses durchzuführende Schönheitsreparatur verursacht hätte.

Lösungen

Sehen wir zunächst nach Wörtern, die uns auffallen wie die Glühbirne im Krimi: Vertrag a) Die Schönheitsreparaturen müssen *fachgerecht* ausgeführt werden. Der Mieter ist gehalten, sie auf eigene Kosten durch *Fachhandwerker* ausführen zu lassen. Der Nachweis über laufend durchgeführte Schönheitsreparaturen ist durch *Rechnungsbelege* zu erbringen.

Vertrag c) [Es] übernimmt die Schönheitsreparaturen während der Mietdauer *auf eigene Kosten* der Vermieter oder der Mieter.

Benutzen wir unser allgemeines Sprachverständnis wie bei der Glühbirne, das wir hier allerdings durch ein gutes Wörterbuch unterstützen: *fachgerecht:* das heißt so viel wie "fachlich richtig, sachgemäß" - also so zu streichen oder zu tapezieren, daß es dem üblichen Standard entspricht. Dann kann der Mieter/Vermieter das auch mit ordentlichem Handwerkszeug selber machen, oder er kann sich von geschickten Bekannten helfen lassen. So auch ein gängiger Kommentar zum Mietrecht: "Er muß die Renovierung handwerklich einwandfrei ausführen. Dabei dürfen nicht so strenge Anforderungen gestellt werden, sondern es ist als Maßstab eine sorgfältige und geschickte Ausführung im "Do-it-yourself-Verfahren" anzulegen. Der Vermieter braucht sich nicht mit Pfuscharbeiten zufrieden zu geben." (Friedemann Sternel, 1988, 420).

Auf eigene Kosten: Das heißt der Mieter oder Vermieter muß bezahlen, was im Zusammenhang mit der Renovierung an Ausgaben anfällt, ob das nur für das Material oder auch für Arbeitszeiten ausgegeben wird, ist damit offengelassen.

Fachhandwerker und *Rechnungsbelege* weisen beide eindeutig auf eine Firma hin, die professionelle und bezahlte Arbeiten ausführt. Diese Formel ist übrigens nach dem zitierten Kommentar zu eng: Es "sind Fachhandwerkerklauseln, die den Mieter verpflichten, die Arbeiten durch einen Maler ausführen zu lassen, unwirksam" (Sternel, 410). Ein solcher Vertrag würde also beiden Parteien Ärger bringen können.

Richten wir ein zweites Mal unseren Blick auf einzelne Wörter, diesmal auf die Aufzählungen dessen, was alles repariert werden muß: Vertrag a) Zu den Schönheitsreparaturen wird nichts gesagt. Vertrag b) Schreibt vor: Tapezieren und Anstreichen der Wände und Decken, Streichen der Fensterläden, der Heizkörper einschließlich Heizungsrohre, der Innentüren samt Rahmen, der *Einbauschränke* sowie der Fenster und Außentüren (von innen) auf eigene Kosten durch Fachhandwerker ausführen zu lassen.

Vertrag c) Zu den Schönheitsreparaturen gehören insbesondere Anstrich bzw. Tapezieren der Wände und Decken, *Anstrich (Versiegelung) der Böden bzw. Reinigung/Erneuerung der Teppichböden,* Innenanstrich von Türen und Fenstern, Anstrich von Heizkörpern, Versorgungsleitungen etc.

Im Vertrag c sind die Pflichtenbereiche des Mieters *kursiv gedruckt,* die über B hinausgehen, also hauptsächlich beim Fußboden. Hier umfassen Schönheitsreparaturen u.a. das *"Versiegeln"* von Holzböden und Parkett, und noch weiter den Kauf eines neuen Teppichbodens und sein Verlegen. Demgegenüber erscheint das Streichen der Einbauschränke in Vertrag b relativ harmlos.

Wir könnten zu Mietverträgen noch weitere Leseaufgaben stellen, z.B. zu den Zeiträumen der Renovierungen (zwischen drei und neun Jahren) und zu den Regelungen im Konfliktfall (wodurch wird der Nachweis geführt?). Das Prinzip der genauen Lektüre, die sich auf einzelne Wörter ausrichtet, sollte aber an diesen beiden - finanziell bedeutsamen - Exempeln klar geworden sein.. Die Quellen der Mietverträge: a) Bundesministerium der Justiz b) Stuttgarter Haus-und Grundbesitzer-Verein c) Zweckform-Verlag.

3.4 Krimilektüre (2): Auf die Verbindung der Textteile achten

Wir richten unseren fokussierten Blick jetzt erneut auf einzelne Stellen, rechnen aber damit, daß der Haken nicht in diesem oder jenem Wort allein steckt, sondern daß sich die Lücke zeigt, indem wir kritische Punkte mit dem vorangegangenen Text vergleichen und sie auch für den folgenden Kontext aufmerksam im Sinn behalten. Zum Anwärmen und zum Training eignet sich wieder eine Kriminalerzählung. Der Text trägt den passenden Titel:

H.P. Karr: Mörder können nicht an alles denken

"Es war schwül, und sicher würde es bald regnen, aber das war nicht der Grund, warum Brenner nervös war. Seine Hand zitterte, als er sich am Barwagen einen Whisky eingoß. Zwei Eiswürfel klirrten im Glas.

Kommissar Roloff sah sich in der Wohnhalle des eleganten Vorstadtbungalows um. Parkettboden, helle Teppiche, teure Möbel aus der Designerwerkstatt.

Die herausgerissenen Schubladen und verstreuten Bücher, Schallplatten und Videokassetten wirkten eher wie ein modischer Akzent und nicht wie die Spuren eines Einbruchs.

Das Telefon lag zerbrochen auf dem Boden.
Marei Brenner war mit ihren 42 Jahren immer noch eine schöne Frau mit langem, blonden Haar und einem vollen, sinnlichen Mund gewesen.
Jetzt lag sie mit einer Schußwunde in der Brust neben der Tür auf dem Boden. Todesursache: Schuß aus einer großkalibrigen Waffe aus knapp drei Metern Entfernung.
Todeszeit gegen vier Uhr nachmittags. Vor einer halben Stunde also.
"Ich kam aus dem Laden..." sagte Brenner jetzt und leerte sein Glas in einem Zug.
"Als ich in die Garage fuhr, hörte ich einen Schuß. Ich lief ins Haus und fand sie. Im gleichen Moment kam auch Gerlinde Hoffmann durch den Garten herüber..."
Er zögerte.
"Ich bin dann zu ihr hinüber, um die Polizei anzurufen."
Kommissar Roloff nickte. "Beruhigen Sie sich erst einmal." Er sah dem Mann von der Spurensicherung zu, der die Glassplitter aus der Scheibe der Terrassentür zusammenklaubte, die innen auf dem Parkett lagen.
Andere fotografierten die lehmigen Fußspuren auf dem blanken Holz. Gummistiefel, Größe 43, schätzte der Kommissar.
"Marei hatte mich gegen halb vier angerufen", sagte Brenner. "Sie hatte Angst, weil ein Mann ums Haus herumschlich..."
Roloff nickte wieder. Sein Assistent Fuchs war unterwegs, um Brenners Angaben nachzuprüfen. Angeblich hatte er seinen Laden gegen Viertel vor vier verlassen, um nach Hause zu fahren. Brenner verkaufte Bürocomputer.
Ein Spurensicherer stäubte schwarzen Staub auf alle glatten Flächen.
"Fingerabdrücke?" fragte Roloff.
"Nichts", meinte der Mann. "Weder am Bücherregal noch an der Schrankwand. Auch das Telefon ist blitzblank."
"Die Putzfrau war heute hier", sagte Brenner vom Barwagen her. "Sie kommt immer mittwochs, von neun bis zehn Uhr."
Kommissar Roloff ging die Fakten durch. Berger hatte um 16.05 Uhr den Vorfall über Notruf 110 gemeldet. Die erste Funkstreife war fünf Minuten später am Tatort, eine Viertelstunde danach war Roloff mit der Mordkommission eingetroffen.
Alles schien klar zu sein. Die zerbrochene Scheibe, die Unordnung, die Fußspuren und die tote Frau in der Tür. In der letzten Zeit hatte es in der Gegend eine Reihe von Einbrüchen gegeben.
Marei Brenner hatte den Einbrecher ertappt, der Mann war in Panik geraten und hatte geschossen.
Nur störte Roloff, daß die anderen Einbrüche stets nachts verübt worden waren.
Einer der Streifenpolizisten brachte eine hübsche rotblonde Frau herein.
"Gerlinde Hoffmann", sagte sie. "Ich wohne nebenan."
"Sie haben den Schuß gehört?" fragte Roloff.
Sie nickte. "Ja. Und heute vormittag ist ein Mann hier um die Häuser herumgestrichen. Circa 25 Jahre alt, groß, dunkelhaarig, gelbes T-Shirt, Jeans und Turnschuhe." Sie machte eine Pause. "Ich habe mir nichts dabei gedacht ...auch nicht, als ich gegen vier Uhr den Schuß hörte. Es war gerade in dem Moment, in dem Herr Brenner in die Garage fuhr."
"Sie sind mit den Brenners befreundet?" fragte der Kommissar plötzlich.

"Eher mit Herrn Brenner." Gerlinde warf Brenner einen schnellen Blick zu. "Marei war eifersüchtig."
"Mit Grund?" fragte Roloff.
"Ihrer Meinung nach schon, unserer Meinung nach nicht", mischte Brenner sich ein.
"Gerlinde ... Frau Hoffmann ist viel allein, seit ihr Mann gestorben ist. Ich habe mich mit ihr häufiger wegen einer Beteiligung an meinem Laden unterhalten."
Roloffs Assistent Fuchs kam zurück. "Die Fahrt von Brenners Geschäft bis hierher dauert mindestens 15 Minuten", sagte er. "Seine Angestellte bestätigt, daß er um 15.50 Uhr losgefahren ist. Er hat gesagt, daß er sich Sorgen um seine Frau macht, weil sie ihm am Telefon von einem Mann erzählt habe, der ums Haus herumschlich. Das deckt sich mit unseren Zeiten, er hat die Polizei um 16.05 Uhr angerufen."
"Sie haben angenommen, daß er den Einbruch vorgetäuscht und seine Frau selbst erschossen hat, nicht wahr?" fragte Roloff seinen Mitarbeiter. "Aber in den fünf Minuten, bis die Funkstreife eintraf, hätte er nicht diese Unordnung anrichten können."
"Ich traue ihm nicht", sagte Fuchs. "Seine Verkäuferin hat mir nämlich auch den Klatsch erzählt. Angeblich hat Brenner ein Verhältnis mit Gerlinde Hoffmann. Sie hat viel von ihrem Mann geerbt, und er braucht dringend Geld!"
Roloff überlegte. "Brenner und die Hoffmann haben zusammengearbeitet", sagte er dann plötzlich. "Gerlinde Hoffmann hat Marei Brenner kurz vor vier Uhr erschossen und dann den Einbruch vorgetäuscht. Brenner fährt wie abgesprochen um 15.50 Uhr von seinem Laden weg, um seine tote Frau zu entdecken."
"Wir müssen nur beweisen, daß Brenner lügt", sagte Fuchs skeptisch.
Roloff sah ihn an. "Wir können es", meinte er.

Welchen Fehler hat Kurt Brenner gemacht? Wir fügen hinzu, welchen Fehler haben Kurt Brenner und Gerlinde Hoffmann gemeinsam gemacht? Der fokussierte Blick sollte sich auf einzelne Wörter (Fakten) richten und dazu noch einen Blick auf Zusammenhänge anstreben.

Lösung

Ein Spurensicherer stäubte schwarzen Staub auf alle glatten Flächen. "Fingerabdrükke?" fragte Roloff. "Nichts", meinte der Mann. "Weder am Bücherregal noch an der Schrankwand. Auch das Telefon ist blitzblank." *(Eigenartig, daß eine Wohnung so sauber sein sollte. Hat der Täter hier gewischt?)*

"Die Putzfrau war heute hier", sagte Brenner vom Barwagen her. "Sie kommt immer mittwochs, von neun bis zehn Uhr." *(Aha, eine klare und überprüfbare Erklärung. Jetzt aber müßten uns Widersprüche zu vorherigen Fakten oder besser zu vorherigen Behauptungen auffallen.)*

"Marei hatte mich gegen halb vier angerufen", sagte Brenner. "Sie hatte Angst, weil ein Mann ums Haus herumschlich..." *(Wieder eine Zeitangabe, die ablenken soll wie beim Chemiker die Zeit, zu der er die Lampe einschaltete.)*

Roloffs Assistent Fuchs kam zurück. "Die Fahrt von Brenners Geschäft bis hierher dauert mindestens 15 Minuten", sagte er. "Seine Angestellte bestätigt, daß er um 15.50 Uhr losgefahren ist. Er hat gesagt, daß er sich Sorgen um seine Frau macht, **weil sie ihm am Telefon von einem Mann erzählt habe,** der ums Haus herumschlich. Das deckt sich mit unseren Zeiten, er hat die Polizei um 16.05 Uhr angerufen." *(Entweder hat Marei wirklich genau um halb vier angerufen, dann muß erklärt werden, wieso keine Fingerabdrücke auf dem Telefon sind, oder Marei hat nicht angerufen und deshalb ist das Telefon auch ohne Fingerabdrücke - und dann haben Kurt Brenner und Gerlinde Hoffmann das ganze Manöver vorgetäuscht.)*

Die Geschichte ist vom Autor gut aufgebaut, denn es kommt keine andere Variante in Frage, weil Brenner und Hoffmann so genaue Behauptungen über die Zeitabläufe aufstellen (die sie selber manipuliert haben): Anruf, Fahrzeiten, Entdeckung usw. Der einzige Ausweg wäre - für Querdenker -, daß Marei doch telefoniert und in der Aufregung ihre Fingerabdrücke selber abgewischt hätte. Oder daß der Täter neben der Unordnung im Zimmer doch auch teilweise wieder Ordnung geschaffen hätte - na ja.

3.5 Sachtexte: Manchmal schlecht verbunden

Sachtexte sind für den Leser eine Quelle vielfältiger neuer Informationen, sie übermitteln ihm aber auch Meinungen. Wenden wir unseren fokussierten Blick einmal auf ein Exemplar dieser Textsorte an, auf das im Kern vorzügliche Buch von Theo Löbsack: "Unterm Smoking das Bärenfell. Was aus der Urzeit noch in uns steckt" (München 1992). Wir müssen unseren scharfen Blick also auf Textteile und auf einzelne Wörter richten. Die Überschrift des 16. Kapitels lautet: "Nicht abzuschütteln: das magische Denken". Der Autor beginnt mit der Darstellung dieser Kopfarbeit, die er im weiteren u.a. als ein Denken in Analogien beschreibt. Typisches Exempel dafür sei die Homöopathie, deren Grundprinzip darin besteht, Ähnliches mit Ähnlichem zu heilen, und dann fährt er fort:

> "Für das magische Denken gibt es zuweilen interessante Indizien. Dem genauen Zuhörer fällt beispielsweise auf, daß ausgesprochen glaubensbereite Menschen in ihren Gesprächen merkwürdig unscharfe Begriffe gebrauchen und diese auch vom Gesprächspartner dulden, obgleich dadurch die Klärung der diskutierten Fragen nur erschwert wird. Sie benutzen zum Beispiel Wendungen wie die von der "lebendigen Erfahrung" oder der "inneren Gewißheit". Sie erwecken damit den Eindruck, als reichten die Worte Erfahrung oder Gewißheit für das, was sie ausdrücken

wollen, allein nicht aus, sondern gewännen erst mit dem Zusatz "lebendig" und "innere" jene gewissermaßen höhere Weihe, die der erörterte Sachverhalt ihrer Meinung nach erheischt.
Es scheint ihnen so, als seien pathetische Wendungen dem mystischen Erlebnis ihrer Gläubigkeit gleichsam angemessen. Tatsächlich sind Begriffe solcher Art jedoch blutleer, es sind Worthülsen, die einen Sachverhalt nicht klären, sondern nur vernebeln, und die auch gar nicht definiert werden sollen, weil ja die Gefahr bestünde, daß sie sich als inhaltsleer erweisen.
Liegt einem eher sachlich denkenden Gesprächspartner daran, sich zunächst über den begrifflichen Inhalt verschwommener Wendungen zu einigen, so erlebt er nicht selten Mißtrauen oder Unduldsamkeit. Es ist, als säßen sich dann zwei ungleiche Spieler an einem Schachbrett gegenüber: der eine, der die Figuren nach den Regeln setzt, und der andere, der sein Gegenüber dadurch überrascht, daß er gelegentlich ganz willkürlich zieht und damit zwar verblüffende Wirkungen erzielt, aber das reguläre Weiterspielen unmöglich macht.
Es muß hier gefragt werden, ob dem autistischen Denken womöglich ein Krankheitswert zukommt. Vielleicht ist es nützlich, sich daran zu erinnern, daß wir Menschen nur durch unsere Sinne, unsere Erfahrungen und unser Denkvermögen in der Lage sind, uns von einem Sachverhalt, einem Vorgang oder Zusammenhang ein verläßliches Bild zu machen.
Das Grundprinzip logischen Denkens beruht auf dem gedanklichen Fortschreiten vom Einfachen zum Komplizierten, vom Auflösen des Vorgefundenen, zunächst Undurchschauten in einfachere Komplexe, und bei alledem bringen wir auch immer unsere Erfahrung ins Spiel." (Theo Löbsack, 1992, S.143 f.)

Vielleicht haben Sie mit Ihrem geschärften Blick bereits die Unschärfe in Löbsacks Text erkannt. Weil diese Ungenauigkeit in Sachtexten öfters vorkommt, sollten wir den Finger darauf legen. Zuerst richtet sich die Argumentation Löbsacks wohl gegen Menschen, die immer nur von vagen Erfahrungen sprechen, und dann lobt er die logischen Denker, die - ja was - machen? Sie gehen je nach Bedarf vom Einfachen zum Komplizierten oder vom Undurchschauten zum Einfachen, immer die Erfahrung dabei benutzend. Halt! Was machen denn die Kritisierten anders? Auch sie stehen vor Neuem und berufen sich dabei auf ihre Erfahrung.

Der Autor kritisiert auf der einen Seite die Erfahrungsbegründung, auf der anderen Seite führt er sie gleich wieder als notwendige Begleitung für jede neue Erkenntnis ein. Nun könnte Theo Löbsack antworten, im ersten Teil habe er nur die vagen Erfahrungen gemeint oder solche, die nicht zu klaren Begriffen führen, im zweiten Teil lobe er die begründeten, logisch bearbeiteten Denkgrundlagen. Bei einer solchen möglichen Antwort müssen wir unseren kritischen Blick jetzt schon mit dem Konzept der klar umgrenzten Größe ergänzen.

3.6 Klar umgrenzte Größen im Wortschatz und in der Sprache

Wir sehen uns in zwei Wörterbüchern an, was die Umgrenzung des Wortes "Erfahrung" ausmacht, und kommen mit dem Duden und einem Zitatenbuch von Hans-Horst Skupy zu folgendem Bild, in dem sich Definitionen und Zitate verbinden:

Routine, bei praktischer Arbeit gewonnene Kenntnis.		Erleben, durch das man klüger wird.
"Seine Erfahrung in diesem langen Feldzug half ihm, sich so geschickt zu verbergen, [...]."		"Durch Erfahrung entsteht die Welt in uns."
	ERFAHRUNG	
Anschauung, Wahrnehmung, Empfindung als Grundlage des Wissens.		Individueller Anteil des Erlebens.
"Wer nur stets zu Hause bleibt hat nur Witz fürs Haus."		"Erfahrungen sind wie eingetragene Anzüge, sie passen einem anderen nur im glücklichsten Fall."

3.3 Wortfeld "Erfahrung"

Wir sehen drei Grundbedeutungen: *Routine, Erleben sowie Anschauung,* wobei der Teil Erleben mit einem wichtigen Unteraspekt des individuellem Erlebens versehen ist. In der gesamten Wortbedeutung gibt es mehrere Unterabteilungen, die Grenzen sind fließend, und die Zitat-Beispiele weisen teilweise auf dahinterstehende Geschichten hin. Aber der Bedeutungsraum ist insgesamt umgrenzt und vermischt sich keinesfalls mit dem Wort *"Autismus"* "(krankhafte) Selbst -od(er) Ichbezogenheit, Kontaktunfähigkeit" (Duden), das Löbsack noch zur Ergänzung seines Angriffs heranführt.
Löbsack aktiviert also in seinem Text den Aspekt *"Anschauung als Grundlage des Wissens",* er übergeht den des *"Erlebens mit individuellem Anteil"* und versucht statt dessen, diese Individualität als Autismus abzuwerten. Beide Wortbedeutungen haben scharfe Grenzen, die sich nicht überschneiden. Also ein Fehler gegen das Prinzip der

klar umgrenzten Größe. In der Politik würde man hier von unstatthafter Besetzung eines Begriffs sprechen.

Wir bestehen aber darauf, daß der subjektive Anteil der Erfahrung, der auf die Person bezogene, einen ganz häufig aktivierten Aspekt des Wortes "Erfahrung" ausmacht. Für diese Vermutung brauchen wir mindestens ein typisches Beispiel, am besten von einer allgemein bekannten und einleuchtenden Erkenntnis. Unser Wissen ergänzen wir mit der Geschichte einer Erfindung, nämlich der Telegraphie, bekannter unter dem Namen Morse-Alphabet und Morse-Apparat.

Ihr amerikanischer Namenspatron schloß aus seinen Erlebnissen auf dem amerikanischen Kontinent, daß es wichtig ist, in seinem riesigen Land Informationen über Politik, Katastrophen oder wirtschaftliche Daten schnell über weite Strecken zu übertragen. Seine Überlegungen, dazu Elektrizität zu benutzen, wirkten anfangs auf die Leute komisch und als subjektive Spinnerei (subjektive Aspekte im Bereich "Erfahrung").

Dann tauchten aus dem Nebel der simplen Erfahrungen, die Morse mit Strom hatte, ein paar Inseln des Wissens auf. In den Quellen wird berichtet, daß dies auf einer Dampferfahrt über den Atlantik geschah: Morse hatte dabei viel Zeit, mit anderen Wissenschaftlern zu plaudern, und er fügte in seine subjektiven Ahnungen einige erste feste Punkte ein:

- Elektrizität kann über lange Strecken geleitet werden, ohne merkbar schwächer zu werden.
- Strom kann magnetische Nadeln nach links oder rechts, oben oder unten ablenken.
- Dann könnte man doch damit am anderen Ende Punkte oder Striche zeichnen lassen.
- Wenn wir das Alphabet jetzt noch in einen solchen Punkt-Strich-Code aufteilen könnten, wären doch ganze Texte zu übertragen! (Morse-Biographie)

Die Grundlage für die Telegraphie und für die spätere SOS-Funkerei war geboren, und zwar aus der noch vagen Erfahrung, wie wichtig Nachrichtenübertragungen sind. Zu diesem Thema sammelte der Wissenschaftler die Informationen und die Kenntnisse anderer Menschen, und zwar durchaus unsystematisch in den Zufallsgesprächen einer Seefahrt. Beides, Subjektivität und Wissen, fügte er schließlich mit voller Bewußtheit zu einer neuen, logisch aufgebauten Erfindung zusammen. Wir sehen an diesem Beispiel, daß Erfahrungen zunächst unscharf sind und erst im Laufe der Zeit in Genauigkeit überführt werden können, aber nicht müssen, denn das Wissen über den elektrischen Strom lag den Zeitgenossen ja gleichfalls vor. Und so entsprang aus der subjektiven Erfahrung eines Individuums die Telegraphie. In der Geschichte von Technik und Wissenschaft gibt es viele solcher Beispiele, die den Bogen von der Ahnung zur Erfindung spannen!

3.7 Kleinere Schritte zur Genauigkeit: Intonation

Intonation - Vorlesen von wirren Sätzen

Ein kleiner Linguistenscherz zur Einleitung: *Was ist Konsequenz? Heute so und morgen so. Was ist Inkonsequenz? Heute so und morgen so.* Natürlich stutzt jeder Leser, und der schmunzelnde Linguist liest die Sätze vor. Konsequenz ist: ***Heute*** *so* und ***morgen*** *so*. Inkonsequenz: Heute ***so*** und morgen ***so.*** Daran zeigt sich, daß wir im Deutschen (wie in den meisten Sprachen) eine hervorhebende Betonung haben, die Kontraste herausarbeiten kann. Wir können uns noch vergegenwärtigen, daß die begrenzte Sprechluft, die i.a. für drei Sekunden reicht, dazu führt, daß die langsamer gesprochenen hervorgehobenen Teile kurz sein müssen, die unbetonten schnelleren Teile länger sein können. Das Thema sei hier nur angetippt, wir behandeln es ausführlicher im Kapitel "Bewegungen".

Nun aber zu dem kleineren Schritt in die Genauigkeit, den wir mit der Intonation eines Satzes tun können. Manchmal treffen wir beim Lesen auf Stellen, in denen nicht die Textteile oder der Wortumfang Probleme machen, sondern der Satzablauf. In einem Kapitel über das "Tabu" steht dieser Satz:

> "In dem Maße, wie das gesunde Volksempfinden, das gewöhnlich Lynchgelüste äußert, wenn ihm etwas wider die Natur geht, die jungen Rechtsradikalen nüchtern-bedauernd als "irregeleitet" einstuft, als welche, die indiskutable Mittel zu diskutablen Zwecken anwenden, als schmutzige Vorkämpfer einer sauberen Politik deutscher Selbstbehauptung, reduziert sich ihr Tabubruch auf eine Überstürzung."
> (Christoph Türcke, 1995, S.58)

Alles klar? Nein? Dann stellen wir uns den professoralen Autor in seiner Vorlesung vor, wo er die groß gedruckten Satzteile lang und laut hervorhebt, die mittleren normal betont und die klein gedruckten schnell flüsternd als Zwischenstücke einfügt:

"In dem Maße,
wie das gesunde Volksempfinden,
(das gewöhnlich Lynchgelüste äußert, wenn ihm etwas wider die Natur geht,)
die jungen Rechtsradikalen nüchtern-bedauernd als "irregeleitet" einstuft,
(als welche, die indiskutable Mittel zu diskutablen Zwecken anwenden, als schmutzige Vorkämpfer einer sauberen Politik deutscher Selbstbehauptung,)
reduziert sich ihr Tabubruch auf eine Überstürzung."

Dann fangen wir an, den Satz zu verstehen. Wir würden vielleicht noch das logische Signal (zu diesem Begriff kommen wir im Kapitel "Sprache") *"in dem Maße"* durch das bescheidenere *"wenn"* ersetzen:: *"Wenn das gesunde Volksempfinden die jungen Rechtsradikalen als irregleitet einstuft, (dann) reduziert es (deren) Tabubruch auf eine Überstürzung."* Das laute Vorlesen, bei dem wir Satzteile verlangsamen oder schneller machen, ist ein probates Mittel, um komplizierte Sätze zu verstehen, die entweder aus einer mit Verve vorgetragenen Rede stammen oder sich beim Schreiben am Computer einfach von selber aufgereiht haben.

3.8 Das langsame Lesen

Einer der wenigen Textforscher, die sich mit der genauen Einstellung als einer Fähigkeit beschäftigt hat, ist Jürgen Grzesik. Er stellte den fokussierten Blick und die Verlangsamung des Lesens als das probate Mittel vor, um schwierige Stellen zu behandeln. Denn die Gefahr in der Schule und im Beruf liegt ja darin, daß wir vor den Gedanken- und Sprachknoten mancher Autoren kapitulieren.

Solche Blicke auf einzelne Stellen lohnen sich, wenn sie als unbestimmt erscheinen, Widersprüche in sich tragen oder wenn sie Pointen bringen. Dann sollte man den langsamen Modus einschalten und auf jedes Wort achten. Prinzipiell kann man das immer nur in begrenztem Maße, denn die Ermüdung tritt schnell ein. Grzesik (1990, S. 225) führt als ein Beispiel für die Notwendigkeit, genauer hinzuschauen, die Schlußstelle einer Kleist´schen Anekdote vor:

> "Aber bald darauf, da sie sich wieder gestellt hatten, der Portsmouther den Plymouther, mit der Faust der geballten Rechten, dergestalt auf den Leib traf, daß dieser, indem er die Augen verkehrte, umfiel, rief der letztere: das ist auch nicht übel!` Wer ist eigentlich der "letztere" in diesem Satz?"

Gleichfalls von Unebenheiten im Text geht Jürgen Belgrad (1996) aus - bei ihm hat sich dieser Begriff aus psychoanalytischen Beobachtungen entwickelt. Für den therapeutischen Textleser und -hörer klingelt eine innere Glocke, wenn ein Patient immer nur von schlechtgelaunten Tanten und Onkeln erzählt und niemals von den Eltern. Diese Anregung münzt Belgrad in die Aufforderung für Schüler um, den *"Fall" Dornröschen* einmal so zu untersuchen, als ob sie Materialien für einen Prozeß herbeischaffen müßten. Und die jungen Detektive fanden folgende Fragen:

- Warum besitzt ein König nur zwölf goldene Teller, warum leistet er sich keinen dreizehnten, wenn wichtiger Besuch kommt?
- Warum läßt der König alle Spindeln im Land vernichten außer der einen auf seinem Dachboden?

- Die Frau im Turm hat sich nicht versteckt! Denn als die Königstochter nach oben steigt und zu der kleinen Türe kommt, findet sie dort einen verrosteten Schlüssel, den sie umdreht, und erst dadurch springt die Türe auf. Die genauen Leser schließen: "Die Frau hat sich also nicht im Turm versteckt, sondern *wurde* versteckt, wenn der Schlüssel von *außen* im Schloß steckt." (Belgrad 1996, S. 146)

Daß solche Lektüre auch älteren Schülern Spaß macht, versteht sich von selbst. Belgrads Tendenz geht ebenfalls dahin, Unstimmigkeiten im Text zu suchen und sie zu Spuren für eine zweite Lese-Ebene zu machen. Ob die Hinweise in "Dornröschen" für ein bewußtes Fehlverhalten des Königs ausreichen, mag dahingestellt sein. Belgrad spricht völlig zu recht davon, daß die Triftigkeit einer neuen Deutung immer wieder Exaktheit verlangt und sich mindestens vor der Gruppe der aktuellen Leser bewähren muß. In diesem Argument scheinen Spuren einer Vernehmung der Detektive vor Gericht durch, wo es zu einer wahren Einsicht kommen soll.

Nabokovs Einführung in das genaue Lesen

Es droht nicht nur Dornröschen zur unbefragten Geschichte zu werden, auch der Verlust intensiver Genußfähigkeit bei Texten großer Stilisten ist zu befürchten, wenn wir die feinen Spuren, die sie gelegt haben, nicht wahrnehmen können. Als Fachmann für die Qualitäten literarischer Kollegen erweist sich Vladimir Nabokov. Seine Bücher über die "Kunst des Lesens" sind wahre Fundgruben für diese Lese-Analytik, die ein Meister der Text-Werkstatt den Produkten seiner Kollegen entgegenbringt und uns dabei die Gründe für seine Bewunderung und auch für seine Ablehnung vorführt. Als Beispiel für seine Leseweise drucke ich die erste Seite von Jane Austens Roman Wenn wir seinen Notizen im Text folgen, dann erkenen wir seine Überlegungen:

- Welche Zeitangaben gibt es, in welche Jahre führen sie uns eigentlich? Was könnte es bedeuten, die Geschichte 1771 oder 1808 lokalisieren?
- Was signalisieren die Zentralbegriffe: Annehmlichkeiten (comfort), gesellschaftliches Gewicht (consequences), Einkommen (income, interest)? Der genaue Leser vermutet anhand dieser Leitbegriffe, die auf der ersten Seite eingeführt werden, daß Vermögensprobleme für das Wohlergehen zuständig sind.
- Sein Gespür für Alliterationen zeigt sich am Beispiel der ersten drei dieser Begriffe: *comfort, consequences, income.*
- Sein Blick für stimmige Formulierungen, die die Qualität von Aphorismen erreichen: "Aber sicher gibt es nicht so viele Männer mit einem ansehnlichen Vermögen auf der Welt wie hübsche Frauen, die sie verdienen."
- Welche Figuren gibt es und welche Beziehungen haben sie untereinander: Freunde, Schwäger, Heiratsgründe? (s. Vladimir Nabokov, 1992, S. 35)

KAPITEL 1

"Vor etwa dreißig Jahren hatte Miss Ward aus Huntingdon, die lediglich siebentausend Pfund besaß, das große Glück, Sir Thomas Bertram von Mansfield Park in der Grafschaft Northampton für sich zu gewinnen und dadurch in den Stand der Gattin eines Baronets mit all den Annehmlichkeiten und dem gesellschaftlichen Gewicht eines schönes Hauses und eines hohen Einkommens aufzusteigen. Ganz Huntingdon ereiferte sich über diese reiche Heirat, und ihr Onkel, der Rechtsanwalt, meinte, sie hätte eigentlich mindestens dreitausend Pfund mehr mitbringen müssen, um darauf einen vertretbaren Anspruch zu haben. Sie hatte zwei Schwestern, die aus dem Aufstieg Nutzen ziehen sollten; und all jene Bekannten, die Miss Ward und Miss Frances für ebenso anziehend hielten wie Miss Maria, zögerten nicht zu prophezeien, daß sich diese fast ebenso vorteilhaft verheiraten würden. Aber sicher gibt es nicht so viele Männer mit einem ansehnlichem Vermögen auf der Welt wie hübsche Frauen, die sie verdienen. Miss Ward sah sich nach Ablauf von einem halben Dutzend Jahren gezwungen, sich mit Reverend Mr. Norris, einem Freund ihres Schwagers, der kaum eigenes Vermögen besaß, zu verbinden; und Miss Frances erging es noch schlimmer. Miss Wards Heirat war im Grunde genommen nicht zu verachten, da Sir Thomas in der glücklichen Lage war, seinem Freund mit der Pfründe in Mansfield zu einem Einkommen zu verhelfen. So begaben sich Mr. und Mrs. Norris mit kaum weniger als tausend Pfund auf den Weg ins Eheglück. Miss Frances heiratete jedoch, wie man gemeinhin sagt, zum Mißfallen ihrer Familie, die sie gründlich gegen sich aufbrachte, [...]"

Jane Austen: "Mansfield Park" (1814, deutsch von Margit Meyer 1990)

3.4 Nabokovs Lektüre (1992) der ersten Seite von Jane Austens Roman: "Mansfield Park"

Nabokovs Lektüre vermittelt seinen Lesern (und früheren Zuhörern) das Gefühl, einem Könner zuzuschauen, der genau daraufhinweist, warum gerade dieses Wort hier steht, wo ein bestimmter Rhythmus erkennbar ist, warum eine Figur im Text zu diesem Zeitpunkt auftritt oder warum sie von der Bildfläche verschwindet, weshalb Berichte in Form eines Briefes mitgeteilt werden und nicht mündlich. Und er überführt die erste Ahnung in das bewußte Wissen, daß eine gute Schriftstellerin wie Jane Austen ihre sprachlichen Bausteine ständig mit Absicht und Überlegung gesetzt hat.

Zusammenfassung

Wir haben einen Sachtext mit dem kritischen Blick gelesen und uns dafür mit einem Kurz-Krimi angewärmt. Wir haben dabei die Aussagen der Absätze mithilfe ihre Zentralbegriffe (Erfahrung) im Hinterkopf gehalten und die Absätze dann miteinander kritisch verglichen. Dazu mußten wir die klar umgrenzten Bedeutung der entscheidenden Begriffe im Wörterbuch oder in unserem allgemeinen Sprachverstand suchen. Ergänzend konnten wir unser Wissen zum Zentralbegriff über ein Beispiel vertiefen. Danach haben wir die Hilfe der Intonation, sprich das akzentuierte Vorlesen gesucht, und als letzte Übung der Genauigkeit ließen wir uns von einem Meister das langsamere Lesen direkt an einem Beispiel vorführen.

4. Die äußere Wahrnehmung und die innere Kamera

Ein Dramaturg berichtet

Eine Gruppe von interessierten Theaterbesuchern sitzt still in einem Zimmerchen des Staatstheaters und hofft, daß der Chefdramaturg eine erhellende Einführung in das neue Stück gibt. Der Dramaturg sieht aus, wie man ihn sich vorstellt, zerbeulte Hosen, randlose Brille und eine glimmende Zigarre im Mund, und nehmen wir an, er will heute seinen Zuhörern Kurt Schwitters Stück "Schattenspiel" (um 1925) näherbringen.

> LAURA: Ich bin Laura, ich bin der Gedanke eines Mannes, ich entstehe aus den Gedanken eines Mannes.
> ELENA: (von links) Was ist denn das? Wer ist denn da?
> LAURA: Ich heiße Laura. Ich bin aus den Gedanken eines Mannes entstanden.
> ELENA: Wie heißt der Mann?
> LAURA: Friedrich heißt er. Und wie heißt Du?
> ELENA: Ich bin ich, ich heiße nicht nur, ich bin Elena. [usw.]
> (Kurt Schwitters: Schattenspiel, S. 201f)

Der Theaterprofi sagt in etwa: "*Sie* prüfen den Text gleich daraufhin, welche intellektuellen Zusammenhänge es gibt und in welchen Wörtern der zentrale Sinn steckt? (Denkpause) *Ich* kann so nicht lesen, ich lehne mich erst einmal zurück und betrachte den inneren Film, der in mir abläuft: Wie sehen diese Frauen aus, haben sie seidige Gewänder an, vor allem, wie bewegen sie sich? Und ihre Stimmen, wie klingen sie, ruhig, melodiös, sanft oder eher still und hölzern. Und welche Biographien könnten sie haben? Erst dann frage ich mich, passen meine Wahrnehmungen mit den Gedanken zusammen, die sich parallel entwickeln?"
So lesen einige literarische Kenner (bei weitem nicht alle) auch Texte wie Filmdrehbücher oder Opernlibretti oder die gänzlich andere Textart der Gedichte. Aber, und das ist sicher die größere Überraschung, es lassen sich viele scheinbar strenge Sachtexte mit der inneren Bebilderung neu und reichhaltig lesen. Wir werden also die Kraft der Vorstellungen und der inneren Bebilderung im literarischen Genre anwärmen, getreu dem Motto: "Kunst ist Denken in Bildern" (Vissarion Belinskij, 1950), und zwar an: *Gedichten, Theaterstücken und Filmvorlagen.* Und diese Fähigkeiten danach an Themen der folgenden Wissenschaften ausprobieren: *Philosophie und Medizin.*

4.1 Neuropsychologie: Die drei Schwestern des Sehens

Um einen neuropsychologisch fundierten Grund für Vorstellungsübungen zu bekommen, schauen wir uns Ergebnisse der Gehirnforschung zu folgenden Themen an:

- *Das Sehen*: Welche Areale sind daran beteiligt und wie sieht deren interne Arbeitsteilung aus?
- *orstellungen:* Welche Anforderungen stellen Imaginationen? Was ist der Unterschied zum Sehen?
- *Sehen bzw. Vorstellung und Sprache*: Wie kommen die inneren Bebilderungen in Kontakt mit Texten? Oder wie kommen sprachliche Netze in die Bildbereiche?
- *rainingsarten:* Wie sollte man Visualisierungen trainieren, um sie für das Lernen fruchtbar zu machen?

Das Sehen

Zunächst das Lehrbuch-Grundwissen: Die "Aufnahmen" der Augen gehen über die Sehnerven und zwei wichtige Schaltstationen (Chiasma opticum und die Kniehöcker) in die hinterste "Ecke" des Okzipitallappens. In der ersten Umschaltstation werden die Signale des linken Auges auf die rechte Hemisphäre und die des rechten auf die linke umgelenkt. Im Okzipitallappen selber kommen sie in die beiden Empfängerfelder "Visuell 1" und "Visuell 2" (auch abgekürzt: V1 und V2), was den Brodmann-Bezeichnungen 18 und 19 entspricht. Das Wort "Aufnahme" der Augen steht deshalb in Anführungszeichen, weil unsere Fenster zur Welt nicht mechanisch agieren, sondern von den höheren Zentren gesteuert werden. Einer der Effekte ist z.B., daß ein Mensch blind wird, dessen Felder V1 oder V2 ausfallen, auch wenn der gesamte übrige optische Apparat bestens in Ordnung ist!

Bahnbrechende Arbeiten zur internen Struktur der visuellen Felder wurden in den siebziger Jahren von David H. Hubel und Torsten Wiesel vorgenommen (s. Hubel 1989), aus deren Schule auch Margaret Livingstone kommt. Wir folgen jetzt ihrer Darstellung. Die Essenz dieser Forschungen ist: "Das visuelle System des Menschen besteht aus drei deutlich voneinander getrennten Kanälen", die sich auf Farbe, detaillierte Formen und auf Bewegung bzw räumliche Tiefe spezialisieren. Die Unterteilung beginnt bereits im Auge und zieht sich v.a. in die Schichten des ersten visuellen Systems (V1) hinein, von dem Livingstone schreibt (1988): "Es besteht aus einer stark gefalteten Neuronenschicht - so groß wie eine Kreditkarte, jedoch dreimal so dick". Dort gibt es unterschiedliche Zelltypen, die als Tropfen (Blob), kleine dazwischenliegende Zellen (Parvo-Interblob) und als Riesen (Magno) bezeichnet werden. Wir nehmen diese Bezeichnungen auf, weil sich ihre Namen als Signale für die drei Systeme durchgesetzt haben. Die folgende Grafik zeigt die Aufgabenteilung und die schließliche Synthese in verständlicher Form.

Blob

Parvo-Interblob

Magno

Synthese

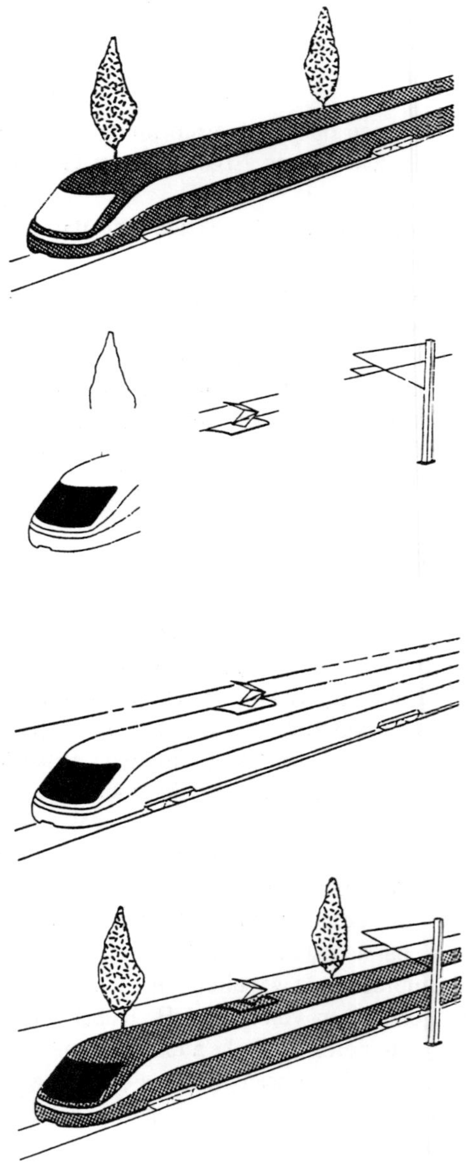

4.1 Die drei Aspekte des Sehens (Nach: Margret L. Livingstone,1988): Zelltypen für die Wahrnehmung von Farben, grafischen Details und der Räumlichkeit. Darunter die Synthese der drei Teile in einem Bild.

Wir erkennen:

- einen Kanal, der auf die *Farben* ausgerichtet ist und dessen Zellen auf alle Nuancen, die sie entdecken können, reagieren (hier durch Schraffuren angedeutet),
- *eine hochaufgelösende, stationäre Formwahrnehmung,* die uns die Linien in allen Varianten und in allen kleinteiligen Einzelheiten, Winkeln und Kurvungen vermittelt,
- die großen Zelltypen und ihren Kanal, die für *Bewegung und stereoskopische Tiefe* zuständig ist, und der uns die Dinge in ihrer Richtung und ihrer Schnelligkeit sehen läßt (stereoskopische Tiefe)
- Und wir erkennen eine Synthese, (die in den ersten Schritten bereits von der dritten Instanz inauguriert wird).

Die darauffolgende Forschung, die sich u.a. mit den Namen Semir Zeki (1993) und Per Roland (1993) verbindet, ging über die beiden primären visuellen Areale V1 und V2 hinaus und entdeckte mithilfe der bildgebenden Verfahren insgesamt 20 Teilbereiche im hinteren Kortex, die für verschiedene Aspekte des Sehens zuständig sind. Hinterer Kortex deshalb, weil nicht nur der Okzipitallappen, sondern auch angrenzende Bereiche des parietalen und temporalen Lappens beim dichteren Sehen beteiligt sind - z.B. beim Erkennen von Farbkontrasten, verschiedenartigen Formen, räumlicher Staffelung und räumlicher Tiefe. Diverse Arbeiten auch an Menschenaffen und sogar Katzen bestätigen die Stufungen der visuellen Arbeitsgruppen.

Die folgende Grafik von Per Roland (1993) zeigt einige der 20 Areale in einer Schnittebene durch die Hinterhauptsregionen des Kortex. Man erkennt deutlich, wie weit sich die Bereiche mit den höheren Ziffern von den primären Regionen 1 und 2 entfernen. Roland weist daraufhin, daß die Forscher immer noch nicht davon ausgehen, die abschließende Zahl der mitarbeitenden Bereiche gefunden zu haben.

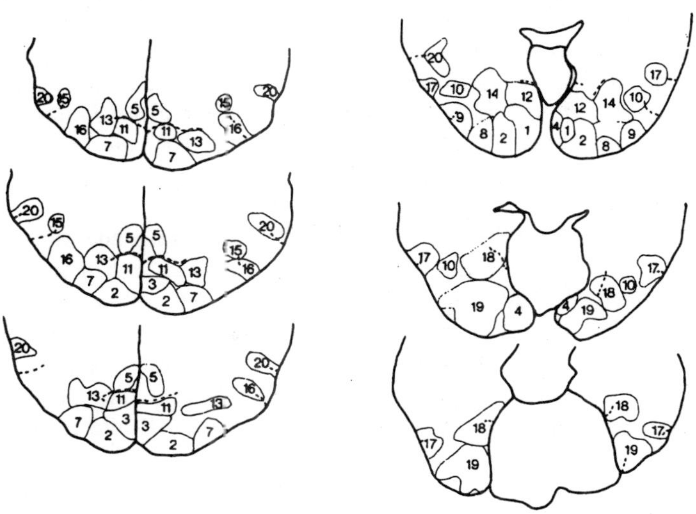

4.2 Per Roland (1993): 20 Areale und Subareale des Sehens (drei übereinanderliegende waagerechte Schnitte durch den Okzipitallappen mit angrenzenden Bereichen)

Für uns ist wichtig: Es existiert das Prinzip der aufsteigenden Komplexität vom einfachen visuellen Reiz zur dichten Sehgestalt. Und es ist die grundsätzliche Einteilung in Farbe, Formen, Raum und Bewegung gesichert.

Ein einleuchtendes Experiment für die letzte These sei noch erwähnt: Semir Zeki konnte nachweisen, daß V1 und V2 immer aktiv sind, aber ihre Mitteilungen je nach Eigenart an die spezialisierten Sehbereiche schicken: Ein Gemälde stimuliert, wenn es farbig reproduziert wird, andere Folge-Bereiche, als wenn es nur schwarz-weiß gesehen wird oder wieder andere, wenn sich im Bild Motive bewegen, die von Motoren angetrieben sind.

Imagination

Die Fähigkeit, Imagination und interne Bebilderung von Texten zu fördern ist, unser angestrebtes Ziel in diesem Kapitel. Die verbindende Frage zum bisher Dargestellten lautet: Wie hängen innere Bilder mit der äußeren Wahrnehmung zusammen?

Stephen Kosslyn (1995) postuliert in der Zusammenfassung seiner langjährigen Forschungen (s.a. die Darstellung von Michael T. Tye, 1995), daß die Imagination dieselben Systeme benutzt, die beim Sehen tätig sind. Sein Hauptargument bezieht sich in letzter Zeit auf die PET-Untersuchungen. Wir werden aber erkennen, daß für die inneren Bilder bei weitem nicht dieselbe Quantität an Arealen tätig ist wie bei äußeren. Der Grund dafür, daß Vorstellungen und Wahrnehmungen so eng miteinander verwandt sind, liegt laut Kosslyn darin, daß unsere Wahrnehmung oft gestört wird, so daß sie einen Puffer entwickeln mußte, der optische Details so lange aufrecht erhält, bis das Bild entziffert und gespeichert ist. Was ursprünglich als Hilfstätigkeit eingesetzt wurde, entwickelte sich zu einer Fähigkeit eigener Art.

Daraus entsteht für uns alle eine angenehme Konsequenz (wenn wir ihr folgen): Die inneren Bilder können genauso inspiziert werden wie die äußeren. Ein Beispiel: *Hängt der Schwanz eines Pferdes über das hintere Knie?* Aktivieren Sie Ihr Bild! Dann kommt die Antwort: *Nein.* Ein weiteres Exempel für die enge Koalition von Sehen und Vorstellen: Beide benutzen den Zoom, also die Scharfstellung, in gleicher Weise: *Stellen Sie sich eine Meise neben einem Unterteller mit Futter vor!* Sie werden die Meise ziemlich genau sehen. *Stellen Sie sich dann eine Meise neben einem Elefanten vor!* Das innere Bild rückt den kleinen Vogel genauso weit weg, wie es die äußere Wahrnehmung tut.

Und ein drittes: Innere Bilder zu prüfen verlangt dieselbe Steuerung der Aufmerksamkeit wie beim direkten Hinschauen. *Welches Aussehen haben die Klauen eines Bären ?* Wir lenken den Blick am Gesamtbild eines Bären entlang zu seinen Details. Nicht anders würden wir es bei Meister Petz tun, wenn er (ausgestopft) vor uns stünde. Und der letzte Kosslynsche Gedanke, der für uns wichtig erscheint: Die visuelle Musterung unseres Pelztieres geht genauso vom Gesamtbild zum Detail wie es auch eine sprachlichen Hypothesenprüfung täte, wenn wir uns z.B. die Frage stellen würden: *"Was sind die gemeinsamen Merkmale der Säugetiere?"* Vom Oberbegriff geht der Befragte zu den Merkmalen, sucht auf dieser Ebene nach den Details und bildet dabei vielleicht vage Bilder der lebendigen Jungen und der gesäugten Tierkinder, eventuell als weiteres Merkmal, daß einige noch geschlossene Augen haben usw. (s. Kosslyn, 1995, S. 294)

Kosslyn hat in diesem Zusammenhang eine gut überprüfbare Behauptung aufgestellt: "Komplexere Figuren brauchen mehr Zeit zur Visualisierung. Und die Zeit, ein Bild zu erzeugen, steigt in dem Maß, wie die Zahl der Teile oder Unteraspekte zunimmt." Die Kosslynschen Beobachtungen werden für die imaginative Unterfütterung der Leseprozesse von Bedeutung sein, insbesondere da, wo es um eine gewisse Genauigkeit der Themen geht!

Per Rolands Untersuchungen

Kosslyns Arbeiten stammen weitgehend aus der Zeit vor den PET Untersuchungen. Und so gelangt aus dieser neuen Ära eine wichtige Differenzierung ins Bild. Wir stützen uns auf die Untersuchungen von Per Roland (1993) in Stockholm. Seine Arbeiten legen nahe, einige Aspekte des Sehens und der Vorstellungen wieder mehr voneinander zu trennen. Die Positronen-Emissions-Tomographie (PET) stützt sich darauf, daß komplizierte Aufnahmeapparaturen die Wege minimaler radioaktiver Substanzen messen, die entweder die Zunahme von Stoffwechselaktivitäten im Blut zeigen (Glukose) oder die den verstärkten Fluß des Blutes in denjenigen Gehirnregionen berechnen, die durch eine bestimmte Aufgaben beansprucht werden. Bei Farbabbildungen wird die Durchblutung bei den jeweilig untersuchten Aufgaben mit der Farbskala von blau bis ocker und orange vorgeführt: Blau bezeichnet eine geringe, ocker eine mittlere und orange eine hohe Zunahme des Blutflusses. In unserer Darstellung kennzeichnen die schwarzen Stellen die geringere und die schraffierten Regionen die stärkere Zunahme des Blutflusses.

In der folgenden Bildspalte wird ein waagerechter Schnitt durch den Cortex gezeigt, der von links nach recht jeweils eine andere Aufgabe dokumentiert, nämlich farbige geometrischer Muster anzuschauen und zu "lernen", das Gesehene zu imaginieren und das Gesehene in einer anderen Umgebung wiederzuerkennen.

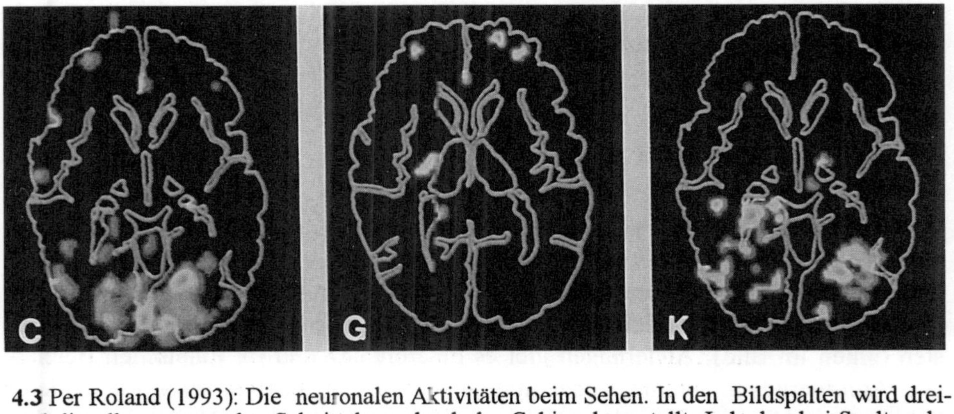

4.3 Per Roland (1993): Die neuronalen Aktivitäten beim Sehen. In den Bildspalten wird dreimal dieselbe waagerechte Schnittebene durch das Gehirn dargestellt. Jede der drei Spalten dokumentiert aber eine andere Aufgabe: Farbige geometrische Figuren zu sehen, das Gesehene zu imaginieren und das Gesehene in einer anderen Umgebung wiederzuerkennen.

Der Lernvorgang

Die linke Aufnahme zeigt das Ergebnis der elf Testpersonen, als sie sich zehn verschiedene farbige geometrische Muster einprägten. Deutlich sichtbar die starke Aktivierung des okzipitalen Bereichs (unten im Bild). Dann in der Mitte gelegen, einige limbische Strukturen. Und es zeigen sich Verstärkungen im seitlichen und im frontalen Bereich (im oberen Bildteil).

Roland schreibt: "Das Lernen aktiviert alle visuellen Areale, die auch an der Wahrnehmung dieser Muster beteiligt sind, d.h. alle jene Areale, die auch sonst an der Entschlüsselung von Farben und geometrischen Formen mitwirken. Dazu kommt die Beteiligung interpretativer Bereiche (im parietalen und temporalen Bereich) und emotionaler Zentren - selbst bei solchen einfachen Anforderungen!" (1993, S.321)

Die Vorstellung

Das mittlere Bild zeigt dieselben Menschen, wie sie sich ihre zehn Muster bei geschlossenen Augen vorstellen, also ihre Imagination in Gang setzen. Und wir sehen: Der okzipitale Bereich spielt keine Rolle mehr. Dafür sind spezielle Stellen im Frontalen Kortex aktiv, dazu kommt vor allem noch eine begrenzte Aktivierung im limbischen Gehirn, diesmal im Hippokampus (die zwei zentralen Punkte in der Bildmitte).

Die hier aktivierten Areale sind "ein kleiner Ausschnitt derjenigen Areale, die beim Lernen aktiviert wurden. Weder das primäre visuelle Areal noch die übrigen weiterführenden Areale wiesen irgendeinen stärkeren Blutfluß auf. Dies demonstriert, daß die Stellen, von denen aus die gespeicherten Muster abgerufen wurden, andere sind als diejenigen, die spezifisch bei der Analyse von räumlichem Verhältnis, linearer Ausrichtung, Farbe und Form der Muster beteiligt waren." (Roland 1993, S. 321) Oder direkter gesagt: Wir haben es bei der imaginativen Vergegenwärtigung mit drei funktional unterschiedlichen Orten zu tun, nämlich mit der konzentrativen Leitung, mit der Erinnerung an die Muster und mit dem limbischen System, das emotionale Aspekte zur Erinnerung hinzufügt.

Anwendung des Gelernten

Das rechte Bild zeigt die Versuchspersonen, wie sie ihre gelernten Muster aus einem größeren Angebot wiedererkennen. Hier ist in den visuellen Bezirken ein ähnlicher Zustand wie beim Lernen zu konstatieren, fast alle visuellen Zentren, die bei der Analyse die exakten Details bearbeiteten, müssen nun wieder ihre detaillierte Arbeit leisten (unten im Bild). Änderungen gibt es im frontalen und im limbischen Bereich: Die Anforderungen an die Konzentration sind nicht mehr so groß (in anderen Schnittebenen kamen sie noch vor), dagegen tritt im limbischen Bereich einige Aktivität hinzu, die den Thalamus betrifft (Mitte), der offenkundig mitwirkt, wenn es um die Orientierung in vertrauten Umgebungen geht.

Das heißt, bei der Anwendung des Gelernten müssen sehr viele Areale erneut in Gang gesetzt werden, aber nun z.T. mit weniger konzentrativen Helfern, dafür mit einem neuen emotionalen Partner.

Fazit

Das generelle Fazit für die Nutzung der Imagination beim Lernen heißt:

- Die Vorstellung bietet eine unaufwendige Speicherung des Materials.
- Sie setzt emotionale Aspekte für das Behalten in Gang.
- Sie erlaubt (nach Kosslyn) durchaus die Inspizierung und ausgiebige Betrachtundes Materials.
- Die Anwendung des Gelernten ist anspruchsvoll. Auch hier sind Konzentration und Gefühl wieder mit dabei.

Die rechte Hemisphäre

Rolands Einblicke zeigten uns - ein bißchen unvermutet - daß die beiden Hemisphären bei Sehaufgaben eine ähnlich starke Durchblutung erfahren und daß sie beide beim Erkennen farbiger geometrischer Figuren mitwirken. Stimmt also die alte Einteilung nicht mehr, daß links die Sprache logiert und rechts das Sehen? Die Antwort heißt auch für Kosslyn und seine Mitarbeiter, daß die Spezialisierung der Hemisphären für das Sehen nur graduell ist und nicht absolut! Diese Abstufung gilt es noch etwas zu beschreiben.

Es muß bei aller Begeisterung über Rolands intensive Blicke in das sehende Gehirn klar sein, daß er mit geometrischen Mustern gearbeitet hat. Und er selber weist auf eine Arbeit von Michael Phelps (1981) hin, in denen die Versuchspersonen Filme sahen oder komplexe Szenen wie den Universitätscampus. Und gerade das Bild eines belebten Campus mit seinen Farben, Bewegungen und Perspektiven verursachte bei den Studenten einen bedeutenden Anstieg des Stoffwechsels im visuellen Kortex, der ums Zehnfache höher war als bei einfachen Mustern. Das ist ein Hinweis darauf, daß visuelle Verarbeitungen Unterschiede zwischen Strichfiguren und dem prallen Leben machen! Das bevorzugte Thema komplexeren Sehens sind Experimente mit dem Erkennen von Gesichtern. Jeder kennt das beklemmende Gefühl, einem Menschen zu begegnen, den man irgendwie kennt, dessen Gesicht aber in der Eile nicht einzuordnen ist.

Michael Szpir (1992) hat mit bildgebenden Verfahren die Areale des Gehirns bestimmt, die in Aktion treten, wenn wir einen Menschen treffen, sein Gesicht erkennen und mit Kontexten verbinden müssen. Herausforderung für Forschungen dieser Art waren Menschen, die nicht einmal ihr eigenes Gesicht im Spiegel identifizieren konnten, geschweige denn die Gesichter anderer Menschen. Einer dieser Patienten war auch nicht in der Lage, das Bild eines Hundes "zu lesen" und meinte, das sehe ja aus wie eine Person mit komischen Haaren! Dieses Phänomen wurde in der

Psychiatrie Prosopagnosia genannt (Unfähigkeit, Gesichter zu erkennen). Szpir fand vier Teilprovinzen, die beim normalen Gesichtersehen tätig werden mußten:

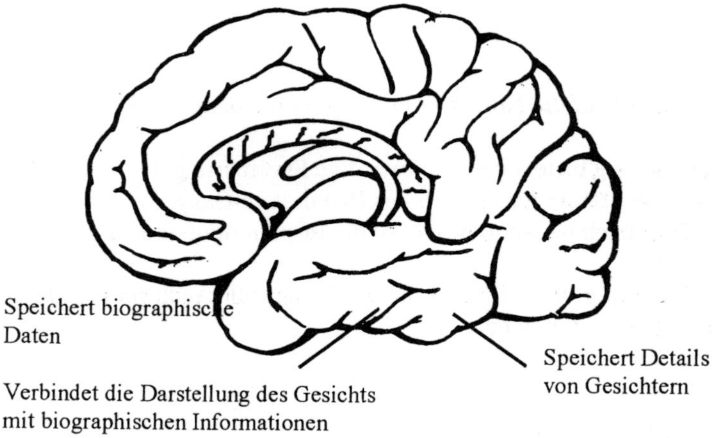

4.4 Die beteiligten Areale beim Erkennen von Gesichtern (Nach: Michael S. Szpir, 1992)

- Zuerst entziffern wir die optischen Signale wie z.B. Augenpartie, Mundwinkel, Stirnform, Haaransatz, was die linearen und plastischen, also die räumlichen Sehfähigkeiten beansprucht.
- Dann verknüpfen wir die Erscheinung dieses Gesichts mit biographischen, sprich situativen Informationen: Den kenne ich aus der S-Bahn, vom Angeln, den habe ich bei Bekannten gesehen.
- Biographische Fakten allgemeinerer Art kommen hinzu: Ja, er ist Clown von Beruf, fährt immer zu Kinderveranstaltungen.
- Wie heißt er nur? Dieses Wissen schießt uns keinesfalls von selber in den Sinn, denn es ist relativ weit entfernt in der sprachlichen Hemisphäre untergebracht und liegt uns eine Weile auf der Zunge, bevor es ans Licht tritt.

Betrachten wir auch noch einen weiteren Untersuchungstyp zugunsten der rechten Hemisphäre. Einleuchtend sind Versuche mit Fotos, die so manipuliert wurden, daß zwei rechte Bildhälften oder zwei linke Bildhälften zum Porträt eines Menschen zusammengefügt wurden. Dazu gab es noch das wirkliche Konterfei.

Von 180 Studenten, die sich solche drei Fotos anschauten, erklärten 160, das Bild mit den beiden rechten Gesichtspartien gebe das wirklich Porträt sinnvoll wieder. Lediglich der Rest sah es andersherum (Grüsser, Selke und Zynda, S.258). Diese und ähnliche Versuche beweisen: Wo die rechte Hemisphäre hinschaut, nämlich überkreuz auf die rechte Seite des Gegenübers, da liegt für uns die Hauptinformation, dort sehen wir das Typische eines Gesichts oder einer Landschaft. So sollten wir die Charakterisierung Grüssers und seiner Koautoren beibehalten: Die rechte Hemisphäre ist dominant für Raumvorstellungen und generelle räumliche Orientierung, für die

Gestaltwahrnehmung und für das Erkennen von Gesten und mimischem Ausdruck Eine Position, die auch Kosslyn und Shin teilen, die eine rechte Präferenz für einzelne komplexe Exemplare und für die räumliche Koordination festhalten.

Sehen und Sprache

Wir hatten bislang nur optische Muster im Visier. Da sich menschliches Lernen selten mit Verkehrsschildern begnügt, sondern sich öfters in Texten bewegt, sollten wir uns fragen, wie die Verbindung der Sehkünste mit der Sprachkunst aussieht. Es gibt zum Verhältnis von Sprache und Bild drei neuropsychologisch begründete Theorien:

Paivios These

Die These der dualen Kodierung läßt sich in Kurzform so wiedergeben: Wir können eine Wahrnehmung sowohl sprachlich wie auch bildlich speichern. Angenommen, wir stehen vor einem van Gogh-Gemälde, dann können wir uns in das Bild versenken und uns später klar an diese Landschaft erinnern, wir können uns aber auch über diese weite Sommerlandschaft unterhalten, dann legen wir die verbalen Bezeichnungen in unserem inneren Sprachspeicher ab. Eine solche doppelte Kodierung findet nach Allan P. Paivio (1971) nicht bei abstrakten sprachlichen Themen statt.

Daraus folgt: Als unabdingbare Voraussetzung für die doppelte Spurenlegung muß die verwendete Sprache konkret genug sein. Dann schafft sie es auch ohne das Gemälde vor Augen, visuelle Anteile zu erzeugen und damit die Themen besser zu verankern. Paivios These geht von einer klaren Aufgabenteilung der linken und rechten Hemisphäre aus - sonst müßte ja nicht doppelt gespeichert werden. Trotz einiger Kritik an seiner Position gilt es als stabiles Ergebnis, daß konkrete Wörter und Texte wesentlich mehr an Imagination in Gang setzen als andere, abstraktere Elaborate. Nehmen wir die folgenden zwei Sätze:

> "Die partielle Relativierung des staatlichen Gewaltmonopols durch soziale Subsysteme ist eine immer wieder tolerierte Attacke auf ein Generalprinzip."
> "Langsam näherte sich der Seemann - Bartstoppeln und eine Narbe im Gesicht - der Spelunkentür und stieß sie krachend mit seiner Schulter auf."

Normalerweise wird der erste Satz wenige Sinne ansprechen, beim zweiten riechen manche Leser gleich noch den Fusel mit! Es wird also kaum jemand bestreiten, daß konkrete Sprache die Vorstellung stimuliert. Aber wie ordnen sich die nicht-konkreten Wörter in einen, wenn auch vagen visuellen Zusammenhang ein? Gibt es gar keine Brücke zu den Abstrakta? Auf diese Fragen gibt Paivio keine Antwort.

Kosslyn und Farah

Die zweite Position zum Thema Sprache und Vorstellung ist mit den Namen Stephen K. Kosslyn (1995) und auch Martha F. Farah (1994) verbunden. Beide sagen im wesentlichen, daß die rechte Hemisphäre Bilder aus den Details unseres Episodenschatzes zusammenfügt, die für die Bewältigung der Situation benötigt werden. Erneut eine typische Kosslynfrage: *Reichen eigentlich die Stoßzähne eines Elefanten bis auf den Boden?* Der Seher stellt sich sein Elefantenbild mit den gefragten Einzelheiten zusammen und schaltet auch den Zoom in der richtigen Größe ein. Die Antwort heißt: *Nein.*

Und im Gefolge Kosslyns kommt Farah in Untersuchungen zu dem überraschenden Ergebnis: Bei Störungen der linken Hemisphäre ist oft die geordnete Benutzung der rechtshemisphärischen Bilder gehandikapt. Wieder ein Hinweis auf die Sammeltätigkeit der eher logischen Areale, die nicht vor purem optischen Material zurückschrecken, wenn sie es brauchen.

Farah zeigt, daß die linke Hemisphäre detaillierte Wahrnehmungen hat, mit denen sie ihre Gegenstände gleichsam aus den Einzelteilen zusammensetzen kann und daß sie diese Fertigkeit für Wörter wie für Gegenstände einsetzen kann. Farah schließt aus den Defiziten einzelner Sehgeschädigter auf drei Kategorien und zwei Fähigkeiten, was die folgende Übersicht verdeutlichen soll:

Linke Hemisphäre	**Synthese beider Hemisphären**	**Rechte Hemisphäre**
Zusammensetzung von Wahrnehmungen aus Details	} Details +Gestalt {	Arbeit mit Wahrnehmungsgestalten und Ganzheiten
Beispiel: Wörter	*Beispiel: Gegenstände*	*Beispiel: Gesichter*

4.5 Schema zu Martha Farahs Beschreibung der Hemisphärentätigkeiten (1994)

Goldenberg

Georg Goldenbergs Weiterführung dieser Positionen schließlich lautet, daß es gedankliche Oberthemen beim Denken gibt, die sowohl über sprachliche wie auch über bildliche Eintragungen verfügen und dabei je nach Situation und Anforderung eher die verbalen oder eher die optischen Speicherungen heranziehen (1987). Dazu müssen die visuellen und episodischen Informationen genauso sauber analysiert sein wie die sprachlichen, sonst können sie nicht als passendes Merkmal aufgerufen werden. Goldenbergs Beispiel: *Ist der Leopard ein Raubtier?* Die Antwort wird normalerweise rein sprachlich wie aus einem inneren Lexikoneintrag mit *Ja* beantwortet. Eine andere Frage: *Wie sieht eigentlich ein Leopard aus, was unterscheidet ihn vom Tiger?* Dazu werden die geordneten Bilderwelten befragt und bringen die Antwort:

Leoparden sind kleiner und eher schwarz, Tiger bräunlich, gestreift und größer. Die inneren Bildspeicher sind nur in der Lage zu antworten, wenn in ihnen die Raubkatzen gut unterscheidbar herumspazieren und nicht unter dem Motto abgelegt sind: *"Da gibt es Löwen und ähnliche Tiger oder ähnliche Tiere!"*

Der Frontale Kortex und die Integration beim Sehen

Wir hatten bei der Darstellung der Livingstone'schen Zelltypen die Frage nur flüchtig behandelt, wie es eigentlich aus all dem Farben- und Formengewusel zu einem einheitlichen Bild kommt?

Da fällt unser Blick wieder auf die "höheren" Areale im Parietal-, Temporal- und Frontallappen, die beim Sehen mitschwingen, wie Roland es dargestellt hat. Hier sind diejenigen Einrichtungen angesiedelt, die in der Lage sind, optische Reize zu bündeln und in bestehende Schemata einzuordnen. In der klassischen Neuropsychologie werden diese Regionen als die sekundären akustischen und optischen Areale bezeichnet. In seiner Untersuchung hat Goldenberg auch gezeigt, daß der Frontale Kortex mit seiner Konzentration Imaginationen auf den inneren Bildschirm bringen kann. Aber ein zu starkes Herumschweifen der Vorstellungen unterdrückt er, denn der Frontalkortex scheint in unserer Kultur darauf getrimmt zu sein, Visuelles immer in eine Aufgabe einzubauen oder einer Funktion unterzuordnen. Spontane Bilder schätzt das Stirnhirn als Herr der Aufgaben offenbar nicht. Und deshalb entstehen sie auch dann, z.B. als Tagträume, wenn der Frontale Kortex wenig aktiviert ist. Man kann ergänzen, daß Bilder auch leichter ins Bewußtsein gelangen, wenn der Integrator noch klein ist (bei Kindern) oder wenn er schon etwas müde ist.

Aus einer ganz anderen Untersuchungsrichtung kommt eine Bestätigung für Goldenbergs Beobachtung: Judy C.Cantor und Randall E. Engle (1993) hatten ihre Experimente mit Satzbeispielen so gestaltet, daß damit das Arbeitsgedächtnis von Menschen verschiedenen Alters beleuchtet werden konnte. Daß die Konzentration von Kindern leicht flottierte, war vorauszusehen. Bei einigen überraschenden Ergebnissen erwachsener Probanden kamen die Autoren zu der Deutung, daß deren Frontaler Kortex schon so lange auf Verantwortung getrimmt war, daß er unflexibel wurde und sich nicht mehr schnell genug vom Schrott vorhergegangener Aufgaben "reinigen" konnte, um auf neue Themen zu reagieren. Dies als Warnung ins Stammbuch von Workaholics!

Einen frühen Hinweis für die Notwendigkeit, integrative Vorgänge anzunehmen, gab der Kunstpsychologe Ernst Gombrich (1982). Er ging von dem Allgemeinwissen aus, daß der Fokus, also die Scharfstellung unseres Auges, nur ca. 10° - 15° umfaßt. Aber dessen ungeachtet stellen die meisten Gemälde und Fotos ein viel größeres, gleichmäßig gezeichnetes Panorama dar, als wir es mit einem Blick sehen könnten. Die Schlußfolgerungen Arnheims sind dreifach:

- Wir müssen in den Bildern spazieren gehen und sie uns zusammensetzen. Ein Beweis dafür sind die inspizierenden Augenbewegungen, die man mit den Augenkameras festhalten kann (z.B. aus der Arbeit von Yarbus).

- Wir müssen innere Monitore haben, die die Bilder trotz allen Wackelns oder Umherguckens konstant halten
- Und wir sollten der Neigung widerstehen, immer wieder das zu sehen, was wir erwarten zu sehen. Hinderk Emrich (1994) spricht von konstruktivem Verhalten, was sich besonders bei optischen Täuschungen zeigt

Eine Synthese aller dieser Aspekte bieten die Arbeiten Christoph von der Malsburgs. Er konnte zeigen, daß die Kooperation des Frontalen Kortex und der genauen Speicherung von Bildteilen in der Lage ist, aus Teilpartien eines Gesichts - Augen, Wangenform oder Mund - das ganze "Paßfoto" zu rekonstruieren. Die dazugehörige These lautet: Wir brauchen einen Vorratsspeicher für die Bilder, zumindest einen mit Teilstücken und eine Integrationskraft. Die Frage ist, welche Areale werden bei Malsburgs holographischer Integration aktiviert. So läßt sich als vorläufiges Fazit feststellen:

- Bildersehen ist gleichermaßen eine interpretierende und konzentrative Arbeit
- und eine Arbeit, die sowohl auf einen individuellen Vorrat zurückgreift als auch auf einen, der mit kulturellen Ikonen gefüllt ist, die en vogue sind.

Zwei Arbeiten seien noch erwähnt, bevor wir die Fäden für unsere praktische Anwendung zusammenziehen können, die von David Marr und Alfred Yarbus (1967). Marr hat sich mit dem Entstehen eines inneren Bildes befaßt. Wie geht der Weg vom allerersten Signal zum kompletten Ensemble. Vier Stufen lassen sich finden: (1) Vages zweidimensionales Gerüst, (2) Einsteckplätze für essentielle Faktoren, v.a. der Konturen und der Oberflächen, (3) Raumtiefe, (4) Einordnen in Begriffe und auch szenische Welten.

Jeder Leser kann sich diese Erscheinung mit folgendem Beispiel klarmachen: Wir fahren irgendwo mit dem Auto auf einer Landstraße und kommen an einem schönen Portal vorbei - den Blick zieht es für Sekundenbruchteile dorthin, und wir sehen die Konturen eines Menschen in Weiß (1), schon sind wir vorbei. Neugierig wenden wir den Wagen, müssen aber erneut flott passieren. Diesmal füllen wir das Bild etwas mehr: Kopf und Frisur einer Frau, das Weiße ist ein Kleid (2). Unsere romantischen Tendenzen obsiegen, wir halten an und gehen durch das Portal. Nun erkennen wir die Auffahrt zu einem Schlößchen und näherkommend die schönen Konturen eines Gesichts (3). Ganz nahe sehen wir zwei Kameras und Menschen, die mit Beleuchtungsschirmen arbeiten: Unsere Szene wandelt sich von einer Eichendorff'schen Begegnung im Zauberschloß zur modernen Arbeit von Modefotografen (4).

Ich habe diese Szene so ausgemalt, weil sie zeigt: Deutung braucht Zeit! Und weil das Entstehen eines Bilder auch mit dem Entstehen eines Textsinnes in unserem Kopf zu vergleichen ist. Um plastisch vorzuführen, wie sehr das Sehen Zeit für die Inspektion braucht, gibt es nichts Besseres als die Untersuchungen zu den Augenbewegungen beim "Lesen" eines Bildes. Die ersten und immer noch klassischen Arbeiten stammen von Alfred Yarbus (1967), aus dessen Fundus dieses relativ bekannte Foto eines jungen Mädchens abgedruckt sei. Wie sorgfältig führt der innere Integrator die Augen des Sehenden über die Landschaft eines Gesichts! Man erkennt unschwer, daß der Sehende das gesamte Gesicht mit allen seinen Einzelinformationen abtastet. Dabei werden eben diese Details für ein Wiedererkennen gespeichert, alle Schatten, Rundungen, Grübchen und Proportionen. Zentral sind die Augen- und Mundpartien, die besonders dicht untersucht werden.

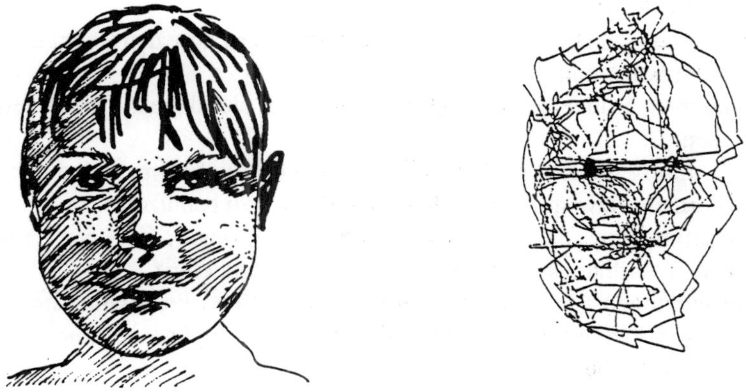

4.6 Die Augenbewegungen beim "Lesen eines Fotos" (Nach: Alfred Yarbus, 1967)

Eine weitere Beobachtung ist noch auffällig: Die Augen gehen sehr viel häufiger auf die linke Seite des Bildes, die rechte wird weniger angeschaut, obwohl sie auf diesem Foto die Sonnenseite ist. Der Grund dafür liegt in der schon erwähnten Überkreuz-Steuerung unserer Sinne und der Sehdominanz der rechten Hemisphäre.

Zum Schluß sei noch eine These zitiert, die neuropsychologisch nicht zu beweisen ist, die aber eine nützliche Ergänzung bietet: Simon Thorpe (1988) ist der Meinung, daß die assoziativen Bild-Areale bei einem erwachsenen Europäer ungefähr 100.000 Bildeinträge gespeichert haben, die aus seinem Leben und seiner Kultur stammen. Auf diese Weise kommt so etwas wie das "imaginäre Museum" des individuellen Menschen zustande. Wichtig ist dieser Hinweis, weil unsere scheinbar ichnahen Visionen auch kräftige kulturelle Anteile, ja Klischees in sich tragen können. Trotzdem bleibt bestehen, daß die Zusammenstellung der Archive jeweils eine individuelle Leistung ist.

Fazit

Welche Hinweise haben wir bekommen, wenn wir vor einem Text sitzen und ihn bebildern wollen?

- Es wäre gut, der Text hätte genügend konkrete Aspekte, weil sie auf Gesehenes verweisen.
- Bilder müssen wie andere Denkmodi um ihren Raum kämpfen, deshalb sollten wir sie über Anwärmungen in den Ring rufen.
- Wir sollten die Augen schließen und den Text innerlich Revue passieren lassen, dann gibt es eine Konzentration auf das Wesentliche. Praktisch heißt das: vorlesen lassen, auswendig lernen (selten) oder langsam schrittweise lesen.
- Wir müssen in unser inneres Bilderlexikon greifen, dabei dürfen wir sowohl individuelle wie auch konventionelle Bilder benutzen.
- Wir brauchen genügend Zeit, dann sind wir in der Lage, den Zoom einzustellen, die Bilder zu holen und sie auch auszumalen.
- Wir können Bilder genauer inspizieren und sie danach zur Interpretation heranziehen.
- Beim Training wäre es gut, mit einfachen Bildern zu beginnen und dabei sowohl Farben, Formen, Bewegungen und räumliche Tiefe zu benutzen.
- .Zur Interpretation gehört auch, daß wir sie nach einiger Zeit - erst dann - in ein Sinnschema einordnen sollten (wohin sie sowieso tendieren).
- Bilder verlangen vor allem Konzentration und fördern sie damit auch. Bei jungen Menschen bieten sie einen wesentlich besseren Zugang zu inneren Schemata und zur Abspeicherung des Gelernten.
- Wir wissen, daß sich Emotionen beim Bebildern und Wiederabrufen beteiligen, wir sollten sie also in Maßen fördern oder wenigstens zulassen, sie keinesfalls vermeiden.

Für die speziellen Lernprozesse im Umgang mit Sachtexten sind diese drei Aspekte wichtig:

- Bilder können abgespeichert werden und dann Informationen besonders dicht aufbewahren.
- Die genaue Betrachtung kann eine Fülle von Details offenbaren.
- Bilder gehören in ein bestehendes Wissensschema, das vorher aufgerufen sein sollte, am besten sogar sprachlich über Notizen oder eine Art Brain-Storming (Cluster).

4.2 Sehübungen: Malerei, Landschaft, Architektur

Benutzen wir nun unsere Informationen aus den neuropsychologischen Arbeiten zum Sehen und wärmen wir alle drei Teilaspekte der Wahrnehmung nacheinander an. Dann können wir unseren Sehmodus an Texten erproben, in denen die Autoren intensive Wahrnehmungen sprachlich verdichtet haben, nämlich an Gedichten. Stärken Sie Ihr Formgefühl und folgen Sie den einzelnen Wellen und Rundungen wie in einer Spirale aufwärts, springen Sie dann vom linken zum rechten Turm und gehen Sie in Schwüngen abwärts, bis Sie einen "grafischen" Blick haben.

4.7 Chicago: Marina Towers

Nun erweitern wir den Blick ins Räumliche: Gehen Sie mit den Augen in der Bodenseelandschaft um Lindau spazieren. Folgen Sie den Wanderern durch die Wellen der Hügel hinab, wenden Sie sich nach links und nachts rechts durch die Obstgärten hindurch. Wie verändert sich jeweils Ihr Blick auf den See, die Stadt und die Berge? Setzen Sie dann langsam mit dem Boot auf die Insel über und danach mit einem zweiten Schiff auf das gegenüberliegende Ufer. Danach gehen Sie die steilen, mühsamen und langen Wege zu den verborgenen Dörfern unter den Alpengipfeln. Stellen Sie sich vor, wie die Berge dabei näher kommen.

4.8 Ein Spaziergang durch die Bodenseelandschaft um Lindau

Und nun schauen Sie in eine kompliziertere Räumlichkeit Wir sehen Tiepolo mit einigen Gehilfen, dargestellt in einem Gewölbefresko der Würzburger Residenz. Versuchen Sie, sich die Figuren genauer anzusehen, ihre Mimik und Körperhaltung. Wohin könnten sie blicken? Was unterscheidet diese Maler? Und können Sie noch ein bißchen orten, wo sie sich eigentlich befinden?, vor welchem Hintergrund?

4.9 Tiepolo.Ein Ausschnitt aus der Würzburger Residenz

Zuletzt gehen wir zu den Farb-Nuancen. Im Aquarell finden sich Blau- und Grüntöne in reicher Variation. Folgen Sie den Beschreibungen der Farben. Welch eine Farbvielfalt können Menschen erleben, die gelernt haben zu sehen. Lassen Sie sich von diesem Beispiel einer Verbindung intensiver Farben mit vertieftem Lesen noch ein wenig anregen. Und gehen Sie dann zu den Gedichten! Zunächst einige Impressionen zum Aquarell:

Helles durchsichtiges Ultramarinblau wie an einem mittleren Sommertag in den linken Wolken.
In der Mitte kommt etwas Lila in die dunkleren Haufen.
Und rechts dann der Himmel kobaltblau, strahlend und undurchsichtig.
Im Kontrast zu den mittleren Wolken ein ungemischtes Weiß, das den Durchbruch der Sonne hervorhebt - ein zartester grüngelber Hauch deutet die Strahlungen an.

Die Büsche an der linken Seite haben auf ihrer Schattenseite erdbraune Stellen mit Partien, die fast ins Schwarz hinübergehen, ihr Grün sieht aus wie ein Rasen, der schon von der Sonne angebleicht ist.
Sie stehen auf einer ockerfarbenen Weise, die von einem ganz hellgrünen Schleier überzogen ist.
Und die Hecken im Vordergrund mischen sich aus verwaschenem Braun mit kräftigem Erdbraun.
Das Gebüsch im Mittelgrund steht bläulich-grün fast wie ein duchsichtiger Scherenschnitt vor der Sonnenhelle.
Und schließlich die Baumgruppe rechts geht von einem stumpfen Viridingrün (ein mittelheller Halbedelstein) in fünf Stufen zum dunklen lichtlosen Grün über, dazwischen der Schatten in den Ästen mit einem lila Überzug.

4.10 Aquarell des englischen Landschaftsmalers Denis Dellow, 1975

4.3 Texte öffnen sich dem, der sieht: Lyrik

Bevor wir unseren Sehmodus auf Gedichte anwenden, sollten wir uns ganz kurz daran erinnern, daß diese Sprachgebilde häufig geschrieben wurden, weil ihre Autoren Erfahrungen oder Impressionen in vielen Arbeitsgängen "verdichtet" haben. Beginnen wir mit einem beliebigen Text aus der großen Sammlung deutscher Gedichte von Carl-Otto Conrady (1997). So ganz beliebig wurde es nicht gefunden, weil wir die Mitte dieses Buches aufgeschlagen haben und dadurch eventuell sperrige Exempel aus dem Barock oder aus der Moderne umgehen konnten.

Achim von Arnim:

Der Kirschbaum blüht, ich sitze da im Stillen,
die Blüte sinkt und mag die Lippen füllen,
Auch sinkt der Mond schon in der Erde Schoß
Und schien so munter, schien so rot und groß;
Die Sterne blinken zweifelhaft im Blauen
Und leiden´s nicht, sie weiter anzuschauen."

Die Verbalisierung einer Studentin, den Sie sehend lesen sollten, möge als Beispiel dienen:

> "Ich erkenne weiße Blütenblätter , - Duft überall - ich sitze ruhig unterm Baumdach, das mich schützt, stille Blätter fallen aufs Gesicht und berühren die Lippen, ein roter Mond am Horizont, die Erde nimmt ihn auf, starr wirkt er - unsicheres Flackern der Sterne. Der Blick wird durch eine Kraft von ihnen weggelenkt"

Wenden Sie nun Ihren Sehmodus auf die folgenden Gedichte an: Lesen Sie langsam, sehen Sie bei jedem Satz Farben, Formen und den Raum, die Atmosphäre - machen Sie sich am Schluß ein paar Notizen zu Ihren bevorzugten Texten. Das sind keine Interpretationen, sondern sie bringen nur das Rohmaterial aus der ersten Wahrnehmung. Walter Perrig (1982) hat nach praktischen Erfahrungen daraufhingewiesen, daß Imaginationen nur freizügig erscheinen, wenn durch Sprache eine thematische Struktur aufgebaut wird, in die die Bilder hineinpassen. Eine ähnliche These fand sich als Resumee der neuropsychologischen Untersuchungen.

Gedichte von Arnim bis Kunert

Zufällig ausgesucht aus Carl-Otto Conrady: Das große deutsche Gedichtbuch (1977)

Eichendorff: Nachts

Ich stehe im Waldesschatten
Wie an des Lebens Rand,
Die Länder wie dämmernde Matten,
Der Strom wie ein silbern Band.
Von fern nur schlagen die Glocken
Über die Wälder herein,
Ein Reh hebt den Kopf erschrocken
Und schlummert gleich wieder ein.
Der Wald aber rühret die Wipfel
Im Traum von der Felsenwand.

Mörike: Gesang Weylas

Du bist Orplid, mein Land!
Das ferne leuchtet;
Vom Meere dampfet dein besonnter Strand

Den Nebel, so der Götter Wange feuchtet.
Uralte Wasser steigen
Verjüngt um deine Hüften, Kind!
Vor deiner Gottheit beugen
Sich Könige, die deine Wärter sind.

Storm: Schließe mir die Augen beide

Schließe mir die Augen beide
Mit den lieben Händen zu!
Geht doch alles, was ich leide,
Unter deiner Hand zur Ruh.
Und wie leise sich der Schmerz
Well′ um Welle schlafen leget,
Wie der letzte Schlag sich reget,
Füllest du mein ganzes Herz.

Rilke: Spätherbst in Venedig

Nun treibt die Stadt schon nicht mehr wie ein Köder,
der alle aufgetauchten Tage fängt.
Die gläsernen Paläste klingen spröder
an deinen Blick. Und aus den Gärten hängt
der Sommer wie ein Haufen Marionetten
kopfüber, müde, umgebracht.
Aber vom Grund aus alten Waldskeletten
steigt Willen auf: als sollte über Nacht
der General des Meeres die Galeeren
verdoppeln in dem wachen Arsenal,
um schon die nächste Morgenluft zu teeren
mit einer Flotte, welche ruderschlagend
sich drängt und jäh, mit allen Flaggen tagend,
den großen Wind hat, strahlend und fatal.

Britting: Herbst

Vor der Scheuer,
Auf den Wiesen,
Hupfen wieder, schwarz wie Raben,
Knaben um das Feuer,
um den roten Flackerzungenstrauch.
Wallend steigt der Rauch.
Drückt der Wind ihn nieder auf den Bauch,
Plötzlich sind es rote Riesen,
Wilde Teufelsungeheuer,
Hand in Hand
Tanzend um den Höllenbrand.
Und die Schatten springen am Gemäuer,
Und im Qualm versinkt das Land.

Huchel: Der Garten des Theophrast
Meinem Sohn

Wenn mittags das weiße Feuer
Der Verse über den Urnen tanzt,
Gedenke, mein Sohn. Gedenke derer,
Die einst Gespräche wie Bäume gepflanzt.
Tot ist der Garten, mein Atem wird schwerer,
Bewahre die Stunde, hier ging Theophrast,
Mit Eichenlohe zu düngen den Boden,
Die wunde Rinde zu binden mit Bast.

Ein Ölbaum spaltet das mürbe Gemäuer.
Und ist noch Stimme im heißen Staub.
Sie gaben Befehl, die Wurzel zu roden.
Es sinkt dein Licht, schutzloses Laub.

Kunert: Film - verkehrt eingespannt

Als ich erwachte
Erwachte ich im atemlosen Schwarz
der Kiste. Ich hörte: die Erde tat sich
Auf zu meinen Häupten. Erdschollen
Flogen flatternd zur Schaufel zurück.
Die teure Schachtel mit mir dem teuren
Verblichenen stieg schnell empor.
Der Deckel klappte hoch und ich
Erhob mich und fühlte gleich: Drei
Geschosse fuhren aus meiner Brust
In die Gewehre der Soldaten die
Abmarschierten schnappend
Aus der Luft ein Lied
Im ruhig festen Tritt
Rückwärts.

Studentische Lese- und Sehbeispiele :

Zu Arnim:
a) Ich spüre die Sonne und sitze unter einem Baum, dann scheint auf einmal der Mond, er ist groß, rund und gebrechlich.
b) Ich fühle mich niedergedrückt, es ist ein schöner Tag, Erotik ist im Spiel, Mond und Sterne lassen alles irgendwie ungewiß erscheinen.

Zu Eichendorff:
Ich sehe einen Waldrand und habe einen weiten Ausblick von dort. Dann das Bild einer Landschaft von ferne am Abend gesehen. Dann das Gefühl zweier starker Bewegungen: der Wald beugt sich, und der Herr segnet mit weiter Geste.

Zu Storm:
Ich spüre körperlich die Augen und die warmen Hände einer alten Frau (wie Dürers Mutter) darauf. Tiefe warme Entspannung - sie kommt in Wellen. ...

Zu Britting:
Ich sehe eine runtergetrampelte Wiese vor einer allein stehenden dunklen Scheune. Mittendrin ein kräftiges Kartoffelfeuer, es riecht nach dem Kraut. Ungelenk

springen die Jungen. Auf einmal drückt's den Rauch nieder - eine ganz anderes Bild : Teufel im Qualm und am Höllenfeuer. Die handfeste Szene verwandelt sich: Hölle, Film, Breughel.

Zu Rilke:
a) Paläste sehe ich, triste Stimmung, Licht und Wolken wechseln sich ab, legen einen Lichtteppich, dann einen Wald, trübe, sumpfig, der Wind pfeift hinein, er kommt vom Meer, bringt feuchte Luft und Wasser mit sich.
b) Ruhige, idyllische Bilder von Gärten, Musik tönt herüber, Mozart, heitere Stimmung, Venedig, so wie es ist, wie es mit dem Meer zusammengehört.
c) Ich sehe Venedig aus der Vogelperspektive, die Stadt schwimmt im Dunst. Gläsern durchsichtige Soldaten steigen empor, gehen zum Dogenpalast, schützen ihn mit ihren Pfeilen, sie verteidigen ihn.

Zu Kunert:
Feuchte Erde, es herrscht Druck vor, Erdschollen riechen, wie in einem Film laufen die Kugeln zurück, Tempo eines Porsche, wird immer geschwinder, schneller.

Wenn wir nun einmal überprüfen, wie sich die drei Wahrnehmungsaspekte in diesen Berichten wiederfinden, dann gibt es einige Überraschungen:

- Wir erkennen *Bewegungen und Räume*: der Wald beugt sich, der Herr segnet mit weiter Geste / Ungelenk springen die Jungen / der Wind pfeift hinein / Soldaten steigen empor, gehen zum Dogenpalast / Tempo eines Porsche / Ich sehe einen Waldrand und habe einen weiten Ausblick von dort. Dann das Bild einer Landschaft von ferne am Abend gesehen.
- Wir finden *kaum Farben:* Lichtteppich / Stadt im Dunst
- Wir erfahren aber auch *Körperliches*: Ich spüre körperlich die Augen und die warmen Hände einer alten Frau.
- Wir bemerken *Gerüche*: Es riecht nach Kraut / Erdschollen riechen.
- Und wir haben fast immer *Stimmungen*: Erotik ist im Spiel / ich fühle mich niedergedrückt / triste Stimmung / heitere Stimmung.

Es wird deutlich, daß die Wahrnehmungsanregungen zum Sehen geführt haben und daß sie die Aspekte unterschiedlich aktiviert haben. Es scheint eine Verbindung von Bildern und Gefühlen stimuliert worden zu sein. So kann man doch die Thesen zum Sehen nuancieren und sagen: Imaginationen zu verdichteten Texten sind individuell. Und sie führen zu verschiedenartigen Perspektiven, wie man es am Beispiel von Rilkes Gedicht am besten vorführen kann:

a) Paläste sehe ich, triste Stimmung, Licht und Wolken wechseln sich ab, legen einen Lichtteppich.
b) Ruhige, idyllische Bilder von Gärten, Musik tönt herüber, Mozart, heitere Stimmung.
c) Ich sehe Venedig aus der Vogelperspektive, die Stadt schwimmt im Dunst.

Daß darauf ganz verschiedene Deutungen fußen, macht das Gespräch über Literatur interessant nach dem Motto: Sprich, damit ich dich oder deine Wahrnehmung sehe. Kritisch ist diese Öffnung des subjektiven Sehens nur, wenn die Interpretation mit einem Anspruch auf absolute Gültigkeit vorgetragen würden.
Verfolgen wir jetzt, was die Bilder zur Deutung der Gedichte beitragen. Zunächst Brittings Gedicht und dann das von Rilke. Bei Brittings "Herbst" ist die vom Leser relativ ausführlich geschaute Szene klar: Jungen springen ums Kartoffelfeuer und dann:

> "Auf einmal drückt's den Rauch nieder - ein ganz anderes Bild: Teufel im Qualm und am Höllenfeuer. Hölle, Film, Breughel."

Diese Verwandlung eines intensiven und zugleich heiteren Bildes in ein geheimnisvolles macht wohl den Kern des Gedichts aus. Im Vordergrund dieses Gedichts werden wir angeregt, unseren Blick zu intensivieren, indem wir aus einem ländlichen Ereignis (etwa bei einem Spaziergang) eine verdichtete Tanz-Szene machen und dann für Momente noch einen Hintergrund aufbauen, eine Vision vom Teufel-Riesen-Feuer erblicken - die Ahnung vom Versinken und Wiederauferstehen der Natur kommt auf. Britting, ein Schriftsteller mit großer Sehfähigkeit, hat es einmal so formuliert: "Kein Bild lügt" - kein wirklich und originell gesehenes, so muß man heute hinzufügen. Wir können daraus schließen, daß wir ein Poem wie das abgedruckte konzentriert sehen und uns das Bild mit seinem Wandel "einprägen" sollten, als originalen Eintrag in unser "musée imaginaire".

Wahrnehmungen in den Interpretationen der Fachleute

Überraschenderweise haben sich Studenten und andere Leser immer am meisten mit dem Rilke-Sonett auseinandergesetzt und es bebildert. Folgen wir hier einmal den Profis und prüfen wir, ob auch sie Bilder sehen und ob sie dieses Gedicht damit deuten?

Die erste Überraschung: Rilke selber hat wohl denkend geschaut, und seine Reflexionen anläßlich eines Vendig-Besuchs (1907) in erste Bilder gefaßt, (die ich im Text kursiv drucke). Er schreibt an eine Freundin: "Es scheint mir seltsam, daß man auf den Einfall kam, diese Stadt zu träumerischen Stimmungen auszunützen; sie war vollendet und verlassen, und so ließ sie es mit sich geschehen. *Wenn man aber in diesem harten Meerwind durch ihre klingenden Gassen geht, wenn man das Wasser mit scharfen Rändern die Paläste berühren sieht,* die ganz aus Willen sind, aus Widerstand, aus Erfolg, *und wenn man über der Pracht des Platzes das Arsenal nicht übersieht, das Wälder in Flotten verwandelt hat.* [...] Wenn man bedenkt, daß aus dem Mangel an Blumen *Spitzen* entstanden sind und aus dem Fehlen von Bergwerken *Dinge aus edelsteingleichem Glas* [...]." (zitiert nach Bernhard Blume, 1960, S.244)

Der Literaturwissenschaftler Blume nähert sich dem Gedicht etwas anders: Er legt als Basis Rilkes Brief zugrunde und benutzt damit die Wahrnehmungen des Dichters für seine Deutung, d.h. der Wissenschaftler respektiert die Sehfreuden- und intensitäten des Autors. Er selber beginnt aber mit sprachlichen Assoziationen, die man vom Titel her haben könnte: "Spätherbst" ist Zeit der Reife, und "Venedig" ist eine Stadt aus dem Nichts, dem Meere abgerungen. In einem zweiten Schritt deutet er das Gedicht anhand zentraler Wörter: die "Paläste" wirken wie "Köder". Damit spreche Rilke das übliche Venedig der Touristen an, schon um 1907. Und für den zweiten Teil des Gedichts (wie auch schon für den ersten) zitiert der Literaturkenner Passagen aus anderen Rilketexten und kommt so Rilkes Zentralgedanken, nämlich zu der Leistung, die Venedig zustande gebracht hat, mit großem Willen die Stadt auf dem Meeresboden zu errichten und sie zum Schutzort für Flüchtlinge zu machen. Die Schritte in dieser Lektüre des ausgebildeten Lesers sind also: Wahrnehmung in den Briefen des Dichters, Sprachkenntnis und Assoziationen jedermanns zu einzelnen Wörtern, Wissen des Literaturkenners.

Sechs Jahre später erscheint ein kollegialer Nachtrag zum Aufsatz Blumes. Auf den zwei Seiten schreibt Egon Schwarz (1966): Wunderbar, was der Kollege zu Rilkes Gedicht gesagt hat, aber ein paar sprachliche Bemerkungen möchte er noch hinzufügen: Zum ersten Gedichtsteil (dem Venedig der Touristen): dort gibt es vor allem Wörter der Müdigkeit: *kopfüber, müde, treiben, hängen.* Im zweiten Teil, in dem es um das eigentliche und verborgene Venedig geht, finden sich Wörter der Kraft und des Zwiespalts: *steigt Willen auf, strahlend* und das seltene und gefährliche *fatal.* Hier sieht man den wissenschaftlichen Mechanismus in Klarheit: Der zweite Autor bezieht sich zu Recht auf den ersten, und bringt dann aber seine Spezialität zur Sprache, in diesem Fall eine typische Reaktion des Wortliebhabers: eine Sammlung sprachliche Beobachtungen.

Wir fassen zusammen, wie die Annäherungen an Gedichte bei Profis wohl auch üblicherweise aussehen werden: Wahrnehmung ja, wenn sie vom Dichter legitimiert ist. Wissen und Sprachkenntnisse sind zentral, beide Interpretationsmittel werden durch eine weitere Fähigkeit zusammengefügt, nämlich auseinanderliegende Faktoren - Rilketexte und Gedichtstellen - zu einer Gesamtdeutung zu verknüpfen.
Dieses Beispiel weist daraufhin, es ist in der Literaturwissenschaft nur in engen Grenzen üblich, mit den inneren Wahrnehmungen von Lesern umzugehen, um Texte damit aufzuschlüsseln. Diese Kompetenz muß der Adept selber entwickeln, er kann sie nicht von der Fachwissenschaft erwarten.

Zusammenfassung

Der Vorschlag dieses Teilkapitels war, daß Sie alle drei Teile des Wahrnehmens - Raum/Bewegung, lineare Formen und Farbe - durch optische Reize anregen, um damit die Bilder, die der Lyrik innewohnen, besser zu visualisieren. Zu erwarten sind subjektive Visionen mit der Präsenz aller Sinne und insbesondere aller Stimmungen. In Gedichten sind Räume, Bewegungen, Farben und Gefühle konstituierende Elemente der Beschreibung, graphische Formen hingegen kommen weniger vor.

4.4 Theaterstücke auf der inneren Bühne

Nun werde ich eine weitere Möglichkeit vorstellen, mit dem wir den Modus unseren Wahrnehmung anregen und für die Lektüre von Texten nutzen können. Nehmen wir an, jemand möchte sich ein Theaterstück anschauen. Einen viel größeren Genuß hat er, wenn er lernt, wie die Profis zu sehen. Theatertexte sind der Theorie nach unvollständige Texte, die durch die Körper der Schauspieler, durch ihre Bewegungen und durch die Räume auf der Bühne vervollständigt werden müssen. Sie schreien geradezu nach Verlebendigung! Wir könnten hier die Sehfähigkeit durch Bühnenfotos anregen, aber erfahrungsgemäß neigen die meisten Menschen dazu, solche Vorlagen, woher sie auch immer kommen, als direkte Anregungen für das Stück zu nehmen. Dadurch entsteht eine Einengung der Imagination, die kontraproduktiv ist. Wir gehen deshalb einen anderen Weg, nämlich den der Bilderreise. Bilderreisen sind Visualisierungen, die wir bewußt vornehmen, indem wir uns entspannt hinsetzen und einen Imaginationstext

- entweder lesen,
- anhören (von einem anderen vorgetragen oder über Kassette),
- oder indem wir uns den Text selber leise oder laut vortragen, immer mit dem Ziel, zu den Worten innere Bilder entstehen zu lassen.

Dabei sind alle Elemente des Sehens, die wir vorher kennengelernt haben, Bewegung, Raum, Farbe und Formen, enthalten, aber jetzt von Anfang an in einen Zusammenhang integriert. Hier tritt erneut unsere These in ihr Recht, daß sich die luftigen Welten der Imagination am besten öffnen, wenn wir ihnen über die Sprache einen thematischen Rahmen aufbauen, in die wir die Bilder gleichsam einfügen können.

Wir werden deshalb so verfahren, daß ich zuerst einige Hinweise zu einem Theaterstück gebe und Sie dann in eine geführte Bilderreise mitnehme, die Sie vor die Pforten einer zentralen Szene führt. Von dort sollten Sie sehend ins Stück "hineingehen". Als Theaterstück nehmen wir einen der großen Eckpfeiler in der deutschen Literatur, Schillers "Die Räuber", ein Drama, das jede Jugendgeneration neu auf der Folie ihres Protestes liest und inszeniert, welches Alter auch immer die Regisseure haben. Da wir den Text für eine solche Seh-Übung nicht unbedingt ganz lesen müssen, helfen wir uns mit einer Inhaltsangabe, am konkretesten sind oft die in Reclams Schauspielführer, den ich hier gekürzt und mit eigenen Hervorhebungen zitiere:

> "Maximilian, regierender *Graf von Moor*, hat zwei ungleiche Söhne, den edlen, hochstrebenden *Karl* und den von Statur wie Charakter gleichermaßen häßlichen *Franz*. Franz versteht es, den Vater gegen Karl aufzuhetzen. *Mit Hilfe von gefälschten Briefen treibt er es soweit, daß der alte Moor in Karl nur noch einen verluderten Studenten sieht* [...]. Der Vater läßt ihm durch Franz schreiben, daß er seine Hand von ihm ziehe, und enterbt ihn. Franz, "die Kanaille", triumphiert und sieht sich nahe seinem Ziel, alleiniger Herr auf dem Schloß [...] zu werden." Karl war schon entschlossen, "zu seinem Vater zurückzukehren und an der Seite seiner

Braut Amalia ein ruhiges Leben zu führen, als der Schandbrief des Bruders eintrifft." Karl sieht nun keinen Rückweg mehr und wird Hauptmann einer Räuberbande in den Böhmischen Wäldern. (Otto Nedden & Karl Ruppel, 1959, S. 282)

Ziel unserer Imagination sollte es sein, daß wir uns einen Akteur, in diesem Fall den Intriganten Franz Moor, besser vorstellen und ihn damit auch besser verstehen. Wie gesagt, Sie können den folgenden Text lesen und dabei Bilder kommen lassen, Sie können ihn aber auch auf Kassette sprechen und dann hören.

Ein altes Schloß im Park

Setzen Sie sich entspannt hin, und folgen Sie Ihren Bildern: Sie stehen vor einem alten Schloß, das in einem weiten Park liegt, Sie sehen die Mauern mit grauem, unverputztem Granit.
Sie gehen durch das alte Portal und kommen in eine weite Halle, in der Sie zuerst nur Ihre Schritte hören, bis Sie auf einem weichen Teppich stehen, der alle Geräusche schluckt. Halbdunkel herrscht vor. Allmählich sehen Sie, daß an den Wänden Hirschgeweihe und messingglänzende Jagdhörner hängen. Sie schreiten langsam die große, geschwungene Holztreppe hinauf und kommen in den ersten Stock. Auch hier mildes Licht, das durch hohe Fenster fällt - an den Wänden erkennen Sie dunkelfarbige Porträts von vornehm gekleideten Personen aus vergangenen Zeiten.
Mit gemessenem Schritt nähert sich ein Diener in Livree und bittet Sie mit gedämpfter Stimme: "Gedulden Sie sich noch einen Augenblick, der Herr Graf verabschiedet gerade noch seinen Arzt." Sie hören die Stimmen zweier älterer Männer durch die Tür, auch sie wirken gedämpft.
Sie schauen aus dem Fenster und sehen den großen Park: Der Rasen ist gepflegt, die alten Bäume haben viel Platz, um ihre Äste auszustrecken. Sie erkennen auch einen Gärtner, der in ruhiger Bewegung Herbstlaub in einen Karren kehrt.
Sie fragen sich, wie mögen die Menschen in solch einem Schloß leben? - Wie ist ihr Tagesablauf? - Was arbeiten sie? - Wie genießen sie das Leben? - Woher kommen ihre Einkünfte? - Wie sehen ihre Zimmer aus?
Sie wissen, daß lediglich Franz, der problematischere der Brüder, noch auf dem Grafensitz wohnt. Versuchen Sie nun, sich vorzustellen, wie er in einem Zimmer des Schlosses mit sich selber spricht, nachdem er den Vater zur Enterbung des Bruders überredet hat. Versuchen Sie, bei der folgenden Szene die Figur des Franz zu sehen, welche Argumente er hat, wie er mit sich selbst redet, wie er umhergeht?

Schiller: Die Räuber

ERSTER AKT : ERSTE SZENE

FRANZ *mit Lachen ihm (dem Vater) nachsehend.* Tröste dich, Alter, du wirst ihn [Karl] nimmer an diese Brust drücken; der Weg dazu ist ihm verrammelt, wie der Himmel der Hölle. - Er war aus deinen Armen gerissen, ehe du es wußtest, daß du es wollen könntest - da müßt ich ein erbärmlicher Stümper sein, wenn ichs nicht einmal so weit gebracht hätte, einen Sohn vom Herzen des Vaters los zu lösen, und wenn er mit ehernen Banden daran geklammert wäre. - Ich hab einen magischen Kreis von Flüchen um dich gezogen, den er nicht überspringen soll. - Glück zu, Franz! Weg ist das Schoßkind - der Wald ist heller. Ich muß diese Papiere vollends aufheben, wie leicht könnte jemand meine Handschrift kennen? *Er liest die zerrissenen Briefstücke zusammen.* - Und Gram wird auch den Alten bald fortschaffen - und ihr [Amalia] muß ich diesen Karl aus dem Herzen reißen, wenn auch ihr halbes Leben dran hängen bleiben sollte.

Ich habe große Rechte, über die Natur ungehalten zu sein, und, bei meiner Ehre! ich will sie geltend machen. - Warum bin ich nicht der erste aus dem Mutterleib gekrochen? Warum nicht der einzige? Warum mußte sie mir diese Bürde von Häßlichkeit aufladen? Gerade mir? Nicht anders, als ob sie bei meiner Geburt einen Rest gesetzt hätte. Warum gerade mir die Lappländers Nase? Gerade mir dieses Mohrenmaul? Diese Hottentottenaugen? Wirklich, ich glaube, sie hat von allen Menschensorten das Scheußliche auf einen Haufen geworfen und mich daraus gebacken. Mord und Tod! [...]

Nein! Nein! Ich tu ihr Unrecht. Gab sie mir doch Erfindungsgeist mit, setzte uns nackt und armselig ans Ufer dieses großen Ozeans W e l t -: Schwimme, wer schwimmen kann, und wer zu plump ist, geh unter! Sie gab mir nichts mit; wozu ich mich machen will, das ist nun meine Sache [...]. Das Recht wohnet beim Überwältiger, und die Schranken unserer Kraft sind unsere Gesetze."

Machen Sie sich Notizen über die Bewegungen, die Sie gesehen haben, und über die Sprechweise. Wenn Sie damit fertig sind, dann können Sie Ihre Sehweisen mit denen anderer Leser vergleichen, genauer gesagt mit den Bildern einiger Schauspieler, die den Franz Moor interpretiert haben.

Schauspielerbilder

Haben Sie eine Figur wie diesen Menschen gesehen - lächelnd, eine Rolle spielend, der listige Diplomat, der fast unbeachtet mit seiner Faust auf den Tisch klopft, auf seinem vermuteten Recht beharrend?

Oder haben Sie eine solche Erscheinung gesehen: Feist mit Hängebauch und Hängebacken - mürrisch, mißlaunig, depressiv wirkend, der mit seiner Hand jeden Verdacht abweist, vielleicht auch jede Moral wegdrängt?

Oder kam Ihnen ein solcher Wirrkopf in den Sinn, dessen Gesicht bis in die Haarspitzen hinein wutverzerrt ist und dessen Körper nur aus irrer Spannung besteht, die zur Rache drängt - kurz, der von allen guten Geistern verlassen ist?

4.11 - 13 Bilder von Schauspielern, die Franz Moor darstellen

Die meisten Menschen, mit denen ich diese Bilderreise durchgeführt habe, empfanden Franz Moor als überspannt und verwirrt - ihre Sehweise ähnelte also dem dritten Bild, sie neigten aber auch dazu, diese von Wut zerfressene Figur in das Gewand des 18. Jahrhunderts zu stecken, wie sie im ersten Bild zu sehen ist, weil die Kleidung des Schloßbewohners in ihren Wahrnehmungen eine Rolle gespielt hatte. Eine kleinere Zahl sah in Ifflands unförmiger Version (mittleres Bild) die passende Bebilderung: ein aufgeschwemmter, lebensunlustiger, vielleicht verwöhnter Typ. Aber bei allen Teilnehmern war die Sicht auf den Körper, seine Gestik und seine Bekleidung der Ausgangspunkt für die Deutung. Sie visualisierten also in den Modi der Bewegung und der Formelemente, wenn sie sich die Kleidung im Detail vor Augen führten. Die Sprechweise integrierte sich in dieses Tableau. Aufbauend auf den Sehleistungen konnten fast alle Leser den Charakter des Franz skizzieren, und zwar in einer Koalition von Schauen und Hören, von Worten und Gesehenem. Hier das Beispiel einer Gruppenarbeit:

> "Franz stellt seine *Häßlichkeit*, die ihm ständig gegenwärtig ist, in den Vordergrund, er ist im innersten Kern enttäuscht und neidisch, und daraus entspringt ein intrigantes Verhalten, das sein ganzes Denken durchdringt. Im weiteren Verlauf des Monologs *drängt er immer wieder zur Aktion und zur Bewegung (schwimme, wer kann), er plant - wild gestikulierend* - Tricks, die nicht im entferntesten einen akzeptablen Grund haben. Und alle Behauptungen stehen lediglich im Dienste seines Verstandes und *seiner sprachlichen Geschicklichkeit.* Er wird vom Haß geleitet."

Bemerkenswert ist, daß dieser Blick auf den angespannten Franz wohl auch für die Sichtweise vieler Regisseure der Moderne interessant war, die in dem nihilistischen Wirrkopf einen Typ sahen, der für unser Zeitalter bedeutsamer ist als sein edler Bruder!

Fazit

Dieses Teilkapitel ermutigt uns, eigene Bilder in einer Bilderreise zu erzeugen und räumlich-figürliche Sehweisen anzuwärmen. Bei Schillers Szene war v.a. die Vorstellung des Franz und seiner Redeweise erwünscht, um diesen seelischen Offenbarungseid in seiner Schärfe zu erkennen. Mit der Bebilderung tun wir erste Schritte in die Richtung literarischer Profis. Solche Eigenproduktionen bieten eine glänzende Basis, von der aus wir die Inszenierung auf der Bühne vergleichen können. Der eigene Bildzauber ermöglicht es uns, klarer zu erkennen, was der Regisseur wollte oder auch, was er nicht wollte oder nicht sah.

4.5 Texte sehen wir im Film

Umfassender noch als auf der Bühne können Bewegungen von Menschen im Film vorgeführt werden, denn dort stehen die Aktionen der Spieler ganz im Zentrum, sie werden durch ein filmisches Spezifikum verstärkt, nämlich durch die Mittel der Kameraeinstellung, die von der Nah- oder Großaufnahme bis in die Weite der Totale reichen. Darüberhinaus sind Farben einschließlich der Lichtnuancen und der Scharf- oder Weichzeichnungen Elemente, über die das Theater nur teilweise verfügt. Ob wir graphisch betonte formale Elemente im Film entdecken werden, ist abzuwarten.

Trainieren wir also unser inneres Bilderbuch auf cineastisch. Das heißt, wir erweitern unsere Lesefähigkeit, indem wir an Texte so herangehen, als wollten wir sie filmisch umsetzen. Wie kann man das mit Erzählungen und Romanen bewerkstelligen, wir ihre langen Passagen und Überlegungen in die szenische Abläufe eines Films umsetzen? Ich führe Ihnen eine Textstelle vor, die in enger Verbindung mit dem Film-Drehbuch geschrieben wurde. Sie steht in Michael Blakes Buch: "Der mit dem Wolf tanzt" (1989, deutsch 1991), und ich bitte Sie, diese Stelle so zu lesen, daß Sie die Figuren, ihre Landschaft und ihre Bewegung sehen - vielleicht sind Sie noch in der Lage, sich die eine oder andere Kameraeinstellung mit Ihrer inneren Sehkraft vorzustellen.

Das Buch handelt davon, daß sich der amerikanische Leutnant John Dunbar im Jahre 1863 aus freiwilligem Entschluß "an die Siedlungsgrenze" versetzen ließ, d.h. in die Prärie der Indianer. Er findet das kleine Fort, in dem er Dienst tun soll, verlassen vor, als er ankommt. Er richtet sich aber in dieser Einsamkeit zufrieden ein. Als unsere Szene beginnt, hat er sich gerade gebadet und ist nackt:

Michael Blake: "Der mit dem Wolf tanzt"

"Zunächst schlenderte er den Hang hinauf und fühlte sich so stark wie alles hier draußen, hatte das Gefühl, ein wahrer Präriebewohner zu sein.
Als er auf die Anhöhe anlangte, sah er das Pony.
Im selben Augenblick nahm er die Gestalt im Schatten unter dem Sonnendach wahr. Einen Sekundenbruchteil später trat die Gestalt in die Sonne, und Dunbar duckte sich in eine Spalte unterhalb der Hügelkuppe. Er kauerte mit weichen Beinen hin und lauschte angespannt und mit einer Konzentration, als wäre der Gehörsinn sein einziger Sinn.
Seine Gedanken jagten sich. Phantastische Bilder tauchten vor seinen halbgeschlossenen Augen auf. Eine fransenbesetzte Hose. Mit Perlen besetzte Mokassins. Ein Kriegsbeil, an dem Haare hingen. Ein Brustharnisch aus schimmernden Knochen. Das dichte, glänzende Haar, das lange auf den Rücken hinabfiel. Schwarze,

tiefliegende Augen. Die große Nase. Haut in der Farbe von Ton. Die Feder auf dem Kopf, die in der Brise wippte.

Lieutenant Dunbar wußte, daß er einen Indianer gesehen hatte, aber er hatte nie etwas so Wildes erwartet, und der Anblick betäubte ihn, als hätte er einen Schlag auf den Kopf erhalten.

Dunbar verharrte geduckt unterhalb der Hügelkuppe, das nackte Gesäß auf den Boden gepreßt. Kalter Schweiß bedeckte seine Stirn. Er konnte noch nicht begreifen, was er gesehen hatte. Und er fürchtete sich davor, von neuem hinzublicken. Er hörte sein Pferd wiehern, sammelte all seinen Mut und spähte langsam und vorsichtig über die Kuppe hinweg.

Der Indianer war im Korral. Er ging auf Cisco zu und hielt einen Strick mit einer Schlinge in der Hand. Als Lieutenant Dunbar das sah, verschwand seine Benommenheit. Er dachte überhaupt nichts mehr, sondern sprang auf und kletterte auf die Hügelkuppe. Dann zerriß sein Ruf wie ein Schuß die Stille. "He, du da!" Weiser Vogel machte vor Schreck einen Satz in die Luft.

Als er herumwirbelte, um zu sehen, wer ihn zu Tode erschreckt hatte, sah der Medizinmann das Sonderbarste, was er jemals gesehen hatte. Ein nackter Mann. Ein nackter Mann, der geradewegs über den Hof auf ihn zukam, mit Händen, die zu Fäusten geballt waren, mit grimmiger Miene und mit so weißer Haut, daß bei ihrem Anblick die Augen schmerzten. Weiser Vogel stolperte entsetzt zurück, richtete sich auf, und anstatt über den Korralzaun zu springen, durchbrach er ihn in seiner Aufregung. Er rannte über den Hof, sprang auf sein Pony und galoppierte davon, als wäre der Teufel hinter ihm her. Er blickte kein einziges Mal zurück." (Blake, 1991, S. 51f.)

Wahrscheinlich regt dieser Text bei den meisten Lesern sowieso eine Visualisierung an, wenn nicht, sollten Sie einen Augenblick innehalten, um eigene Bilder kommen zu lassen. Dadurch wird der Vergleich den Lösungen der Profis möglich und interessant.

Der Film, den Kevin Costner 1991 gedreht hat, ist erfüllt von intensiven Bildern indianischen Lebens. Er markiert einen Wendepunkt in der amerikanischen Filmgeschichte, weil er zum erstenmal die Konfrontation der Indianer mit den Weißen aus der Perspektive der Präriebewohner vorführt. Zu dem starken Eindruck trägt auch bei, daß die Sioux in weiten Teilen der Handlung ihre eigene Sprache sprechen. Welches Neuland Kostner beschritt, beweist die Information, daß die indianischen Schauspieler ihre Sprache in einem Kurs wieder lernen mußten.

Nun zum Film, der die abgedruckte Szene sehr genau abbildet, der aber auch noch einige Details hinzufügt. Lesen Sie bitte zuerst die linke Spalte mit den Notizen studentischer Leser über die Inszenierung dieser Stelle und dann die rechte Spalte mit den Hinweisen auf den Originalfilm.

Tabelle 4.1 Mögliche und tatsächliche Einstellungen einer Szene in: "Der mit dem Wolf tanzt" (1991)

Erwartung von studentischen Lesern, wie eine Verfilmung arbeiten könnte	**Tatsächliche Verfilmung dieser Stelle durch Kevin Costner (gemäß seinen Einstellungen, 1991)**
1. Die Weite der Prärie	1. Dunbar schlendert im Gras (Halbtotale). 2. Er kommt näher (Zoom auf Halbnah, Nah, Groß).
2. Blick auf das Pony	
3. Kauern, Ducken	3. Duckt sich (Nah), (Trommelwirbel)
4. Bilderflut zu Details des Indianers nah oder verschwommen: Fransenhose, Mokassins, Knochen-Harnisch, lange schwarze Haare, braunes Gesicht, Feder im Wind.	4. Der Indianer: Unter dem Vordach, er prüft mit den Fingern und einem Stock (Von Halbtotale auf Nah).
5. Schweiß	5. Dunbar liegt beobachtend (Groß). Man sieht das Gesicht und die Hände.
6. Wiehern	6. Das Pony wiehert (im Off). Dunbars Gesicht kommt hinter dem Hügel hervor.
7. Indianer nähert sich dem Pony.	7. der Indianer nähert sich dem Pony mit dem Lasso (von unten gesehen).
8. Schrei	8. Schrei (aus dem Off)
	9. Der Indianer rennt rückwärts, stolpert, springt auf sein Pferd und reitet weg und wird immer kleiner (Halbnah, Totale, Weite).

Wenn wir die Sehweise studentischer Leser mit der des Regisseurs vergleichen, fällt auf: Die Leser hätten die bedrängende Impression, die Dunbar durch den ersten Anblick des Indianers erfährt, genauer ausgeführt, und zwar durchaus filmisch in der Art einer Bilderflut voller fremdartiger Details. Sie hatten also den durchaus legitimen Blick auf die Details, auf Formen und Farben!

Der Filmemacher Costner hingegen sucht die Bewegung im Raum. Er bleibt zunächst lange beim nackten Leutnant in der Prärie, läßt ihn sehr nahe kommen und zeigt dann dessen Erschrecken, ohne den Grund zu nennen: Das Gesicht verschwindet blitzschnell hinter der schützenden Graskuppe. Erst dann wird der Indianer gezeigt, und auch er in Handlung - das Vordach des Hauses und anderer Einzelheiten mit den Finger und einem Stock prüfend. Alles wird in Aktion und Gestik umgesetzt, das Vergnügen an Formen wie bei den Studenten ist nicht erkennbar. Allerdings sind deren weitere Szenen gleichfalls voller Bewegung: Schreien, Rennen, Stürzen und Reiten !

Dieser Film eignet sich für eine Einführung ins cineastische Sehen, weil hier Regisseur und Autor besonders intensiv zusammengearbeitet haben, denn der Film wurde unmittelbar nach der Niederschrift des Manuskripts von Autor und Regisseur in Kooperation hergestellt. Das heißt, so eng wie Costners Film bindet sich kaum ein anderer an den Text. Aber selbst bei dieser größtmöglichen Nähe setzen sich die Unterschiede der Sehweisen durch, und wir erkennen, wie individuell jeder seine Geschichte bebildert.

4.6 Einen philosophischen Essay "sehen"

Die innere Bebilderung von Texten ist eine zentrale Fähigkeit, die jeder gute Leser zumindest in rudimentärer Weise auch bei informativen Texten anwendet. Trotzdem wird diese Befähigung fast nie in den Leselehren erwähnt oder trainiert. Für den Nicht-Fachmann bedeutet die Lektüre von Fach- oder Sachtexten oft, daß er bei jedem zweiten Schritt vor ein schwieriges Wort gelangt, das sich nicht öffnet. Dann hat er es bald nur noch mit Worthülsen zu tun und klinkt sich aus dem Zusammenhang des Verstehens aus. Nehmen wir als Trainingseinheit ein lebendig geschriebenes Beispiel philosophischen Denkens aus der Feder eines Schriftstellers, Friedrich Dürrenmatts, der seinen Essay als Vortrag zum 100. Geburtstag des von ihm verehrten Albert Einstein verfaßte.

Erinnerungen an die sehnahen Texte

Aber bevor wir damit beginnen, sollten wir uns fragen, was die bisher dargestellten Aspekte des Sehens mit philosophischen Texten zu tun haben, was sie für eine solche Textart leisten? Erinnern wir uns an die "sehnahen" Texte: Gedichte, Dramen, verfilmte Romane: Wir fanden dort die in der Theorie dargestellten Aspekte der Wahrnehmung folgendermaßen verteilt wieder:

- Räume aller Art: In Gedichten eher Naturräume, im Theater eher Wohnorte.
- Im Film sehr dominierend die Bewegungen von Menschen: Tänze, Soldatisches, Schreien, Rennen und schließlich das Stehlen.
- Wir fanden auch linear betonte Formen in der Kleidung von Figuren (nur bei den Bildern der Schauspieler).
- In geringerem Maße Farben in der Lyrik und in den filmischen Sequenzen.

Insgesamt schlossen sich diese Elemente des Sehens zu ganzheitlichen Szenen zusammen, in denen fast automatisch weitere sinnliche Elemente wie Hören, Riechen und Empfinden integriert waren. Damit haben wir die Brücke zum folgenden hergestellt: Wahrnehmungsübungen führen auch bei Sachtexten in bewußt aufgebaute

Szenerien hinein, in denen die Gedanken mit sinnlichen Elementen und mit Gefühlen zu einem Ganzen verbunden werden. Wir gehen nun den Schritt weiter und schauen uns neuropsychologische Ergebnisse an, die unser Wissen über diese Integration vertiefen können. Dazu werfen wir noch einmal einen Blick in die Forschungen zum Erkennen und Einordnen von Gesichtern. Michael Szpir hat - wie schon erwähnt - mit modernen bildgebenden Verfahren die Areale des Gehirns bestimmt, die in Aktion treten, wenn wir einen Menschen treffen, sein Gesicht erkennen und einordnen müssen: Wir hatten dabei erfahren, daß Gesichter nach vier Merkmalen geprüft werden, nach den optischen Signalen, nach den situativen Informationen, nach damit verbundene biographischen Fakten und nach dem Namen.

Wir treffen hier auf eines der zentralen Denkmodelle der Gehirnforschung, die *Konvergenz*, also das Zusammenspiel verschiedener Teilaspekte - wir hatten bereits in der Einleitung darüber gesprochen. Schon für das Gesichtersehen bindet diese zusammenfügende Kraft eine Vierer-Koalition zusammen. In der gleichen Art und Weise, wie komplexe visuelle Realität aufgenommen wird, so läuft auch der Mechanismus beim Sprechen. Dies ist einer der Grundsätze in der Sprachpsychologie, der von der Gehirnforschung bestätigt wird. Paul Deane (1992) hat in einem theoretischen Modell gezeigt, wie schon allein die syntaktische Komponente beim Verfertigen von Sprache verschiedene Areale des Kortex in Gang setzt: Für einen vernünftigen Satz brauchen wir die exakten Wortformen (akustischer Bereich des Temporallappens), wir benötigen eine Aussagetendenz (Frontaler Kortex), wir müssen die Regeln beherrschen, wie Wörter eingegliedert werden, also Flexionen und die Rolle der Fügewörter (Brocas Areal) und schließlich spielt die Rücksicht auf die pragmatische Situation eine Rolle, v.a. in der Frage, an welche Aussagen wir unsere Hervorhebung anschließen (Frontaler Kortex). Zuletzt hilft auch der okzipitale Kortex mit, denn wir reagieren stark auf die mimischen Signale unserer Partner.

Wir benutzen dieses Denkmodell und sagen: Auch für gedankliche Arbeit, für das Verstehen von Texten benötigen wir eine Fülle von Grundlagen, die aus unserem Sehen stammen, aus unserem Erleben von Menschen und Situationen und letztlich aus unserem sprachlichen Repertoire, das mehr Nuancen als die von Namen kennt.

So vorbereitet nähern wir uns dem ersten philosophischen Text - wie gesagt von einem Schriftsteller geschrieben, der sowieso eher aus den Bildern schöpft als andere. Dürrenmatt benutzt sein und unser (allgemeines) Wissen über das Schachspiel, um eine Reflexion über den Schöpfer anzustellen, und er benutzt dazu die Sichtweise von Schachfiguren auf dem Spielfeld. Wir sollten zunächst den Text lesen und Anmerkungen zu wichtigen abstrakten Wörtern notieren, die ich hier kursiv drucke - und uns dann auf eine Bilderreise begeben, die bis an die Pforte des Textes führt, so daß wir ihm bei der zweiten Lektüre sehend begegnen.

Dürrenmatt: "Einstein"

Hören wir Dürrenmatt etwa in der Mitte seines Vortrags: "Einstein sieht seinen Glauben bestätigt: "Der Herrgott ist raffiniert, aber nicht bösartig." - "Die Natur verbirgt ihr Geheimnis durch die *Erhabenheit* ihres Wesens, nicht durch List."

"Das ewig Unbegreifliche an der Welt ist ihre Begreiflichkeit." Doch nun wird Einstein in unserer *Parabel* mit einer neuen Konzeption konfrontiert. Hat Kant [...] nicht nur die Unbeweisbarkeit eines vollendeten Schachspielers oder eines persönlichen Schiedsrichters bewiesen, sondern es auch abgelehnt, dem Schachspiel außerhalb der menschlichen Vernunft Objektivität zuzuschreiben, so stellt sich auf einmal die Frage, ob die *kausale* Schachpartie, in der die Figuren selber spielen, überhaupt möglich sei. Gleichgültig, ob man sich die Partie kausal denkt, als eine Folge von Ursachen und Wirkungen, oder *deterministisch*, als eine Kette von Gedankenfolgerungen, muß jemand das Spiel außerhalb der Partie selber spielen, ob mit oder ohne Gegner, ist bedeutungslos. Aber die Schachfiguren selber sind innerhalb der Partie, für sie stellt sich das Spiel ganz anders dar, sie schlagen Figuren und werden von Figuren geschlagen, sie sind in eine unbarmherzige Schlacht verwickelt, sie können nichts vom Schlachtplan wissen, der sie lenkt, wenn es ihn überhaupt gibt; dieses anzunehmen, verwickelt im Schlachtengetümmel, ist reine *Metaphysik*, jeder schlägt sich nach seinen Regeln durch, der Bauer nach den Bauernregeln, ein Turm nach den Turmregeln usw., aus der Erfahrung wissen die Schachfiguren mit der Zeit, wie sich die anderen verhalten, aber ihr Wissen ist nutzlos: eine unvorstellbare Anzahl verschiedener Positionen ist möglich, eine Übersicht nur *hypothetisch* anzunehmen, die Zufälle häufen sich ins Unermeßliche, die Fehler ins Unglaubliche; eine Welt der Unglücksfälle und Katastrophen tritt an die Stelle eines kausalen oder deterministischen Systems. Diese Partie ist nur noch mit *Wahrscheinlichkeitsrechnungen* beizukommen, mit Statistik."(1984, veröffentlicht 1986)

Wissenseinschub zu den Begriffen:

Erhabenheit: Größe / *Parabel*: Sinnbild / *kausale* Schachpartie: völlig logisch durchdacht / *deterministisch*: Vorbestimmung von Handlungen / *Metaphysik*: Denken über die sichtbare Welt hinaus / *Wahrscheinlichkeitsrechnung*: Es gelten keine sicheren Regeln mehr, nur noch Wahrscheinlichkeiten, Nähe zur Chaostheorie.

Zweite Lektüre mit den Bildern als Begleitung

Für die Vertiefung dieses gedanken- und vorstellungsreichen Textes führen wir nun eine Bilderreise durch: Sie sehen ein schönes großes Brett mit den schwarzen und weißen Feldern und einem klaren Rahmen um das Brett herum. Darauf stehen die Figuren aus hellem Buchsbaumholz und aus dunklem Rosenholz: ihre Köpfe sind geschmackvoll geschnitzt. Die Bauern wie üblich mit kleinen runden Köpfen, dann an der Seite die massigen Türme mir ihren Zinnen, daneben die Springer mit den geschnitzten Pferdemähnen, dann die schlanken Läufer und in der Mitte die Dame mit einer Perlenkrone auf dem Haupt, ihr zur Seite der König mit seiner Zackenkrone.
Sie wissen sicher, wie die Figuren gehen und schlagen können: die Läufer diagonal übers ganze Feld, die Türme waagerecht oder senkrecht, die Springer mit diesem verflixten Rösselsprung zwei links - eins nach vorn oder auch eins nach rechts - zwei

nach vorn usw. Was das Spiel schwierig macht: Sie wissen nie, wie weit die gegnerischen, die schwarzen Figuren gehen werden, ja Sie wissen nicht einmal, welche von ihnen gehen wird.

Versetzen Sie sich nun in die Augenhöhe dieser Schachfiguren, und schauen Sie die gegnerischen Holzköpfe an: Das Spiel ist schon über die erste Phase hinaus und Sie stehen mitten im Feld: Was sehen Sie? Was kann im nächsten Zug passieren? Sind Sie selber durch eine Attacke bedroht? Was haben die Gegner vor? Finden Sie vielleicht eine Ecke, in der Sie sicher sind? Oder haben Sie vor, selber zu schlagen? Gehen wir nun so vorbereitet an die Reflexion über das Schachspiel in Dürrenmatts Vortrag. In Klammern notiere ich einige mögliche Empfindungen während des Sehens:

> Aber die Schachfiguren selber sind innerhalb der Partie, für sie stellt sich das Spiel ganz anders dar, sie schlagen Figuren und werden von Figuren geschlagen, sie sind in eine unbarmherzige Schlacht verwickelt *(ich sehe nur die Gegner und ihre Angriffsbereitschaft)*, sie können nichts vom Schlachtplan wissen, der sie lenkt, wenn es ihn überhaupt gibt *(Die Bedrohung erscheint für mich nur als Bedrohung ohne höheren Sinn)*; dieses anzunehmen, verwickelt im Schlachtengetümmel, ist reine Metaphysik, jeder schlägt sich nach seinen Regeln durch, der Bauer nach den Bauernregeln, ein Turm nach den Turmregeln usw., *(jede Figurenart strahlt ihre eigene Gefährdung aus? Aber sie folgt immerhin Regeln)* aus der Erfahrung wissen die Schachfiguren mit der Zeit, wie sich die anderen verhalten, *(wir kennen die Grundzüge, kennen wir auch den Plan?)* aber ihr Wissen ist nutzlos: eine unvorstellbare Anzahl verschiedener Positionen ist möglich, eine Übersicht nur hypothetisch anzunehmen, die Zufälle häufen sich ins Unermeßliche, die Fehler ins Unglaubliche; eine Welt der Unglücksfälle und Katastrophen tritt an die Stelle eines kausalen oder deterministischen Systems. *(Also weder gesetzmäßig zusammenhängend noch klar vorbestimmt. Jeder Zug löst eine fast unendliche Folge von Reaktionen in der ersten und dann in der zweiten, dritten Linie aus.)* Diese Partie ist nur noch mit Wahrscheinlichkeitsrechnungen beizukommen, mit Statistik. *(Sie ist also zufällig, chaotisch, ähnlich wie das Lotto, und sie ist nicht mit einem System zu bewältigen. Es entsteht das Gefühl, die eigenen Entscheidungen nicht in allen Folgen überschauen zu können. Und der Gedanke kommt, daß die anderen es auch nicht können und daß es gar keinen Planer oberhalb unserer Ebene gibt, daß jede Figur ihren Egoismen folgt).*

Wir haben hier eine plastische Darstellung noch ein wenig kräftiger gemacht, um die Grundzüge oder die Empfindungen deterministischen Denkens zu verstärken. Wenn man Dürrenmatt kennt, weiß man, daß seine Überlegungen zum Chaos als Prinzip der Schöpfung immer aus Erfahrungen und Bildern gespeist sind. Das Schachspiel gibt dem den Autor eine legitime Metapher für komplexere Überlegungen, die rein abstrakt formuliert keine solche Wirkung ausstrahlen würden. Es ist grundsätzlich reizvoll, den Bildgrund philosophischer Reflexionen zu aktivieren. Eine andere Möglichkeit als die hier vorgestellte besteht darin, Texte desselben Autors zu suchen, die einen vergleichbaren Gedanken auf unterschiedlichen Ebenen der Abstraktion verfolgen. Wir werden einen solchen Zusammenhang im Kapitel "Synthesen" mit zwei Texten Martin Heideggers herstellen.

4.7 Bilderreisen in der Medizin

Gesundheit betrifft nicht nur den Mediziner, sondern jeden von uns. Sowohl für den Fachmann wie für den Laien ist die Situation im Prinzip gleich: Er steht vor einem Symptom, einem Hinweis auf die Störung des so wichtigen Gesundheitsgefühls, und er muß diesen Hinweis in einen Zusammenhang bringen, der ihm die Vorgänge hinter der Oberfläche erklärt. Er hat die Aufgabe, die Äußerungen eines leidenden oder gar jammernden Menschen in eine exakte und zugleich allgemeine Kategorie einzuordnen. Für unsere Absicht, das Textverstehen zu fördern, gilt folgender Gedanke: Die Erscheinung des Kranken und sein Bericht bilden einen konkreten und meist unvollständigen Text.

- Wie können wir ihn den allgemeingültigen Texten der Lehrbücher zuordnen, um die Vorgänge beim Kranken prinzipiell verstehen?
- Wie kann uns ein weiteresmal die Vorstellungskraft helfen, die sich diesmal auf den Körper des Menschen und seine inneren Prozesse beziehen wird?

Wir werden also keine medizinische Diagnoselehre in Kurzform vorschlagen, sondern das Verstehen zweier unterschiedlicher Texte anstreben. Wir wollen uns nachträglich die Schilderung des Kranken durch Lehrbücher verständlich machen. Und im zweiten Teil aktivieren wir die Imagination.

Heinrich Hamm: " 'Nur' der Blinddarm"

Ein Bericht aus der Praxis eines Hausarztes:
"Der zwölfjährige Sohn kommt von der Schule nach Hause (mit dem Fahrrad) und berichtet [...], daß er heute kaum Appetit und auch keinen Stuhlgang gehabt habe. Da er am Tage vorher bei einer Geburtstagsfeier seines Freundes war und vieles durcheinander gegessen hat, gibt man nicht weiter drauf acht. Es geht ihm auch ganz gut, Schmerzen gibt er nicht an. Am nächsten Tag fährt er, wie gewohnt, mit dem Fahrrad zur Schule. Mittags kommt er sehr blaß nach Hause, ißt kaum etwas und hat immer noch keinen Stuhlgang gehabt. Über Leibschmerzen klagt er nicht. Abends dann Fieber (38,4°).
Da sich am nächsten Morgen (Freitag) der Zustand nicht ändert, wird [...] der Kinderarzt zu Besuch gebeten, der bei dem Jungen einen diffusen Druckschmerz im Bauchraum, besonders im rechten Oberbauch, und gespannte Bauchdecken feststellt. Er weist den Jungen umgehend in die Klinik ein. Bei der sofortigen Laparatomie [Bauchöffnung] entleert sich spritzend Eiter aus der Bauchhöhle, die atypisch fast subhepatitisch [unter der Leber] liegende entzündlich-perforierte [durchbrochene] Appendix wird entfernt." (In: Fortschritte der Medizin 1992, S. 11).

Der Berichterstatter fragt, was im Lehrbuch steht und zitiert sein eigenes Werk mit der allgemein formulierten Feststellung: "Im *Kindesalter* fehlen oft Angaben über Schmerzbeginn und Krankheitsverlauf, die genaue Schmerzlokalisation bereitet

Schwierigkeiten. Außerdem schreitet die Entzündung meistens sehr rasch fort, die Perforation ist besonders beim Kleinkind häufig (30%)."

Verschiedene Lehrbücher der Medizin

Wir nehmen als ersten Einstieg ein Buch mittlerer Ausführlichkeit, das dem Allgemeinmediziner die Besonderheiten der kindlichen Erkrankungen schildert:

> "Die **akute Appendicitis** kann in jedem Alter auftreten, am häufigsten jedoch zwischen dem 6. und dem 12. Lebensjahr. Das klinische Bild ist nicht immer so typisch wie im folgenden geschildert:
> - Akut einsetzender Bauchschmerz, anfangs noch nicht lokalisiert, später in den rechten Unterbauch ziehend, gefolgt von Übelkeit, Nahrungsverweigerung, Erbrechen und meist Stuhlverhaltung. Die Körpertemperatur ist nur mäßig erhöht (um 38°C).
> - Das Kind kann nicht mehr auf dem rechten Bein hüpfen, sondern liegt am liebsten ruhig mit angezogenem rechten Bein im Bett. Beim lauten "Kitt"-Sagen erfolgt keine Bauchmuskelkontraktion rechts. Beim Kleinkind kommt bei etwa 30% der Fälle ein Durchfall, bei etwa 10% der Fälle eine Verstopfung vor.
> - Bei der Untersuchung soll das Kind ausgezogen und flach auf dem Bett liegen. [...] 3. Bauch palpieren [abtasten].
> - in typischen Fällen findet sich Druckschmerz, Abwehrspannung und Loslaßschmerz, besonders im rechten Unterbauch." (Fritz Lampert, 1981, S. 9)

Sehen wir uns nun an, was uns dieser allgemeine Text für den speziellen Fall erläutert, ich drucke dazu den Fallbericht noch einmal ab und hebe die passenden Stellen **fett** hervor, die nicht passenden sind *kursiv* gedruckt:

> "Der **zwölfjährige** Sohn kommt von der Schule nach Hause (mit dem Fahrrad) und berichtet (...), daß er heute kaum Appetit und auch **keinen Stuhlgang** gehabt habe. Da er am Tage vorher bei einer Geburtstagsfeier seines Freundes war und vieles durcheinander gegessen hat, gibt man nicht weiter drauf acht. *Es geht ihm auch ganz gut, Schmerzen gibt er nicht an.* Am nächsten Tag fährt er, wie gewohnt, mit dem Fahrrad zur Schule. Mittags kommt er sehr blaß nach Hause, *ißt kaum etwas* und hat immer noch **keinen Stuhlgang gehabt**. *Über Leibschmerzen klagt er nicht.* Abends dann *Fieber (38,4°).*
> Da sich am nächsten Morgen (Freitag) der Zustand nicht ändert, wird [...] der Kinderarzt zu Besuch gebeten, der bei dem Jungen einen diffusen **Druckschmerz im Bauchraum,** besonders ***im rechten Oberbauch***, und **gespannte Bauchdecken** feststellt. Er weist den Jungen umgehend in die Klinik ein. Bei der sofortigen Laparatomie [Bauchöffnung] entleert sich spritzend Eiter aus der Bauchhöhle, die atypisch fast subhepatitisch [unter der Leber] liegende entzündlich-perforierte [durchbrochene] Appendix wird entfernt."

Wir sehen einige gut passende Hinweise, einige Passagen sind überhaupt nicht erklärlich, und ein Verstehen der Vorgänge findet sich auch nicht andeutungsweise (was auch nicht die Aufgabe dieses speziellen Buches ist). Die Frage ist nun, welche Art von Texten würde uns diesen Fall erläutern und seine Hintergründe erklären und uns zugleich Vorstellungshilfen geben? Ich stelle Ihnen in zwei Schritten hilfreiche

Verbindungen von Bildern und Texten vor, die uns die Vorgänge bei einer Appendicitis erläutern und die verdeckten Varianten erklären, und all dies mit imaginativer Hilfe verbinden:

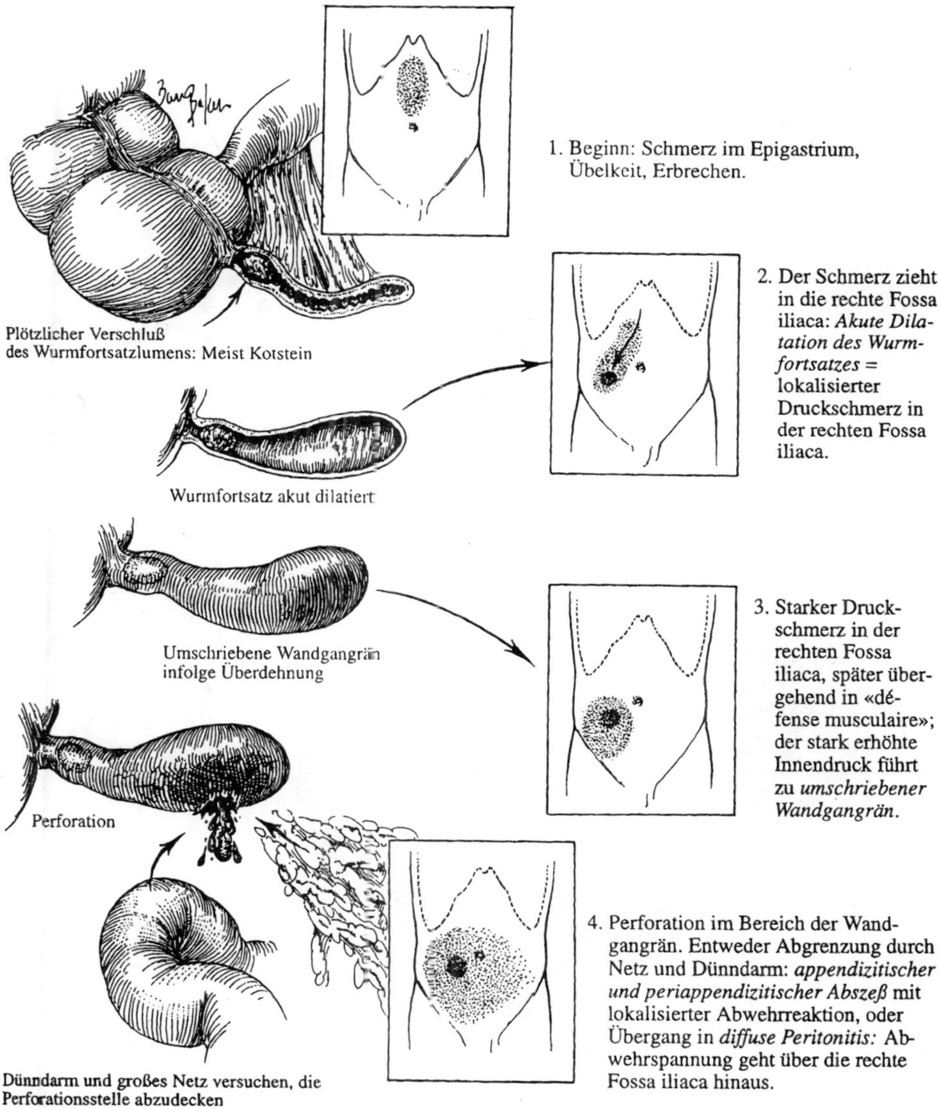

4.14 Max Saegesser (1996): Bilder zum Verlauf der Appendizitis. Einige Termini: Epigastrium: Oberbauch. Dilation: Erweiterung. Défense musculaire: Abwehrspannung. Gangrän: Untergang des Gewebes. Perforation: Durchbruch. Abszeß: Abgekapselte Eiteransammlung. Periappendizitisch: Entzündung im Nachbargewebe des Appendix.

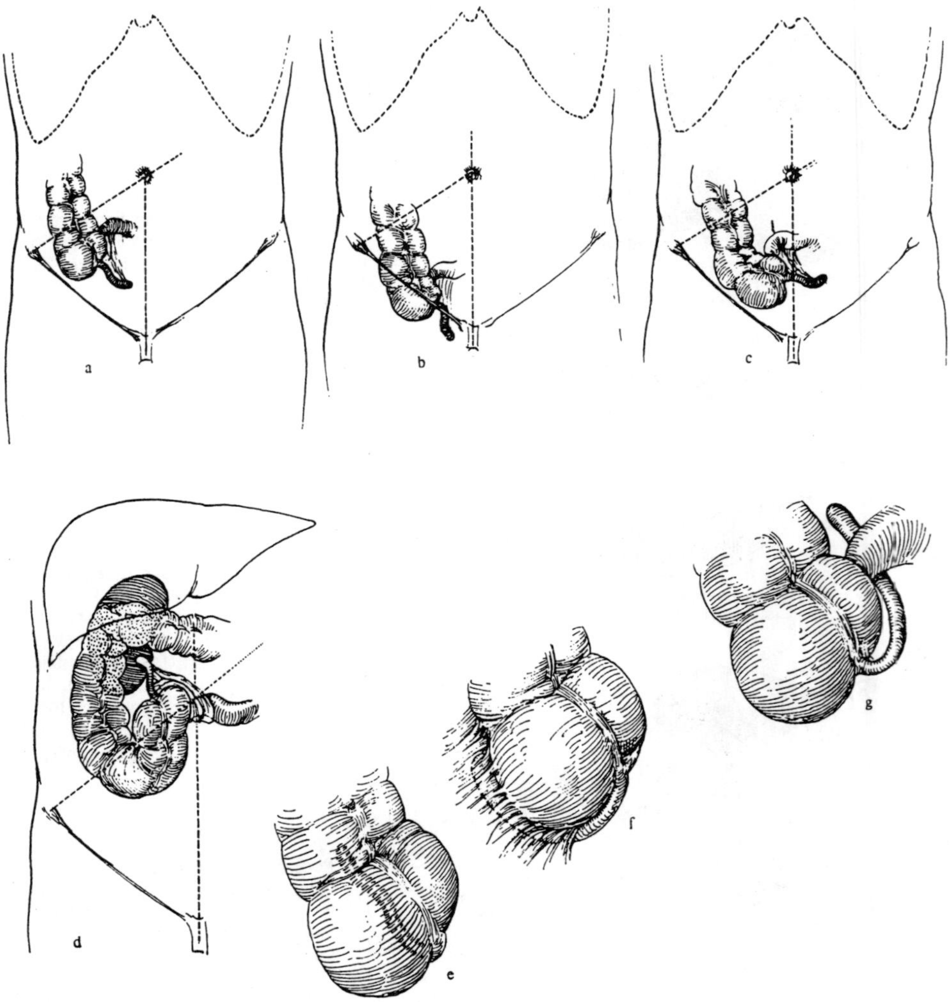

4.15 Max Saegesser: Abweichende Lagen des Wurmfortsatzes (des Appendix)

Erläuterungen zu den Bildern, v.a. der untypischen Lagen des Blinddarms bzw. des Wurmfortsatzes (auch nach Hamm)

- Unter (a) noch einmal der Blinddarm mit dem Wurmfortsatz
- Die *Beckenappendicitis* (b) ist durch die rektale Untersuchung (durch den After) zu diagnostizieren.
- Die Appendicitis der *mittleren Bauchhöhle* (c) hat ihren Hauptschmerz links von der Mittellinie. Abdeckung durch die Dünndarmschlingen erschwert die Diagnose
- (d) Die *subhepatische Appendicitis* (unterhalb der Leber liegende) täuscht durch Schmerzen im rechten oberen Bauch eine Gallenblasenentzündung vor.
- Die *retrozäkale Appendicitis* (e) [Wurmfortsatz *hinter* dem Blinddarm gelegen] hat bei der Untersuchung ihren Hauptschmerz rechts lateral [seitlich] in der Lendengegend [...]. Entzündung und Perforation [Durchbruch] breiten sich retroperitonal [hinter dem Blinddarm], seltener in der freien Bauchhöhle aus; daher ist der rechte Unterbauch nur gering schmerzhaft.

Abweichungen des Ablaufs im Kindesalter

"Es beginnt mit vagen, seltener auch kolikartigen Schmerzen im Epigastrium (Oberbauch) und oberhalb des Nabels. Nach wenigen Stunden verlagern sie sich in den rechten Unterbauch. Die Kinder sind appetitlos, klagen über Übelkeit und Erbrechen. Hungrige haben keine Appendicitis. Dabei besteht Fieber. Dieses klettert jedoch selten über 38,5°C. Das Allgemeinbefinden ist nur wenig beeinträchtigt." (Jürgen Waldschmidt: Das akute Abdomen im Kindesalter, 1990).

Nun sind sie so vorbereitet, daß Sie eine Visualisierung dessen probieren können, was Sie gelesen und gesehen haben.

1. Stellen Sie sich die Bilder zum allgemeinen Ablauf der Appendicitis vor. Welche fünf Schritte gibt es, und wie sehen die damit verbundenen Schmerzen aus?
2. Visualisieren Sie sich die vier hauptsächlichen abweichenden Lagen des Wurmfortsatzes - wohin werden die Schmerzen ausstrahlen?
3. Stellen Sie sich noch einmal den Fallbericht vom Anfang des Kapitels vor. Wie sehen Sie jetzt den speziellen Ablauf? Nehmen Sie die Informationen der speziellen "Kinderbauchlehre" hinzu. Was können Sie jetzt besser verstehen?

Ich drucke ein letztesmal den Fallbericht ab und deute mit kursiv-unterstrichener Schrift an, was Sie jetzt zusätzlich besser verstehen könnten:

"Der **zwölfjährige** Sohn kommt von der Schule nach Hause (mit dem Fahrrad) und berichtet [...], daß er heute *<u>kaum Appetit</u>* und auch **keinen Stuhlgang** gehabt habe. Da er am Tage vorher bei einer Geburtstagsfeier seines Freundes war und vieles durcheinander gegessen

hat, gibt man nicht weiter drauf acht. *Es geht ihm auch ganz gut,* Schmerzen gibt er nicht an. Am nächsten Tag fährt er, wie gewohnt, mit dem Fahrrad zur Schule. Mittags kommt er *sehr blaß* nach Hause, *ißt kaum etwas* und hat immer noch **keinen Stuhlgang** gehabt. Über Leibschmerzen klagt er nicht. Abends dann Fieber (38,4°).
Da sich am nächsten Morgen (Freitag) der Zustand nicht ändert, wird [...] der Kinderarzt zu Besuch gebeten, der bei dem Jungen einen *diffusen* **Druckschmerz im Bauchraum**, besonders *im rechten Oberbauch,* und **gespannte Bauchdecken** feststellt. Er weist den Jungen umgehend in die Klinik ein. Bei der sofortigen Laparatomie [Bauchöffnung] entleert sich spritzend Eiter aus der Bauchhöhle, die atypisch fast subhepatitisch [unter der Leber] liegende entzündlich-perforierte [durchbrochene] Appendix wird entfernt."

Wir erkennen für diesen Sonderfall v.a., daß der Schmerz im Oberbauch liegen kann, und wir wissen aus der allgemeinen "Kinderbauchlehre", daß sich die jungen Patienten nicht besonders unwohl fühlen müssen. Es bleibt immer noch die Ausnahme, daß dieser Junge über gar keine Schmerzen klagte - die werden sich in die Blässe und in ein allgemeines Unwohlsein am Freitag geflüchtet haben. Zum Schluß noch die übliche Warnung: Sie haben jetzt wahrscheinlich ein besseres Verständnis der Appendicitis als vorher, aber keinesfalls die praktische Erfahrung eines Arztes damit!

Fazit:

Wir haben in diesem Kapitel die innere Bebilderung von Texten auf mehrfache Weise erprobt, und zwar so, daß die meisten Übungen auch auf alle möglichen anderen Texte anzuwenden sind:

Zunächst dienten uns Bilder und Grafiken als "Anmacher" für die drei Modi der Wahrnehmung - mit ausgesuchten Fotos oder Zeichnungen können wir immer wieder das räumliche Sehen, die Linearität und die Farben in uns wecken.

Bilderreisen - in den vorgeführten Beispielen angestoßen durch zentrale Stichwörter wie "Schloß" und "Schachspiel" - führten uns bis an die Schwelle der Texte. Solche Imaginationen stehen unserer Phantasie jederzeit zur Verfügung, indem wir gleichsam geführte Tagträume zu Schlüsselwörtern oder Schlüsselszenen in Gang setzen.

Etwas abhängiger ist jeder Leser in der Auswahl bilderreicher Zusatztexte, die aus dem Leben von Autoren kommen. Dazu müssen wir uns eventuell Biographien oder Briefsammlungen ansehen. Aber gerade wenn wir eine facettenreiche Lektüre vorbereiten wollen, gibt es noch eine Fülle von Möglichkeiten, Texte auszuwählen, die das Thema einfacher anpacken und uns dadurch das Lesen erleichtern. Dazu mehr im 6. Kapitel über emotionale Texte, die zur Hilfe herbeigeholt werden können - und auch mehr dazu im schon erwähnten Heidegger-Exempel bei den Synthesen.

5. Bewegung vertieft das Verstehen

Zwei Interviews

Im Sehtraining hatten wir Eigenarten der rechten Hemisphäre benutzt, um das Verstehen zu vertiefen - eine weitere Verankerung in verschiedenartigen Provinzen des Gehirns wird durch die Bewegung erreicht. Wir müssen dazu nicht Theater spielen - ein bißchen Intonation und Gestik reichen aus, um bisweilen einen zusätzlichen Verstehenseffekt zu gewinnen. Beobachten wir zwei Meister der Sinne beim Sprechen, einen Koch und einen Regisseur, und unterlegen wir die Texte mit ihren Gesten. Ein Schrägstrich kennzeichnet eine Pause von ca. einer Sekunde, im übrigen unterstellen wir, um die Lektüre nicht zu komplizieren, daß der Druck dem Zeitablauf entspricht.

Der Koch wird über sein Metier interviewt:

> "Und wenn ich dem Gast dann RUNDE GESTE Gambas // anbieten kann, / dann, dann ist das etwas ganz Besonderes. Und / wenn ein Schnitzel DREIMAL GEKLOPFT / auf den Punkt / gebraten ist, das, das macht Spaß."

Der Regisseur Jossy Wieler wurde über seine Inszenierung von Büchners "Woyzeck" befragt:

> "Es gibt also HANDÖFFNUNG so, wie das Stück geschrieben ist, in Szenen // gibt's das freie WEITE GESTE Feld, es gibt den Jahrmarkt, also das nur als FINGERGESTE Beispiel, es gibt das Wirtshaus, es gibt GESTE EINES KASTENS Mariens Kammer."

Demjenigen, der diese Ausschnitte in Ruhe liest, fällt auf, daß beide Sprecher während der Gestik nicht reden, und es fällt auf, daß die Hand meistens vor konkreten Wörtern zur Hilfe genommen wird: *Gambas; auf den Punkt; das freie Feld; Mariens Kammer*. Als Vermutung bietet sich an, daß beide Künstler zuerst ihre Vorstellung bilden, sie dann auf die "Rede" der Hand übertragen, bevor sie den Mund benutzen. Bei Jossy Wieler funktioniert diese Schnellverbindung auch bei unanschaulicheren *nur als* [Geste] *Beispiel.* Wir können annehmen, daß sich diesem Bühnenmenschen selbst bei Themen wie "Überblick über das Stück" oder "Ein Beispiel bilden" sofort vage Imaginationen einstellen und sich schneller im Körper entladen als im Wort! Solche Vermutungen werden von sprachpsychologischen Forschungen gestützt, die zeigen, daß die Gestik eine halbe bis eine Sekunde vor der Artikulation auftreten kann, und zwar bei Menschen, denen der körperliche Ausdruck flott "zur Hand" ist.

5.1 Die neuropsychologische Sicht

Hand und Mund sind enge Verwandte nicht nur in den Redensarten "von der Hand in den Mund" oder "mit Hand und Kuß annehmen", sondern auch im Gehirn. Zunächst müssen wir eine ständige Rückmeldung über den Zustand unserer Körperteile haben, so ähnlich wie ein Feldherr oder Manager die Übersicht braucht - bei gesunden Mitgliedern wird die Befindensleitung häufig stumm bleiben, bei kränkelnden berichtet sie öfter und genauer. So auch im Körper: Wenn unsere Zehen ordentlichen Spielraum haben, spüren wir sie nicht, drückt der Schuh, merken wir es deutlich. Diese Rückmeldung kommt im Sensorischen Areal an. Schon dort sind die Empfangszentren je nach dem Grad der Sensibilität größer oder kleiner. Im Alltag spricht man zu recht vom Fingerspitzengefühl, weniger spricht man vom zarten Empfinden der Lippen, es sei denn man ist Lyriker.

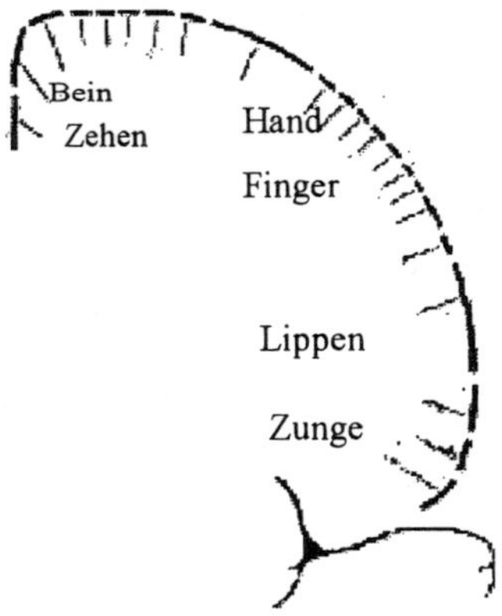

5.1 Die motorische Rinde und die sensorische Rinde (hier Körperfühlsphäre genannt). Man sieht an den größeren Abschnitten, wie stark Hand und Mund repräsentiert sind. (Nach: Lassen; Ingvar & Skinhoj, 1985)

Bei einer Handlungsabsicht geben die höchsten Zentren den Auftrag an die Motorik, sie brauchen dafür aber die Zustandsberichte, denn es hat keinen Sinn, einem gebrochenem Zeh eine Aufforderung zum Tanz zu übermitteln, er wird es nicht können. Das Motorische Areal ist ähnlich aufgebaut wie das Sensorische. Es ist noch mehr ein Spiegelbild der häufigsten und wichtigsten Aktions-Aufrufe: Das Gesicht mit seinen sensiblen Zonen und das Werkzeug des homo faber, die Hand, sind weit ausladend repräsentiert. Rumpf und Schultern sind bei weitem nicht so handlungsfähig und dementsprechend auch weniger präsent.

Die Schlußfolgerung lautet: Für unsere archaische Ausstattung ist Sprechen zunächst nur ein spezielle Variante der Bewegung, die zuerst den Mund (mit Kehlkopf und Zunge) benutzt, die aber auch die reichen Möglichkeiten der Hände für die vergänglichen Gebilde der Geste einsetzt. Diese Einsicht läßt uns mit größerem Spaß den Handspielen des Kochs und des Regisseurs zuschauen, weil wir verstehen, daß sich ihre Aussageabsicht der gesamten Motorik mitteilt daß beide Sprecher bewegungsnahe Bilder als Vorlagen für die Rede benutzen.

Die einleuchtende These von der Hand-Mund-Koalition öffnet aber gleich einige weitergehende Fragen: Wie sollte man sich die Redezentrale vorstellen? Wie dirigiert sie ihre Unterabteilungen, v.a. die Ausführung des Sprechens? Wie hängt sie von den Tätigkeiten der Redenden ab, also z.B. vom Kochen oder vom Inszenieren? Wir werden hier nur Teilantworten geben, einige weitere folgen im Kapitel "Sprache". An dieser Stelle beginnen wir mit dem Problem, wie die Artikulation oder besser gesagt, wie die Intonation von Sätzen mit der Gestik und der Bewegung zusammenhängt. Denn daraus können wir zwei Ratschläge für das Verstehen von Texten ableiten.

Wie klingen also die Sätze eines Gestenreichen? Stellen wir uns Menschen vor, die ihre Worte mit den Händen "ausmalen". Diese Vorstellung trägt sofort eine wichtige Information bei: Das Sprechtempo dieser Menschen läuft i.a. nicht in der höchsten Geschwindigkeit. Die Gründe liegen auf der Hand: Gesten brauchen Zeit, die Wortfindung sucht auch im Vorstellungsspeicher, oder die Bilder wollen verbalisiert werden.

Trotzdem verschleudern die Gestiker nicht die Zeit der Zuhörenden, auch sie richten sich nach den allgemeinen Zeitfenstern, sie füllen lediglich ihre Redezeiten nicht nur mit Wörtern, sondern auch mit optischen Signalen. Das heißt, auch sie benutzen Informationsblöcke, die über den Daumen gepeilt ca. drei Sekunden lang sind. Diese ungefähre, niemals auf Millisekunden genaue Phase hat Ernst Pöppel (1982; 1996; Turner & Pöppel, 1988) entdeckt und popularisiert. Ihm fiel auf, daß die Lyrik, in welchen Kulturen auch immer, ihre Zeilen nicht über ein derartiges Maß hinaus ausdehnt. Des weiteren erkannte er, daß redende Menschen diese Phasen zum Planen sowie zum Luftholen benutzen. Und für den Prosastil, so Pöppel, sollten die Blöcke zwischen Kommas oder Punkten nicht länger als ca. drei Sekunden sein, weil wir immer wieder Zeit zum Entschlüsseln brauchen.

Damit hätten wir einen wichtigen Hinweis dafür gefunden, was geschriebene Sprache oft schwieriger macht als gesprochene. Zumindestens im spontanen Reden nimmt sich der Sprecher Planungszeit, und auch der Partner eines Dialogs kann sich durch Fragen oder durch die Körperhaltung die notwendige Zeit zum Verstehen sichern. Beim Lesen muß man sich diese Verstehensspanne selber schaffen.

5.2 Praxis

Gedichte

Wir beginnen mit einem Schriftsteller, der dieses Prinzip auf Teile seines Werkes angewandt wissen wollte: Arno Holz (1919) druckte seine Gedichte in der abgebildeten Form, weil er seinen Lesern vor Augen führen wollte, daß jede Zeile gleich gewichtig und ungefähr gleich lang zu lesen sei. Diese Synchronie darf aber nur begrenzt durch Hervorhebung der Wörter angestrebt werden, sie bedarf auch der richtigen Pausen, sonst würde sich das Lesen verkünsteln. Probieren Sie es so, daß die langen Zeilen nicht gehetzt wirken, die kurzen aber dieselbe Spanne bekommen:

Süße, deutsche
mildweich holde Frühlingsnacht!

Noch immer,
unausschöpfbar rätseltief,
mit linden, wonnig schmeichlerischen Armen,
trostreich,
umstrickt mich dein Liebreiz!

Noch immer,
berauschend, berückend, sinnverwirrend,
betören mich deine Wunder!

Noch immer,
innigst,
rührt mich dein Zauber!

Es ist sogleich hörbar, was hier in der Hauptposition steht und was als Beifügung erscheint: Die emotionale Wirkung des "Noch immer", des Innigen und des Trostreichen hebt sich hervor, und als Erläuterung und Ausstattung fungieren die "linden, wonnig schmeichlerischen" Arme des Frühlings. Dieser Autor leitet die Lektüre selber an. Viele Texte könnten die Leseinitiative der Rezipienten im Drei-Sekundenfenster gebrauchen, und zwar am besten im lauten Vorlesen, allerdings sollte das jeder für sich tun.

Unter den zeitgenössischen Lyrikerinnen bedient sich Sarah Kirsch besonders gern des intonatorischen Hinweises, nicht um mit der Symmetrieachse Zeit oder Gefühle zu betonen, sondern um die Atemlosigkeit in Momenten des modernen Lebens hörbar zu machen. Auch sie rät ihren Lesern, eine Zeile in einem Atemzug zu lesen und das scheinbar Unzusammenhängende eben doch zugleich zu sprechen. Ein besonders einleuchtendes Beispiel ist ihr Gedicht mit dem Titel "Brief" (1979), in dem sie auch durch die Zeilenverdichtung zeigt, wie Italien auf sie, die Berlinerin, eingestürzt ist:

Sarah Kirsch: "Brief"

Ich bin glücklich in Italien, in diesem
Frühen Dezember. Morgens Sterne, dann
Nebel unter den grünen Bäumen. Der Steinvogel
Klirrt Kiesel aneinander mit seiner Stimme, ihr seht mich
Auf roten Fliesen und obgleich
Der Herd ein Elektroherd ist tu ich
Die einfachen Dinge von vor dreihundert Jahren.
Ich brate - ja ich habe Pompeji gesehen und zweitausend
Säulen und Kirchen, abgeschiedene Gärten - ich brate
Den Hasen im Topf und er kriegt
Einen Schuß Whisky am Schluß und ich auch ich hab
Das Schreibzeug aufm Küchentisch und lebe und lebe [...]

Es geht unmittelbar ein, wie sich alles gleichzeitig in den Vordergrund drängt, die Handgriffe beim Braten, Pompeji, die Säulen und die Kirchen, der Whiskey für Hasen und Köchin - und das Schreibzeug nebendran - am liebsten soll alles auf einmal rüberkommen, weil alles synchron präsent ist.

Prosa

Erinnern wir uns an das Kapitel über die analytische Fähigkeit, dort hatten wir zum Schluß einen Vorlesungstext behandelt (Türcke, 1995, S. 58), beim dem das Lautlesen half, die Hauptpunkte hervorzuheben und die Nebenstellen schnell-lesend in die Ecke zu stellen.

"In dem Maße,
wie das gesunde Volksempfinden,
(das gewöhnlich Lynchgelüste äußert, wenn ihm etwas wider die Natur geht,)
die jungen Rechtsradikalen nüchtern-bedauernd als "irregeleitet" einstuft,
(als welche, die indiskutable Mittel zu diskutablen Zwecken anwenden, als schmutzige Vorkämpfer einer sauberen Politik deutscher Selbstbehauptung),
reduziert sich ihr Tabubruch auf eine Überstürzung."

Mit der Simulation professoralen Verhaltens auf dem Katheder tritt bereits ein Teil des Sinns zutage, allein durch den Sprachduktus, ohne daß wir schon eine volle gedankliche Analyse leisten mußten. Wenden wir dieses Verfahren ein weiteresmal bei einem schwierigen neuropsychologischen Text des Nobelpreisträgers Gerald Edelman (1993) an, der kompliziert denken, aber nicht einfach schreiben kann. Das Thema behandelt die Kartierung der beiden Bewegungsfelder im Kortex:

"Es ist angebracht, von vornherein auf eine fundamentale Asymmetrie hinzuweisen, die in den sensorischen und motorischen Karten steckt. Operational betrachtet, entsteht eine sensorische Karte dadurch, daß die Reaktion von Neuronen auf

Input aufgezeichnet werden. Eine motorische Karte entsteht durch Reizung von Neuronen direkt im Kortex oder im Colliculus oder in anderen Regionen, die Impulse zu motorischen Ensembles schicken, bzw. durch Ableitung solcher Neurone während ihrer Aktivierung. Die beiden Kartierungen definеren somatotopische Ordnungen, wenn auch durch völlig unterschiedliche Verfahren."

Wir lesen den Ausschnitt in Drei-Sekundenfenstern und erläutern unbekannte Wörter gleich nebendran:

"Es ist angebracht,
von vornherein
auf eine fundamentale Asymmetrie hinzuweisen,
die in den sensorischen
und motorischen Karten steckt.
Operational* betrachtet, *operational: wenn wir es prüfen wollen*
entsteht eine sensorische Karte dadurch,
daß die Reaktion von Neuronen
auf* Input aufgezeichnet werden. *auf Input: als Input*
Eine motorische Karte entsteht
durch Reizung von Neuronen
direkt im Kortex
(oder im Colliculus oder in anderen Regionen,)
die Impulse
zu motorischen Ensembles schicken,
(bzw. durch Ableitung solcher Neurone
während ihrer Aktivierung.)
Die beiden Kartierungen
definieren somatotopische* Ordnungen, *somatotopisch: Die neurologischen Speicherorte sind räumlich geordnet*

wenn auch durch völlig unterschiedliche
Verfahren."

Auch hier lesen wir über das Kleingedruckte hinweg, v.a. wenn wir die Begriffe noch nicht kennen. Insgesamt gelangen wir zu der Aussage: *Sensorische Areale empfangen die (Bewegungs) - Signale, motorische schicken sie aus, aktiviert von anderen Zentren. Und die Lokalisierung dieser Areale im Kortex folgt der äußeren körperlichen Ordnung (vom Bein zum Kopf).* Es seien noch zwei psychologische Argumentationen angeschlossen, um das Thema ein wenig zu vertiefen:

5.3 Der innere Speicher beim Hören

Per Roland betont, daß es einen Playback-Mechanismus beim Hören geben muß. Wir können zwar beim spontanen Gespräch nachfragen, um den Sinn des Gehörten zu sichern. Häufig sind wir nicht in der Lage dazu wie bei den Geräuschen der Natur oder menschlicher Gegner oder - um neuere Anlässe zu erwähnen - bei offiziellen Reden, bei Vorlesungen oder gar beim Fernsehen und beim Radiohören. Wir müssen also einen gewissen Kurzzeitspeicher haben, der die akustischen Informationen eine Weile präsent hält, bis wir unterscheiden können, was der Löwe in der Savanne oder am Pult gebrüllt hat.

Dieses kurzzeitige Bewahren von Wörtern in der akustischen Spur ist zuerst von Alexander Lurija (1992) untersucht worden, der diese Fähigkeit bereits im primären Hörkortex gefunden hat. Lurija schreibt, "daß der temporale Projektionskortex akustische Erregungen nicht nur auf den Kortex *überträgt*, sondern dessen Aktivität auc h *verlängert* und *stabilisiert*, indem er sie konstant hält und steuert." (S.128) Notwendig sind solche Schleifen auch im sekundären akustischen Kortex, dort wo der Sinn entschlüsselt wird (im linken Temporallappen). Lurija hält diese Region für den Ort, an dem die sprachlichen Feinheiten unterschieden werden, wo man also hört, ob es sich bei einem Wort um "Kanne" oder "Tanne" handelt, oder ob der Sprecher von einer "Panne" spricht.

Der akustische Monitor wird durch eine sprachpsychologische Theorie Ulric Neissers (1974) gestützt, der dargestellt hat, daß die Analyse eines gehörten Satzes geleistet wird, indem der Rezipient seine inneren Mechanismen befragt: Wie würde denn meine Synthese, d.h. meine eigene Produktion des Hörstücks ablaufen? Und bei dieser Prüfung entsteht ein natürliches Gespür für die Bedeutung des Satzes. Allerdings ist damit auch, so muß man hinzufügen, die Tür zum subjektiven Mißverstehen geöffnet - ich verstehe den anderen zunächst aus meiner Perspektive, aus meinem Formulierungsmodus heraus!

Daß der innere Speicher existiert, beweisen aber eindeutig die Korrekturen der Versprecher. Es ist ja nicht so, daß wir jeden Lapsus oder falschen Zungenschlag durchgehen lassen, häufig gehen wir noch einmal zurück und verbessern uns: "Er liegt in so einer *Motte*, ähm also in einer *Matte*, also einer Hängematte".

Und manche von uns tun das auch nicht nur bei sich, sondern auch beim Zuhören, sie neigen nämlich dazu, Fehler anderer Menschen vor sich hin murmelnd oder auch laut, je nach der Situation, zu korrigieren, wenn der Produzent nicht selber auf seine Sprechware aufpaßt.

Mit dem inneren Monitor, der das Gehörte eine Weile auf der inneren Mattscheibe stehen läßt, hätten wir eine weitere Begründung, warum lautes Lesen hilfreich ist: Wir schalten im Hintergrund zusätzliche Verstehenskapazitäten ein, so wie wir das bei einer lebendigen Rezitation tun, oder wie wir es im Theater erfahren. Wir können diese Hilfen bei Texten selbständig hinzufügen, um den Roten Faden nicht zu verlieren oder um zu erspüren, mit welchem Sprachduktus das Gewusel von Gedanken am besten zu verstehen wäre.

5.4 Betonungsarten

Die Taktstock-Akzentuierung

Wir kennen nicht allein die malenden Gesten, sondern auch solche, die mit erhobenem Zeigefinger oder gar mit der Faust ausgeführt werden. Sie heißen in den entsprechenden Forschungen "Taktstockgesten" (Desmond Morris, 1977), und sie betonen die wichtigen Wörter in einem Satz, wichtig entweder für den normalen

Satzrhythmus oder für die Akzentuierung des Sprechenden. Es fragt sich nur, wie der Rhythmus eines Satzes zustande kommt? Wir haben zunächst die Betonung des einzelnen Wortes, das in seiner Semantik gleichsam mitgespeichert wird. Helen Leuninger (1995) hat aus einer amüsanten Sammlung von Versprechern einige Hinweise auf die zugrundeliegenden sprachlichen Prozesse gewonnen. Einer der Sätze sollte heißen: *Wochenende für Verrückte,* wird aber in der Verdrehung zu: *Verrückte für ein Wochenende.* Hier überlebt die Betonung der beiden Hauptwörter, sie wird nicht dem ursprünglichen Satz und seinem Akzent untergeschoben, es heißt eben nicht: *Verrückte für ein Wochenende.*

Gleichwohl gibt es neben dem eingeborenen Wortakzent eine kräftige Satzkurve, die im Deutschen zwei Prinzipien folgt: In der Normalbetonung werden das Thema und das Neue eines Satzes hervorgehoben. In der speziellen Hervorhebung zeigt man einen Kontrast an, oder man spricht einfach mit Gefühl und Emphase (Stock & Zacharias 1995). In den Beispielen kennzeichnen wir die vermutlich stärkste Stelle mit einer doppelten Unterstreichung, die zweitstärkste mit einer einfachen. Wir lassen den ersten Satz zunächst in unserer Betrachtung aus, weil er als Redeeinführung besonderen Regeln unterliegt.

Normalbetonung:

> *(Hans war gestern im Kino.) In dieser Bruchbude hat er sich den neuen Film von Schlöndorff angesehen.*

Wir erkennen in *Hans* das Thema des ersten Satzes und im Kinobesuch das Neue, das über ihn zu berichten ist. Der zweite Satz nimmt den Kinobesuch jetzt als sein Thema und schließt daran seine eigene Information an, nämlich den Regisseur. In üblicher fortlaufender Rede ist das Thema wichtig, die neue Aussage aber noch mehr.

Kontrastbetonung

Versuchen wir, eine Kontrastierung in diesen Satz zu bringen:

> Hans war gestern zweimal im Kino. In dieser Bruchbude hat er sich vormittags den neuen Film von Schlöndorff angesehen und nachmittags einen Krimi.

Hier hören wir zwar immer noch etwas über Hans, aber der Kinobesuch als neue Nachricht wird durch den Skandal überlagert, daß dieser Mensch *zweimal* am Tag in den Musentempel geht. Und dieses zweimalige Ereignis wird noch durch den Kontrast von *vormittags* und *nachmittags* ausgefaltet.

Aufregung

Stellen wir uns unseren Genießer noch ein drittesmal vor, diesmal im Bericht seiner aufgeregten Freundin, die arbeiten mußte, obwohl Schlöndorff ihr Lieblingsregisseur ist. Und nun beklagt sie sich vehement:

Der Hans, der war gestern im Kino. Da hat er sich den neuen Film von Schlöndorff angesehen (schluchz), ohne mich, der Lump!.

Wenn wir uns noch eine bewegte Satzmelodie in den Höhen und Tiefen vorstellen, hören wir den ganzen Jammer dieser Freundin, für die so viele Informationen in diesem Satz empörend sind.

Für die Taktstockgesten müßten wir eigentlich einen Politiker auf die innere Bühne rufen, wir begnügen uns mit dem vorgeführten Exempel und einer gestrengen Mutter oder einem ärgerlichen Vater. Wo würden sie mit dem erhobenen Finger die Akzente setzen? Es ist einleuchtend, daß solche Finger- oder Faustpointen an den doppelt unterstrichenen Wörtern auftreten würden: *zweimal, vormittags, nachmittags.* Gleiches würde im letzten Beispiel stattfinden, wenn die Freundin dazu überhaupt in der Lage wäre. Und hier können wir durch Ausprobieren erkennen, daß niemand imstande wäre, noch mehr Wörter gestisch zu akzentuieren, ohne ziemlich albern zu wirken. Das heißt aber, die Hervorhebungen können selbst in der Aufregung oder im Ärger nur in begrenzter Zahl erscheinen - und sie verlangsamen das Tempo erkennbar. Damit hätten wir noch eine weitere Nuance für das Textverstehen gewonnen, die wir auch für das gestaltende Lesen schwieriger Texte heranziehen können.

Wissenschaftsprosa

Wir versuchen es noch einmal mit Edelmans Text, von dem wir annehmen, wir müßten ihn vor einer Gruppe so lesen, daß sie ihn in Ansätzen versteht. Wo könnten wir den Zuhörern bei einem ausreichend kurzen Stück mit Taktstockgesten und langsamer Betonung helfen?

"Es ist angebracht, von vornherein auf eine fundamentale Asymmetrie hinzuweisen, die in den sensorischen und motorischen Karten steckt. Operational betrachtet, entsteht eine sensorische Karte dadurch, daß die Reaktion von Neuronen auf Input aufgezeichnet werden. Eine motorische Karte entsteht durch Reizung von Neuronen direkt im Kortex oder im Colliculus oder in anderen Regionen, die Impulse zu motorischen Ensembles schicken."

Wir sehen, daß die Darstellungsblöcke ungefähr doppelt so lang sind wie bei unserem ersten Lesen im Drei-Sekundenfenster. Sie sind aber immer noch kürzer als der eng gedruckte, fortlaufende Originaltext.

Gesten

Gehen wir noch einmal zu unseren Gesten als den Kopartnern der sprachlichen Aussage, so wie wir es beim Koch und beim Regisseur gesehen haben, dann können wir jetzt Profit für das Verstehen von Texten ziehen wie für ihre Mitteilung. Die Argumentation war, daß die Geste eine natürliche Verwandte des Sprachausdrucks ist und daß sie imaginative oder zumindest konkrete Kerne des Aussagewunsches spiegelt. Und für den Rezipienten ist sie hilfreich, weil sie ihm bei der Analyse hilft, und zwar auch durch das Anzapfen seiner Vorstellungen, die ihm bei eigenen Äußerungen kommen würden. Kurzum, wir benutzen die Gestik zur Erleichterung des Verstehens. Aus praktischen Gründen ahmen wir kein lebendiges Gegenüber nach, sondern lediglich die schon fertige literarische Textgestalt.

Übungen

Eigentlich bräuchten wir einige Anwärmungen für Gesten oder auch für größere körperliche Bewegungen. Wir müßten aufstehen und einige Gehweisen oder Grußformen üben. Da aber ein Buch vor Ihnen liegt und kein Pantomimen-Trainer vor Ihnen steht, begeben wir uns gleich in medias res. Das Gedicht von Peter Huchel aus dem 2. Kapitel möge als Beispiel dienen. Sprechen Sie diesen Text einmal mit der Stimme eines alten, ermüdeten Mannes oder einer alten Frau - ein andermal mit der Stimme eines zwar müder werdenden Menschen, der noch das Feuer eines Widerstandes in sich spürt. Wie geht und bewegt sich ein alter müder Mann, der diesen Text spricht? Wie der andere, jüngere, kraftvollere? Probieren Sie die Gangweisen, und erlauben Sie sich (mit dem Text in der Hand) diese Bewegungen mit dem ganzen Körper zu imitieren!

Der Garten des Theophrast
Meinem Sohn

Wenn mittags das weiße Feuer
Der Verse über den Urnen tanzt,
Gedenke, mein Sohn. Gedenke derer,
Die einst Gespräche wie Bäume gepflanzt.

Tot ist der Garten, mein Atem wird schwerer,
Bewahre die Stunde, hier ging Theophrast,
Mit Eichenlohe zu düngen den Boden,
Die wunde Rinde zu binden mit Bast.
Ein Ölbaum spaltet das mürbe Gemäuer
und ist noch Stimme im heißen Staub.
Sie gaben Befehl, die Wurzel zu roden.
Es sinkt dein Licht, schutzloses Laub.

So werden durch den Körper inszenierte Texte lebendiger als bei der ruhigen Lektüre auf dem Sofa. Es gibt aber auch keinen Zweifel, daß durch die Aufforderungen zu müden Bewegungen eine Interpretationsrichtung vorgegeben ist. Eine heitere und muntere Version, die sich vielleicht von dem Wort "tanzen" inspirieren ließe, wird bald durch das dunklere Wortfeld mit Eintragungen wie "Urnen, einst, tot, mein Atem wird schwerer" in die Grenzen gewiesen. Insofern gibt es frühzeitig genügend Sprachsignale für den stillen und gebeugten Versuch.

6. Emotionen: Die verborgene Basis des Lesens

Anekdoten vom Theater

Der französische Schauspieler Talma studierte jede Rolle mit großer Intensität. "Einmal kam er von seiner Besitzung nach Paris, wo er am nächsten Tag den Augustus spielen sollte. Im Theater erklärte man ihm, die Vorstellung sei abgesagt, es werde statt dessen "Britannicus" gegeben, worin er den Nero spielte. "Was?!" rief er. "Jetzt bin ich seit acht Tagen zu Hause Augustus und soll von einem Tag auf den anderen Nero werden?" (Lattmann. 1979, S. 213)

Als Schillers Zeitgenosse Iffland "in Mannheim engagiert war, schenkte er manchmal einer Witwe und ihrer kleinen Tochter Freikarten. Einmal sollte er in einem Stück ermordert werden, doch da schrie die Tochter der Witwe: "Halt! Halt! Bringt den Herrn Iffland nicht um, sonst kriegen wir keine Freikarten mehr!" (Lattmann 1979, S. 129)

In beiden Anekdoten beschränkt sich das Spiel nicht mehr auf die Bühne, es geht hinüber in die Realität des Lebens: Talma "ist" ganz der strahlende Augustus und kann nicht auf einmal zum verrückt-dämonischen Nero werden. Ebenso fühlt sich die kleine Mannheimerin voll von der Aufführung durchdrungen und sieht den Herrn Iffland wirklich sterben. Ihre Naivität setzt noch eins drauf und bedauert den drohenden Verlust der schönen Theaterplätze.

"Wes das Herz voll ist, des geht der Mund über", sagt die Redensart und beschreibt damit die Koalition von Gefühl und Handlung. Wenn etwas einen Menschen ganz ausfüllt, bringt es ihn zu Handlungen, auch zu überraschenden, "unlogischen" und ungewöhnlichen. Was sind also diese ausfüllenden Gefühle? Welche Eigenarten besitzen sie in den Menschen? Und welche Rolle spielen sie beim Lesen von Texten, bei literarischen, wo man sie durchaus vermutet, aber auch bei Sachtexten, wo man sie nicht so vermutet.

Die meisten psychologischen Richtungen dieses Jahrhunderts kamen ohne die Erforschung der Gefühle aus. Lange Zeit war das Bewußtsein bestimmendes Sujet (Wundt), dann die Wahrnehmung und das Denken (Gestaltpsychologie), schließlich das Verhalten (Behavorismus) und erneut das Denken und Problemlösen (Kognitionspsychologie). Außerhalb der universitären Labors rumorte das Unbewußte in den Menschen und und in den Therapien der Psychoanalytiker. Es scheint aber nun, daß Gefühle in den letzten zwei Jahrzehnten sowohl für die Kognitionsforscher wie auch für die Neuropsychologen ein zunehmendes Gewicht erlangen.

6.1 Neuropsychologie

Wir sollten also diese Disziplin befragen, wie sie die Rolle der Emotionen generell sieht und speziell beim Umgang mit Texten. Bereits im Einleitungskapitel war die Rede davon, daß wir nicht so tun können, als ob unsere Taten nur sachlich ablaufen. Auch scheinbar alltägliche Vorgänge sind von Gefühlen durchwirkt: Einen Text zu Ende lesen zu wollen, einen überzeugenden Bericht schreiben, einen Witz gut erzählen und damit ein Gruppe kurz aufheitern - auch in diesen Zweigen der Textbenutzung verstecken sich Gefühlsanteile.

Das limbische System

Die Gefühle hausen in der Tiefe des Gehirns. Solche Analogien aus der Märchenwelt können entstehen, wenn man sieht, wie das limbische System vom Kortex eingehüllt wird und im Zentrum unseres Kopfes geschützt ist. Im folgenden Bild sollen zunächst einmal die hauptsächlichen Mitspieler vorgestellt werden. Wir erkennen unter der Großhirnrinde den sogenannten Balken, das Corpus callosum, eine Brücke zwischen den beiden Hemisphären. Darunter lagern dann:

- *Der Thalamus*: Er ist zuständig für fast sämtliche sensorische Eingänge und ihre frühe Einschätzung.
- *Der Hypothalamus*: Er steuert die Hormone als wichtige Vermittlerstoffe für körperliche Reaktionen.
- *Der Hippokampus*: Ein Ort, an dem entschieden wird, welche Informationen ins Langzeitgedächtnis gehören, was also sicher abrufbar sein soll. Hans M. Markowitsch (1996) hat ihn als eine Art Verteilerstelle für die richtigen Postfächer beschrieben.
- *Die Amygdala*, der Part, der die emotionale Einordnung vornimmt: Wichtig, zuträglich, gefährlich, ungefährlich oder gar uninteressant. Bei den ersten drei Prüfungsergebnissen sendet er heftige Impulse, bei den beiden letzten hält er sich mit einer "Sendepause" zurück.
- *Der Cortex entorhinalis*, eine Verbindungsstelle zwischen Kortex und Limbik, unter dem Thalamus.

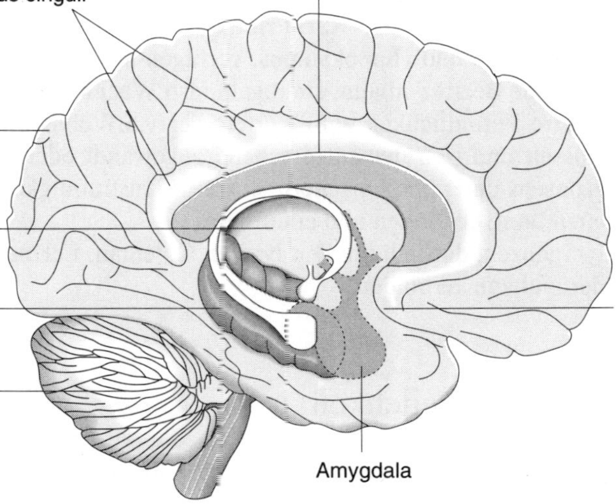

6.1 Das limbische System (Nach: Solomon S. Snyder, 1988)

Das limbische System ist schwerer zu erforschen als der Kortex, weil es für PET-Untersuchungen nicht gut zugänglich ist, also nicht sehr exakt befragt werden kann und weil der Reichtum der Gefühle nicht in Tierversuchen zu erfassen ist. Es bleibt übrig, die neuronalen Verbindungen zu studieren, die außergewöhnlich vielfältig und reziprok sind, d.h. sie gehen in der Limbik und zum Kortex in mannigfaltiger Weise hin und her. Es bleiben die Verletzungen von Menschen zu analysieren, die durch ihre speziellen Störungen Hinweise auf die Leistungen ihrer lädierten Areale geben. Und es bleiben einige spezielle Untersuchungen mit der Elektroenzephalographie.

Für die Zwecke dieses Buches sind folgende Befunde aus der Neuroanantomie notierenswert: "Die Area entorhinalis empfängt Projektionen, die in Kaskaden über [den Neokortex] ziehen; sie selbst projiziert auf den Hippokampus. Auf diese Weise macht sie das limbische System zu einem Empfänger neocorticaler Signale mit Vorläufern in Sehen, Hören und Somatosensorik. Eine vergleichbare Bahn vom Neocortex zur Amygdala existiert.(Nauta & Feirtag, S.140) Wichtig ist hier das Wort "Vorläufer" der durchstrukturierten Informationen. So früh mit den Daten konfrontiert, ist die Limbik in der Lage, die schon beschriebene grundsätzliche Einschätzung in die höheren kortikalen Bezirke zu schicken. Dabei teilen sich v.a. Amygdala und Hippokampus zwei Aufgaben:

Die Amygdala prüft die sozial-emotionalen Aspekte eines Ereignisses und verstärkt und erhält nach positiver Prüfung die Aktivität des Hippokampus. Ein Ergebnis aus der Tierforschung: Affen ohne Amygdala gingen unter, weil sie sich völlig aus ihrer Horde zurückziehen mußten, denn sie konnten keinerlei Signal der Kumpanen auf Rangordnung, Gefahr oder Wichtigkeit mehr deuten.

Der Hippokampus ordnet Ereignisse in die Muster des Bekannten ein, er ist der Wächter über das Langzeitgedächtnis. So kann er bei erzählten Geschichten den Roten Faden erkennen und eine Einordnung des Themas in grundsätzliche Bezirke des Wissens vornehmen. (R. Joseph, 1994; Karl Pribram, 1992)

Beide Partner, Amygdala und Hippokampus, verfügen über Kontaktlinien in subkortikale und körperliche Bezirke hinein, sie regeln also Wachheit oder Rückzug mit. Und beide melden ihre Befindlichkeit zum Kortex, der v.a.Wohlbefinden oder Mißvergnügen entschlüsselt und sich dementsprechend zugewandt oder zugeknöpft verhält. Soweit der Konsens unter den Forschern, einzelne Unstimmigkeiten werden wir in der weiteren Darstellung erwähnen und einordnen.

Nun zu den Divergenzen, die sich mit den Namen Goleman, LeDoux auf der einen und Halgren auf der anderen verbinden.

Schnelligkeit und Zuträglichkeit

Joseph LeDoux (1997) stellt folgende These vor: Die limbischen Prüfungen setzen vor den kortikalen Synthesen von komplexen Zusammenhängen ein: Wenn die Nachricht in den sprachlichen oder optischen Regionen bearbeitet wird, hat sie schon ihr erstes limbisches "Etikett" bekommen und ihre erste emotionale Prüfung durchlaufen. In seinen Arbeiten postuliert er eine blitzschnelle Abzweigung der Informationen zur Amygdala, die auf Gefahr oder Nicht-Gefahr hin prüft. Er schreibt dazu, die ersten Prüfungen seien ziemlich grob und nicht sehr sensibel, sie hätten aber die Aufgabe einer existentiellen Einordnung. Die Gründe liegen in der Urzeit: Unsere frühen Vorfahren mußten sehr schnell entscheiden, ob ein Schatten zu einem jagdbaren Reh oder zu einem angreifenden Keiler gehört. Unsere Einschätzungen heute erlauben uns etwas mehr Zeit, in der wir entscheiden können, ob uns ein Mensch mir sym-pathisch ist, d.h. gleich-fühlend oder anti-pathisch, das heißt gegen mich fühlend.

David Goleman hat auf den Beobachtungen von LeDoux seine These aufgebaut, daß es neben dem Intelligenz-Quotienten auch einen Emotionalen Quotienten geben müsse, der im privaten und im beruflichen Leben oft viel ausschlaggebender sei als die in den Tests erfragte Fähigkeit, logische oder sprachliche Schlüsse zu ziehen. Der prinzipiellen Behauptung kann man mit Einschränkungen zustimmen. Die Goleman'sche Basis ist allerdings deshalb schwach, weil die Thesen LeDoux's, auf denen er fußt, nur eingeschränkt gültig sind:

- Es sind lediglich die heftigen Gefühle, die LeDoux interessieren wie Wut und Angst.
- Er hat als "Probanden" im wesentlichen Ratten genommen.
- Und er hat die nur die prinzipiellen Einsichten in die limbisch-kortikalen Bahnungen für seine Argumente herangezogen, ohne sich auf PET-Untersuchungen stützen zu können, die derzeit in der Limbik noch sehr schwer sind.

Dadurch engt sich aber der Kreis der Emotionalität ein und verliert die ganze Breite der langsamen Gefühle z. B. das allmähliche Entstehen von Zuneigung in einem

Gespräch oder gar während einer Freundschaft. Um diese Grenze an einem Beispiel klarzumachen, sei eine Stelle aus LeDoux's Buch herangezogen, der schreibt: Beim Anblick einer Schlange im Wald springt die emotionale Blitzprüfung ein, bei einem Kaninchen bleibt sie ruhig. Bei der schnellen Reaktion auf ein Gefahrensignal fährt die Amygdala unseren Blutdruck und unsere Muskelspannung hoch - bei der milden Begegnung mit Herrn oder Frau Kaninchen gibt es solche emotionalen Stimuli nicht. Wenn man an all die entzückten Ausrufe junger und junggebliebener Menschen beim Anblick von Hasen und Rehen in freier Wildbahn denkt, weiß man, was Le Doux und Goleman in ihrem Gefühlskonzept unterdrückt haben!

Um einen anderen Emotionsforscher als Zeugen zu bemühen, lesen wir einem neueren Sammelband die Arbeit Eric Halgrens (1992), der mit dem EEG arbeitete und Menschen als Probanden hatte. Er stellt fest, daß die sinnlichen Informationen, die wir bekommen, paralell vom Kortex und von der Amygdala eingeschätzt werden. Er schreibt, diese gemeinsame Evaluation läuft während der ganzen Einschätzungszeit zusammen, und sie läuft im Rahmen und unter den Vorgaben des Kortex! Seine Differenz zu Le Doux ist folgende: Die Schnellprüfung existiert bei Menschen höchstens in Gefahrensituationen und sie ist nicht von den Rattenexperimenten zu übertragen. Im Gegenteil: Die Untersuchungen, von denen er berichtet, "suggest that this early simple sensory input is very weak or nonexistent in humans." (Halgren, S.122)

Interessant für uns ist ein weiterer Befund Halgrens, daß nämlich Gesichter und Sprache die stärksten Anlässe für heftige (elektrisch meßbare) Ausschläge in der Amygdala waren. Und interessant ist gleichfalls, daß diese limbische Zentralstelle, wenn man sie direkt stimuliert, Bilder, Träume und Erinnerungen produziert. Das heißt, sie benutzt diese Analogien aus der Erfahrung, um dem Kortex zu- oder abzuraten. Um solche Materialien aus dem Gedächtnis-Arsenal zu holen ist sie bestens präpariert, denn ihre Koalition mit dem Hippokampus ist so eng, daß beider EEG-Reaktionen nicht voneinander zu trennen sind.

Das Fazit Halgrens: Die Amygdala verbindet den Kortex mit Bildern und Erinnerungen sowie mit den körperlichen Antworten im Kreislauf, im Magen und über die hormonalen Reaktionen. Sie ist aber nicht die einzige Stelle in der Limbik, in der diese Konnektionen zwischen Sinnesdaten, Kortex und Archaik stattfinden.

Der emotionale Kitt

Die subkortikale Tönung, die viele kognitive Informationen mit sich tragen, enthält nach der ersten Einschätzung speziellere emotionale Farben, und zwar solche, die von dem Ereignis oder der Geschichte angeregt wurden. Wenn ein unangenehmes Geschehen, z.B. ein Versagen, wahrgenommen wird, erscheint es in der Feintönung als peinlich, als schamvoll oder auch als erniedrigend. Wenn diese Stimmung eine Weile länger andauert und mehr Zeit hat, subkortikal zu wirken, dann kämmt sie gleichsam ganze Büschel von Emotionen dieser Ausrichtung zusammen. Oder auch anders, dem Menschen fallen sämtliche Inhalte seines Peinlichkeits-Repertoires ein, also nicht nur die aktuelle, daß er zu spät zu seinem Vortrag gekommen ist, sondern auch daß er Tante Emma vor zwei Jahren keinen Blumenstrauß mitgebracht oder daß er seiner Tanzstundendame eine falsche Familiengeschichte erzählt hatte. Luc Ciompi (1989), der dies Phänomen beschreibt, spricht von einem emotionalen Kitt, der die Gefühle einer bestimmten Art festhält. Diese nachvollziehbaren Beobachtungen sind neuropsychologisch nur deutbar, wenn wir die doppelte Bahnung annehmen, daß die Informationen auch zu den älteren Bereichen geschickt werden, die quasi einen Unterton zur beherrschenden und wahrgenommenen Melodie hinzufügen.

Ciompi überlegt, ob die Emotionen noch weiterreichen und als herrschende Gefühlsfrequenz den Schlüssel für die kognitiven Themen darstellen könnten. Mir scheint, daß diese Vermutung etwas zu stark von der bewußten Konzentrationskraft des Kortex absieht, mit der sich Erwachsene durchaus auf Sachthemen einstellen können, obwohl ihnen innerlich anders zumute ist.

Personaler Bezug

Auch bei Begegnungen mit Texten erfolgt eine Prüfung auf die Wichtigkeit und ein Vergleich mit bestehenden inneren Bildern. Wenn dieses Ergebnis sehr schnell veröffentlicht wird, dann sprechen wir von Naivität, wie sie die kleine Mannheimerin vorführt. Sie erlebt einen fiktiven Vorgang als real, reagiert blitzschnell darauf und bewertet ihn als sehr negativ für sich selber. Der Shakespearespieler Talma antwortet ebenfalls schnell (und naiv), indem er schimpft, denn der "Text" über die Spielplanänderung ist für ihn in der ersten Prüfung abträglich. Der tiefere Grund liegt auf einer zweiten Ebene, dem personalen Bezug. Der Mime besitzt neben der kurzfristigen Plus-Minus Prüfung, in der lediglich grobe personale Aspekte wirken, noch eine länger andauernde Nähe zu einem zweiten Text, nämlich "seinen" Zeilen im Drama. Und mit denen geht er bereits eine Woche identfikatorisch um und nimmt sie real in sein Verhalten als Person auf.

Die Leseforschung hat für diese personalen Reaktionen auf die Text-Welt den Begriff des stellvertretenden Erlebens geprägt. Wir reagieren in unseren Gefühlen so, als ob uns diese Handlung wirklich widerfährt, wir identifizieren uns mit einer Figur im Text und bereichern unser Leben mit ihrem "Leben" und ihrer Welt. Dabei bleiben wir in der warmen Stube sitzen und müssen uns nicht die Füße wund laufen. Dementsprechend lautet ein englisches Bonmot: "Es ist ein Stück vom Paradies, auf dem Sofa zu liegen und einen guten Roman zu lesen."

Körperspuren

Wenn ein Werbe-Slogan heißt: "Bücher - Erfahrungen, die man kaufen kann", so rekurriert dieser Satz doch auf das Gegenteil, daß Erfahrungen per definitionem einem Individuum "widerfahren" und der Person gehören. An dieser Stelle gibt es eine interessante Meinung aus der Gehirnforschung, und zwar von Antonio Damasio (1996). Seine These lautet, daß Erfahrungen und Emotionen "somatische Marker" hinterlassen, das heißt Spuren in der körperlichen Erinnerung. Damasios zentrales Experiment ging um ein mittelmäßig kalkulierbares Glücksspiel, bei dem man wie an der Börse Gelder einsetzen mußte und damit gewinnen und verlieren konnte. Während des Spiels wurde vor allem der Hautwiderstand der Versuchspersonen gemessen. Diese Meßeinheit wird größer, wenn ein Mensch über einen mittleren Zustand hinaus aktiv ist, dann gibt es minimale Schweißabsonderungen, die die elektrische Leitfähigkeit der Haut verringern, also den Widerstand erhöhen.

Damasios Ergebnis war, daß die Aktivität bei Menschen ohne neuronale Schädigung nicht gleich am Anfang anstieg, sondern erst während des Spieles immer weiter anwuchs, auch wenn die Personen mit dem Spiel allmählich zurecht kamen. Die Interpretation geht dahin, daß sich der Frontale Kortex bei dieser Aufgabe nicht ausruht, sondern immer mehr Eindrücke sammeln und Regeln erkennen will, um erfolgreich zu bleiben. Diese Aktivität wird natürlich aus tieferen Schichten gespeist, die den Erfolg auf jeden Fall wollen. Man wird diese Einstellung als die personale und emotionale Komponente der Gewinner ansehen, denn bei mental gestörten Menschen war der Wille zum Durchhalten bei weitem nicht so ausgeprägt, und sie verloren relativ schnell und ungerührt. Und nun die letzte Schlußfolgerung: Der Siegeswille steuert den Kortex, und die Spuren dieser Anstrengung finden sich im gesamten Körper, in seiner allgemeinen Anspannung. Mit weiteren Argumentationen dehnt Damasio diese These auf alle Arten von Gefühlen aus, was zunächst nicht neu ist, denn Gefühle drücken sich im Körperlichen aus, eine Standardannahme aller Emotionstheorien: Wir werden rot vor Scham, starr vor Aufregung, ballen die Fäuste vor Wut und bekommen vor Freude einen feuchten Schimmer in den Augen. Das Neue an dieser These jedoch ist, daß mit der Erinnerung an eine emotionale Situation unsere damalige körperliche Reaktion unbewußt auch mit erhalten bleibt. Man kann diese Position in die allgemeine Erfahrung übertragen, in dem man sich fragt, wohin man gern in den Urlaub fährt und wohin keinesfalls wieder! Die gern besuchte Gegend hat Spuren bis in Körperliche hinterlassen: warme Sonne auf der Haut, erfrischende Meereswellen, neuartige Blicke auf Häuser oder Berge, kernige Geschmäcker im Gaumen und nicht zuletzt freundliche Gesichter und gute Gespräche. Und das Gegenteil: miefige Zimmer, muffige Gesichter, angebrannte Gerichte und ein leeres Portemonnaie. Diese Aspekte können wir häufig auch verbal aufrufen. Wir können es nicht mehr, wenn wir uns spontan zwischen zwei 'guten" Gegenden entscheiden müssen, dann ist es die stille Synthese unserer Erinnerungen, die uns leitet.

Aus den Markern, die nur dem Individuum gehören - denn viele Leute fahren ja weiterhin in unsere persönliche Unlust-Gegend - können wir erneut schließen, daß die emotionalen Reaktionen folgende Eigenschaften besitzen:

- Sie sind subjektiv und rühren aus der Erfahrungs-Mischung des einzelnen Menschen.
- Sie sind von zufälligen Wegen der Einzelperson geprägt.
- Sie sind vorläufig und grob, sie können verfeinert und verändert werden.

Der Gedanke der Körperspuren läßt sich auch auf Lektüre-Erfahrungen übertragen. Die Reaktionen eines 14-jährigen Schülers sollen als Exemplifizierung dienen. Er las in der Schule Wolfdietrich Schnurres Geschichte *Ein Fall für Herrn Schmidt* (1958). Diese Nachkriegs-Erzählung beeindruckt erfahrene Leser dadurch, daß Schmidt, ein

Detektiv auf der Suche nach einem Jungen, Bertram, der seinen Pflege-Eltern weglaufen ist, viele versteckte Hinweise auf die Gemeinheiten der Ersatzeltern und die Geschicklichkeiten des Flüchtlings entdeckt und dabei allmählich große Sympathie für den Jungen entwickelt. Als er ihn findet, muß Schmidt zunächst handgreiflich werden und bleibt dann triste zurück, weil er in dem Dorf keine Chance für Bertram sieht.

Sofortige Antwort des Achtkläßlers nach der Lektüre war: *"Die Geschichte ist blöd, da schlägt einer einen Jungen! Das lehne ich ab!"* Nach einer intensiven Besprechung und teilweisen neuen Lektüre kam der Kommentar "*Das ist ein starker Typ, der Herr Schmidt. Der hat wirklich Verständnis für den Bertram und der sieht, wie blöd die Eltern sind und der Pfarrer ist."*

Wir erkennen hier alle emotionalen Elemente, die wir bisher beschrieben hatten:

- Schnelle Reaktion.
- Zuträglichkeitsprüfung. Sie fällt negativ aus (*"blöde", "lehne ich ab")*.
- Identifikation mit einer Figur, in diesem Fall sogar mit einem Gleichaltrigen
- Reaktion auch auf Körperliches (*"da schlägt einer einen Jungen"*).
- Grobe Selektion der Information, denn die kleine Rangelei ist drei Zeilen lang und in ein viel subtileres Verhalten des Herrn Schmidt in ca. zehn Seiten eingepackt.
- Umkehrung der Erstreaktion durch eine längere Beschäftigung mit der Lektüre.

Vertrautheit und Roter Faden

Gehen wir einen Schritt zurück und unterstellen wir, ein Leser oder eine Leserin habe bereits den Anfang eines Textes in der Erstprüfung positiv eingeschätzt. Nun werden aber die Informationen weiterhin in limbische Bereiche geschickt, und zwar zur Amygdala und zum Hippokampus. Die Amygdala leistet die Einschätzung in jeglicher Situation. Sie reagiert bei besonderer Bedeutung des Wahrgenommen für die Person, indem sie die viszeralen Reaktionen steuert (Hautwiderstand, Pupillenerweiterung, Herz und Blutdruck aktiviert). Wenn etwas ungefährlich ist, bleibt sie ruhig. Primaten, denen dieses limbische Areal entfernt wurde, konnten - wie schon angedeutet - Aggressionen nicht mehr einschätzen, desgleichen Attacken auf ihren Rangplatz. Menschen mit Störungen des Hippokampus erkennen z.B. ihre Wohnung und ihre Familie nicht wieder.

Pribrams Konsequenz für das Verstehen narrativer Zusammenhänge sieht etwas anders aus als bei LeDoux, der nur in einem Nebensatz sagt, daß auch sprachliche Informationen uns subkortikal-emotional aufregen können. Pribram schließt, daß Amygdala und Hippokampus Texte auf Vertrautheit und indirekt auf den Roten Faden überprüfen. Wir brauchen das Gefühl der Vertrautheit, deren Motto so lauten könnte: Dieses Thema, diese Figur sind mir irgendwie bekannt, ich kenne mich wenigstens minimal in dieser Episode aus, sie interessiert mich auch in einem gewissen Ausmaß. Wenn im Gegenteil völlige Fremdheit eintritt (z.B. durch große Abstraktheit), dann schaltet diese Zentrale mit einer gefühlsmäßigen Reaktion von Ärger oder Langeweile ab und blockiert das Weiterlesen sowie das weitere Verstehen.

Das zweite Element dieser Vertrautheit ist das Gefühl, einen Roten Faden zu erkennen und dem inneren Fortschritt folgen zu können, so daß sich die Geschichte irgendwie sinnvoll aufbaut. Just und Carpenter (1987) haben darauf hingewiesen, daß diese Fähigkeit nur dann Erfolg hat, wenn das Schema dieser Handlung in nuce vorhanden ist. In einem Experiment (Sturm, 1979) zeigten Forscher fünfjährigen und zwölfjährigen Kindern eine Fernsehsendung, für die sie aus ca. zehn Filmen völlig beliebig einzelne Szenen herausgenommen und aneinandergeschnitten hatten. Die Zwölfjährigen wandten sich nach kurzer Zeit mit Schimpfwörtern wie Quatsch, Unsinn, Mist ab und hörten auf zuzusehen. Die Fünfjährigen dagegen hingen gebannt an den einzelnen Szenen und amüsierten sich.

Die Deutung des Geschehens: Die älteren Schüler protestierten, weil ihnen der Rote Faden abgeschnitten worden war und keine Vertrautheit mit der Geschichte aufkommen konnte. Ihre Reaktion war entsprechend emotional und führte zum Zorn der Getäuschten. Die Kleinen sahen offenkundig schon genügend Zusammenhänge in den einzelnen Szenen, um zufrieden zu sein. Sie waren es gewöhnt, Rote Fäden immer nur als kleine Schnipsel zu erkennen, und sie schalteten nicht ab, weil sie wußten: Die Welt ist so komplex, verzweifle nicht, warte, bis du sie durchschaust. Allerdings müssen wir als Ergänzung der Theorie voraussetzen, daß die emotionale Einschätzung nicht nur bei erzählerischen Inhalten anspringt, sondern sich auch mit Wissen auf einer zweiten Ebene - in diesem Fall über die Machart von Filmen - verbindet.

Wir können nicht übersehen, daß an dieser Stelle LeDoux und Pribram zu konträren Ergebnissen gelangen: LeDoux kennt nur die schnelle, abwehrende Gefahrenreaktion bei fremden Erscheinungen, Pribram zeichnet hingegen die Reduktion des Interesses bei mangelnder Vertrautheit. Vielleicht sind beide Varianten die zwei Seiten derselben Medaille: Wegrennen aus Angst und Weggehen aus Langeweile.

"Linke" und "rechte" Emotionen

Beide Hemisphären besitzen "ihre" Gefühle! Guido Gainotti und Carlo Caltagirone (1989) haben in einem Sammelband pointierte Untersuchungen zu diesem Thema vorgelegt. Grundlage einer hemisphärischen Gefühls-Komponente ist die Beobachtung, daß der linke wie auch der rechte Kortex ihre Signale, die sie in subkortikale Schichten senden, schneller an die limbischen Bereiche ihrer eigenen Hälfte bringen als an die andere. Das Pinzip der sogenannten Ipsilateralität ist ja einleuchtend, solange keine Kreuzung der Bahnen angenommen werden muß. R.W. Doty (1989) konnte mit elektrischen Messungen zeigen, daß die Informationen um ca. 12 Millisekunden schneller im eigenen "Keller" auftauchen als beim nachbarlichen und - natürlich - auch die Rückmeldungen der älteren Areale wiederum schneller in der kortikalen Verarbeitung ankommen. Damit wird die Beobachtung ermöglicht, warum bestimmte Umstände ganz unterschiedliche Gefühle erzeugen und Gefühlsspuren hervorbringen.

Man kann dabei sehen, wie die Eigenschaften der links- und rechtshemisphärischen Verarbeitung pur zum Vorschein kommen. Die linken Areale führen primär sequentielle Sprachaufgaben aus wie die syntaktische Folge und auch die narrative Passung beim Erzählablauf. Sie neigen zunächst zu bekannten Modellen, manchmal zu Stereotypen. Und sie folgen einer gewissen Logik und erkennen Bruchstellen besonders schnell. Die rechte Seite schwingt eher im Großräumigen, kennt Situationen, sieht Bilder und Szenen und erfreut sich an neuen Komponenten einer Inszenierung, an Paradoxien und an humorvollen Szenen.

Auf den Rückseiten dieser Qualitäten scheinen auch ihre Gefährdungen durch. Eine zu starke Erregung linkshemisphärischen Denkens führt laut D.M. Tucker (1989) zur übertriebenen Fokussierung auf einen Punkt und damit zu einem mentalen Rigorismus und einer emotionalen Unbeweglichkeit, die zwangshaft wird. Die Spezialität der rechten Seite kann von der lockeren Assoziierungslust in eine weitgehende Auflösung der kognitiven Strukturen umkippen, woraus schließlich auch eine emotionale Desorientierung entstehen kann. Wir werden im Kapitel "Verknüpfungen" auf die gebändigten Fähigkeiten der rechten Hemisphäre eingehen und dort ihre subtilen Leistungen zur Sprache bringen.

Zurück zur einfachen Version: Wir erkennen den mitspielenden Gefühlsaspekt leicht daran, wann ein Mensch lacht, denn darin kommt meistens eine Überraschung zum Ausdruck, die aus einen Erwartungsbruch resultiert. Zur Illustration folgen wir zwei Kunsthistorikerinnen, die ein Laienpublikum zu Landschaften und Szenerien in der Grafik des 17. Jahrhunderts führen.

6.2 Claude Lorrain: Aus dem "Liber Veritatis" (ca.1660-1680; Gerstenberg 1952)

Die erste beschreibt die abgebildete Szenerie ungefähr so:

> "Wir wissen von Baldinucci, dem Biographen Claudes, daß er eine Sammlung seiner Gemälde und Zeichnungen anlegte, Liber Veritatis genannt. Warum Liber Veritatis, also Buch der Wahrheit? Das hat nichts mit unserem heutigen Wahrheitsbegriff zu tun (leichtes Lachen), sondern mit dem Wunsch Claudes, allen Nachahmern zu zeigen, hier ist in Wahrheit das Original (leichtes Lachen)!"

Die zweite an einem anderen Ort:

> "Was sehen wir? Ganz unterschiedliche Szenerien, einen Hafen mit mehreren ankernden Schiffen, aber auch einem, das sich in den Wind legt. Dann im Vordergrund eine bukolische Szene: alte Bäume an einer seichten Uferstelle und v.a. die weidenden Kühe, lagernd, gehend, fressend, aber nicht beim Trinken wie sonst, denn hier handelt es sich um Salzwasser. Und im Zentrum eine Kuh, von zwei graziösen jungen Frauen geführt, eine sitzt drauf. Schauen Sie einmal hin, wie ungemütlich es sich selbst für ein Mädchen vom Lande auf einer Kuh sitzt (Lachen), wackliger als zwei Jahrhunderte später auf einer Vespa (nochmaliges Lachen)."

Die erste Führerin schöpft allein aus ihrem sachlichen Wissen, sie stützt sich nicht auf Wahrnehmungen. Und ihr leichtes Lachen entzündet sich an einem sprachlichen Widerspruch: Wahrheit ist heute etwas Tiefgehendes, damals wies das Wort nur auf das Urheberrecht. Ist das nicht komisch? So kann man die vermutliche Reaktion der Limbik auf einen sprachlichen Erwartungsbruch deuten. Also eine schnelle und angemessene Reaktion der sprachnahen Emotionen.

Die andere Kunsthistorikerin führt die Zuschauer zum Sehen. Auch sie weist auf Ungewöhnliches hin, daß nämlich Kühe an einem Hafen weiden, und dann führt sie ins Bildzentrum, zum "Raub der Europa", der von den Gehenden graziös genug ausgeführt, von der Sitzenden eher als ungemütlich empfunden wird: Ist das Bild nicht witzig anzuschauen? Und wir merken, dies ist ein Spiel der ländlichen Jugend, Generationen später säße die junge Frau vielleicht auf einer Vespa. Das ist doch ein heiteres, immer wiederkehrendes Spiel, über das man schmunzeln muß. Hier kommen das Lachen und die Freude aus den Speichern der rechtshemisphärischen Wahrnehmung, aus Bildern, Szenen, Körperhaltungen. Aber auch hier ist ein Erwartungsbruch am Werke, weil ein großes mythologisches Thema zum jugendlichen Zeitvertreib umgedeutet wird.

Unbewußte Problemanalyse

Der vorletzte darzustellende Aspekt zielt auf das scheinbar so rationale Thema der Problemlösung. Sowohl russische als auch amerikanische Forschungen zeigen, daß es neben der sprachlichen Bewußtheit während des Problemlösens noch eine emotionale Mitarbeit gibt, die sich nicht auf dem üblichen Wege verbalisieren kann.

Es fing damit an, daß russische Psychologen das Schachspielen noch besser verstehen wollten, als sie es ohnehin tun. Und sie fanden folgenden Hinweis: Selbst gute Schachspieler spüren gefühlsmäßig, daß sie einer Lösung nahe sind, bevor sie es bewußt erkennen. Die Messungen wurden am Hautwiderstand vorgenommen, der - wie erwähnt - dann steigt, wenn der Mensch aktiviert ist und der sinkt, wenn sich eine Situation beruhigt.

Russische Spieler waren im Spiel mit einer schwierigen Stellung konfrontiert - der Hautwiderstand wuchs. Sie dachten eine Weile nach - dann sank der Widerstand plötzlich, und erst mehrere Sekunden danach wußten sie, daß sie einen sinnvollen Zug hatten und wie sie ihn plazieren mußten! Das heißt, unsere emotionalen Zentren reagieren sehr genau, was im kognitiven aber unsprachlichen Bereich vor sich geht, und sie zeigen durch die Entspannung, daß sich ein Problem gelöst hat, sie "wissen" es vor dem Bewußtsein und der sprachlichen Reaktion. In ähnliche Richtungen weist Eric Halgren (1992). Auch er konnten nachweisen, daß stärkere Aktivitäten in der Amygdala auftraten, bevor Probleme im kognitiven Bereich als vollständig gelöst erschienen.

Sprachliche Aufkleber

Wenn wir uns in sprachlichen Gefilden herumtreiben und nicht mit Winnetou durch die Prärie reiten oder mit Bilbo Beutlin durch die Wälder tigern, dann sollten wir den Blick auf die sprachlichen "Kostüme" werfen, mit denen die Aufregungen der Expeditionen bekleidet werden. Oder anders gesagt, was im Originalleben unmittelbar zugreift, kann in der Sprache mit einer Bezeichnung versehen werden, z.B. daß sich Bilbo "ärgerte", daß "seine Augen strahlten" oder daß Winnetou "stolz" auf seinem Roß sitzt. Die Sprachen haben für solche präverbalen Vorgänge zunächst mit Mühe Beschreibungen gefunden, die inzwischen zahlreicher sind als in anderen sprachfernen Bereichen, man denke nur an den Sprachmangel beim Verkosten von Weinen oder gar beim Riechen von Düften!

Es existieren vielerlei Gefühle, eine mittlere Anzahl von Bezeichnungen und einige wenige Versuche, nun wieder eine Ordnung ins "Unordentliche" zu bringen. Wir gehen vom Wortfundus im Deutschen aus und gliedern ihn mit Hilfe des psychologischen Ansatzes von Carrol Izard, die vor allem das Prinzip der Bewegung "hin zu etwas" oder "fort von etwas" erkannt hat. Eine solche Tabelle soll keinen Zwangscharakter unterstützen, sondern den Blick auf sprachliche Signale im Text fördern, die direkt auf die Emotionen hinweisen.

Tabelle 6.1 Emotionalen Grundbewegungen hin zu etwas oder fort von etwas, ergänzt um die situationalen Barrieren. Versuch, die entsprechenden Bezeichungen der deutschen Sprache zuzuordnen. verändert. (Willenberg 1987, S. 47, leicht verändert):

Positive Erwartung. Bewegung: Hin zu etwas	**Reaktion**	**Widerstand**	**Ungefähre Bezeichnung des Gefühls**	**Beispiele im Wortfeld**
Ein Mensch hofft auf innere oder äußere Bereicherung.	Er strengt sich an.	Probleme und Gegner treten auf, er erreicht sein Ziel.	Freude	glücklich, froh, zufrieden, heiter
Jemand erwartet für sich eine Zuneigung.	Er zeigt sich von der besten Seite.	Hinderlich sind die Mitbewerber, sie treten zurück.	Liebe	verliebt, fasziniert, Zuneigung
Positive Erwartung. Bewegung: Hin zu etwas	**Reaktion**	**Widerstand**	**Ungefähre Bezeichnung des Gefühls**	**Beispiele im Wortfeld**
Ein Handelnder möchte Anerkennung bekommen, sich verwirklichen.	Grund dafür ist seine Leistung.	Auch hier gibt es Sach- probleme und Gegner.	Stolz	Selbstbewußtsein, Freiheitsdrang, Selbstverwirklichung
Wir wollen etwas Neues sehen oder erkennen.	Aktivität	Hindernisse liegen in der eigenen Träg- heit und in der Welt.	Neugier	Spannung, Interesse
Wir möchten vertraute Menschen oder Orte sehen.	Aktivität	Die Umstände versperren uns das Ziel.	Sehnsucht	Heimweh, Begierde, Leidenschaft
Negative Erwartung: "Weg von etwas"				
Ein Mensch fühlt sich eingeengt.	Er spürt Aufregung.	Jede ungerechte Einmischung empört ihn.	Zorn, Frust, Wut	eingeengt, ärgerlich,
Ein Bedrohung ficht uns an.	Wir müssen kämpfen.	Die ungezähmte Natur oder menschliche Aggressoren sind unsere Gegner.	Furcht	Schreck, Unruhe, Flucht
Wir werden von der Gefahr überwältigt.	Wir erleiden einen Schock.	Die Unüberschaubarkeit der Gefahr.	Angst	Schauder, Grauen, Horror
Eine negative Bewertung trifft uns.	Wir senken das Haupt, gehen weg.	Die Bewertungsbefugnis anderer dominiert.	Scham	Schuld, Peinlichkeit, sich genieren
Wir müssen auf einen lieben Menschen verzichten.	Wir ziehen uns in die Stille zurück.	Der/die Geliebte hat uns verlassen.	Trauer	Trübsal, Einsamkeit, Verlassenheit
Keine Bewegung erkennbar oder nötig				
Wir fühlen uns im augenblicklichen Zustand sehr wohl .	Wir möchten in dieser Situation bleiben.	Nur der Ablauf der Zeit kann uns stören.	Zufriedenheit	Wohlgefühl, Stille, Ruhe, Meditation, bei sich sein

6.2 Die Rolle der Emotionen beim Verstehen von literarischen Texten

Der Leser Sam

Wir sind jetzt vorbereitet, einem Menschen beim literarischen Lesen über die Schulter zu schauen. Es ist ein amerikanischer Student namens Sam, der Faulkners Kurzgeschichte "*Eine Rose für Emily*" rezipiert hat und der seine Eindrücke in einem Tiefeninterview mit Norman Holland(1975) wiedergibt. Vier weitere Leser/innen sind das Personal in "Five Reader's Readings", einem Klassiker der Leseforschung.

Zunächst ein kurzes Wort zum Text: Die Handlung spielt Ende des 19. Jahrhunderts in einem Südstaat der USA. Dort lebt die Tocher einer ehemals reichen und angesehenen Familie mit ihrem herrischen Vater zusammen. Als sie etwa dreißig ist, stirbt der Alte, und Emily kann ihr eigenes Leben beginnen. Sie lernt den jungen, vitalen Vorarbeiter Homer Barron kennen, der ungefähr ein Jahr in der Stadt bleibt und den sie nach einer Weile als ihren Gemahl betrachtet. Der Vorarbeiter hat aber andere Ziele und will sich nicht binden, er scheint die Stadt verlassen zu haben. Emily lebt weitere vierzig Jahre in Stolz und Einsamkeit, nur von ihrem schwarzen Diener betreut. Nach ihrem Tod können die Mitbürger erstmals wieder ihr Haus betreten: Im Obergeschoß finden sie ein Ehebett mit einem Gerippe - vom verschwundenen Barron. Emily hatte ihn vergiftet und so als ihren "Ehemann" festgehalten.

Bereits in diesem kurzen Resümee sichten wir mehrere direkte emotionale Signale: Stolz, Liebe, Trauer, Einsamkeit und in verdeckter Form den Freiheitsdrang Barrons. Nun zu Ausschnitten aus Hollands Interview mit Sam, in dem die Merkmale der mündlichen Rede erhalten geblieben sind:

> "Ich wollte sicherlich kein Schwarzer in dieser Epoche gewesen sein, aber es gab sie ja. Und wenn ich in dieser Zeit gelebt hätte und hätte wählen können, wer ich sein wollte, und wenn ich die Wahl gehabt hätte, als Baby in einer Familie zur Welt zu kommen, hätte ich mir sicherlich die reichste Südstaatenfamilie in der ganzen Gegend herausgepickt und wahrscheinlich sehr glücklich gelebt. Denn ich denke, ich bin faul genug und egoistisch genug, und ich bin kurzsichtig genug, wenn es um meine Interessen geht, um so etwas mit sehr geringen Gewissensbissen zu tun."

Sam nimmt den fiktiven Text sofort als einen Raum für ein eigenes zweites Leben und stellt den Bezug zum eigenen Ich her. Die Zuträglichkeitsprüfung fällt positiv aus, Reichtum allerdings vorausgesetzt. Persönliche Spuren verbalisieren sich in Wörtern wie "ich bin faul genug und egoistisch genug".

> "Die Dinge waren damals so geordnet. Es scheint, daß alles seinen Platz hatte, nicht nur die Schwarzen mußten an ihrem Platz bleiben, auch die Weißen mußten

es, und das gab sicherlich mehr Freiheiten und so, aber alles war nett und geordnet, und man wußte, was man zu tun hatte, was erwartet wurde. Und man war glücklich dabei, wenn man reich war, denn da gab es viel nette Dinge zu tun. Es gab Parties [...] und alles Mögliche andere."

In dieser Passage zeigt sich seine Vertrautheit mit einer Erzählung aus der Welt der Südstaaten im 19. Jahrhundert, und diese Übersichtlichkeit wirkt erkennbar angenehm und beruhigend auf ihn. In der folgenden Passage versucht Sam, den Roten Faden in den Händen zu behalten, da der aber für ihn verschlungen ist, so muß er sich anstrengen. Weil viele Gefühlswerte positiv getönt sind, nimmt Sam diese Anstrengung auf sich:

"Die Geschichte war komplex genug, um [...] mich in Spannung zu halten, in dem Sinn, daß ich fühlte, ich muß wach sein [...] ich genoß es gründlich und war involviert, aber ich habe mich nicht so vergessen, daß ich mich zurücklehnen konnte und die Geschichte laufen lassen konnte, denn das tat die Geschichte nicht. Sie entfaltete sich schon, aber ich mußte mir immer vorstellen: "Wie zum Teufel geht´s jetzt weiter." Und "Was jetzt! Das war zwanzig Jahre zuvor!" Das ist so, als ob du ein Stück Papier brauchst, um die Zeiten aufzuschreiben."

Wir erkennen auch mehrere sprachliche Signale, mit denen Sam seine Gefühle direkt bezeichnet. Zunächst aus dem Wortfeld Freude: *glücklich, reich* (je zweimal), *nette Dinge*. Aus dem benachbarten Bereich der Neugierde: *Spannung, wie zum Teufel geht's weiter*. Und aus demselben Bezirk kommen negativ formulierte Hinweise zur Vermeidung von Spannung: *faul, egoistisch, kurzsichtig, ohne Gewissensbisse*. Wenn wir lediglich diese sprachlichen Merkmale allein hätten, wären Sams Aussagen nur als mittelmäßig gefühlsbetont einzuordnen. Es sind die Mechanismen des Ichbezugs, die eine Wirkung der Geschichte in Sams präkognitiven Arealen dokumentieren. Und so haben wir bei Sam und dem zitierten Achtklässler fast alle emotionalen Elemente wiedergefunden:

- schnelle Reaktion
- Zuträglichkeit
- Vertrautheit
- Persönliche Spuren
- Roter Faden
- Sprachliche Bezeichnungen

Die Aspekte, die wir nicht nachweisen konnten, sind der emotionale Kitt (weil wir nicht genau wissen, wie sich Sam an diesem Tag fühlte) und die unbewußte Lösung von offenen Problemen. Diese Spur behandeln wir im übernächsten Kapitel "Verknüpfungen", und dazu benötigen wir keine Messungen des Hautwiderstands, denn wir können Lösungen, die nach einiger Zeit des Schweigens zutage kommen, gut als vorsprachliche Verknüpfung verschiedener Text- oder Diskussionssignale darstellen.

Texte emotional öffnen und einschätzen

Wir haben also gesehen, in welchen Zeitschichtungen sich die umgrenzten Größen der Emotionen aufbauen:

- sehr schnell: Blitzeinschätzung auf Zuträglichkeit
- schnell: persönlicher Bezug und Körperspuren
- mittlere Phase: Emotionale Kraft als Kitt für Ähnliches, Suche nach Vertrautheit und dem Roten Faden, unbewußte Lösung von Problemen und emotionale Rückmeldung
- längere Archivierung: Sprachliche Benennung.

Und wir haben gesehen, daß Gefühle beim Lesen existent sind, bei manchen Menschen wie Sam deutlich, bei anderen Interviewpartnern Hollands durchaus geringer. Wenn wir den emotionalen Aspekt als Fähigkeit zum Lesen und Verstehen fördern wollen, können wir die genannten Punkte auf ihre stimulierende Wirkung überprüfen. Wir sollten die Fähigkeit stärken, auf emotionale Spuren im Text emotional zu reagieren und diese subjektive Lektüre danach ins Rationale zu überführen. Versuchen wir also, *Eine Rose für Emily* für unsere Gefühle zu öffnen.

Die *schnelle Reaktion* wird sich bei einem Buch nur an der äußeren Erscheinung festmachen können. Um dabei eine positive Voreinstellung zu fördern, versehen die Verlage ihre Produkte in den letzten Jahren mit ansprechenden Bildern. Das entsprechende Bild im Faulknerband bei Diogenes geht eher ins Gruselige, Mysteriöse.

Die *Zuträglichkeit des Themas und die minimale Vertrautheit* mit dem Erzählstoff entstehen durch eine Hinführung zum Kontext: Das persönliche Lebensglück hängt ja stark davon ab, in welche Umgebung man hineingeboren wird. Was passiert, wenn die Lebensformen unterschiedlicher Zeiten und Schichten aufeinanderprallen? Kann sich ein Individuum, das dazwischen gerät, bewahren oder geht es unter?

Die *emotionale Voreinstellung* läßt sich gut durch eine Information über Faulkners Erzählperspektive herstellen: Ein "Mitbürger Emilys reiht seine Erinnerungen an sie assoziativ aneinander". Er steht dem Geschehen verwundert und interessiert zugleich gegenüber, so die Beschreibung des Erzählerichs in Kindlers Litleraturlexikon.

Der *persönliche Bezug* stellt sich am besten dadurch her, daß sich jeder/jede fragt: Welche Figur finde ich interessant? Wie wird es jeweils weitergehen? Was passiert als nächstes ?

Die *unbewußte Verarbeitung* kommt erst einen Tag später, wenn man an den Text dent (das ist allerdings Voraussetzung).

Stärkere Emotionen formen sich, wenn wir mit unserer inneren *Bilderwelt* in einen Text hineingehen, weil wir dann einen leichteren Zugang zur rechten Hemisphäre bekommen. Lesen Sie die folgende Passage so, daß sich Imaginationen bilden können. Notieren Sie sich eventuell persönliche Reaktionen oder Bilder. Vielleicht auch erst nach einer zweiten Lektüre.

William Faulkner: "Eine Rose für Emily"

Der Anfang des Textes:
"Zu ihren Lebzeiten war Miss Emily eine Pflicht und eine Sorge gewesen, eine Art erblicher Verpflichtung unseres Städtchens, die von jenem Tag im Jahre 1894 datierte, da der Oberst Sartoris, unser Bürgermeister - er war der gleiche, von dem die Verfügung stammte, daß keine Negerin ohne Schürze auf der Straße erscheinen dürfe -, ihr die Steuern erließ, und diese Dispensation galt vom Tode ihres Vaters an auf ewige Zeiten. Nicht etwa, daß Miss Emily Wohltaten empfangen hätte. Oberst Sartoris erfand eine verzwickte Geschichte, die dahin lautete, daß Miss Emilys Vater der Stadt Geld geliehen habe, das die Stadt aus geschäftlichen Gründen auf diese Weise zurückzuzahlen vorzog. Nur ein Mann von Oberst Sartoris' Generation und Denkart hätte so etwas erfinden können und nur eine Frau hätte es glauben können.
Als die nächste Generation mit ihren moderneren Ideen zu Bürgermeistern und Stadtverordneten aufrückte, erregte das Abkommen leisen Unwillen. [...] Eine Abordnung suchte Miss Emily auf und klopfte an die Haustür, durch die kein Besucher mehr gegangen war, seit sie vor acht oder zehn Jahren aufgehört hatte, Unterricht in Porzellanmalerei zu erteilen. Der alte Neger ließ sie in einen dunklen Flur eintreten, von dem eine Treppe zu noch dunkleren Schatten emporführte. Es roch nach Staub und unbenützten Räumen - ein dumpfiger, modriger Geruch. Der Neger führte sie in einen Salon mit schweren Ledermöbeln. Als er die Stores an einem Fenster hochzog, konnten sie sehen, wie brüchig das Leder war, und als sie sich niederließen, stieg um ihre Schenkel ein feiner, träger Staub auf und kreiselte mit langsamen Sonnenstäubchen durch einen einzigen Sonnenstrahl. Vor dem Kamin stand ein Pastellbild von Miss Emilys Vater auf einer schwarz angelaufenen, vergoldeten Staffelei.
Sie erhoben sich, als sie eintrat - eine kleine, fette Frau in Schwarz mit einer feinen Goldkette, die bis zur Taille niederhing und in ihrem Gürtel verschwand; sie stützte sich auf einen Ebenholzstock mit blindem Goldknauf. Ihr Knochengerüst war fein und schmächtig; das war vielleicht der Grund, weshalb das, was bei einer anderen Frau nur rundlich gewesen wäre, bei ihr als aufgeschwemmt wirkte. Ihre Haut sah aufgedunsen aus wie bei einer Leiche, die lange im stagnierenden Wasser gelegen hat, und sie zeigte die gleiche Blässe. Ihre Augen, die sich in den Fettpolstern des Gesichts verkrochen, sahen wie zwei in einen Teig gedrückte Kohlestückchen aus, als sie von einem Gesicht zum anderen wanderten, während die Besucher sich ihres Auftrags entledigten.
Sie forderte sie nicht zum Sitzen auf. Sie stand einfach in der Tür und hörte stumm zu, bis der Sprecher der Abgeordneten stockte. Dann konnten sie die unsichtbare Uhr am Ende der goldenen Kette ticken hören.
Ihre Stimme war trocken und kalt. "Ich bin in Jefferson nicht steuerpflichtig. Oberst Sartoris hat es mir erklärt. Vielleicht kann einer von Ihnen Einblick in die Akten der Stadt nehmen und sich davon überzeugen."
"Aber das haben wir getan! Wir verkörpern die städtische Behörde, Miss Emily! Haben Sie den Brief vom Sheriff nicht erhalten, den er selbst unterschrieben hat?"

"Ich habe ein Papier bekommen, doch", sagte Miss Emily. "Vielleicht hält er sich für den Sheriff. Ich bin in Jefferson nicht steuerpflichtig."
"Aber das geht aus den Büchern nicht hervor. Wir müssen uns nach dem richten, was ..."
"Sprechen Sie mit Oberst Sartoris! Ich bin in Jefferson nicht steuerpflichtig!" (Oberst Sartoris war seit beinahe zehn Jahren tot.) "Tobe!" Der Neger erschien. "Begleite die Herren hinaus!" (Faulkner 1971, S. 7-10)

Subjektive Reaktionen von Lesern

Ich hatte den Text für die Lektüre einer Studentengruppe nur auf die linke Hälfte der Seite gedruckt, die andere Hälfte blieb für subjektive Bemerkungen während der Lektüre frei. Die Tendenzen streuten zunächst weit, sie lassen sich gut durch die folgenden Einträge dreier Leser/innen charakterisieren. In Klammern stehen die Bezugspunkte im Text:

Tom Sawyer. Englischer Club / New Orleans. Big Fat Mama [zu Emilys Erscheinung]. Sheriff im wilden Westen.

Sehr starkes Bild, als wäre ich dort [zum Haus]. [Emily ist ein] Unzufriedenes Wesen, möchte weg *von diesem Ort. Endlich wird gesprochen [als die Abordnung der Stadt kommt] [Nach dem Tod des Vaters:] Die Situation hellt sich auf. Erneuerungen, Frische.*

Vater anscheinend recht angesehen, daher Milde Miss Emily gegenüber? [Emily ist]) Einsam, vereinsamt, ungepflegt. Vater ein Tyrann? Miss Emily wirkt unsympathisch [Als die Abordnung kommt]. Starsinnig, unverständig. Und zu späteren Stellen: *Warum [heißt es im Dorfklatsch] arme Emily? [Nach dem Giftkauf wird die] Geschichte undurchschaubar. [Und als Homer verschwunden ist] Was ist passiert? Ist er vergiftet worden?*

Die drei Tendenzen dieser subjektiven Einträge gehen weit auseinander: Der erste Leser sieht die Ingredienzien einer Westerngeschichte, die zweite Leserin reagiert gefühlsmäßig und zwar eher positiv, die dritte schließlich zeigt Unverständnis und Abwehr.

Mit einer anderen Methode, einer halb subjektiven, schob sich die Deutungsbreite wieder auf ein überschaubares mittleres Maß zusammen. Die studentischen Leser/innen bekamen eine veränderte Version der Struktur-Lege-Technik, nämlich 15 Deutungs- und Meinungsaussagen, dazu ein Blatt mit vier Spalten. In die erste sollten sie diejenigen Sätze eintragen, die ihrer Meinung nach den Text am besten deuteten. In die zweite und dritte Spalte sollten sie die zusätzlichen und die nebensächlichen Aussagen einordnen und in eine vierte die völlig falschen. Dadurch kristallisierten sich vier prinzipielle Reaktionen heraus:

- Leichte Abwehr gegen eine altmodische, typisch amerikanische Erzählung.
- Gefühlsmäßige Reaktion, die Emilys Tat als eine Befreiung empfindet.
- Unverständnis gegenüber dem Schluß und der Erzählweise.
- Interesse an der Erzählweise und am soziologischen Hintergrund.

Wir erkennen ziemlich leicht, daß sich die ersten Aufschriebe in der stabileren Deutung wiederfinden: Die drei zitierten spontanen Notizen, die ja allesamt emotionale Merkmale enthalten, können als Muster für drei grundsätzliche Reaktionsweisen gelten. Interessant ist dabei, daß nicht nur die Beschäftigung mit der Hauptfigur einen Fond für Gefühle ergibt, sondern daß auch die Wahrnehmung von Erzähltypen bzw. einem Erzähldurcheinander mit Emotionen einhergehen kann. So ist das Fazit zu ziehen: Gefühle zeigen sich in der sofortigen Notation, und sie bilden auch die Grundlage für eine weitergehende Deutung.

6.3 Sachtexte

In diesem Teilkapitel möchte ich Ihnen einige Hinweise darauf geben, wie Sie sich Emotionen in Sachtexten zum besseren Verstehen zunutze machen können. Zunächst sollten wir nach denjenigen der emotionalen Merkmale Ausschau halten, die am ehesten in sachlichen Texten auftreten könnten. Es handelt sich um folgende drei:

- *Indirekter personaler Bezug*: Eine konkrete Figur des Textes handelt.
- *Vertrautheit*: Es wird eine Geschichte gut erkennbar aufgebaut.
- *Roter Faden:* Die Frage, ob dieser Erzählteil ist übersichtlich ist und zum Thema führt?

Nehmen wir ein Beispiel:

> Zwei japanische Kriegsschiffe liefen 1885 aus dem Hafen aus: "Ihr Angriffsziel war diesmal keine feindliche Seemacht, sondern eine rätselhafte Krankheit: Beri-Beri, eine tückische Seuche, die bei langen Seereisen oft ganze Schiffsbesatzungen dahinraffte.
> Dr. Takakis Meinung nach war die Ursache der Beri-Beri Krankheit eine Frage der Ernährung. Er hatte sich einen genauen Plan zurechtgelegt, um dies zu beweisen. So gab es vor allem für die Proviantverteilung auf den Expeditionsschiffen strengste Anweisungen. Die dreihundert Matrosen auf Dr. Takakis Schiff sollten mit Gemüse, Körnergerichten, Fisch, Fleisch und Dosenmilch verpflegt werden. Die Mannschaft des Begleitschiffes hingegen erhielt - wie es damals üblich war - als Hauptnahrungsmittel polierten Reis. [...]" (Ulrich Rückert, 1985, S. 12).

Klar erkennbar sind Person, Geschichte und spannendes Experiment. Wie kommen wir aber von solchen Unterhaltungen zu seriösen Kenntnissen? Das Stichwort, das wir aus der Neuropsychologie einführen können, lautet Sortierung des Wissens, und es wird durch Arbeiten mehrerer Gehirnforscher fundiert, wie sie Manfred Spitzer in einer Liste zusammengestellt hat (1996, S. 259). Am umfangreichsten erscheinen die Arbeiten von Antonio und Hanna Damasio (1992). Dieses Forscher-Ehepaar hat eine große Dokumentation genau umschriebener Gehirnstörungen angelegt, mit der die speziellen Leistungen bestimmter kortikaler Stellen deutlich werden, einschließlich einer individuellen Bandbreite in der Lokalisierung von Arealen. Im Laufe ihrer Arbeit kamen die beiden zu Ergebnissen, die die Aufteilung unseres Wissens in Wortfelder wahrscheinlich macht. Da gibt es Patienten, die:

- alle möglichen Gegenstände beschreiben können, denen aber die Namen dafür fehlen,
- Musikinstrumente erkennen und beschreiben, Gartengeräte aber nicht,
- Zahlen erkennen und Rechnungen ausführen, Buchstaben aber nicht zu "lesen" imstande sind,
- Menschen an der Stimme identifizieren, aber nicht am Gesicht,
- die Gesichter von Bekannten über das Hautgefühl erkennen, aber nicht über das Sehen,
- die übergeordnete, abstrakte Wörter wie *natürlich, belebt* noch erkennen, untergeordnete wie wie *menschlich, glücklich* nicht mehr.

Eine umfangreiche Liste mit weiteren Untersuchungen zum inneren Lexikon führt Spitzer an, in der Kategorien wie Tiere, Möbel, Obst und Gemüse, Werkzeuge und Körperteile vorkommen. Es ist nicht nötig, daß wir uns die genauen Orte im Gehirn anschauen, an denen diese Leistungen liegen und die Störungen vorkommen. Es ist ausreichend, wenn wir uns vor Augen führen, daß unser Wissen in vielen unterschiedlichen Räumen untergebracht ist. Nehmen wir als erstes Beispiel ein Exempel der Damasios, um einen Eindruck von der vielräumigen Villa in unserem Kopf zu bekommen.

Das Gehirn speichert Wahrnehmungen "in Form von quasi schlummernden Aufzeichnungen. Werden diese reaktiviert, können sie die unterschiedlichen Empfindungen und Handlungen wachrufen, die mit einem bestimmten Objekt (oder einer Kategorie von Objekten) zusammenhängen. Zum Beispiel kann eine Kaffeetasse nicht nur visuelle und taktile Darstellungen ihrer Form, Farbe, Oberflächenbeschaffenheit und Wärme hervorrufen, sondern auch den Geruch und Geschmack von Kaffee sowie den Weg, den Hand und Arm zurücklegen müssen, um die Tasse zum Mund zu führen. Obwohl all diese Repräsentationen in unterschiedlichen Hirnregionen reaktiviert werden, geschieht ihre Rekonstruktion nahezu gleichzeitig." (Antonio R. Damasio und Hanna Damasio, 1992). Wir demonstrieren diese Merkmalssamlung im folgenden an einer Kanne.

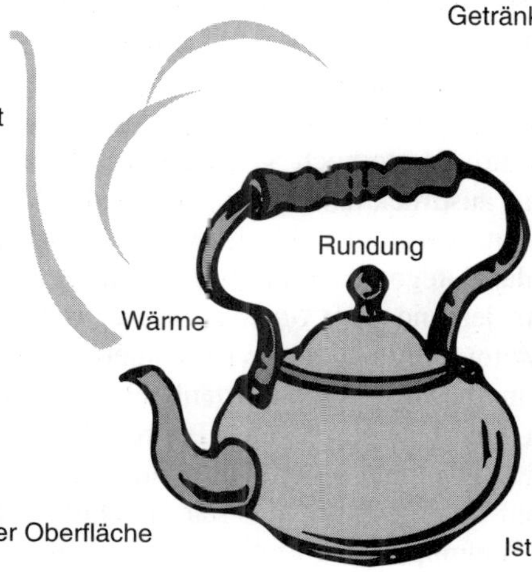

6.3 Verschiedenartige Merkmale eines einfachen Gegenstandes

Die Arbeiten der Damasios zeigen uns

- daß die Kanne über ihre Wahrnehmbarkeit hinaus in unterschiedlichen Speichern vorkommt,
- daß ihre Namen und ihre inneren Konzepte getrennt untergebracht sind ,
- und daß eventuell die Erinnerung, wie man eine Kanne angefaßt hat, von der optischen Wahrnehmung getrennt ist,
- und daß nur eine ausreichend große Breite dieser Merkmale uns den Sinn und die Bedeutung vermittelt. Das ist bei *Kanne* für einen normalen Leser problemlos - es ist aber nicht mehr so einfach bei *somatotropischer Speicherung* oder bei *raumzeitlicher Entität.*

Die Definition der Damasios zum Bild der Tasse ist hilfreich, weil sie uns nachher zu einem Lese-Ratschlag führt: "Bedeutung entsteht durch die Ko-Aktivierung von Erfahrungen, die ein Gefühl der Vertrautheit hervorrufen und zugleich einige Aspekte des Gegenstands aufrufen."

Um dem Leser noch einmal ein Gefühl zu vermitteln, was es heißt, zwar einen Wortklang zu verstehen, aber keine Erfahrungen mit der Semantik zu haben, greife ich das englische Wort *racoon* heraus und zitiere, was im Oxford-Dictionary über *racoon* steht: *small, flesh-eating animal of N(orth) America with a bushy, ringed tail.* Sie werden hier eine vage Vorstellung bekommen, vielleicht liegt Ihnen ein Wort auf der Zunge, aber normalerweise besitzen Sie keine ausreichende Vertrautheit und auch kein innere Bild, ebenso fallen Ihnen keine weiteren Eigenarten ein - kurz, Sie kennen die Bedeutung des Wortes nicht So geht es mit allen Texten, die nicht beide

Teile der Damasio-Definition erfüllen: Merkmale (sind ja beim *racoon* vorhanden) und Vertrautheit mit sich führen.

Ergänzen wir die Einsichten der Damasios über die Speicherung inhaltlich verwandter Worte durch eine Arbeiten von Collins und Loftus sowie von Manfred Spitzer. Bei den Damasios war klar, alle Gartengeräte, die einer kennt, stehen nicht nur im Schupppen zusammen, sondern auch im Kopf. Hier darf allerdings nicht auf irgendein allgemeingültiges Neuro-Wörterbuch geschlossen werden. Die Damasios weisen eine solche Vermutung ausdrücklich zurück, weil jeder Mensch andere Gewichtungen in seinem Wortschatz vornimmt, d.h. für viele Menschen sind Gartengeräte keine zusammenhängende Kategorie. Aber hier fügen sich die Arbeiten von Collins und Loftus ein: Wenn jemand über *Spaten, Hacke* und *Gießkanne* spricht oder liest, dann fallen ihm weitere Gartengeräte viel schneller ein als wenn er sich gerade in einem anderen Thema bewegt. Auch Gartenliebhabern fallen ihre Gartengeräte meßbar zögerlicher ein, wenn sie gerade über Philosophie nachsinnen oder an ein neues Auto denken. Dieses Ergebnis scheint dem normalen Menschenverstand völlig plausibel. Aber was steht dahinter? Wir müssen annehmen, daß die Speicherbereiche im Gehirn wie ein Schupppen aufgeschlossen werden können: Wenn ein Mitglied der Gartenkultur aufgerufen worden ist, dann sind die herumstehenden auch mitaktiviert. Das kann man sowohl psychologisch über Reaktionszeiten messen als auch neurologisch über die Aktivierung von benachbarten Zellen.

Das heißt, der konkrete Umgang mit Dingen bildet sicherlich das Fundament für einen differenzierten und abstrakten Aufbau des Wortschatzes. Aber die Anwärmung über eine Unterhaltung oder einen Text öffnet erst die vorhandenen Felder, und sie bereitet den Boden für komplexere sprachliche Eintragungen.

Auf das Lesen von Texten bezogen heißt diese Erkenntnis: Es ist gut, wenn Sie Bücher finden, die jeweils ein Stück lang beim Thema bleiben, um damit alle Vorstellungs- oder Wissensreserven aufzurufen. Oder anders gesprochen: Sie sollten sehen, daß eine gewisse Redundanz zu erkennen ist, wenn ein Buch neue Wörter einführt oder bevor es komplizierte Gedankengänge anpeilt. An welcher Stelle der Darstellung Sie einsteigen, können Sie je nach Thema und eigenem Wissenstand entscheiden. Wir beginnen einfach mit einem Beispiel.

Vitamin B

Nehmen wir einmal an:

- Sie haben sportliche Ambitionen und wollen Ihre Beweglichkeit trainieren.
- Sie haben eine ältere Großmutter, die ziemlich müde ist.
- Sie haben ein Kind in der Schule, das sich manchmal nicht konzentrieren kann .
- Sie trinken bisweilen zuviel Alkohol und fühlen sich danach nicht wohl.
- Sie wollen sich aus zweckfreier Neugier über Vitamine orientieren.

In jedem dieser Fälle wäre es interessant für Sie, wenn Sie sich sinnvoll (auch) über das Vitamin B_1 belesen, und zwar so, daß Sie interessant in die Geschichte und die

Eigenarten dieses Vitamins eingeführt werden und daß Sie mit den Informationen wirklich umgehen können.Sie schlagen also ein Standardlexikon zur Medizin (Roche) auf und lesen: Vitamin B_1

"Wird weder gespeichert noch als Überangebot resorbiert; v.a. in der Leber in Pyrophosphatform (Koenzym) überführt und in der Niere dephosphoryliert (Harnexkretion 50 my/24 Std. als freies und als Sulfatester). Bei Mangel infolge Minderangebots oder Resorptionsstörung Blockade der Transketolasereaktion in Erythozyten mit Anstieg der Pentosephosphate auf 3fache Normwerte, erhöhter Pyruvat- und Laktatspiegel, verminderte Harnexkretion: Magen-Darmbeschwerden, Appetitlosgkeit, Müdigkeit, Gewichtsverlust, Tachykardie [...], Wasserhaushaltsstörungen, neurologische Symptome (periphere Lähmungen, Hypo- und Atonien; Konzentrationsschwäche, evlt. Depressionen), bei schwerer Ausprägung Beriberi [...]." (Roche Lexikon Medizin, 1984)

Entweder verstehen Sie Bahnhof, oder wenn Sie der oben erwähnte Sportlertyp sind, dann haben Sie schon einmal etwas von den *Erythrozyten* gehört, den roten Blutkörperchen oder vom *Laktatspiegel,* der ein Kennzeichen der Müdigkeit in den Muskeln ist und anzeigt, wieviel Milchsäure noch nicht abgebaut ist. Aber insgesamt beantwortet der Text keine Ihrer Fragen, und er regt wohl auch nicht viel Interesse an.

Hier müssen wir mit einfacheren Texten einsteigen - wir sollten aber auch zu Informationen kommen, die wir zum eigenen Nachdenken benutzen können, und es wäre gut, wenn wir eventuell zum Weiterlesen animiert werden. Ich stelle Ihnen eine Auswahl vom einfachen bis zum komplizierten Text vor, von der Erzählung bis zur lesbaren Wissenschaft. Fragen Sie sich zunächst, was Sie über die Geschichte des Vitamin B_1, seine Wirkung und seine Anwendbarkeit wissen?

Subjektiver Text / Anekdotischer Text

(Der holländische Arzt Dr. Eijkman erforscht die Beriberi-Krankheit in Sumatra, die, wie sich später herausstellte, mit dem Vitamin B_1 zu tun hat):
"Plötzlich wurde Dr. Eijkman auf etwas aufmerksam.
"Sehen Sie d a h i n, Grijns!"
"Das Huhn? Es hinkt."
"Es hinkt nicht, es lahmt. Auf beiden Beinen lahmt es."
"Ich bin schon blinden Hühnern begegnet."
"Ich auch! Sehen Sie daher mal genauer hin!"
"Eijkman, verdammt! Das sieht nach Beriberi aus."
"Na endlich!"
Es fand sich dann noch eine ganze Reihe verdächtiger Hühner. Sie zeigten alle zu niedrige Körpertemperaturen, verlangsamte Herztätigkeit, Lähmungen, zum Teil sogar Krämpfe.
Es bestand kein Zweifel mehr. Die Beriberi befiel das Huhn. [...]

Dann wurde ein Teil der Hühner wieder gesund. Ihr aufgeplustertes Gefieder legte sich wieder glatt. Sie stellten sich wieder auf die Beine und pickten Futter. Warum erholten sich gerade diese Tiere, und die anderen nicht?
Eines Morgens kam Lea Lundt, im Reitdreß. Sie hielt ein totes Huhn in der Hand. Es war ein Huhn, das erst erkrankt und jetzt nahezu genesen war. Sofort machte er sich an die Sektion.
"Sehen Sie sich das an! Was sagen Sie dazu? Das Biest hat Körner im Kropf.'
"Grijns! Das ist wieder eins von den Hühnern, die in letzter Zeit plötzlich genesen sind. Es ist mit den anderen, wahrscheinlich schon geraume Zeit, auf den Feldern herumgestreunt. Wie es da hingekommen ist, interessiert mich im Augenblick nicht. Wir füttern keine Körner. Wir füttern nur Reis. Die Körner brachten mich auf eine Idee. Vielleicht liegt es nur an der Ernährung. [S. 17-21]
Soviel stand nun für Dr. Eijkman fest: Es handelt sich um eine Substanz: Im (vollen Korn und im) Vollreis war ein Stoff enthalten, der den Ausbruch der Beriberi verhinderte, eine bereits bestehende heilte.
Im geschälten Reis fehlte dieser Stoff. Also mußt er sich in der Schale befinden.
Eijkman legte das ungeschälte Reiskorn unter das Mikroskop, im Längsschnitt, im Querschnitt. Das übliche Bild:
An dem einen polaren Ende der Keimling. Das Korninnere enthielt Zellhaufen mit reichlich Stärke. Die Haut, eine einschichtige Zellwand, enthielt in der Hauptsache Kleber, einen Eiweißstoff, der sich auch bei anderen Getreidearten fand. Um das Ganze noch ein hauchdünnes Perikarp.
Das war alles.
Doch Dr. Eijkman war sich klar darüber, daß hier das Geheimnis anfing.
Er hatte in der letzten Zeit den Kreis seiner Versuchstiere auch auf die größeren Arten ausgedehnt. Hunde, Ziegen, Affen bevölkerten jetzt seine Zwinger. Auch diese Tiere erkrankten, wenn man ihnen nur geschälten Reis verfütterte. Symptome und Verlauf waren die gleichen, auch bei den Affen. Im Militärhospital wurde nur noch Vollreis verabreicht, und die Zahl der Beriberikranken fiel rapide."
(K.A. Schenzinger: Magie der lebenden Zelle, 1959, 28f. (gekürzt))

Was haben Sie gelernt? Welches Problem können Sie anpacken? Wo können Sie weiterdenken? Regt es zum Weiterlesen an?

Prototyp (Bestes Niveau für einen ersten Einstieg)

Zwei japanische Kriegsschiffe liefen 1885 aus dem Hafen aus. Ihr Angriffsziel war diesmal keine feindliche Seemacht, sondern eine rätselhafte Krankheit: Beri-Beri, eine tückische Seuche, die bei langen Seereisen oft ganze Schiffsbesatzungen dahinraffte.
Dr. Takakis Meinung nach war die Ursache der Beri-Beri Krankheit eine Frage der Ernährung. Er hatte sich einen genauen Plan zurecht gelegt, um dies zu beweisen. So gab es vor allem für die Proviantverteilung auf den Expeditionsschiffen strengste Anweisungen. Die dreihundert Matrosen auf Dr. Takakis Schiff sollten mit Gemüse, Körnergerichten, Fisch, Fleisch und Dosenmilch verpflegt werden.

Die Mannschaft des Begleitschiffes hingegen erhielt - wie es damals üblich war - als Hauptnahrungsmittel polierten Reis.
Auf dem Reisschiff zeigten sich bald die ersten Ausfallserscheinungen. Die Matrosen klagten über Kopfweh, Gelenk- und Nervenschmerzen, bekamen Fieber- und Lähmungserscheinungen, litten unter Verwirrungszuständen. Einige starben. Diese typischen Begleiterscheinungen gab es auf Dr. Takakis Schiff nicht.
Als die beiden Expeditionsschiffe zurückkehrten, waren mehr als zwei Drittel der Matrosen, die sich vorwiegend mit Reis ernährt hatten, an Beri-Beri erkrankt. Auf dem anderen Schiff gab es lediglich vier Beri-Beri Fälle. Es hatte ausgerechnet alte, erfahrene Seebären erwischt. Sie hatten entgegen den Anweisungen ebenfalls hauptsächlich Reis gegessen, weil sie es von früheren Schiffsfahrten nicht anders gewohnt waren.
Das Experiment war geglückt. Auf vielen Schiffen wurde die Ernährung mit Erfolg umgestellt.
Im wesentlichen lassen sich bei einem Vitamin-B_1-Mangel zwei große Symptomenkomplexe herausfiltern: Auf der einen Seite kommt es zu Schädigungen der Herzkranzgefäße, auf der anderen Seite zu nervösen Störungen. Dementsprechend reichen die Begleiterscheinungen von Herzrhythmusstörungen, Atemnot und Beklemmungsgefühlen bis zu Nervenentzündungen, Muskelschwäche, Muskelschmerzen und -krämpfen, Fußbrennen sowie Kribbeln in den Fingern.
(Ulrich Rückert: Vitamine und Mineralstoffe, 1985, S. 12-14, leicht gekürzt)

Was ist hier generell neu, verwendbar, weiter zu bedenken, und was könnte zum weiteren Lesen anregen?

Journalistischer Text / Sachbuch

Vitamin B_1 (Thiamin) - empfohlene Tagesmenge: 1 bis 1,6 mg. Das "Anti-Beri-Beri-Vitamin" (siehe auch Abschnitt über Reis) wird auch das "Gute-Laune-Vitamin" genannt, weil es die Seele aufhellt. Es ist unentbehrlich für die gut funktionierende Wechselwirkung zwischen Gehirn, Nerven und Muskeln, also für körperliche und geistige Leistungsfähigkeit. Es hilft Kindern, besser zu lernen, und älteren Menschen, einen Lebensabend in geistiger Frische und frei von Depressionen zu verbringen.
Aber Vitamin B_1 wird als Koenzym auch für den vollständigen Zuckerabbau in den Zellen gebraucht, d.h. für die Umwandlung von Kohlehydraten in Energie. Und es spielt auch eine Rolle bei der Synthese von Fettsäuren und beim Cholesteringleichgewicht. Ohne Thiamin würde weder der Herzmuskel kräftig arbeiten noch die Verdauung richtig klappen. [...]
Es ist nicht verwunderlich, aber doch erschreckend, daß laut DGE [Deutsche Gesellschaft für Ernährung] ein beträchtlicher Teil unserer Bevölkerung, zumal Kinder, Jugendliche und alte Menschen, regelrecht mit Thiamin unterversorgt sind! Dabei wäre der Mangel durch vernünftige Ernährung und Reduzierung des Alkoholkonsums leicht zu beheben. Forscher berichten oft von kleinen Wundern, die sich bei Menschen vollziehen, wenn die geleerten Speicher von Thiamin (z.B.

durch Alkohol, Magersucht oder Hungerkuren, aber auch nach schwerem Durchfall oder Fehlernährung) wieder aufgefüllt werden. (Ingeborg Ruf-Münzing: Kursbuch für gesunde Ernährung, 1991, S. 66f.)

Was ist neu, anwendbar, zum Nachdenken, weckt Interesse?

Rahmentext / Lexikon

Beriberi, die, eine Vitaminmangelkrankheit als Folge des Fehlens von Vitamin B1 (Aneurin). Sie tritt vor allem dort auf, wo geschälter, von den Fruchthüllen (Silberhäutchen, Perikarp) und den Keimen befreiter Reis gegessen wird. Hoch ausgemahlenes, vom Keim befreites Weizenmehl, aus dem Weißbrot gebacken wird, ist ebenfalls frei von Vitamin B1, so daß auch in Europa leichte Formen von B(eriberi) entstehen können.[...] In China ist die B. seit über 1000 Jahren bekannt. Auch Hühner, Tauben und Ratten können ähnlich erkranken. Das Leiden führt zu einer langsamen Entartung der peripheren Nerven (*Polyneuritis).*
Krankheitszeichen: an den Unterschenkeln beginnende Empfindungslosigkeit der Haut, Muskellähmungen an den Beinen, in schweren Fällen auch an den Hüften und Händen, Herzschwäche und Wassersucht. Die Sterblichkeit beträgt bis 50%.
Behandlung: Bei zweckmäßiger Ernährung heilt die B. nach Wochen oder Monaten in 97-98% der Fälle aus; Weizenkeime, Reiskleie und Hefe haben den höchsten Gehalt an Vitamin B1, und sind daher für die Behandlung wichtig.
(Gesundheitsbrockhaus, 1966)

Wissenschaftlicher Text

Rolle des Thiamins im Nervengewebe
Es wird oft beobachtet, daß die mit einem Thiaminmangel verknüpften Symptome sich vor allem auf das Nervensystem beziehen. *Polyneuritis* entwickelt sich bereits in den Frühstadien des Thiaminmangels. Dabei sind bei den verschiedenen Versuchstieren wie Affen, Ratten, Mäusen und Tauben die Symptome, die aus den *pathophysiologischen* Veränderungen des zentralen und des peripheren Nervensystems resultieren, einander sehr ähnlich. *Hypermotilität, Tremor, Ataxie, Opisthotonus* und wiederholte Krämpfe werden gewöhnlich beobachtet. Mit den Studien der Folgen eines Thiaminmangels befaßte sich als erster EIJKMAN unter Benutzung von Vögeln als Testtieren. Man führte zuerst die mit dem Thiaminmangel verbundenen neuropathologischen Vorgänge auf Störungen der *oxydativen Decarboxylierung des Pyruvates* zurück. von **Muralt** entwickelte 1945 als erster die Hypothese, daß *Phosphatester* des Thiamins an der Nervenerregung teilnehmen und zwar sowohl im peripheren als auch im zentralen Nervensystem. Er beobachtete, daß Thiamin bei elektrischer *Stimulierung* von den Nerven freigegeben wird. Dies war der erste Hinweis, der dafür sprach, daß Thiamin im Nervensystem eine Rolle

spielen könnte, die anders ist als die eines *Coenzyms*. Ferner wurde in von **Muralt**'s Laboratorium gefunden, daß *Pyrithiamin (nicht Oxythiamin)* das *Aktionspotential* der Nervenfaser blockiert. Es sei hier erwähnt, daß Pyrithiamin, jedoch nicht Oxythiamin, Polyneuritis erzeugt [...].
Die Speichermöglichkeit für Thiamin ist sehr gering, eine regelmäßige Zufuhr mit der Nahrung ist somit erforderlich, auch deshalb, weil erhöhte Einzeldosen relativ schlecht resorbiert werden.
Der Thiaminbedarf steht in einer bestimmten Relation zum Energieumsatz,[...] mit einer Dosis von 0,6 - 0,8 mg/1000kcal (4200 J). Diese Beobachtung war die Basis für die Ausarbeitung der "Empfehlungen für die Thiaminzufuhr", wobei man davon ausging, daß ein erwachsener Mensch etwa 2000 kcal/Tag verbraucht und daß Zubereitungsverluste etwa 20% ausmachen. (241f)
Thiaminmangel ist wahrscheinlich die am weitesten verbreitete Avitaminose im Westen. Er ist vor allem unter den Alkoholikern zu finden. Deren Diät besteht überwiegend aus Kohlehydraten und *Ethanol* enthält meist wenig Vitamine. Ethanol als solches ist zwar toxisch, viel toxischer ist jedoch eines seiner Stoffwechselprodukte, der *Acetylaldehyd*; dieser wirkt destruktiv unter anderem auf die *Transketolase*, ein Enzym, das für die Utilisation der Kohlehydrate besonders wichtig ist. Viele Untersuchungen zeigen ferner, daß bei Alkoholikern die *intestinale* Thiaminresorption gestört ist (vgl jedoch S. 236). Schließlich beeinträchtigt Ethanol die Thiaminspeicherung im Körper, vermutlich via Schädigung der Leber. Sogar bei normaler Ernährung ist bei Alkoholikern ein Thiaminmangel kaum vermeidbar [...] In einem Langzeit-Versuch (Dauer 20 Monate) an Ratten wurde die Einwirkung von Alkohol und von Pyrithiamin (einem Thiamin*antagonisten*) auf die Hirnstruktur und Lernfähigkeit untersucht. Ratten der beiden experimentellen Gruppen waren, verglichen mit der Kontrollgruppe, im Lernprozeß signifikant beeinträchtigt. [...] Untersuchung der Hirngewebe der Ratten zeigte eine Anzahl schwer geschädigter Hirnbereiche.
(Wilhelm Friedrich: Handbuch der Vitamine, München 1987,S. 232 und 241f.)

Wissenseinschub

Thiamin: Chemischer Name für Vitamin B_1
Polyneuritis : entzündliche Erkrankung mehrer peripherer oder Hirnnerven
pathophysiologisch: krankhaft
Hypermotilität: gesteigerte Beweglichkeit
Tremor: Zittern
Ataxie: Störung der Bewegungsabläufe
Opisthotonus: extreme, nach hinten gerichtete Körperbeugung
oxydative Decarboxylierung des Pyruvates: Stoffwechsel der Brenztraubensäure
Phosphatester: Chemischer Teil des Thiamins
Stimulierung: Erregung
Coenzym: Katalysator im Stoffwechsel

Pyrithiamin (nicht Oxythiamin): Chemischer Stoff, die die Wirksamkeit des Thiamins blockieret
Ethanol /Äthanol: Alkohol
Acetylaldehyd: Überträgerstoff im Stoffwechsel (Essigsäure oxydiert)
Transketolase: ein Enzym, das Thiamin enthält
intestinal: im Verdauungstrakt
Antagonist: Gegenspieler, Blockierer

Ergebnisse

Sehen wir uns an, welche Informationen unsere Texte bringen und welche Informationsdichte sie enthalten - auf eine gleichgroße 50-zeilige Seite hochgerechnet.

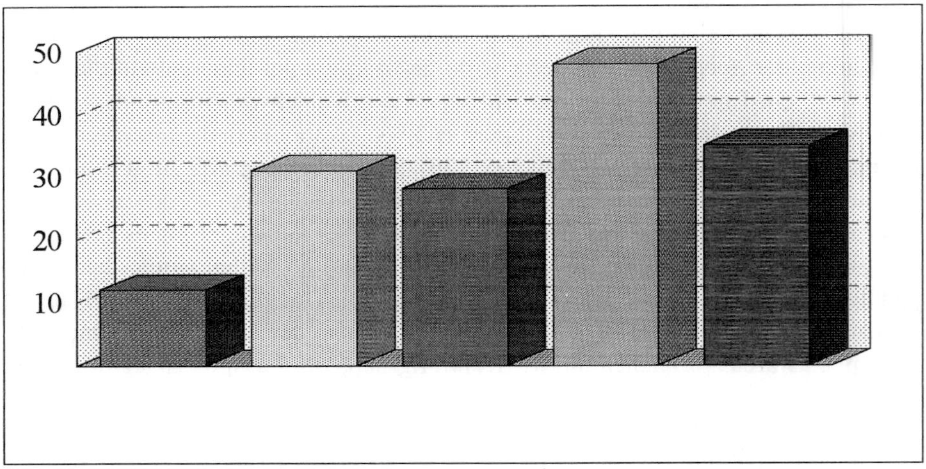

	Subjektiver Text	Prototyp	Journalistischer Text	Lexikon (Roche)	Wissenschaftlicher Text

6.4 Informationsdichte in den verschiedenen Texten über das Vitamin B_1

Wir erkennen deutlich, der subjektiv erzählende Text ist am lockersten geschrieben, der Lexikonartikel und der wissenschaftliche Beitrag sind am dichtesten, und dazwischen liegen die beiden Sachbuchtexte. Diese Grafik gibt Ihnen also einen klaren Hinweis: Suchen Sie sich die Textdichte nach Ihrem Vorwissen aus: In den Artikeln mit großer Dichte erhält man - wie gesehen - eher kausale Erklärungen, in den anekdotischen Texten eher Emotionalität und anekdotische Anreicherung. Sehen wir uns an, was die einzelnen Texte geleistet haben:

- Der Subjektive Text regt an und zeigt die Probleme des Forschens.
- Der Prototyp führt auf einfacher Ebene in die Materie ein, er ist auch noch auf Menschen bezogen, zeigt aber klarere Ansätze zur Information.
- Das Lexikon gibt einen Rahmen bezüglich Ort und Zeit und führt zentrale Stich wörter ein.
- Ein guter journalistischer Text (ein Sachbuch) versammelt praktische Hinweise und einfache Erklärungen.
- Der wissenschaftliche Text hat zunächst die genauesten Erklärungen und er wähnt die meisten Aspekte des Themas. Er benutzt jedoch sehr viele Fachwörter, die öfters wiederholt werden.

Fazit: Sie haben sich jetzt an den reichhaltigen wissenschaftlichen Text "herangelesen" und gemerkt, welche Eigenarten die einfacheren Texte haben. Wenn wir uns nun auf das Lesen konzentrieren, so müssen wir dieser Gefühlstheorie noch hinzufügen, daß die Rezipienten dann Emotionen empfinden, wenn sie sich einer Person nahe fühlen, ihr vertraut werden, kurz, wenn sie sich für eine gewisse Zeit mit ihr identifizieren - denn dann sehen sie gleichsam mit den Augen und mit den archaischen Mustern dieser Figur und dann reagieren sie durch das Geschriebene hindurch erfreut oder erschreckt. Wir tun für eine Weile so, als ob wir an diesem Leben teilnehmen, auch wenn wir es nur über den Sprachsinn aufnehmen und nicht wie sonst üblich über alle unsere Sinne. Betrachten wir einmal die Sachtexte über das Vitamin B_1 unter diesem Blickwinkel, dann erkennen wir sofort die Unterschiede:

Tabelle 6.2 Emotionale Aspekte in verschiedenen Texten über das Vitamin B

	Erwartung	Reaktion	Widerstand	Gefühl
ANEKDOTE Eijkman	Hilfe bei Beriberi, Entdeckung der Erreger	forscht ausdauernd	Probleme: Sind es Bakterien? Nichts unter dem Mikroskop.	Nach der Lösung: Freude, Unruhe
PROTOTYP Takaki	Experiment: Beriberi wird durch Ernährung verursacht.	Unternimmt Experimente mit vielen Matrosen.	Matrosen halten sich nicht an Regeln.	Nach der Lösung: Stolz, Medizin kann helfen.
JOURNALISTENTEXT --------------		------------	Zu viele Menschen sind mit B_1 unterversorgt.	(Eventuell das Gefühl, eine Einsicht zu haben).
LEXIKON ------------		-----------	Schlechte Ernährung, Schmerzen	
WISSENSCHAFTLICHER TEXT (Eijkman, von Muralt)	-------------	"befaßt sich" "entwickelt"	Alkohol behindert die Aufnahme von Thiamin.	------------

Wir sehen, die Texte mit handelnden Personen erlauben Gefühle in allen Phasen ihrer Entwicklung, wie Hoffnung auf Heilung, wie Stolz auf persönliche Erfolge und auf die Anstrengungen der Forscher bis hin zur weitertragenden Freude des Erfolgs. Die Sachtexte ohne Personen lassen diese Einblicke nicht zu, sie vertrauen darauf, daß der Leser Interesse an der Information hat und daß er über die neuen Einsichten ein Gefühl der Befriedigung bekommt und sich nun einsichtiger verhält. Interessant ist noch der wissenschaftliche Text, der immerhin zwei Forscher aufführt und auch in vagen Verben ihre Absichten zeigt: Hier ist es für den Leser bereichernd, wenn er sich durch einfachere Texte "angewärmt" hat und Dr. Eijkman freudig wiedererkennt. Oder wenn er sich mit seinen inneren Bildern Professor von Muralt in seinem Laboratorium vorstellt, wie auch er mit Widerständen und dem Nichtwissen seiner Zeit ringt, dann aber erste Schritte des Erfolgs tun kann.

7. Sprachliche Signale in Texten

7.1 Sprachtemperamente im Beispiel

Gesprächsrunden im Fernsehen eignen sich gut zur Beobachtung von Sprache in Aktion, weil man nicht ständig gewärtig sein muß, selber gefragt zu werden. Hören wir einmal in eine solche Runde aus den achtziger Jahren hinein, als das Genre noch frischer war. Es geht um das Thema "Mut". Wenn im folgenden die eine oder andere sprachliche Begrenzung offenkundig wird, geht es nicht um Kritik an Personen, sondern um die Hervorhebung von Teilaspekten.

In unserem Ausschnitt öffnet der Moderator (Rosenbauer) ein Unterthema zum Begriff "Mut", nämlich das der riskanten Sportarten: Der Alpinismus und der Rennsport seien ja viele Jahrzehnte alt, "also müßten beide in der heutigen Gesellschaft eine andere Rolle spielen als damals [vor ca. 60 Jahren], oder nicht?" Den ersten Redner betrachten wir unter der Perspektive, wie er die Frage beantwortet.

> Viktor Frankl (Psychotherapeut): "Schon, eine viel allgemeinere Rolle. Es ist so, daß ich der Ansicht bin, als Arzt, daß der Mensch einer gewissen, einer gesunden und daher dosierten Spannung bedarf. Und nun ist es so, daß die ideale Spannung sich etabliert in einem Spannungsfeld, das sich ausspannt zwischen einem Menschen und einer Aufgabe, die er zu erfüllen hat, einem Sinn, den er zu erfüllen hat. [...]"

Wir erkennen zunächst überhaupt keine Antwort, aber wir hören und sehen eine sehr prononcierte Darstellung, die mit genauen, malenden Gesten einhergeht. Und wenn wir durch Zufall erfahren, daß diese Rede weitgehend ähnlichen Passagen aus gedruckten Texten des Autors entspricht, dann haben wir drei Befunde:

- deutlicher motorischer Anteil in der Rede: Betonung und Gesten,
- Abruf eines gespeicherten Wissensschemas,
- ungenaue Antwort.

Es sei hinzugefügt, daß Viktor Frankl noch zu einer Antwort kommt (in der Abschrift nach 16 Zeilen), die mit den Begriffen *"Askese, Verzicht"* und *"sich selbst bemeistern"* arbeitet. Der nächsten Redner ist ein Freikletterer, der dazu Stellung nehmen soll.

Sepp Gschwendner: "Mir macht´s in manchen Bereichen Spaß, mich selbst zu überwinden. Ich glaube zwar nicht, daß das Mut ist, aber meinen Willen stell ich sehr gern auf die Probe, net in allen Bereichen, aber in manchen Bereichen möcht ich mir selbst Herr werden, des entspricht schon den Ausführungen von Herrn Professor."

Dies ist eine direkte Antwort auf die letzten Zentralbegriffe Frankls. Der Wortschatz aber entfaltet sich nicht - in der dreimaligen Benutzung der vagen Kategorie "Bereich" zeigt sich, daß der Sprecher im Augenblick keinen eigenen Themenbereich geöffnet hat und daß er auch keine speziellen Wörter findet. Wir konstatieren also:

- eine genaue Antwort,
- einen knappen Wortschatz.

Der Moderator geht zum nächsten Thema und stellt die Frage, ob unsere Zeit eine ängstliche Zeit sei, oder "eine timide Zeit, um das alte Wort zu gebrauchen." Es antwortet Wolf Graf Baudissin, Ex-General und Friedensforscher. Man muß sich eine relativ langsame und überlegte Diktion vorstellen:

"Ja, es ist sehr schwer, es allgemein auf die Zeit zu beziehen. Ich würde sagen, es ist ein Generationsproblem. Meine Generation, die ja sehr sehend miterlebt hat, den moralischen, politischen und militärischen Niedergang von 33 bis 45 und die nachher Gelegenheit hatte, nachher, nach der Befreiung, muß ich sagen, wiederaufzubauen, wobei mir sehr häufig das "wieder" zu viel war, sondern mir ging es um einen Neuaufbau, steht natürlich dem Leben, und unserer Gesellschaft, [unserem] Staat natürlich anders gegenüber als die jüngere Generation, die das mehr oder minder fertig oder unfertig übernommen hat. Timide, weiß ich nicht, ob ich´s nennen sollte. Es ist jedenfalls eine sehr instabile Situation, beziehungsweise an Herrn Frankl anzuknüpfen, eine Situation, in der es vielen schwerfällt, eine Bewährung zu finden und damit auch sich selbst zu überprüfen."

Der Redner geht direkt auf den Begriff des Gesprächsleiters ein (timide: lateinisch für ängstlich), differenziert aber den zweiten Begriff der Zeit (der hier als Epoche zu verstehen ist) in zwei Phasen - den Abschnitt des Wiederaufbaus und den Abschnitt des übernommenen Wohlstands, in dem man sich nicht mehr so bewähren konnte wie die erste Generation. Mit dem Wort "Bewährung" bezieht er sich dann auf seinen Mitdiskutanten Frankl.

Bemerkenswert ist - für den Zuhörer leichter verständlich als für den Leser -, daß Baudissin ein langes Zwischenstück in seinen dritten Satz hineinschiebt und daß er doch die Verbindung zum Ausgangspunkt wiederherstellen kann. Die Brückenpfeiler und das Zwischenstück seien noch einmal abgedruckt:

"Meine Generation,

die ja sehr sehend miterlebt hat, den moralischen, politischen und militärischen Niedergang von 33 bis 45 und die nachher Gelegenheit hatte, nachher, nach der Be freiung, muß ich sagen, wiederaufzubauen, wobei mir sehr häufig das "wieder" zu viel war, sondern mir ging es um einen Neuaufbau,

steht natürlich dem Leben, und unserer Gesellschaft, [unserem] Staat anders gegenüber als die jüngere Generation [...]"

Der Zuschauer nimmt den konzentrierten Blick Graf Baudissins wahr, der sich für Sekunden von der Kamera oder den Partnern wegwendet, um sich ganz auf seinen inneren Text zu beschäftigen.

Hier finden sich drei wichtige Sprachfähigkeiten:

- Eine genaue Antwort mit einer Differenzierung des zentralen Fragewortes,
- ein längerer syntaktischer Überblick,
- Konzentration beim Sprechen.

Mit diesen Beobachtungen haben wir Punkte in der mündlichen Rede aufgezeigt, die uns als Basis für die Darstellung neuropsychologischer Abläufe dienen können, wenn wir auch unser Repertoire an der einen oder anderen Stelle erweitern müssen. Wir brauchen für die Rede:

- ein Thema, eine Rede-Idee (hier vom Moderator vorgegeben),
- eine möglichst genaue oder sinnvolle Anbindung an die vorherige Aussage,
- einen eigenen Wortschatz,
- eine syntaktische Übersicht,
- eine intonatorische und eventuell gestische Ausführung.

Wo oder wie finden sich diese Kategorien der sprachlichen Vorgänge im Gehirn wieder?

7.2 Sprachliche Abläufe im Gehirn (und allgemeiner Aufbau)

Mit dem ersten Begriff aus der Sprachbeobachtung, dem Redethema, kommen wir gleich zur komplexesten Aufgabe innerhalb der sprachlichen Vorgänge, nämlich der Umsetzung von Ideen in Wörter. Eine der wenigen PET-Untersuchungen dazu stammt von Roland und Mitarbeitern (1985), die ihre Probanden aufforderten, dreißig Minuten über ein ihnen bekanntes sozialphilosophisches Thema zu reden. Roland faßt die Ergebnisse zusammen und findet folgende Zunahmen der regionalen Durchblutung:

Tabelle 7.1 Per Roland (1993): Zunahme der prozentualen Durchblutungen in links- und rechtshemisphärischen Regionen während einer dreißigminütigen sozialphilosophischen Diskussion

Prozentuale Zunahme	**Linke kortikale Hemisphäre**	**Prozentuale Zunahme**	**Rechte kortikale Hemisphäre**	**Vermutete Aufgabe im jeweiligen Areal**
18%	Gesamter Frontaler Kortex	-	-	Aufsicht über diese Aufgabe, d.h. Konzentration auf das Thema
18%	Supplementäres Motorisches Feld	-	-	Konzentration
18%	Motorik des Mundes	22%	Motorik des Mundes	Artikulation
12%	Motorik des Auges	9%	Motorik des Auges	Beobachtung der Zuhörer
13%	Temporallappen	18%	Temporallappen	Wernickes Areal: Wortschatz
9%	Brocas Areal	14%	rechte Analogie zu Brocas Areal	Syntax und zeitliche Passung
-	-	13%	Auditorische Bereiche	Kontrolle der eigenen Worte
19%	Linkes Zerebellum	29%	Rechtes Zerebellum	Subkortikale Begleitung der laufenden Bewegungen

Die Interpretationen dieser regionalen Durchblutungssteigerungen folgen zunächst den neuropsychologischen Gundlagen der vorhergehenden Kapitel:

- Die Konzentration auf das Thema wird im wesentlichen vom Frontalen Kortex geleistet.
- Die Artikulation ist ein Sonderfall der Motorik. Sie benötigt hohe zerebrale Kapazitäten, und zwar in beiden Hemisphären wie auch im Kleinhirn (Zerebellum).
- Hinzugekommen sind die Areale für den Wortschatz und die Syntax sowie die Tatsache, daß sie in in beiden Hemisphären aktiviert werden.
- Eine Ergänzung bringt auch das kontrollierte Hören der eigenen Artikulation.

Damit haben wir neben der Redethematik bereits drei weitere unserer beobachteten Kategorien im Gehirn "lokalisiert", die Intonation, den Wortschatz und den Satzablauf. Dieses vorläufige Bild entspricht in Grundzügen dem Wernicke-Geschwind-Modell. Die Namen deuten auf Carl Wernicke hin (den Namensgeber des Wernicke-Areals) und auf Norman Geschwind (1987), der die sprachlichen Abläufe aufgrund vieler beobachteter Störungen in ein kchärentes Modell brachte. Komplettieren wir nun dieses Basiswissen mit räumlichen Ansichten des Gehirns:

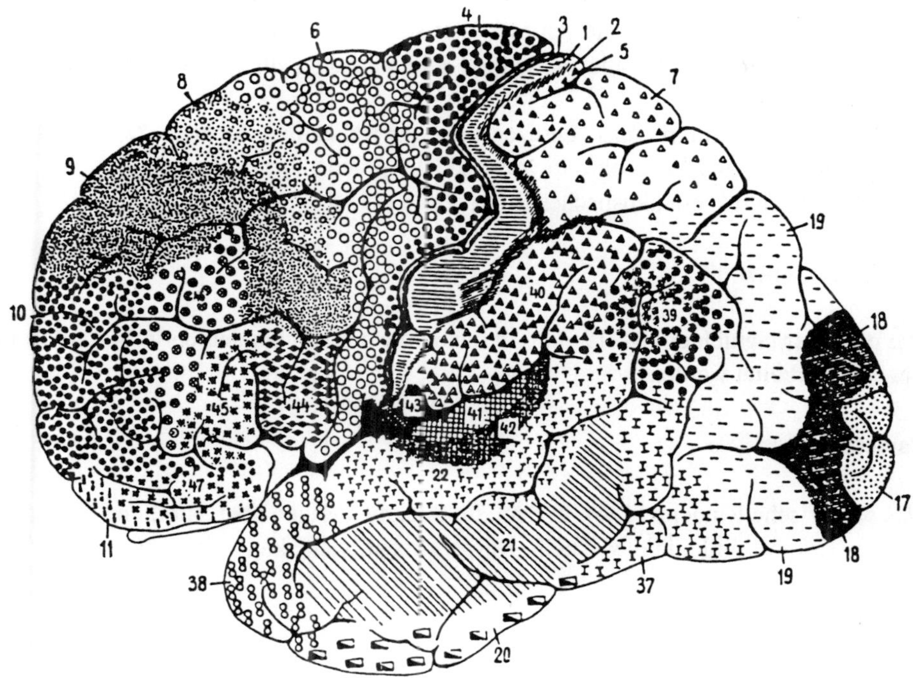

7.1 Die linke Hemisphäre mit den Kennzeichnungen der Brodmann-Areale (Brodmann, 1909) Brodmann hat 44 physiologisch unterschiedliche Felder gefunden, acht davon stellen beim Menschen keine funkkionale Differenzierung dar.

Der Blick auf die Oberfläche der linken Hemisphäre zeigt folgende wichtige Sprachteilnehmer:

Frontalkortex

- Die verschiedenen Unterteilungen des Frontalkortex, deren Aufgabe darin besteht, unsere Absichten zu bündeln, auf einen Punkt zu bringen und die anderen

Provinzen davon zu benachrichtigen. Dort entstehen wohl die Aussage-Ideen. Friberg u.a. (1985) fanden eine vermehrte Durchblutung, während die Probanden eine sprachliche Beschreibung vornehmen mußten oder einer Sherlock-Holmes-Geschichte zuhören durften.
- Das motorische Rindenfeld (Areal 6), in dem alle unsere Bewegungen gelenkt werden, also auch die der Augen, des Mundes und sehr ausgiebig die der Hand.
- Das Broca'sche Areal (Areal 45), das motorische Sprachzentrum, das hauptsächlich für den Satzbau zuständig ist und auch dafür, die Phonemstruktur zu erkennen, zu der u.a. die Reime gehören.

Temporallappen

- Wernickes Areal (22), in dem der Wortschatz gespeichert ist. Dort finden sich die Wortschatzbereiche, die individuell sehr unterschiedlich sein können (s. Ojemann; Spitzer).
- Den Gyrus angularis, das "Lesezentrum" (zwischen den Arealen 22, 37, 39), in dem Gehörtes und Gesehenes in verstandene Sprache übersetzt wird.
- Heschls Gyrus, ein akustisches Hörzentrum (41, 42).

Okzipitallappen

Die primären Sehfelder (18, 19, 17), in denen die einkommenden optischen Informationen verarbeitet werden.

Parietallappen

Das sensorische Rindenfeld (4), in dem die Rückmeldungen über sämtliche Bewegungen des Körpers einlaufen (Muskeln, Körperglieder, Gelenke).

Limbik

In den nächsten Bildern werfen wir einen Blick ins limbische System und die darunter liegenden Gehirnteile. Für den optischen Eindruck schlagen Sie noch einmal die bildliche Darstellung der Limbik (S. 129) auf. Für die sprachlichen Abläufe sind wichtig:

- Hippokampus, als Einordnungsstelle für das Gedächtnis: Ist die Information irgendwie ins Bekannte zu bringen?
- Amygdala: Gibt es eine innere Stabilität, einen Roten Faden in der Information?
- Das Cerebellum (Kleinhirn), das für die Koordination der Bewegungen zuständig ist.

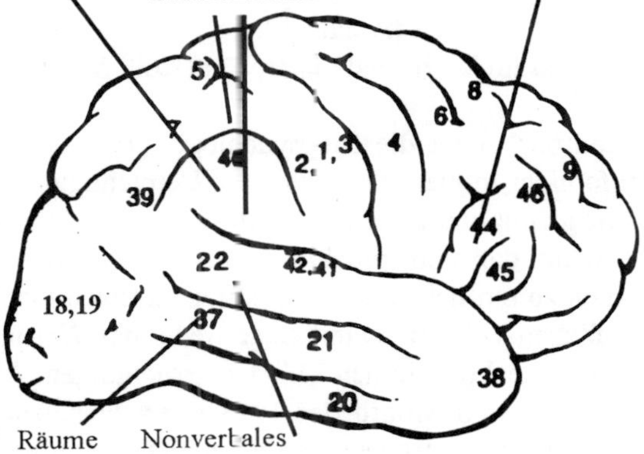

7.2 Die rechte Hemisphäre und ihre sprachlichen Aktivitäten (Nach: Tranel, 1995).

Wir haben auf der rechten Seite dieselbe Grobeinteilung wie in der linken Hemisphäre vor uns. Was die Funktion anlangt, so finden wir Ähnlichkeiten, aber auch andere Gewichtungen.

Der **Frontale Kortex** ist an mehreren Stellen bei einer längeren Konversation aktiv (Roland), er kann den Tonrhythmus diskriminieren, und er hilft bei der Findung gedanklicher Konzepte. Er ist auch während des Sprechens, des Hörens und des Sehens aktiv. Und schließlich ist er zuständig für den Ausdruck beim Sprechen, also für die Intonation.

Temporallappen: (38) Er ist gleichfalls bei der Worterzeugung aktiv (Roland). Und er ist besonders für das Verstehen nichtsprachlicher Akustik zuständig (Melodien, den "Ton" von Aussagen). Ansonsten liegen seine Stärken in der Bearbeitung räumlicher und szenischer Wahrnehmungen.

Wir fügen nun einige Details hinzu, die das Modell bestätigen und kommen dann zu einer prinzipiellen Erweiterung:

> **Das fremde Wort** wird gehört (Areale 41, 42) und ins Verstehen übersetzt (Gyrus angularis), im Wortschatzspeicher aufgesucht (Wernicke-Areal) und im semantischen Feld abgeglichen, der sich aus Inhaltsbereichen zusammensetzt (Shallice; Damasio; Spitzer).

Das eigene Wort wird konzipiert (Frontalkortex), im Speicher aufgesucht (Wernicke-Areal), über die syntaktischen und zeitlichen Gleise geschickt (Broca-Areal, 45), zur Motorik geleitet (Motorische Furche, Areal 6). Über die Rückmeldung in der Sensorik wird die Artikulation kontrolliert (Sensorische Furche, Areal 4) und als Redethema auch vom Frontalen Kortext beider Hemisphären begleitet.
Das gelesene Wort wird gesehen (Areale 17, 18, 19 im Okzipitallappen), in den Sprachsinn übersetzt und im Wortschatz überprüft (Kolb & Whishaw, S.343).

Pinel hat in seinem Lehrbuch über die Biopsychologie (1997) daraufhin gewiesen, daß diese Sprachabläufe nicht immer alle genannten Bereiche durchlaufen, so wie es die Vorstellung einer Sequentialität nahelegt (denn nur in der Abfolge können wir ja Sprache rezipieren), sondern daß sich sprachliche Normalverläufe stark vereinfachen, wenn wir es mit Routinen zu tun haben, also mit kurzen konventionellen Äußerungen oder mit bekannten einfachen Wörtern. Dann zeige weder das Wernickesche noch das Brocasche Areal besondere Reaktion in den PET Untersuchungen. Aus solchen Beobachtungen, die zuerst Larsen und Mitarbeiter 1978 gemacht haben, kann man aber nicht schließen, daß die gesamte Wernicke-Geschwind-Theorie ungültig sei, denn Pinel stellt sich leider die einfache Frage nicht, welche Areale oder welche Schaltkreise diese Reden stattdessen initiieren. Zu vermuten ist vielmehr, daß die mittlere Aufmerksamkeitsspannung für die erwähnten Aufgaben ausreicht, daß also keine erhöhten Tätigkeiten im Broca- oder Wernickeareal zu erkennen sind - denn nur solche mißt ja das angewandte Subtraktionsmodell. Dessen Name kommt daher, daß per Computer lediglich die Erregungen angezeigt werden, die über dem mittleren Wachheitszustand liegen, d.h. von der erkennbaren Messung wird die Aktivität der Ausgangslage abgezogen!

Ergänzungen des Grundmodells

Was im neuronalen Bild noch fehlt, ist die Fähigkeit eines Sprechers, genau in der Thematik eines Gesprächs zu bleiben und die eigene Aussage in den Ablauf zu integrieren, wie es in der Talkshow Graf Baudissin und Sepp Gschwendner getan haben. Hier helfen uns die Deutungen dessen, was der Temporallappen leistet (s. die Tabelle auf S. 162), der nach dem halbstündigen Gespräch in der rechten Hemisphäre durchschnittlich um 18% verstärkt durchblutet wurde. Forschungen zu dieser Gehirnprovinz sprechen davon, daß sie soziale Aufmerksamkeit lenkt und den Blick auf die Situation schärft, in der sich der Sprecher befindet. Wir gehen davon aus, daß Menschen, die sich deutlicher ins Gespräch einbinden, eine bessere soziale Aufmerksamkeit besitzen oder nutzen, während andere lange Zeit nur von ihren Themen reden und sich vorwiegend auf ihre thematischen Felder und ihre Wissensspeicher konzentrieren. Zuweisungen solcher Art werden u.a. von Kolb und Whishaw vorgenommen, die sogar von einer Temporallappen-Persönlichkeit sprechen.

Nun sollten wir noch einige Nuancen zum Wernicke- und zum Broca-Areal hinzufügen. Beginnen wir mit dem Wortschatz, der uns bereits im Kapitel über die Gefühle beschäftigt hatte. Geoffrey Hinton u.a. (1993) weisen daraufhin, daß ein Wort mindestens zwei "Adressen" im neuronalen Speicher besitzt, die Einbettung in den Sinnzusammenhang eines Themas und die phonologische Spur. Grundsätzlich ist also mit dem Wort auch seine Tonspur gespeichert. Wir hatten auch davon gesprochen, daß sich unsere Wörter "zusammenrotten" wie die Gartengeräte im Schuppen oder wie das Obst im Obstkorb. So liegen viele Themen eng beieinander, z.B. auch die Schlafgelegenheiten. Es wäre nicht ungewöhnlich, wenn jemand zu einem Gast sagt: *Eine Matratze liegt oben, vielleicht auch noch ein Matte.* Dann weiß der Besucher, daß es sich um eine Schlafmatte handelt und nicht um eine zum Abputzen der Füße. Der freundliche Gastgeber könnte auch gesagt haben: *Eine Matratze liegt oben, vielleicht auch noch ein Motte, ehm, eine Matte!* Dann wäre die Tonspur gestört gewesen und der Bezug zum Bedeutungsfeld Schlafen nicht klar geworden - der Fehler mußte korrigiert werden. Die Tonspur wurde holprig, weil vorher schon zweimal ein "o" benutzt worden war *(oben, noch)*. Die Korrektur hätte auch keine Differenzierung in der Bedeutung gesucht, sondern lediglich im Wortklang.

Die Speicherung nach Sinngebieten entspricht dem Basiswissen in zwei wissenschaftlichen Disziplinen, in der Linguistik und in der Entwicklungspsychologie. Die Sprachwissenschaft kennt den Begriff "Wortfeld", seitdem Jost Trier ihn 1930 eingeführt hat. Ihm war aufgefallen, daß es Probleme gab, wenn scheinbar gleichlautende Wörter aus dem Mittelhochdeutschen in die Gegenwartssprache übersetzt werden sollten: *witze* ist eben nicht dasselbe wie *Witz* oder auch *êre* nicht wie *Ehre*. Trier befand, daß die Bedeutung eines Wortes nur aus dem Umfeld der Nachbarn erfaßt werden kann, und da besetzte *witze* einen wesentlich größeren Raum des Wissens, als es sein Nachfolger heute tut, weil es keine Einträge wie *Information, Nachricht, Mitteilung* gab. Und *êre* beispielsweise umfaßte auch den Bereich des heutigen *Image*. Wir schließen daraus, daß viele Einträge im Wortfeld zu haben auch bedeutet, wesentlich mehr Spezialitäten und Nuancen zu besitzen.

In eine ähnliche Denkrichtung geht die Entwicklungspsychologie, die u.a. postuliert hat, daß sich ein Wortfeld zunächst mit konkreten Eintragungen füllt, nämlich mit den Wörtern, deren Sinn man im täglichen Handeln erfährt. Wir lernen zunächst den *Apfel* oder die *Birne* kennen. Wenn aber jemand bei einem Obstbauern am Bodensee aufwächst, hört er Wörter wie *Jonagold* oder *Cox Orange* viel früher als das gleichaltrige Kind in Berlin. Und jeder von uns lernt die Lexeme aus dem Apfelfeld früher als die der Ernährungslehre wie *Pektine* oder *Ballaststoffe*. Die Wortfelder entstehen im Konkreten, und sie falten sich später ins Spezielle wie ins Abstrakte auf. Wir kommen auf die Bedeutung der Lernstufen bei der Suche nach Anwendungen zurück.

Was wir mit dem unterschiedlichen Wortschatz des Berliner und des Bodenseekindes angedeutet haben, stimmt natürlich auch für Erwachsene: Die Eintragungen, die ein Individuum in seinem eigenen Wörterbuch hat, sind außergewöhnlich unterschiedlich. George Ojemann (1994) fügt dieser Alltagserfahrung eine neurologische Sicht hinzu. Die Speicherorte im Wernicke'schen Bereich unterscheiden sich in ihren Details so, wie es Fingerabdrücke von Menschen tun. Und in einer späteren Untersuchung fand er heraus:

- Bei Frauen liegt der Wortschatz im vorderen Teil des Temporallappens (zur Stirn hin).
- Bei sprachlich kompetenteren Männern liegt er in der Mitte und bei Männern mit einfachen Sprachfähigkeiten im hinteren Teil, nahe an den visuellen Bereichen. Einfache Sprachfähigkeiten zu haben kann auch heißen, daß diese Männer über gute optische und räumliche Kompetenzen verfügen. Der geschickte Autokonstrukteur muß nicht auch zugleich der wortgewandte Verkäufer sein!

Nehmen wir an, der Wortschatz eines Sprechers reiche vollkommen für sein Mitteilungsbedürfnis aus. Dann muß er, wenn er sprechen will, seine lexikalischen Besitztümer den Regeln des Satzbaus anpassen. Und nehmen wir weiter an, das Berliner Kind wolle den Obstbauern fragen, wieviele Bäume er habe. Die Sprachwissenschaft vermutet, die Rede-Idee sei in einem Aussagekern, einer Proposition, vorhanden, die im Beispiel so aussähe: *"Frage?": Bäume - Garten.* Die Formulierung würde lauten: *Wieviele Bäume hast du denn in deinem Garten?* Dazu hätte das Kind einige Wörter aus dem Wortspeicher geholt, seine syntaktische Lenkung wäre aktiv geworden und hätte den Rohlingen formale Kennzeichen hinzugefügt, die wir unterstreichen: *Wieviele Bäume hast du denn in deinem Garten?* Auch das Abtönungswort *denn* wäre noch hineingerutscht, um den Satz fließender zu machen. Die Frage hätte auch ohne *denn* eine völlig korrekte Form gehabt. Ein Faktum, das Ausländern zu schaffen macht, weil sie nicht wissen, wann Abtönungen wie *denn, eigentlich* oder *wohl* in einen Satz kommen und warum überhaupt.

Über die Flexionsformen des Beispiels hinausgehend, verfügt das Broca'sche Zentrum wahrscheinlich noch über folgende Kategorien:

- Es erkennt die Phonemstruktur (Ein Fehler wäre, statt *Hospital *Hostal* zu sagen).
- Es kontrolliert die Funktionswörter (Abtönung, Adverbien, Pronomen, Artikel und Konjunktionen) bzw. ist es für sprachliche Kleinteiligkeiten zuständig (Wörter rückwärts hören, Einsilber, verbale Kommandos). Es achtet auf den Zeittakt für den exakten Ablauf des Satzes.
- Es erkennt Reime als ein Sonderbeispiel von Wortenden.
- Und es tritt nur bei neuen Formulierungen in Aktion. Bei sprachlichen Routinen bleibt es inaktiv wie z.B. beim Aufzählen von Tagen, Monaten und Zahlen (Cpolka, 1987). Dabei ist keine Aufmerksamkeit auf irgendwelche genauen Wortdetails vonnöten.

Diese Informationen zum Broca-Areal stammen weitgehend aus der Aphasieforschung, die eine Bündelung solcher Störungen immer wieder festgestellt hat. Erwähnen wir noch ein Faktum über das Stammhirn, denn es ist ungewöhnlich, das Zerebellum in sprachlichen Zusammenhängen zu finden, wie es die Tabelle von S. 162 wiedergibt. Die Literatur zum Hirnstamm ist sich aber seit längerem einig, daß diese alte Region die optimale Ausführung bewußter Bewegungen absichert, aber auch die von unbewußten Bewegungen und daß der Hirnstamm auf die Intensität der Bewegungsabsicht eingeht, die bei einem Vortrag von 30 Minuten wohl recht kräftig ist.

Vom Hirnstamm steigen wir in das Limbische System auf, das wir bereits im Kapitel über die Emotionen kennengelernt haben. Möglicherweise gibt es hier Bereiche, die den exakten Zeittakt von Sprache beobachten und dabei die Aussagen über einen inneren Monitor eine Weile parat halten, um sie für die Fehlerkorrektur zugänglich zu machen. So sieht Bruce Crossons (1992) These aus - sie ist weitgehend theoretisch gewonnen und nicht mit anderen Darstellungen über den inneren Monitor verbunden, etwa mit Per Rolands. Gemeinsame Position ist aber: Unsere eigenen Worte oder die von anderen Menschen, die wir hören, kreisen noch für einige Sekunden in einer Schleife. Die Gründe dafür sind klar: Wenn wir selber sprechen, brauchen wir den Roten Faden des eben Gesagten, um den Fortlauf der Gedanken sinnvoll anzuknüpfen - und beim Zuhören fremder Rede sind wir des "Nachsinnens" bedürftig, um das Gemeinte, besonders auf der zweiten Ebene mit einem eventuellen Doppelsinn verstehen zu können. Auch die Korrektur von Fehlern funktioniert nur, wenn wir einen Nachklang für die innere Kontrollstation behalten können.

Offen bleibt in dieser gesamten sprachlichen Übersicht die Ebene des Textes. Diese Bezeichnung wird in der Sprachwissenschaft allgemein zusammenhängenden Äußerungen zugewiesen, gleichgültig, ob die Äußerung gesprochen oder geschrieben ist, ob sie als erfunden und fiktiv gilt oder ob sie lexikalisches Wissen darstellt. In der Praxis haben wir es fast immer mit kohärenten Äußerungen, also mit Texten, zu tun. Die Gehirnforschung tut sich mit verdichteten Sinngebilden begreiflicherweise schwer, und ihre Lokalisationstheorie kommt hier an eine Grenze - komplexe Zusammenhänge werden wahrscheinlich durch die Konvergenz vieler Neuronenkreise "rekrutiert", und zwar um so verläßlicher, je öfter die Teil-Elemente schon zusammengewesen sind. Um im soldatischen Bild zu bleiben, eine Kompanie ist dann beweglich und stabil, wenn sie bereits lange zusammen geübt hat. Und wenn sie flexibel geführt wird, kann sie leicht passende Neulinge integrieren. Sie muß auch nicht immer auf ein und demselben Hof agieren.

Wir hatten ja in der Einleitung bereits von diesen Grenzen gesprochen. Suchen wir also in den einfacheren Sprachkategorien nach Hinweisen, die das Lesen und Verstehen von Texten erleichtern können. Dazu sollten wir uns das Gehirn in Aktion ansehen, wie es im PET-Verfahren erscheint, in dem die hellen Grautöne anzeigen, daß mehr Blut oder Glukose in bestimmten Zentren verbraucht wird, und in dem die dunkleren Graustufen geringe Verbräuche signalisieren.

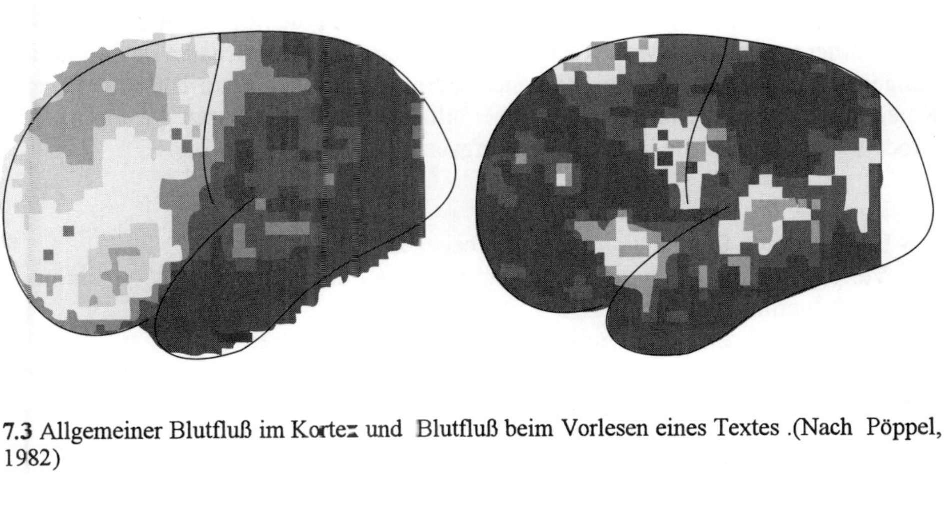

7.3 Allgemeiner Blutfluß im Kortex und Blutfluß beim Vorlesen eines Textes .(Nach Pöppel, 1982)

Die erste Aufnahme zeigt das Gehirn ohne spezielle Aufgabe, aber in allgemeiner Wachheit. Wir können schließen, daß dieser Mensch seinen präfrontalen Motorkortex gut eingeschaltet hat, also präsent ist und daß er die Bewegungsüberwachung, das motorische Rindenfeld aktiviert hat.

Im zweiten Bild wird die allgemeine Aktivität zurückgenommen und auf einige spezielle Provinzen konzentriert, die jetzt die Arbeit leisten. Der präfrontale Motorkortex leitet die Aufgabe, er hat dazu den Bewegungsapparat eingeschaltet, die Augen, den Kopf, vielleicht den Mund. Dann notwendigerweise sind der Sehbereich im okzipitalen Feld und schließlich die beiden Sprachzentren einbezogen, sowohl dasjenige für den Satzbau wie das für den Wortschatz. Dazu kommt der Gyrus angularis, das Lesezentrum für die Übersetzung der Sprachzeichen ins Verstehen. Wir erkennen, daß dieser Mensch liest und daß dafür viele Teile wach sind, die für spezielle Aufgaben herangezogen werden können, ja müssen.

7.3 Mosaiksteine der Sprache

Besinnen wir uns, was mit diesen neuropsychologischen Informationen beim Lesen und Verstehen anzufangen ist, und rufen wir uns zwei Prinzipien dieses Buches in Erinnerung: Wir sind in der Lage, sprachliche Elemente über Anwärmungen aktiver zu machen, und zwar im Konnex, weil sie sich nach Themen bündeln. Und wir können dabei vom Einfacheren zum Komplexen aufsteigen. Dieses Training schärft den Blick für:

- die sprachliche Machart eines Textes, d.h. den Bausstoff, aus dem er besteht,
- seine innere Kohärenz,
- und es fördert die Verarbeitung des Wissens in eigene Netze, eine schwieriges Unterfangen.

Konkret heißen diese Vorschläge: Wir sollten zum einen die Mitglieder der Broca-Familie fördern, und zum zweiten hätten wir gute Gründe, Wortschätze in Zusammenhängen aufzubauen, und zwar beim Sichtbaren beginnend, um zu den komplexeren Kategorien fortzuschreiten, die sich dabei bilden. Zunächst befassen wir uns mit der Broca´schen Familie. Sie hat folgende Aufgaben:

- Kontrolle der Flexionen,
- Erkennen von Reimen (als ein Sonderbeispiel von Wortenden),
- Verfügung über die Funktionswörter (Konjunktionen, Pronomen, Abtönungspartikel, Adverbien, Artikel),
- Vorgabe eines Zeittaktes für den exakten Ablauf des Satzes,
- Observierung neuer Formulierungen - bei sprachlichen Routinen bleiben die Fähigkeiten des Broca-Areals inaktiv.

Die folgenden Überlegungen betreffen einfachste Sprachfähigkeiten bis hin zu komplexen, und wir wir sollten die spielerischen Elemente für Anfänger nicht auslassen.

Die Kontrolle der Flexionsformen

Wir erinneren uns an den Satz des Berliner Kindes: *Wieviele Bäume hast du denn in deinem Garten?* Hier sind alle Formen unterstrichen, an denen eine Veränderung der Grundwörter eingetreten ist. Für den Muttersprachler kommen solche Veränderungen aus der Routine, die er zwar im Blick haben muß, für die er aber kaum einen Gedanken verschwendet - Ausländer sehen eine solche Fragestellung schon als komplizierter an und vermeiden häufig die Flexionen, was dann wie die übliche Karrikatur klingt: *Wieviel Baum* [...] du in [...] Garten?* Der Stern steht hinter einem einfachen Pluralfehler, die Klammern zeigen die Leerstellen, an denen Formelemente ausgelassen worden sind. Muttersprachler brauchen solche Hinweise nicht, Ausländer trainieren damit im Deutschunterricht ebenso wie mit den Elementen der Wortbildung (Stalb, 1984).

Erkennen von Reimen

In einer Untersuchung mit Grundschülern hat Mechthild Dehn (1996) gefunden, daß Kinder mit besserer orthographischer Fähigkeit auch deutlich mehr Spaß an Reimen hatten. Hier geben sich zwei Mitglieder der Broca-Clique die Hand: Beiden ist die Aufmerksamkeit auf formale Details in Wörtern gemeinsam. Wir stellen zwei Spiele zur Suche nach dem Wortende vor:

Lob der Endbuchstaben: Was werden wir tun, wenn wir in Wal und Fel, in Hau und Ho, bei Ta und Nach lauter Wörtern ohne Endbuchstaben begegnen? Mit Kin und Kege mit Sac und Pac müßte ich das Lan verlassen. (Das Sprachbastelbuch 1977). *Reime suchen*: Um uns für das Reimen fit zu machen, schlagen wir Steputats Reimlexikon auf und finden:Eisen / entgleisen / kreisen / preisen / speisen / verreisen Welche Geschichte oder welches anspruchslose Gedicht könnte daraus entstehen?

Funktionswörter

Hier wird es schon erwachsener, weil v.a. die Konjunktionen einen ausgesprochen steuernden Einfluß auf die innere logische Struktur eines Textes haben. Diese Bindewörter machen aus einer Ansammlung von Sätzen ein Gewebe. Hier kommt die Verwandtschaft des Wortes *Text* mit der Textur, also der Webstruktur am klarsten zum Vorschein. Die Argumente dafür, wie wichtig die kausale Verknüpfung ist, stammen aus der Leseforschung, wie sie von Just und Carpenter (1987) dargestellt wird. Einige der dort zusammengetragenen Ergebnisse:

a) Kausale Ketten werden häufig von den Einleitungssätzen eines Abschnitts eröffnet.

b) Sätze werden schneller gelesen und verstanden, wenn sie kausal miteinander verbunden werden können.
c) Ein Textausschnitt erscheint dann wichtiger und merkenswerter, wenn er in einer Kausalfolge steht, wenn er sich auf eine Hauptperson (im literarischen Text) bezieht und wenn er mindestens einen mittlere Allgemeinheitsgrad besitzt.
d) Die kausalen Bindestellen werden häufig durch Konjunktionen hergestellt.

Wir versuchen eine einfache Exemplifizierung dieser Punkte in einem konstruierten Text:

(1) Johann ging am Freitagabend zu einem Nachbarn, weil er einen praktischen Rat brauchte, denn sein alter Baum am Eingang sah ziemlich dürr aus.
(2) Am nächsten Tag kaufte er sich eine Motorsäge im Heimwerkermarkt.
(3) Eine Stunde danach lag der alte Ahorn in Stücke zerlegt auf dem Rasen.
(4) Nun wollte Johann noch andere Bäume im Garten stutzen und von alten Ästen befreien.
(5) An der starken Buche setzte er die Säge etwas zu hastig an, so daß sie abglitt und aufjaulend in den Rasen schnitt.

Die Vertextungsmittel Justs und Carpenters sehen im konkreten Beispiel folgendermaßen aus: Die Einleitung der Satzkette beginnt mit dem *praktischen Rat* und dem *alten Baum.* Die Sätze stehen alle in einer logischen Folge zueinander, die aber nicht durch direkte Verbindungen hergestellt wird, sondern durch die semantischen Felder: *Baum, Motorsäge, Ahorn, Äste, Buche.* Eine direkte Verbindung im zweiten Satz könnte so aussehen: *Und der Nachbar, ein Gärtner, analysierte, daß der Baum nicht mehr zu retten sei. Er riet Johann, sich eine Säge zu kaufen.* Der Text bezieht sich auf Johann (die einzige erkennbare Figur) und hat in der Gartenarbeit einen mittleren Grad der Allgemeinheit. Obwohl die kausalen Bindestellen nicht direkt angesprochen werden, sind sie doch durch Konjunktionen und zeitliche Fügewörter hergestellt. Ich drucke den Text noch einmal mit den entsprechenden Unterstreichungen ab:

1) Johann ging am Freitagabend zu einem Nachbarn, <u>weil</u> er einen praktischen Rat brauchte, <u>denn</u> sein alter Baum am Eingang sah ziemlich dürr aus.
(2) <u>Am nächsten Tag</u> kaufte er sich eine Motorsäge im Heimwerkermarkt.
(3) <u>Eine Stunde danach</u> lag der alte Ahorn in Stücke zerlegt auf dem Rasen.
(4) <u>Nun</u> wollte Johann <u>noch</u> andere Bäume im Garten stutzen und von alten Ästen befreien.
(5) An der starken Buche setzte er die Säge etwas zu hastig an, <u>so daß</u> sie abglitt und aufjaulend in den Rasen schnitt.

Im ersten und fünften Satz stehen kausale und finale Konjunktionen an den Knickstellen, in den mittleren Sätzen findet die Kettenbildung durch zeitliche Hinweise statt. Zur Übersicht und zur Schärfung des Blicks sei eine Tabelle solcher Gelenkwörter hergestellt, der dann einige Texte folgen, in denen diese Struktur hervorgehoben wird. Die Auswahl richtet sich vorzugsweise nach der Textgrammatik von Harald Weinrich (1993).

Tabelle 7.2 Auswahl deutscher Konjunktionen, die als Bindeglieder für die logische Struktur eines Textes dienen. Nach Weinrichs Terminologie (1993) Junktoren und Para-Junktoren.

Konjunktionen,	**die Nebensätze oder Hauptsätze einleiten (Junktoren)**
denn	Ich brauche eine Brille, denn ich sehe schlecht.
weil	Weil die Konjunktur anhält, stellt unsere Firma neue Leute ein.
daß	Es kommt nicht selten vor, daß jemand zweisprachig ist. Habe ich dir schon erzählt, daß wir umziehen.
so daß	Er hält sich für einen Künstler, so daß er unregelmäßig malt.
wenn	Wenn du Geld verdienen willst, solltest du wach sein.
falls	Ich bin immer für dich zu sprechen, falls ich zu Hause bin.
folglich, deshalb,	Er konnte nicht kommen, folglich fiel die Vorstellung aus.
aber, jedoch, im Gegenteil	Es ist schon spät, aber ich komme noch vorbei. Es ist schon spät, jedoch nicht so spät, daß wir nicht mehr kommen.
trotzdem, obwohl	Obwohl es schon richtig kalt war, ging sie ins Büro.
um...zu	Die Leute kamen in die Stadt, um ein bißchen zu bummeln.
Pro-Adverbien: deshalb, deswegen weshalb, wofür	Ich bin krank, deshalb mache ich keine Reise. Er schimpfte laut, weshalb sich der Hund duckte. Sie verschüttete etwas Milch, wofür sie sich entschuldigte.
nachdem, danach, später	Sie hatten gegessen, nachdem sie lange gespielt hatten.
sobald, bis	Wir beginnen wir mit der Reparatur, sobald du da bist.

Steuerungen	**im Satz und zwischen den Sätzen (Para-Junktoren)**
zum Beispiel, besonders	Ich will dir ein paar Bücher schicken, zum Beispiel einige Romane.
nämlich	Sie ist nur teilweise eine gute Sportlerin, nämlich dort, wo es auf Schnelligkeit ankommt.
schließlich, zusammenfassend	Zusammenzufassend muß man sagen: Alle Argumente waren vorgetragen.
sowohl... als auch, weder ... noch	Er war sowohl Künstler als auch Geschäftsmann.
teilweise, keineswegs	Er hatte nur selten gewonnen, denn er war keineswegs gut trainiert gewesen.
sondern	Sie kaufte nicht die Zeitschrift, sondern das Buch.
folgende(s)	Ich habe die folgende Nachricht: Karl ist zu Hause, und er ist sauer!
wie-Vergleiche, führen oft zu Metaphern	Er schwamm wie ein lahmer Frosch. Sie lachte wie eine ungeölte Tür.

Wir sehen uns zwei Sachtexte an, in denen wir nur die steuernden Funktionswörter hervorheben, zu denen wir allerdings noch adverbiale Angaben zählen, um die logisch -zeitliche Struktur deutlich zu machen:

> "Die Wahl zum Bundestag hat *wieder einmal* die ganze Problematik einer Partei-Demokratie aufgedeckt. Das Volk, das als ganzes *sehr wohl* die Aufgaben kennt, auf die es *jetzt* ankommt, ist durch die spezifische Fragestellung gezwungen worden, sich eine Repräsentanz zu wählen, die für seine Wünsche *nur teilweise* repräsentativ ist. *Denn* die Alternative: Planwirtschaft oder Freihandel, auf die sich die beiden stärksten Parteien festgelegt haben, ist ja *keineswegs* die für jeden Wähler im Hinblick auf alle Probleme und für die Dauer von vier Jahren entscheidende Frage." (Dönhoff, 1948. Zitiert nach Weinrich, 1993)

Die zentralen Inhalte und Wertungen des Textes tauchen in den kursiv gedruckten Wörtern nicht auf, aber die logische Kohärenz wird überschaubar, was jeder mit einem Blick erkennt. Wir probieren dasselbe Verfahren bei einem strenger wissenschaftlichen Text, den wir schon kennen:

> "Es wird oft beobachtet, *daß* die mit einem Thiaminmangel verknüpften Symptome sich *vor allem* auf das Nervensystem beziehen. Polyneuritis entwickelt sich *bereits* in den Frühstadien des Thiaminmangels. *Dabei* sind bei den verschiedenen Versuchstieren wie Affen, Ratten, Mäusen und Tauben die Symptome, die aus den pathophysiologischen Veränderungen des zentralen und des peripheren Nervensystems resultieren, einander sehr ähnlich." (Friedrich, 1986)

Wenn man nur einmal diese Bindestellen anschaut, bekommt man bereits Hinweise auf die innere Argumentationsstruktur der zentralen Textwörter: Die Symptome des *Thiaminmangels* sind mit folgenden Funktionswörtern eingebunden:

- vor allem (Nervensystem),
- bereits (ein Frühstadium),
- dabei (verschiedene Versuchstiere mit Symptomen),

Natürlich versteht niemand eine Darstellung lediglich mit diesen kleinen Geschwistern der Hauptwortarten, aber sie geben dem Text ein gewisses logisches Gerüst, das der geschärfte Blick erfassen kann.

Pronomen

Für Kinder ist die pronominale Verkettung eines Textes schwierig, weil sie offenkundig zu schnell vergessen, auf wen sich das kleine Wort bezieht oder auch, weil sie diese drei Buchstaben nicht als so sinntragend empfinden und sie überlesen. Die Pronomen stehen auch unter der Obhut der sprachlichen Detailwahrnehmung oder des fokussierten Blicks. Zentral in dieser Kategorie sind die Personal- und die Possessivpronomen, eventuell noch die determinativen. Wir zeigen an einem Erzählausschnitt, den wir bereits in der Einleitung (S.7) benutzt haben, wie sehr diese Wörter einen Text durchziehen:

> "Nach den Weihnachtsferien brachte *ich* Sindbad nach Zürich, wo *ihn* Laurence nach Österreich mitnahm. Die Trennung von *meinem* Jungen war wieder sehr schmerzlich, und auch bei *meiner* Ankunft in Victoria Station mußte *ich* immer an Sindbad denken und gab im stillen John [dem Vater] die Schuld an all den Schmerzen, die *mir* die jahrelange Trennung von *meinem* Sohn bereitet hatte. *Ich* vergaß mich und schwor einen schrecklichen Eid, *ich* wollte John nicht mehr sehen. *Ich* ahnte ja nicht, daß *sein* Tod unmittelbar bevorstand."

Fraglos ist dieser Text pronominal sehr klar, weil die "Fürwörter" immer nah an den Bezugswörtern stehen, entweder auf deren rechten Seite (brachte ich *Sindbad* nach Zürich, wo *ihn* ...), oder noch näher am Bezugswort, nämlich direkt davor *(meinem Jungen, meiner Ankunft*).

7.4 Wortschatz

"Der deutsche Wortschatz nach Sachgruppen" - so lautet der Titel eines berühmten Synonymenwörterbuchs von Franz Dornseiff - wurde erstmals 1933 veröffentlicht, also kurz nach Triers Einführung des Begriffs "Wortfeld". Die Funde vieler Neuropsychologen haben die Speicherung nach Themengruppen bestätigt, es sei noch einmal auf die Arbeiten der Damasios verwiesen, die im Kapitel über die Emotionen aufgeführt wurden..

Wie können wir die Neigung der Sprachgemeinschaft, nuancierte Wortfelder aufzubauen, für die Förderung des Verstehens benutzen? Die einfachste Form wäre es, sich mit den Wortfeldern der eigenen Sprache oder bestimmter Themen zu beschäftigen. Wie sagt schon Dornseiff auf seine Wortfelder bezogen: Die Sammlungen "kalt" [...] und "naß" [...] wirken kühlend [...], wenn es zu heiß ist. Die Lektüre von 2.27 [Speise, Gerichte] hilft gegen Appetitlosigkeit." (S. 10)

Wir folgen Dornseiffs Rat und sehen uns zur Abkühlung das entsprechende Wortfeld an, v.a. interessiert uns, welche Formen der Darstellung es für ein Feld gibt. Die erste bewußte Begegnung mit einem Thema wird in der Linguistik Prototyp gennant. Man kann diese Bezeichnung gleichfalls für die Wortebene benutzen. In diesem Sinne baut Peter Kühn mit seinem Buch "Mein Schulwörterbuch" (1994) lexikalische Prototypen zusammen:

> "**kühl**
> Ein **kühler** Abend ist nicht warm, aber auch nicht kalt. Er ist aber mehr kalt als warm.

kalt
Kaltes Wasser hat eine niedrige Temperatur.
Kalte Speisen heißen im Lokal die Speisen, die nicht warm zubereitet werden.
Kalte Zimmer sind nicht geheizt.
Kaltes Essen ist nicht mehr warm."

Besonders apart ist hier die Unterscheidung zwischen kalten Speisen und kaltem Essen. Ansonsten versucht Kühn eine prototypische Definition einfacher Art. Ein Synonymenwörterbuch wie das von Dornseiff kennt natürlich eine größere Fülle von Einträgen. Wir nehmen nur die Adjektive aus dem Feld der Kälte:

"arktisch, bereift, eisig, frisch, frostig, kalt, kühl, polar, sibirisch, starr, unaufgetaut, vereist, winterlich, unter Null, eisgekühlt // bitter kalt, eiskalt, grimmig kalt, .hundekalt, naßkalt, schneidend kalt, saukalt, lausig kalt."

Nuancen des Gebrauchs, die ja in einer bloßen Wortsammlung nicht ausdrücklich vorgeführt werden, zeigen die Felder, die mit Beispielssätzen arbeiten. So geht das Synonymen-Wörterbuch von Duden vor und so auch der "Language Activator" aus dem Longman Verlag (1993), dessen Aufbau ich vereinfacht und übersetzt vorstelle:

"KALT
1. Wörter, die einen Gegenstand, eine Flüssigkeit, eine Oberfläche beschreiben, die kalt ist.
kalt: eine niedrige Temperatur
Ich wusch mein Gesicht in kaltem Wasser.
Da es keine Betten gab, mußten wir auf dem kalten Steinboden schlafen.
Das Auto sprang nicht an, da der Motor kalt war.
Er nahm ihre Hand, sie fühlte sich eiskalt an.
kühl: angenehm kühl, aber nicht sehr kalt
Wir gingen mit den Füßen in den Bergbach. Das Wasser war kühl und erfrischend.
Ich schlüpfte ins Bett zwischen die kühlen weißen Laken.
2. Wörter, um einen kalten Ort, Raum oder ein kaltes Gebäude zu beschreiben, u.a. zugig:
Wir hatten Unterricht in einem zugigen Klassenraum des alten Schulgebäudes.
3. Wörter für kaltes Wetter, u.a. frostig:
Es war ein frostiger Herbstmorgen, und die Spinnennetze glitzerten zwischen den bereiften Grashalmen."

In dieser Feingliederung, jeweils mit Beispielssätzen versehen, gibt es insgesamt neun Teilkapitel, die eine ruhige Lektüre brauchen, damit man die Nuancen einer Sprache aufnehmen kann. Es fällt ins Auge, daß dieses Wörterbuch den Transfer des Wortes "kalt" ins Atmosphärische und Kommunikative nicht vorführt. Dazu greifen wir zu mehrbändigen Wörterbüchern oder zu einem Zitatenlexikon. Beginnen wir mit dem achtbändigen Duden:

> "**2.a)** *vom Gefühl unbeeinflußt; nüchtern:* mit [kalt]er Berechnung; Niemals sieht man so klar und k[alt] wie in einer Stunde, in der man vor sich den schwarzen Abgrund fühlt (Roth, Beichte 88); **b)** *abweisend, unfreundlich; ohne jedes Mitgefühl* [...] **3**. *ein eisiges Gefühl, Schauder erregend* [...]"

Ursula Eichelbergers "Zitatenlexikon" (1986) schließlich findet noch deutlicher zusammenhängende Stellen:

> ""Der kalte Mensch, dem nie ein Gefühl die Brust erwärmte, der nie empfand, wie süß eine Träne, wie süß ein Händedruck ist, der stumpf bei dem Schmerze, stumpf bei der Freude ist, er ist nicht glücklich ..." Kleist (in einem Brief an Karoline von Schlieben 1801)
> "Wie albern sieht ein Mann bloß aus, wenn er steif und kühl die zärtlichsten Schmeicheleien einer hübschen Frau hinnimmt." Mérimée
> "Alles übrige, alle Verbrechen könnten wir hinnehmen; aber diese Kälte des Herzens ist das Schlimmste ..." [Romain] Roland: Vorboten."

Kontextfelder

Wir sind jetzt dem Wortfeld von seiner einfachsten Form bis zu angewandten Beispielen der Schriftsteller gefolgt, nun müßte uns der Übersprung in die bebilderten Wörterbücher gelingen. Dieser Satz bleibt leider im Irrealis, weil die illustrierten Sprachbücher ausschließlich technische Interessen haben und für unser Wortfeld lediglich den *Kühlschrank* mit seinem Obstfach, der Griffleiste und den Regalböden aufführen (Corbeil & Archambault, 1992). Es fehlt leider völlig die Kategorienbildung jenseits der konkreten Erscheinungen.

Im gesamten sprachwissenschaftlichen und philosophischen Bereich ist es klar, daß wir nicht bei Wortfeldern mit gleichrangigen Eintragungen stehenbleiben können. "Kälte" gehört in übergeordnete Felder wie z.B. zur Temperatur, zum physikalischen Wärme- und Kältefluß und auch zur seelischen Kühle. Erst wenn wir übergeordnete Kategorien bilden können, sind wir in der Lage, größere Schemata aufzubauen und Zusammenhänge zu durchschauen.

Man kann nicht behaupten, daß die Gehirnforschung in diesen Höhen der Konzeptbildung eigenständig fundierte Blickweisen zu bieten hat, sie profitiert von den Modellen aus den Nachbarwissenschaften und stützt deren Plausibilität. Die verbindenden Gedanken beruhen im wesentlichen auf den Konstruktionen von Netzwerken. Auch das Bild eines Netzes ist zunächst nur in einer Ebene zu sehen, gleichwohl impliziert es die Möglichkeit einer Linienführung zu höher angesiedelten Zentralnetzen. Die linguistische Sichtweise bewährt sich, da die Übersicht der Abstrakta viele konkrete Wörter zusammenfaßt, dabei aber lediglich Teilaspekte aufnimmt und Details verliert.

Wenn wir das Konzept dieses Buches anwenden, so müßten wir die Kategorienbildung, die über die konkrete sprachliche Ebene hinausgeht, mit den Zugangsweisen des bildlichen, akustischen und emotionalen Lernens verbinden. Die Sprachwissenschaft hat dafür den Terminus *"Kontextfeld"* gefunden (Otto Duchácek.). Wir deuten einige Eingliederungen für das Thema der Kälte an und bleiben zunächst bei der Übertragung ins Seelische und Kommunikative.

In der eigenen Sprache ist die Übung, stilistische Muster vorzulesen, selten nötig, in der fremden schärft sie das Ohr. Trotzdem fügen wir einige Beispiele zum Lesen ein, diesmal aus dem Wörterbuch von Klappenbach/Steinitz (1980 ff.):

"Mit k[altem] Lächeln reichte sie uns die Hand;
Alles, wovon man hier umgeben war, konnte man als kalte Pracht bezeichnen (G. Hauptmann)
Er ist ein kalter Fanatiker
Das kalte Herz (Wilhelm Hauff)"

Um physikalische Vorgänge ins Bild zu bringen, zitieren wir einige Passagen aus dem erwähnten "Language Activator" (1993):

- Wir gingen mit den Füßen in den Bergbach. Das Wasser war kühl und erfrischend.
- Ich schlüpfte ins Bett zwischen die kühlen weißen Laken.
- Da es keine Betten gab, mußten wir auf dem kalten Steinboden schlafen.

Die ersten beiden Exempel führen uns angenehme Kühlung vor, das dritte Beispiel unangenehme. Wie hängt denn menschliches Empfinden mit den Temperaturen der Materialien zusammen? Wieso empfinden wir die Matratze im selben Haus wärmer als den Steinboden, auf dem unsere armen Schläfer liegen mußten? Das Konzept, das hier übers Konkrete hinausgeht, ist die Leitfähigkeit. Für das Verständnis der Elektrizität ist ja essentiell, daß die Beweglichkeit der Elektronen in einem Material dafür verantwortlich ist, wie stark Strom "durchgeleitet" werden kann. Dasselbe gilt für Wärme generell. Metalle haben wegen ihrer Elektronenbeweglichkeit eine hohe Leitfähigkeit für beides. Granit leitet nur ein Hundertstel dessen, was Aluminium schafft und Seide etwa ein Hundertsel des Granits. Wenn wir uns nackt auf Aluminum legen, nimmt dieser Stoff die Wärme, die wir produzieren, bereitwilligst auf, Granit zögerlicher und Seide noch viel weniger. Das ist einer der Gründe, warum wir uns nicht auf Metall oder Stein zur Ruhe legen (abgesehen von der Härte).

Was die Kleidung anlangt, so ist das Problem ähnlich, wenn auch nicht gleich: Die Kleidung muß die Abstrahlung unserer Körperwärme in ein kälteres Medium verhindern - dabei verlangt Luft einen schwächeren Abstrahlschutz als das gleich kalte Wasser von 20° Celsius. In der Luft reicht ein Hemd, im Wasser wird es damit bald sehr frisch. Auch hier leitet Wasser unsere kostbare Körperwärme wesentlich leichter als Luft von uns weg.

Warum ziehen wir uns dann nicht mit Luft an, sondern mit der leitfähigeren Seide? Hatten die Luftschneider in Andersens Märchen doch recht? Nein, denn die Zusatzinformation lautet: Luft verhindert die kleinen Wärmewirbel von unserer 37°-Haut in die ca. 20°-Luft nicht; Wärme versucht ja immer ins kältere Medium zu gehen, und Luft ist nur für die Isolierung in völlig ruhigen Situationen wie zwischen zwei Scheiben gut. Seide oder noch dickere Stoffe verengen bei uns, die wir uns bewegen, den Raum für diese Abstrahlung, und darauf kommt es an.

Das hier vorgestellte Modell erweitert die Wort- und Themenfelder in größere Zusammenhänge, wobei es vorkommt, daß ein Lernender "aha, so ist das!" ausruft oder denkt. Diesem fruchtbaren Moment hat Karl Bühler (1920) einen Namen gegeben, indem er schrieb: "Unsere Sprache hat die Interjektion "aha" eigens für die Kundgabe solcher Erlebnisse geschaffen." In Analogie zu einem Vorschlag von Jürgen Hüholdt (1995, S. 310f.) können wir unser Themenfeld "Kälte" in einem Schema festhalten:

1. Einzelne Wörter und ihre Nachbarn imWörterbuch.	2. Sätze als Exempel für den Gebrauch der Bezeichnungen.	3. Übertragene Bedeutungen für seelische Vorgänge.	4. Die Einordnung des Themas in sachliche Kontexte.	5. Wissenschaftliches Grundwissen aus der Physik.

7.5 Einschätzung der Wortschatzebene

Gehen wir noch einen Schritt weiter und fragen wir uns, wie denn Bücher aussehen sollten, wenn sie uns vom Wortfeld in eine thematische Begrifflichkeit führen. Wir hatten ja im Einleitungskapitel davon gesprochen, daß den richtigen Einstieg in ein Thema zu finden zum Handwerkszeug des bewußten Lesens gehört..

Konkrete Wörter

Zunächst sollten wir unseren Blick in einem Text auf konkrete Wörter richten. Der Vorteil der Konkreta, die uns etwas Wahrnehmbares vorführen, ist, daß sie uns mehrere Aspekte anbieten. Konzentrieren Sie sich einen Augenblick auf folgende Wörter: *Linde, Hürdenläufer, Parfümflasche, Nudeln mit Käsesoße, Kirchenglocken.* Bei jedem von ihnen werden wir etwas wahrnehmen: sei es riechen, sehen, schmecken oder hören, und wir werden die dazugehörigen Assoziationen spüren: Frühling und Liebe, Leistung und Eleganz, Italien und Urlaub, Gottesdienst oder morgendliche Störung, je nach unseren Erfahrungen.

Gehen wir zu unserem ersten Text aus dem Emotionskapitel über das Vitamin B, dort finden wir ziemlich schnell ein konkretes Wort, das *Huhn.* Nehmen wir dieses Federvieh und sehen wir, was wir möglicherweise gespeichert haben:

- sein Aussehen, seinen Umriß,
- wie man es berühren kann, das Gefühl, Federn anzufassen, die glatt und warm sind.
- seine gebeugte Bewegungen, z.B. beim Picken,

- den Geruch eines Hühnerstalles,
- das Gackern auf dem Hühnerhof,
- seine Haupttätigkeit, Eier zu legen,
- übertragene Bedeutungen wie: *ein dummes Huhn, ein Hühnchen rupfen,*
- eventuelle persönliche Erinnerungen an freilaufende Hühner,
- oder das Wissen des Erwachsenen über Hühnerzucht,
- das Wortbild,
- Synonyme wie *Federvieh, Henne.*

Diese Vielfalt haben wir halbbewußt immer präsent, und wir brauchen sie, um schnell alle möglichen Bedeutungen des Wortes (und seines Satzes) zu erfassen, wie z.B. den Hinweis: *Das Gefieder legte sich wieder glatt* oder *Ein blindes Huhn findet auch ein Korn.*

Noch interessanter sind Konkreta, wenn sie Menschen bezeichnen, also z. B. den Vitaminforscher *Dr. Eijkman.* Dann werden nicht mehr die Berührung und der Geruch eine so große Rolle spielen als vielmehr die emotionalen Aspekte: die Ziele eines Menschen, seine offenen und seine verborgenen Absichten, seine Erfolge und seine Mißerfolge und Niederlagen, kurz alle Elemente für eine gewisse Identifikation.

Wir können davon ausgehen, daß Leser immer wieder versuchen, konkrete Wörter in einem Text mit den möglichen sinnlichen Komponenten aufzuladen, um dadurch das Geschriebene für sich wahrnehmbar zu machen. Für das Textverständnis können wir daraus schließen: Je mehr konkrete Merkmale ein Text aktiviert, desto leichter verstehen wir ihn. Die Nachteile eines konkreten Wortschatzes haben wir auch an unserem ersten Text gesehen: Er hat eine geringere Dichte und bringt weniger Informationen, die eventuell in einer Wissensliste zu notieren wären.

Basiswörter

Es ist nicht immer möglich, daß ein Text alle seine Aussagen mit konkreten Wörtern darstellt. Die zweite Ebene leichteren Verstehens wird von den sogenannten Basiswörtern hergestellt, denjenigen Wörtern, die wir bei einem Wissensgebiet als erste kennenlernen und die üblicherweise zum Alltagsgebrauch gehören. Für das Vitamin-Thema, zu dem ich die Textvarianten ausgesucht hatte, sind das etwa folgende Bezeichnungen: *Vitamine, Nerven, Stoffwechsel.* Ein anderes Beispiel zum Thema *Geld* wäre *Bank, Konto, Münzen, Geldscheine, Wechselkurs* usw.

Ein gewisses Problem besteht darin, daß wir glauben, wir wüßten ungefähr, was diese Basiswörter bedeuten. Öfters kennen wir aber ihre inneren Zusammenhänge gar nicht. Was tun die *Nerven* mit den *Muskeln*? Oder, wie bewirken die *Vitamine* eigentlich prinzipiell ihre guten Taten in unserem *Körper,* genauer gesagt im *Stoffwechsel?* Gleicherweise beim Thema *Geld:* Welches Interesse hat die *Bank* an bestimmten *Konten,* wie kommen *Wechselkurse* zustande? Das heißt, wir müßten für ein tieferes

Verstehen hinter die Oberfläche der Bezeichnungen schauen und ihre inneren Zusammenhänge kennenlernen.

Abstrakta

Viele informative Texte gehen nicht einmal auf die Basiswörter zurück, sie benutzen sofort einen spezielleren Wortschatz. Vor allem die abstrakten Begriffe sperren sich gegenüber den sinnlichen Wahrnehmungen - so werden sie übrigens auch definiert: "Nicht wahrnehmbar in Raum und Zeit" (John Lyons, 1983). Da in den Beispielstexten echte Abstrakta kaum vorkommen, benutze ich andere *z.B. Demut, Konsens, Wirtschaftlichkeit, Toleranz.* Diese abstrakten Eintragungen in unserem inneren Lexikon werden in anderen Bereichen gespeichert als die konkreten Wörter, die ja immer Bezüge zur Wahrnehmung haben, wie bei *Huhn* gezeigt und wie bei anderen Beispielen leicht vorstellbar.

Nun ist es aber für das Verstehen zentral, daß der Leser die Abstrakta mit Wissen und Vorstellungen aufladen, ja richtig anreichern kann. Und diese Fähigkeit kommt aus dem Umgang mit dem Wort in seinen Bedeutungen und seinen Zusammenhängen. Auf diese Weise entstehen für den Kenner auch sinnliche Wahrnehmungen bei abstrakten Wörter. Allerdings geraten adurch auch Unschärfen in Diskussionen hinein, weil der eine seine Konzepte mit anderen Konkretionen aufgeladen hat als der andere Gesprächspartner. Ich demonstriere die möglichen Füllungen an zwei Exempeln:

Demut:

- wahrnehmbar in der Gestalt eines bescheidenen Mönches,
- hörbar in einer sanften Stimme,
- emotional verbunden mit dem Fehlen von Aggressivität,
- gedanklich verbunden mit dem Ideal des Franziskus von Assisi oder mit Nietzsches Kritik vom gefährlichen Sklavenideal des Christentums.

Wirtschaftlichkeit:

- sichtbar auf positiven Konto-Auszügen und dem freundlichen Gesicht des Chefs,
- fühlbar in einem guten, aktivierenden Betriebsklima,
- hörbar in lebhaften Stimmen der Mitarbeiter,
- spürbar an einer neuen Maschine,
- gedanklich verknüpft mit der Rentabilität, den Kosten und dem Konzept des Controlling.

Um es zu wiederholen: Abstrakta sind dann sinnvoll, wenn sie der Leser selbständig mit Erfahrung aufladen kann, sei es daß er im Text Material dafür bekommt, sei es daß ein Buch deutlich macht, welche Art von Vorbildung es voraussetzt.

Fachwörter

Noch einen höheren Schwierigkeitsgrad können die Fachwörter besitzen, sie müssen aber gar nicht besonders schwierig sein. Ihre Eigenart ist, daß sie einen speziellen Punkt sehr genau und eindeutig treffen. Daraus entsteht ihr Vorteil wie ihr Nachteil. Der Vorteil: Sie sind meist eindeutig, sie bieten sich für den Kenner als die wichtigen Signale in einem Text an, sie sind in Fremdsprachen leicht zu lernen, denn sie enthalten nur geringe Unschärfen. Ihr Nachteil: Sie bezeichnen oft sehr spezielle Sachverhalte, und der Leser braucht dazu noch den Kontext, in dem sie stehen, die quasi mikroskopischen Detail-Funktionen, die sie kennzeichnen.

Bleiben wir in dem biologischen Bereich, den wir mit dem Stichwort *Vitamine* geöffnet haben. Wir finden in der Fachliteratur den Hinweis darauf, daß z.B. das *Vitamin B_1* das *Aktionspotential der Nervenfaser* stärkt, bzw. daß seine *Antagonisten* das *Aktionspotential* der Nerven blockieren. Im weiteren (nicht abgedruckten) Text wird noch von den *Synapsen* gesprochen, also den Schaltstellen zwischen den Nerven.

Wir bekommen hier eine ziemlich genaue Erklärung dafür, warum Menschen mit Thiamin-Mangel Probleme mit ihren Beinen, mit ihrer Hautsensibilität und mit der Konzentration bekommen, weil nämlich die normalen Reizübertragungen in den Armen und Beinen und auch im Zentralnervensystem behindert sind.

Anwendung

Angenommen, Sie wollten sich ausgiebiger über die Gehirnforschung informieren, und Sie finden in einem gut assortierten Buchladen vier ansprechende Bücher, schlagen sie auf und lesen mehr oder weniger zufällig je einen Absatzanfang - wie ist der Wortschatz einzuordnen, und was kann man daraus auf die Eigenart des Buches schließen? Die Buchhändlerin hat Ihnen ihre Schätze nach dem Alphabet der Autoren vorgelegt:

William H. Calvin: Die Symphonie des Denkens (1993)

> "Unser Gehirn ist tyrannisch, wenn es um die Auseinandersetzung mit der Realität geht, und so kann es vorkommen, daß wir die Dinge nicht so sehen, wie sie wirklich sind, daß wir Kategorien erfinden, die in der Natur nicht existieren, daß wir Dinge, die wirklich da sind, nicht sehen. Eine romantische Verklärung der Dinge ist noch das geringste Problem.
> Es geht nicht so sehr darum, daß wir nur bestimmte Wellenlängen des Lichts sehen, nur einen begrenzten Bereich von Frequenzen hören, daß wir einen Geruchssinn haben, der im Vergleich zu den meisten Säugetieren dürftig ist. Es geht darum, daß Informationen, die von den Sinnesrezeptoren aufgenommen wurden,

möglicherweise in ein Prokrustesbett gezwungen werden, das von unseren Erwartungen geschaffen wurde. [...] Wenn die Information probabilistischer Natur ist, machen wir daraus eine eindeutige." (S.119)

Gerald M. Edelman: Unser Gehirn - ein dynamisches System (1987/1993)

"Globalkartierungen: Es ist angebracht, von vornherein auf eine fundamentale Asymmetrie hinzuweisen, die in den sensorischen und motorischen Karten steckt. Operational betrachtet, entsteht eine sensorische Karte dadurch, daß die Reaktionen von Neuronen auf Input aufgezeichnet werden. Eine motorische Karte entsteht durch Reizung von Neuronen direkt im Kortex oder im Colliculus oder in anderen Regionen, die Impulse zu motorischen Ensembles schicken, bzw. durch Ableitung solcher Neurone während ihrer Aktivierung. Die beiden Kartierungen definieren somatotropische Ordnungen, wenn auch durch völlig unterschiedliche Verfahren." (S. 336)

George Johnson: In den Palästen der Erinnerung (1991)

"Nass hatte einen erst kürzlich erschienenen Aufsatz des jungen Neurophysiologen James Anderson ausgegraben, der zu den wenigen Getreuen zählte, die sich immer noch mit Nervennetzwerken beschäftigen. 1969 und 1970 hatte er Aufsätze veröffentlicht, in denen er zeigte, daß ein aus künstlichen Neuronen bestehendes Netzwerk wie ein Gedächtnis funktioniert und dabei die gleichen Stärken und Schwächen wie das menschliche Gehirn aufweisen konnte. Nass war derart beeindruckt, daß er nach New York fuhr-wo Anderson als Assistent an der Rockefeller- Universität arbeitete -, um zusätzliche Informationen zu bekommen." (S. 224)

Erhard Oeser und Franz Seitelberger: Gehirn, Bewußtsein und Erkenntnis (1988)

"Motorik: In den letzten Abschnitten dieser Darlegung ergaben sich wiederholte Hinweise auf das Handeln als Richtung und Zweck der Hirntätigkeit. Denken, als deren höchste Form, kann als Ersatz- oder Probehandeln oder als "stummes Sprechen" charakterisiert werden Handeln geschieht durch Bewegung. Bewegung meint raumzeitliche Veränderung realer Objekte in der Raumzeit oder imaginärer Objekte im Repräsentationsraum. Im Verhalten der höheren Lebewesen zur Umwelt sind muskuläre Bewegungen (Motorik) die wichtigste Form der Informationsabgabe."(S. 105)

Wir versuchen eine typisierende Einteilung und finden:

- Calvin: **Basiswörter**: *Realität, Dinge, Natur,* -
Edelman: **Fachwörter**: *Globalkartierung, sensorische und motorische Karten,*

Neuronen, Colliculus, motorische Ensembles,
- Johnson: **Konkretum**: *Der Neuophysiologe John Anderson*. Benutztes Fachwort: *Netzwerk* (vorher im Buch umschrieben),
- Oeser und Seitelberger: **Abstrakta**: *das Handeln, Richtung und Zweck, Denken, raumzeitliche Veränderung*. Der Text gibt allerdings immer wieder knappes Material für die Definitionen. Die raumzeitliche Veränderung wird mit der Bewegung von Lebewesen erläutert, die ihnen Informationen verschaffen. Auf diese Weise kann sich der Leser vorstellen, wie etwa seine körperliche Lage Daten für sein Handeln übermittelt, und er kann assoziieren, daß z.B. ein kräftiges Gehen eher klare Entscheidungen begünstigt als faules Lagern auf dem Sofa.

Jeder sieht, auf welcher Ebene die Autoren jeweils einsteigen. Wichtig ist dabei, daß es sich immer nur um die Dominanz einer Wortschatzebene handelt, selten kann ein Autor mit dem Material eines Wortschatztyps auskommen. Aber mit dem Blick auf die Lexik kann der Leser gezielter die Darstellungsdichte aussuchen, die ihm bei einem Thema angemessen erscheint. Als weitere Kategorie für verständliche Texte kommt die Anforderung hinzu, daß der Text seine Schlüsselwörter, auf welcher Ebene sie sich auch befinden mögen, in der Darstellung selbst entwickelt und erläutert. Ein Gebiet, in dem eine Suche nach solchen Texten besonders schwierig ist, sei im folgenden Kapitel beschrieben. Vielleicht springen doch einige Übersetzungsmöglichkeiten für die stockenden Leser dabei heraus.

7.6 Die Sprache der Mathematik im Licht der Neuropsychologie

Hoch verdichtete Fachsprache

Nehmen wir zwei beliebige Mathematik-Lehrbücher, die einen Text mit mehreren Begriffen, z.B. Im Bereich der Fakultät n!, vorstellen:

1.) "Das Produkt der ersten n natürlichen Zahlen heißt Fakultät; das Zeichen ist ! und wird gelesen: ´n Fakultät`."
(Hans-Karl Eder, 1996)
2.) "Für positive ganze Zahlen n nennt man das Produkt der ersten n Zahlen ´n-Fakultät` und schreibt $n! = 1 \times 2 \times 3 \ldots (n-1) \times n$
Für n = 0 definiert man = 0! = 1.
Beispiel $1! = 1 = 1$
$2! = 1 \times 2 = 2$
$3! = 1 \times 2 \times 3 = 6$

Für große Zahlen kann $n! \sim n^n$ gesetzt werden."
(Meyers Großer Rechenduden, 1964)

Welche Schicht unserer Wortschatzebenen wird hier angesprochen? Keine Konkreta und keine geläufigen Wörter, auch keine zusammenfassenden Abstrakta, die der berühmte Mann auf der Straße noch irgendwie verstehen würde - es bleibt nur die Fachsprache. Schon die Ballung mehrerer spezieller Termini, und zwar in einem Hilfsbuch für Schüler (1.) oder in einem Handbuch für "Benutzer aller Bildungs- grade" (2.), erinnert an die Lektüre einer medizinischen Dissertation - oder um in unserem Kanon zu bleiben - an die wissenschaftliche Verdichtung zum Thema Thiamin. Der Vorteil der biologischen Texte ist aber, daß man Begriffe in einem Lexikon nachschlagen und dann mit Bedeutung aufladen kann. Das ist im Land der Mathematiker nicht so leicht möglich, sie verlassen sich auf ihre Fachtermini, meistens ohne die Möglichkeit zur Aufladung zu geben - man kann dies nicht mehr als Sprache, die nur auf einem Bein steht, bezeichnen, sie steht, um im Bild zu bleiben, auf einem Zeh.

Und weitere Verdichtungen erschweren das Verstehen zusätzlich. Mathematiker suchen, so schreibt Morris Kline (1974), präzise Begriffe und nicht deutliche Begriffe, was das sinnvollere Ziel wäre. Symbole wie bilden weitere Handikaps für Leser. Die Kritik an dieser Belastung des Verstehens kommt von berufener Seite, u.a. von Richard Feynman, Nobelpreisträger für Physik 1965. Er schreibt: "Einige Lehrbücher beschäftigen sich längere Zeit mit der Definition einer geschlossenen Kurve, offenen Kurve, geschlossenen Gebieten, offenen Gebieten und so weiter ... und dennoch bringen sie lediglich die geometrische Tatsache, daß eine gerade Linie, auf eine Fläche gezeichnet, diese Fläche in zwei Teile aufteilt. Man fragt sich am Schluß einiger dieser Geometrie-Lehrbücher, was für ein Wissen nach einer derartig langen Abhandlung und einer beträchtlichen Lernbemühung eigentlich erworben worden ist. Ich habe den Eindruck, daß oftmals die Gesamtzahl an gelernten Fakten ziemlich klein, aber die Gesamtzahl der Worte sehr groß ist. Dies ist unbefriedigend." (Richard P. Feynman, zitiert nach Kline, 1974)

In unserer Terminologie gesprochen, mahnt Feynman mathematische Sprache auf der Ebene der Basiswörter an, indem er als Lernziel vorschlägt: *"daß eine gerade Linie, auf eine Fläche gezeichnet, diese Fläche in zwei Teile aufteilt."* Er kritisiert aber nicht nur, daß die Fachsprachlichkeit an sich problematisch ist, sondern auch, daß sie gehäuft vorkommt

Versuche, die Verdichtung aufzulösen

Weiter als Feynman geht Hans Magnus Enzensberger (1997), der versucht, mathematische Vorgänge im Konkreten erfahrbar zu machen und dabei auch eigene Übersetzungen der Termini erfindet. Für die Rechnung mit der Fakultät baut er eine Geschichte auf, in der sich die ersten vier Jungen und Mädchen einer Klasse, die im neuen Schuljahr das Klassenzimmer betreten, überlegen, wieviele Sitzordnungen alleine bei ihnen möglich wären. Sie kombinieren: Einer, *Albert*, sitzt nur allein. Wenn

Bettina hinzukommt, gibt es zwei Varianten: *Albert / Bettina* oder *Bettina / Albert*. Als nun *Charlie* den Raum betritt, wird es kompliziert, denn Bettina weigert sich gleich, die einfache Folge *Albert / Bettina / Charlie* zu akzeptieren. Kurz, die Kinder probieren alle Varianten und kommen auf deren sechs:

CBA
BCA
BAC
ABC
CAB
ACB

Auch als Doris die Tür öffnet, benutzen sie immer noch die Kürzel für ihre Vornamen und gelangen bei ABCD auf 24 Sitzpläne. Nun hilft ihnen aber der Lehrer, weil sie die Reihe 1 / 2 / 6 / 24 nicht durchschauen. Er fordert sie auf: "Probiert`s mal mit dem Multiplizieren"

Tabelle 7.3 Hans Magnus Enzensberger (1997): Fakultäten, genannt "Wumm"

Schüler	Möglichkeiten
1	1
2	1 x 2 = 2
3	1 x 2 x 3 = 6
4	1 x 2 x 3 x 4 = 24

Wenn es nun immer mehr werden, die an dem Spiel teilnehmen, dann wird es lästig, das so hinzuschreiben. Das kann man auch kürzer haben. Man schreibt die Zahl der Teilnehmer hin und macht ein Ausrufezeichen dahinter: 4! = 24. Ausgesprochen wird das so: "Vier wumm!"

Andere Enzensberger´sche Neuwörter sind: "Eingebildete Zahlen, Platztauschen, Hopsen oder Besenkommando". Sie stehen für "imaginäre Zahlen, Permutation, Quadrieren und Kombination zur nten Klasse." Sein Experiment geht dahin, nicht nur konkrete Geschichten zu erfinden, sondern auch konkrete Wörter an die Stelle der Termini zu setzen. Mir scheint das in einigen Exempeln sehr gut gelungen, bei anderen wie "wumm" nicht so sehr. Denn die Übersetzung von Fakultät mit dem Hinweis, wieviele Möglichkeiten der Kombination es bei einer bestimmten Anzahl von Leuten, Streichhölzern oder Lottozahlen gibt, trägt ja etymologischen Sinn in sich. Trotzdem ist sein Buch ein weiterer Fingerzeig dafür, daß in der mathematischen Sprache der Aufbau von unten fehlt, also vom Konkreten zum Basiswortschatz und zu allgemeinen Abstrakta.

Nun hat die Didaktik der Mathematik entgegen Volkes Meinung und vieler Schüler Erfahrung seit etwa zwei Jahrzehnten einen klaren Zweig, der sich anwendungs- orientierter Mathematikunterricht nennt (z.B. Gerhard Becker et al., 1979). Dort man kann lernen, eine Landschaft zu vermessen, Wahlstatistik zu betreiben, komplizierte Kalender zu entwerfen, Eisenbahnfahrpläne zu erstellen oder einen Urlaub zu planen - allesamt spannende Themen mit Anbindung an die Praktiken im Leben und in Berufen. Die Autoren gehen dabei von konkreten Geschichten aus, benutzen Basiswörter wie Fahrpreise, Urlaub, Flughafen und die Suche nach der kürzesten Route. Im nächsten Schritt kommen sie zu Fachwörtern wie Flugkilometerpreis oder Gepäcklimit. Es sieht so aus, als ob sie damit das Problem der mathematischen Unverständlichkeit gelöst hätten. So weit wie berichtet sicherlich. Aber auch hier beginnt das Problem, wenn mathematische Termini eingeführt werden sollen, die ja von Autoren nicht prinzipiell vermieden oder von Lesern grundsätzlich umgangen werden können.

Beim Versuch, ein solches Beispiel zu finden, in dem die gesamte Strecke von der konkreten Geschichte zum vernünftig aufgeladenen Fachwort zu finden ist, bot sich am ehesten ein amerikanisches Lehrbuch an (was sicher kein Zufall ist): Billstein, Liebeskind und Lott: A Problem Solving Approach to Mathematics for Elementary School Teachers, 1981.

Diese Autoren beginnen gleichfalls mit konkreten Geschichten, z.B. wieviele verschiedenartige Eistüten man insgesamt schlecken könnte, wenn ein Stand Vanille-, Schokoladen- und Erdbeer-Eis anbietet. Mit einer Grafik, die die schrittweise Wahl in diesem kühlen Gebiet zeigt, führen sie in die ersten Verbindungen von Basiswörtern mit dem Problemlösen ein: Es gibt Kombinations-Schritte, -Zweige, -Ergebnisse. Ausgiebig gelöste Probleme ähnlicher Art, z.B. wie jemand seine Kleidung kombinieren kann, der sieben Hemden und sechs Hosen besitzt, bringen die Leser dann zur ersten Verdichtung in einer fachsprachlichen Formel. Hier ist der Schritt wie üblich groß, denn ein Basiswort "Ereignis" (event) wird zu einem Etikett für Zählbares. Man kann immerhin versuchen, die Formel mit den Hosen und Hemden im Hinterkopf zu rezipieren:

> "Fundamental Counting Principle. If an event *M* can occur in *m* ways and after it has occured, event *N* can occur in *n* ways, then the event *m* followed by event *n* can occur in *m* x *n* ways."

Wenn mein Hemdenbestand sieben ist und ich an den Bestand der Hosen denke, der genau sechs beträgt (und nicht über meine 23 Schlipse nachsinne), dann gibt es für Hemden und Hosen 42 Möglichkeiten sich zu begegnen. Bei den Eissorten wird es schon komplizierter zu bestimmen, was ein "event" ist. Im Grunde genommen muß man die Schrittfolge der Grafik als Szenario im Kopf haben: *Eis kommt* [im ersten Schritt] in drei Möglichkeiten *vor* [Erdbeer, Vanille, Schoko], im zweiten Schritt gibt es *Eis* nur noch in *zwei Varianten* [jeweils die zwei übrigen Sorten]. Daraus ergibt sich für die Eissorten in der Kombination die Häufigkeit 3 x 2.

Im weiteren Aufbau des Kapitels bauen die Verfasser die von Meyers Großem Rechenduden lediglich zitierte Formel in einen Zusammenhang ein. Wenn der Eisverkäufer, was ja nicht unrealistisch ist, acht Sorten hat, dann gestaltet sich die Kombination all seiner Angebote folgendermaßen:

$$8! = 8 \times 7 \times 6 \times 5 \times 4 \times 3 \times 2 \times 1$$
$$n! = n \times (n-1) \times (n-2) \times \ldots 3 \times 2 \times 1$$

Hier sieht man, in welcher Weise n als Platzhalter für die Zahlen steht, weil das Zahlenbeispiel parallel zur Formel aufgeführt wird. Im deutschen Handbuch gibt es nur die kommentarlos abgedruckte Grundformel: $n! = 1 \times 2 \times 3 \times \ldots (n-1) \times n$.

Dann allerdings begeben sich die amerikanischen Autoren auf die Ebene von Abstrakta, indem sie die Begriffe *Permutation* für alle Arten von Ordnungen und Reihenfolgen einführen und *Kombination* für die bloße Möglichkeit der Verbindung, ohne auf die Reihenfolge achten zu müssen. Sie ziehen dazu wieder ihre Geschichten heran: Für einen Eiskenner ist es ein Unterschied, ob er eine Tüte lutscht, in der Vanille auf der Schokolade sitzt oder ob er eine genießt, bei der es mit der Schokolade beginnt. Für eine Gruppe von Freunden hingegen, die sich gerade trifft, ist es wohl angemessen, daß jeder jedem die Hand gibt, aber es wird nicht gezählt, ob Amanda dem Bertram oder Bertram der Amanda die Hand reicht. Hier können wir also 8! durch 2 dividieren. Bei "Kombinationen" in dieser Definition ist immer die Teilung durch die Zahl der möglichen Arrangements oder Wahlgruppen, also hier der Zweierpaare, anzusetzen.

Es ist keine Frage, daß dieses Buch sinnvoll vorgeht und die Ebenen der Sprache berücksichtigt. Trotzdem ist nicht zu übersehen, daß die herangezogenen Geschichten in keiner Weise mit den realistischen Themen wie der Landvermessung konkurrieren können. Und v.a. bleibt auch hier der Sprung vom Konkretum zu einer alles umfassenden Formel bestehen. Es bedarf schon einer gewissen Entfernung von der Alltagssprache, um Hemden, Eissorten, Bücher auf dem Regal und geschüttelte Hände als "events" oder Vorkommnisse einzuordnen.

Eine schlankere Begrifflichkeit führt ein neueres deutsches Buch vor (Scholl & Drews, 1997), indem die beiden Autoren die erwähnte Kleiderkombination der einfachen Produktregel zuordnen (Kleider x Schuhe x Krawatten etc.) und indem sie bei den folgenden Problemen fragen, ob Wiederholungen der Wahl möglich sind (beim Eisschlecken nicht) oder ob es auf die Reihenfolge der Wahl ankommt (beim Eis sehr wohl). Mit ihren Gliederungen und ihren durchgerechneten Beispielen gehen sie einen großen Schritt zur besseren Verständlichkeit. Die Zuordnung von Vorstellung und Rechenmethoden ist auch hier nur in Andeutungen vorhanden.

Die eigene mathematische Sprache suchen

Eine Konsequenz aus den Meilen, die zwischen Fachsprache und Alltagssprache liegen, zieht eine amerikanische Arbeitsgruppe von Mathematikdidaktikern, die versucht, auch Eigenarten der Algebra in die normale Kommunikation einzubeziehen. Ein fruchtbares Hilfsmittel dafür besteht in sogenannten "link sheets", was man mit "Blätter für die Verbindung" übersetzen könnte. Darauf notieren die Schüler/innen ihre eigene sprachliche Erklärung für Fachtermini, einmal um sie sich besser merken zu können, zum anderen, um eine Verbindung zur Lehrerin herzustellen, die damit eine Hilfe zur Diagnose der Sprachabstände bekommt. Des weiteren ergänzen die Lernenden das mathematische Thema mit eigenen Beispielen aus dem Alltag, mit dem sie sich die Formelwelt in sheets" aus einer achten Klasse zitiert, in denen der Terminus "Variable" auf "schülerisch" erklärt wird:

- "Eine Variable ist eine Zahl oder ein Buchstabe, die sich verändern kann. Sie ist entweder unabhängig oder abhängig. Sie kann jeden Wert haben."
- "Eine Variable ist etwas, das sich zu verschiedenen Zeiten verändern kann."
- "Dinge, die variieren, z.B. rauf oder runter gehen wie der Benzinpreis."
- "Eine Variable ist eine Art von einer Summe, die Buchstaben hat, um Zahlen zu ersetzen. Es hat mit Algebra zu tun. Ich weiß es nicht wirklich."
- "Variable bedeutet etwas, das sich ändert und irgend etwas mit Algebra zu tun hat."

(Mal Shield & Kevan Swinson, 1996)

Nach dieser Diagnose wußten die Lehrer, daß sie ein gemeinsames Gespräch über dieses "Ding" führen mußten.

Neuropsychologische Hinweise

Wenn wir nachsehen, was die Neuropsychologen zu mathematischen Abläufen gesagt haben, finden wir die auf der nächsten Seite dargestellten Ergebnisse. Per Roland (1993) hat ausgiebige PET-Untersuchungen an Probanden vorgenommen, die von der Zahl 50 in Dreiersprüngen rückwärts zählen mußten. Bevor Sie weiterlesen, sollten Sie selber einmal diese Aufgabe ausführen und dabei gleichsam nebenbei registrieren, was in Ihrer Vorstellung abläuft. Vergleichbar ist diese Aufgabe der Konzentrationsübung von Seite 43, in der es um die Verfolgung einer Rechenkette ging, die mit den anderen Grundrechenarten etwas komplizierter umging, als Dreiersprünge es tun.. Jedenfalls handelt es sich bei diesen und ähnlichen Ansprüchen um die einfachste Form, mathematische Prozesse ohne die Beimengung sprachlicher Elemente zu verfolgen

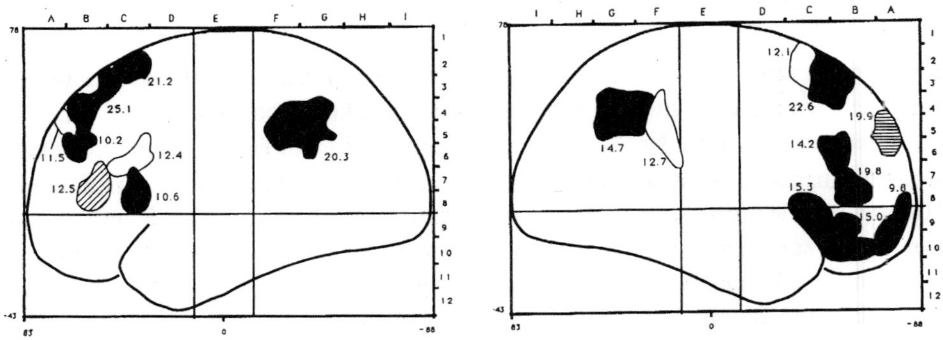

7.4 Roland (1993): Die rechte und linke Hemisphäre von elf Individuen bei der Aufgabe, von der Zahl 50 in Dreierschritten rückwärts zu zählen.

Der Autor kommt nach der Durchsicht der abgedruckten PET-Aufnahmen zu mehreren Resultaten:

- Beim Zählen war der Frontale Kortex beteiligt, denn es ging um die Konzentration.
- Auch Bereiche des Temporalen Kortex waren aktiv, die vermutlich eine Verbindung von Gesehenem mit der inneren Vorstellung zustande bringen.
- Es gibt nicht nur linkshemisphärische Aktivitäten, vielmehr fallen die verstärkten Durchblutungen in den zahlreichen Areale der rechten Hemisphäre auf, v.a. im Frontalen Kortex, was doch auf eine Konzentration in bildlichen Bereichen deutet.
- Und schließlich gibt es große individuelle Unterschiede der Intensität und der Ausbreitung bei den elf beteiligten Probanden.

Daraus kann man einige Schlüsse über den wünschenswerten Aufbau mathematischer Texte für Nicht-Fachleute ziehen, denn es muß letztendlich ein Ziel sein, die Adepten, so weit wie sie können, in das fachlich begründete Denken dieser Disziplin einzuführen.

Die Konzentration der Rechnenden spielt selbst bei einfachen Themen wie dem angeführten Rückwärtszählen eine wichtige Rolle. Jegliche Erleichterung des Präsenthaltens z.B. durch die Parallelisierung von Beispielen und Formeln entlastet die Konzentration. Friedel Thiesemann (1998) hat dazu u..a. vorgeschlagen, daß Schüler spielerisch aus einem Set von Fachbegriffen wahre Sätze formen, in denen sie zunächst einen Terminus verwenden, dann zwei, dann drei usw. (S. 24)

Die Beteiligung verschiedenartiger Areale wird durch die weiträumige Aktivierung der rechten Hemisphäre deutlich gemacht. Wir müssen zur Kenntnis nehmen, daß Individuen bei derselben Aufgabe unterschiedliche Intensitäten im Gehirn- stoffwechsel in Gang setzen.. Da ist jede Erleichterung solcher Anstrengungen mithilfe bildlicher, aktionsnaher oder alltagssprachlicher Art eine Hilfe, weil sie die notwendige Konvergenz ermöglicht und weil sie individuellen Varianten des Rechnens eine Chance gibt.

Eine weitere Ergänzung bieten die Arbeiten über den inneren Zahlenraum, wie sie William H. Gaddes (1994) vorgelegt hat: Die meisten der Studenten, die von einer Zahlenvorstellung berichteten, sprachen von einer Linie, die von links nach rechts gegangen sei, einige sahen auch Kreise und Spiralen, wenige hatten Farben im Bild. Und - auch dies ein Hinweis zur großen Streuung - viele konnten sich unter einem Zahlenraum überhaupt nichts vorstellen. Schließlich die Pointe: Beide Gruppen (mit oder ohne Zahlenraum) waren bei 147 arithmetischen Aufgaben gleich gut. Es existieren also vielerlei Rechnertypen unter den Menschen, mehr als die meisten Verfasser mathematischer Texte glauben!

Eine weitere Hilfe für die Lektüre mathematischer Aufgaben, die an die kleinräumige Fokussierung appelliert, findet sich in der schon dargestellten genauen, schrittweisen Lektüre v.a. von Textaufgaben. Thiesemann hat dafür in seinem oben erwähnten Aufsatz folgendes Beispiel gegeben "Wenn man zwei aufeinanderfolgende Zahlen / einzeln zum Quadrat erhebt / und die Quadrate addiert, / erhält man / 925." (S.24). Nur in der Langsamkeit des Lesen können die Schlüsselwörter mit Bedeutung aufgeladen und miteinander verbunden werden.

7.7 Wortschatzanregungen

Es gibt prinzipiell zwei Methoden, den Wortschatz von Menschen auch meßbar und quantifizierbar zu bereichern: Entweder folgt man dem engeren Konzept des Wortfeldes, oder man zieht den weiteren Ansatz des Kontextfeldes vor. Wir haben mit beiden Methoden Erfolge und Mißerfolge gehabt. Die Wortfeld-Stimulierung arbeitete mit Mustern wie den folgenden:

1. Lassen Sie sich anregen durch das Verb "flanieren". Finden Sie andere Verben, die mit "f" anfangen!
2. Schreiben Sie alle Verben auf, die Ihnen zum Wortfeld "gehen" einfallen.
3. Bilden Sie ein Cluster, ein Assoziationenbündel zum Stichwort "Eleganter Kurort".
4. Schauen Sie sich ein Bild eines Kurortes an (wenn Sie keines finden, nehmen Sie die Abbildung des Frankfurter Römerberges in Kapitel 2), und schreiben Sie die Wörter auf, die dazugehören.
5. Stichwort "Eleganz" - was gehört alles dazu? Denken Sie in Sätzen oder Szenen, in denen Eleganz vorkommt. Schreiben Sie diese Sätze oder Szenen auf.

7. Hier noch einige Beispielssätze: *Er kleidete sich mit letzter Eleganz. Rauchen erschien mir damals als der Inbegriff der Eleganz (Rinser). Jenen Anflug von Betroffenheit oder Verstimmung hatte Settembrini sofort mit Eleganz überwunden. (Th. Mann).*

Die andere Methode stützt sich auf die ausgiebige Lektüre von Texten und Kontexten zu einem Thema wie z.B. über die Kultur und die Menschen Irlands, ausgehend von Heinrich Bölls Textsammlung "Irisches Tagebuch" (1954), auf das wir im neunten Kapitel noch Bezug nehmen werden

Die Auswertung solcher Trainingseinheiten erfolgt computergestützt und mißt, wieviele Wörter überhaupt in einem Text enthalten sind und wieviele davon eigenständige Wörter sind. Technisch ausgedrückt nennt sich dieses Verhältnis Type-Token-Ratio (TTR). d.h. Verhältnis der eigenständigen Wörtern zu den Wörtern überhaupt. Je mehr verschiedene Wörter es gibt, desto reicher ist das Lexikon des Schreibers, und man kann vermuten, er oder sie verwendet weniger Füllwörter oder Wiederholungen. Die Probanden schrieben am Anfang und am Ende einer Trainingseinheit jeweils einen Text , die beide in die Messung eingingen. Das Ergebnis lautet dann eventuell: Text 1: 0,62 TTR und Text 2: 0, 73 TTR. Auf deutsch, im zweiten Text gab es unter 100 Wörtern 73 eigenständige, also einen deutlichen Zuwachs an sprachlicher Differenzierung.

Wir hatten immer wieder solche klaren Gewinne, es gab aber auch Null-Reaktionen und sogar Simplifizierungen in den zweiten Texten. Das Problem liegt also darin, daß ein Progreß weder für Personen noch für Trainingsmethoden stabil zu erzielen war. Der tiefere Grund ist, daß wir das Verhältnis von Wortfeldern und Wissensgebieten und ihrer individuelle Verteilung noch nicht klar genug erkennen können. Und so gibt es leider noch wenige empirische Untersuchungen, die den Zugewinn in einem so wichtigen Gebiet wie dem Wortschatz untersuchen (s. Löschmann, 1993)

7.8 Absätze in Texten

Eine letzte Anwendungsmöglichkeit, die aus der Textforschung kommt, kann für die Lektüre und das Verstehen fruchtbar werden. Wir hatten am Anfang des Kapitels von den kleinen Steuersignalen innerhalb eines Satzes oder zwischen zwei Sätzen gesprochen. Nun gehen Textschreiber ja mit größeren Einheiten um, und der Leser springt mit weiten weiträumigen Sakkaden (Augenfixierungen) über die Textblöcke - Geübte versuchen, den Inhalt ganzer Absätze mit ein oder zwei Blicken zu erahnen.

Olga Moskalskaja (1984), eine russische Sprachwissenschaftlerin, hat gezeigt, wie sehr der erste Satz eines Abschnitts die folgende Darstellung und damit das folgende Verstehen lenkt. Diese Lenkung braucht Kernwörter - einzelne Ausdrücke oder auch

Wortkombinationen -, die eine Art Zusammenfassung für die folgenden Details vermitteln. Wir probieren dieses Rezept an einem der zitierten Bücher über die Gehirnforschung aus, und zwar an William Calvins "Die Symphonie des Denkens" (1993, s. S. 182). Ich zitiere lediglich die ersten Sätze der Absätze und beende die Sätze der Vereinfachung halber zweimal früher, als Calvin es getan hat.

1) Unser Gehirn ist tyrannisch, wenn es um die Auseinandersetzung mit der Realität geht, [...]
2) Es geht nicht so sehr darum, daß wir nur bestimmte Wellenlängen des Lichts sehen, [...]
3) Ein weiterer Schwachpunkt ist unsere Tendenz, das Gewohnte zu ignorieren und nur auf das Neue und Unerwartete zu reagieren.
4) Auf Kategorien eingestellt, sucht unser Gehirn offenbar Gestalten (und findet sie bisweilen auch dort, wo gar keine sind).
5) Warum also zwingt unser Gehirn alle Dinge in ein Schema, während es zugleich erfinderisch ist, was die Kategorien angeht, in welche die hereinkommende Information gezwängt wird?
6) Als Filter wirkt natürlich das gesamte Nervensystem, eine verteilte Anhäufung von Zellen, die sich über mehr als einen Meter Länge erstreckt.

Mit diesem Lesen, das von Absatz zu Absatz springt, bekommen wir eine Ahnung vom Thema - der einzige Absatz, bei dem das nicht klappt, ist der zweite, denn hier steht die These erst im Folgesatz, die etwa lautet, daß wir die Informationen nach unseren Erwartungen einordnen. Aber auf unseren Ausgangspunkt zurückkommend, können wir erkennen, daß Calvin - wie weiter oben schon gezeigt - von Basiswörtern ausgeht und den Leser langsam über Abstrakta an Fachbegriffe heranführt. Ich schreibe diese ersten Sätze noch einmal in eine Tabelle, und zwar so, daß alle Basiswörter in die linken Spalte kommen, die Abstrakta in die Mitte und die ersten Fachwörter in die rechte Spalte:

Tabelle 7.4 Einige Basiswörter, Abstrakta und Fachwörter in Calvins Text

Basiswörter	**Abstrakta**	**Fachwörter**
Unser Gehirn ist tyrannisch, wenn es um die	Auseinandersetzung mit der Realität geht.	
Es geht nicht so sehr darum, daß wir nur bestimmte..... sehen.	....	Wellenlängen des Lichts
Ein weiterer Schwachpunkt ist	ist unsere Tendenz, das Gewohnte zu ignorieren	

und nur auf das Neue und Unerwartete zu reagieren		
sucht unser Gehirn offenbar Gestalten.	Auf Kategorien eingestellt	
Warum zwingt unser Gehirn alle Dinge....... während es zugleich erfinderisch ist, ... in welche die hereinkommende Information gezwängt wird.	in ein Schema,.... was die Kategorien anlangt,.......	
Als Filter wirkt......... eine verteilte Anhäufung von die sich über mehr als einen Meter Länge erstreckt.	....	das ganze Nervensystem, Zellen,......

Fazit

Fügen wir alle drei neuropsychologischen Ansätze über den Wissenserwerb und über die Wahrnehmung zu einem Leserat zusammen:

Erster Rat: Suchen Sie Bücher, die viele Erfahrungen zu einem Thema ermöglichen, die viele Aspekte bringen, vor allem auch sinnliche, die eine gewisse Redundanz aufweisen, bevor sie kompliziert werden und die auch Ihren Emotionen Arbeit verschaffen.

Zweiter Rat: Wenn solche Bücher zu Ihrem Thema nicht zu finden sind, dann verschaffen Sie sich konkrete Vertrautheit und einen Aspektreichtum durch verschiedenartige Lektüren, mit denen Sie sich selber dieses Haus der Vielfältigkeit aufbauen! Scheuen Sie sich also nicht, in irgendwelche ernste oder wissenschaftliche Themen mit konkreten, anekdotischen oder journalistischen Texten einzusteigen. Sie folgen damit den Einsichten der neueren Leseforschung, auch wenn Sie irgendwelche ältere Vorstellungen über die trockene Seriosität eines Faches und die asketischen Anstrengungen, die es verlangt, nicht erfüllen.

8. Verknüpfen von Textelementen

Leser formen sich ihr eigenes Bild

Mehrere Menschen verschiedenen Alters haben einen erzählenden Text gelesen und berichten danach über ihre Lektürewahrnehmungen. Wie punktuell oder wie weiträumig sind die Aussagen? Und wie verknüpft mit den Horizonten, dem Wissen und den eigenen Erfahrungen? Wir nehmen als Beispiel einen Text von Ernest Hemingway (1927/1966), der in seinem lakonisch knappen Stil den Leser fast dazu drängt, eigene Deutungen in die Geschichte einzufügen.

> **"Das Ende von Etwas**
> Früher einmal war Hudson Bay eine Bauholz-Stadt gewesen. Niemand, der dort wohnte, war außerhalb des Hörbereichs der großen Sägemühle am See. Dann, eines Tages gab es keine Baumstämme mehr, um Bauholz zu machen. Die Holzschoner kamen in die Bucht und wurden mit dem Schnittholz des Sägewerks, das auf dem Hof aufgestapelt stand, beladen. Alle Stapel Bauholz wurden weggebracht.
> [...]
> Zehn Jahre später war nur noch der zerfallene weiße Kalkstein der Grundmauern von dem Sägewerk übrig, den Nick und Marjorie, als sie am Ufer entlang ruderten, durch die sumpfige, in zweiter Blüte stehende Wiese sahen. [...]
> "Das ist unsere alte Ruine, Nick", sagte Marjorie.
> Nick blickte beim Rudern auf die weißen Steine zwischen den grünen Bäumen.
> "Ja, das ist sie", sagte er."

Es folgt eine Angelpartie, die auf zwei Druckseiten beschrieben wird und die den scheinbar harmlosen Hauptteil der Kurzgeschichte ausmacht. Am Ende des Ausflugs aber trennt sich Nick von Marjorie.

> "Weißt du, mir ist, als ob alles in mir zum Teufel gegangen ist. Ich weiß nicht, Marge. Ich weiß nicht, was ich sagen soll."
> Er blickte weiter auf ihren Rücken.
> "Ist Liebe denn nicht schön?" sagte Marjorie.
> "Nein", sagte Nick. Marjorie stand auf. Nick saß da, den Kopf in die Hände gestützt.

"Ich nehm das Boot", rief ihm Marjorie zu. "Du kannst um die Landspitze zu Fuß rum zurückgehen."
"Schön", sagte Nick. "Ich stoße das Boot für dich ab." [...] "
(Hemingway, 1966, S. 95-98)

Die Geschichte schließt mit einem kurzen Gespräch zwischen Nick und seinem Freund Bill. Joachim Stephan (1985) hat 14 studentische und professorale Leser um ihre Deutung des Textes gebeten und u.a. deren Hinzufügungen zum Text analysiert. Wenn man den Blick auf das Thema der Verknüpfungen richtet, wird man gleichfalls fündig und erkennt zwei Typen. Die Ziffern hinter den Texten beziehen sich auf Stephans Dokumente.

Verknüpfung von verschiedenen Textstellen zu einer Linie

"Die Geschichte schildert am Anfang das Ende einer Stadt und am Schluß das Ende einer Liebe." (1)
"Die beiden treten vor einer Kulisse auf, deren Symbolcharakter erst gegen Ende der Geschichte offenbar wird: zerfallene Grundmauern von weißem Kalkstein, sumpfige Wiesen in zweiter Blüte, [...]." (9)
"Auffallend ist die in zweiter Blüte stehende Wiese. Ich würde sagen, daß sich diese zweite Blüte auf Marjorie und Nick bezieht, [und daß] die erste Blüte (Hudson Bays) vor 10 Jahren war." (6)
Variante der Textstellenverknüpfung, um Motive der Personen zu durchschauen:
"Nick hat sich offenbar vorgenommen, mit Marjorie Schluß zu machen. Das deutet der Satz Bills an: "Ist sie glücklich weg?" [...] Marjorie dagegen scheint völlig ahnungslos zu sein. Der Satz: "Sie fischte gern mit Nick", weist darauf hin, daß sie nichts von Nicks Gefühlen und seinem Vorhaben ahnt [...]." (7)

Verknüpfen mit eigenem Wissen und eigenen Empfindungen

"Das Bild vom Untergang der Bauholzstadt stimmt uns auf die Thematik dieser Kurzgeschichte ein. Auch können wir Parallelen zwischen dem Ende der Stadt und dem Ende der Liebe des Paares ziehen. Der verhältnismäßig große Zwischenteil, in dem das Angeln und Fischleinenlegen der beiden beschrieben wird, führt den Leser irre." (4)

"Beim Lesen des ersten Abschnittes umgibt mich ein Gefühl der Aufbruchstimmung [...] [So] muß ich an die menschliche Seite dieses Abbruchs denken. Menschen sind gezwungen auseinanderzugehen, Nachbarn, Freunde, Bekannte, die sich im Laufe der Zeit zusammengelebt oder auch -gerauft haben, um ein erträgliches Miteinander zu erreichen." (8)

Stephans eigene These kommt der unseren sehr nahe: Er geht davon aus, daß Literatur Sachverhalte nicht völlig durchzeichnet, daß Autoren niemals jedes Detail oder jedes Motiv benennen - was völlig langweilig wäre. Und diese Kunst, Leerstellen zu lassen, macht es für die Leser unabdingbar, Teilstücke zu ergänzen und zwar nach ihren inneren Wissensmustern. Individuen sehen dann im selben bruchstückhaften Dialog u.a. die Partikel einer Liebesgeschichte oder eines Leidens am wirtschaftlichen Niedergang, vielleicht auch einer Nähe zur Natur. Stephan lenkt sein Augenmerk mehr darauf, was die Leser aus ihrem Horizont dem Text hinzufügen - wir legen hier ein stärkeres Gewicht darauf, welche der im Text bereits vorliegenden Partikel die Leser verknüpfen (müssen), um eine Deutung zu erzeugen.

8.1 Die Bedeutung der rechten Hemisphäre für das Verstehen von Sprache

Wie beschreiben sich die neuropsychologischen Hintergründe für die Teilfähigkeit des Verknüpfens? Gehen wir von einer der Thesen dieses Buches aus, daß nämlich die eher kurzräumigen Verbindungen der linken Hemisphäre zum genauen, punktuellen Denken befähigen. So ist es die passende Ergänzung, daß die myelinisierten weiträumigen Bahnen der rechten Hemisphäre geeignet sind, weiter auseinander liegende Speicherorte zu verbinden. Sie sind darauf getrimmt, Informationen, die nicht explizit beisammen stehen, in eine Kohärenz, in einen Verbund zu bringen. Damit haben wir das erste Stichwort für die geforderten Leistungen beim Verknüpfen. Auf keine der für die Leser wichtigen Verbindungen deutet der Autor mit dem Finger hin, und keine steht so nahe bei der anderen, daß die Koppelung ins Auge springt. Hier müssen die Leser selber die Details zusammenfügen und den Sinn stiften. Verfolgen wir einige Spuren aus der Neuropsychologie über die Fähigkeit der rechten Hemisphäre, solche Kontakte zu knüpfen.

Eric Zaidel, der bereits seit den siebziger und achtziger Jahren Entscheidendes über die Sprache jenseits von Broca und Wernicke herausgearbeitet hat, stellt fest, daß nur Menschen, die auch über eine funktionierende rechte Hemisphäre verfügen, wirklich gute sprachliche Leistungen vollbringen können - die alleinige Aktion der sprachdominanten linken Hälfte reicht nicht aus. Dieser Position schließen sich *Joanette, Goulet* und *Hannequin* (1990) in ihrer Monographie über die Sprachfähigkeiten der zweiten Hälfte an. Denn dort sind u.a. lexikalische Kompetenzen vorhanden, die das Verstehen konkreter, vorstellbarer und häufig benutzter Wörter umfassen. Möglicherweise gibt es dort auch die Hilfe für die aktive Benutzung solcher Ausdrükke. Man fühlt sich an die Beschreibung eines englischen Matrosen mit völligem Ausfall der linken Sprachareale erinnert, der immer noch Schimpfwörter und Seemannslieder zum besten geben konnte, seine geläufigen und konkreten Sprachelemente.

Michael S. Szpirs (1992) Arbeit fügt einen weiteren wichtigen Baustein durch seine Arbeit über das Erkennen von Gesichtern hinzu. Wir hatten ja gehört, daß dabei drei rechtshemisphärische Areale und eines der linken Hälfte kooperieren: Die rechten Konsorten sind zuständig für das Bildhafte am Gesicht, für die Episode und für die biographischen Informationen - also für weit auseinander liegende Aspekte. Und die linke Hemisphäre sorgt für den Namen, - wenn sie es tut und ihn nicht unterwegs vergessen oder "verlegt" hat. Die Arbeit Szpirs schließt eine Lücke in unserem Wissen, insofern sie zeigt, daß sich Wörter mit Bildern und Episoden verknüpfen und dadurch einen reichen assoziativen Hof um sich aufbauen, den sie benutzen können.

Dieser Einsicht schließt sich *Cooks* generelle Position sehr gut an. Seine These ist: Die linke Hemisphäre dominiert die rechte, wenn es um die Sprache geht und blokkiert dabei deren schwächere Sprach-Areale, die ein größeres und weiteres Wortfeld zum gerade aufgerufenen Thema aktivieren würden, also Wörter, die auch über Episoden oder Bilder mit dem Zentralbegriff liiert sind. Durch die linke Blockade kann in der rechten Hemisphäre lediglich die Umgebung um das aufgerufene Wort herum aktiv werden, und diese Entourage besteht dann aus Assoziationen und Analogien, die auch zum Thema gehören, aber eben nicht zum Brennpunkt. Wir spielen mit dem Wort "Bauernhof". Ich weise mit einem Sternchen (*) darauf hin, welche Assoziationen oder Merkmale in manchen der hinzugesellten Wörter enthalten sind.

Tabelle 8.1 Norman C. Cook (1986): Fokus eines Wortes und Umfeld desselben Wortes

links	rechts
Ort bäuerlicher Wirtschaft	Acker, Hof-Gebäude* (weiträumig)
	Kühe, Schweine, Hühner* (Geräusche)
	Mist, Jauche* (Gestank)
	Traktor, Pflug, Egge* (scharf)

Elger, Schramm und Wiestler (1997), die mit dem seltenen Mittel des direkten elektrischen Implantats gearbeitet haben, bestätigen Cooks Variante: Bei der Speicherung von Wörtern waren beide Hemisphären aktiv, beim Sprechen und Wiederfinden gab es lediglich in der linken Hemisphäre elektrische Aktivitäten. Wurde diese Seite jedoch blockiert oder gestört, dann ging die rechte Seite ans Werk, um die Wörter zu finden. Also auch hier: Die kleine Sprachschwester darf nur reden, wenn die große still ist!

Christine C. Chiarellos (1988) Position: Die rechte Hemisphäre verbindet weiter auseinander liegende Speicher, so daß sie eben nicht nur Punkt für Punkt vorgeht und die Wörter wie ein Buchhalter streng auf Konvention und Passung untersucht, sondern sie erlaubt die weiten, lockeren Assoziationen, sie erkennt Sprachbilder, und sie versteht indirekte Rede sowie Ironie. Die linke Hälfte ist durch ihre Fokussierung punktuell sehr leistungsfähig, aber sie will ihre Deutung nicht loslassen. Erst wenn sie damit gescheitert ist, kommt die rechte Schwester mit dem zweiten Blick zum Zuge. Folgende Beispiele mögen diese Arbeitsweisen vorführen:

Linke Hemisphäre:

a) *"Ihnen fehlt ja die Voraussetzung für weiteres Wachstum",*

Erwartung: Sprache der Wirtschaft

Rechte Hemisphäre:

sagte der Zwerg zum Riesen."

Blockade der erwarteten Bedeutung.

Umpolen zum Bildlichen, das Bild vom ausgewachsenen Riesen ergibt eine zweite Bedeutung: Kolosse sind nicht mehr fexibel, kleine Leute oder Firmen schon.

Linke Hemisphäre:

b) *"Barbara war zu ermüdet, um das historische Buch zu beenden.*

Erwartung: Am Abend eines Tages

Rechte Hemisphäre:

Sie hatte schon fünf Jahre daran geschrieben

Eine neue Spur für die rechte Hemisphäre: Die gelangweilte Historikerin gibt das alte Thema auf.

Die Forschungen über Witz, Humor und Metaphern führen auch zum Stichwort der Kohärenz, d.h. zum Blick auf den inneren Zusammenhang, den der Text anbietet oder den sich der Leser erarbeitet. *Bihrle et al.* (1986) haben festgestellt, daß Menschen, bei denen die linke Seite partiell gestört ist, bei denen also die "rechten" Qualitäten pur hervortreten, die Pointen von Witzen nicht verstehen, aber daß sie aber immer noch den globalen Zusammenhang erkennen. Patienten mit nur linkshemisphärischer Sprache können dies nicht leisten. Um ein Beispiel zu geben, ein Witzanfang (der mit dem englischen *"blind"* spielt: blind oder Fensterblende) und fünf Angebote zur Ergänzung:

> "Eine Frau steht gerade unter der Dusche. Da klingelt es an der Haustür. Sie ruft: "Wer ist da?", und ein Mann antwortet: "*Blind man*" (Ein Blinder). "Okay", sagt die gutmütige Dame und rennt nackt aus der Dusche, um die Tür zu öffnen:
> 1. Der Mann sagt: "Haben Sie ein bißchen Kleingeld für einen Blinden?"
> 2. Der Mann sagt: "Mein sehendes Hundeauge ist zehn Jahre alt."
> 3. Der Mann sagt: "Ich mag es wirklich, ins Konzert zu gehen."
> 4. Dann wirft der Blinde der Frau einen Kuchen ins Gesicht.
> 5. Der Mann sagt: "Wo soll ich diese "*blinds*" (Blenden) hinlegen, meine Dame?"

Menschen mit beschädigter rechter Hemisphäre bevorzugten die vierte Variante: *Dann wirft der Blinde der Frau einen Kuchen ins Gesicht.* Sie konnten verstehen, daß hier eine Überraschung kommen muß. Aber sie hatten keinerlei Verständnis für den

Zusammenhang von Einleitung und Pointe! In anderen Versuchen waren solche Menschen nicht in der Lage, vorgegebene Sätze zu einer sinnvollen Geschichte zu ordnen.

Genau das Gegenteil tritt bei linkshemisphärisch Gestörten auf: Sie ziehen die Kohärenz der ersten Ergänzung vor, daß da wirklich ein Blinder vor der Tür steht, der etwas Kleingeld braucht. Sie lehnen die inkohärenten Angebote 2-4 strikte ab, übersehen aber auch die Pointe mit dem Wortspiel und der Überraschung, daß unsere Dame im Evaskostüm nun einem Handwerker gegenübersteht. Das heißt, die Leistung der allein gelassenen rechten Hemisphäre ist es, den Zusammenhang im Themenkreis "blind" weiterzuverfolgen, zu dem es auch gehören kann, daß ein Mensch arm ist und bettelt. Ihre Unfähigkeit liegt darin, zu entdecken, daß der nicht erwartete Handwerker und seine Blende doch einen Bezug zum Anfang der "Geschichte" haben, nämlich den einer Pointe, eines kalkulierten Erwartungsbruchs. Die rechte Seite leistet die ganz weite Verknüpfung, die sie im Ensemble zur Verfügung stellen kann, dann nicht, wenn sie allein gelassen ist.

Zum Thema Kohärenz gibt es ein ähnliches Beispiel bei *Delis et al.* (1983) die Menschen mit einer rechtshemisphärischen Störung Sätze mit dem Hinweis gaben, sie zu einem Text zu verbinden. Ihre Patienten hatten mit zeitlichen Signalen für solche Synthesen keine Probleme, sie konnten ja noch *gestern, im November und frühmorgens* semantisch einordnen, schwieriger wurde es bei räumlichen Schlüsselwörtern und am schwersten bei thematischen Konnexen. 80% der Untersuchten waren nicht in der Lage, folgende Sätze zum Training von Hunden in einen Zusammenhang zu bringen und deren Zusammengehörigkeit zum Thema zu erkennen: *Der Hund akzeptiert nun, daß er gestreichelt wird. / Der Hund bleibt im selben Raum wie sein Besitzer.*

Sprachlich gesehen haben wir es hier wieder mit dem Konzept des erweiterten Wortfeldes oder auch des thematischen Feldes zu tun, das wir von *Damasio* als Ordnungsmuster der Wortspeicherung kennen. Die linguistische Fundierung bekam das Wortfeld- wie erwähnt - durch *Triers* Arbeiten und durch spätere Erweiterungen zum Kontextfeld, das *Otto Ducháchek* folgendermaßen definiert: "Kontextfelder umfassen die Wörter, deren Inhalte auf Grund von Assoziationen, welche durch eine bestimmte Situation oder ein bestimmtes Milieu hervorgerufen werden, miteinander in Verbindung stehen." Der Autor führt an, wenn von einem Übeltäter die Rede sei, könne man sich u.a. folgender Wörter bedienen: *1. Verbrecher [bis] Freibeuter 2. Missetat [bis] Einbruch 3. Polizei, Kriminalist, Gerichtshof, Zelle u.a.*

Hier schließt sich nun ein Bogen, denn Kohärenz, so wie sie im Witz vom "blind man" und in den Probesätzen vom Hundetraining vorkommt, bedeutet neuropsychologisch gesehen ein Präsenthalten, und zwar nicht im engen üblichen Wörterbuchsinn, sondern in den thematischen Möglichkeiten und Bezügen eines Wortes. Hier sind Assoziationen, Erfahrungen und auch szenische Vorstellungen am Werk, die immer wieder mögliche Verknüpfungen überprüfen, die es zwischen Streicheleinheiten, Besitzern, Räumen und Hunden geben kann.

Die Kohärenzen bilden die Grundlage für Vergleiche (dazu mehr im 9. Kapitel). Sie führen letztlich auch zum Begriff des Rahmens, in dem eine Handlung stattfindet, also zur richtigen Einordnung in die Weiten des inneren Lexikons und auch des sozialen Wissens. Von einem überraschenden Beispiel, wie Menschen ohne komplette rechte Hermisphäre die Rahmung nicht erkennen, berichten *Jouanette, Goulet und Hannequin*. Rechtshemisphärisch geschädigte Menschen lasen einen Ausgangssatz und mußten dazu die logische Fortführung aus mehreren Varianten aussuchen:

> *"Der Chef findet eine Sekretärin schlafend an. "*
> Einer der Fortführungssätze war: *"Er stellte ihr eine Gehaltserhöhung in Aussicht."* Der rechtsgeschädigte Patient wählte diesen Satz und begründete, warum er notwendigerweise folgen muß: *"Die Lebenshaltungskosten werden immer teurer."*

Hier ist wie unter einer Lupe die Fokussierung der linken Areale zu erkennen: Blick 1: Gehaltserhöhung angeboten. Blick 2: Es gibt hohe Lebenshaltungskosten. Schlußfolgerung 3: Die Logik stimmt! Der Blick über den Unterteller auf die Szene mit der schlafenden Mitarbeiterin hätte leicht das Gegenteil nahelegen können. Dieser nächsthöhere soziale Rahmen war für das "linke" Denken schon nicht mehr präsent.

Zuletzt sei die Komponente der mentalen Energie erwähnt, wie sie *Ulrich Schiefele* (1996) darstellt. Es braucht ohne Zweifel große und ausdauernde neuronale Kraft, wenn ein Mensch über längere Zeit hohe Konzentration aufwendet, wenn er fokussiert denken möchte wie z.B. in der Mathematik. Nicht umsonst sind Kinder dazu nur in begrenztem Umfang fähig. Und offenkundig sind die großen Neuerungen in der Mathematik nur von Forschern bis Anfang Dreißig zu erwarten. Das "Anschalten" der rechtshemisphärischen Tätigkeiten sei eine Maßnahme, so schreibt Schiefele, um Energie einzusparen. Diese These mag für Jugendliche gelten, sie gilt sicher nicht für kreative Leistungen, die einer Lockerung bedürfen, dann aber auch mit Ausdauer und Konsequenz betrieben werden müssen. Wenn *Spitzer* (1996) darstellt, daß Assoziationen bei Müdigkeit unsystematischer werden, also die üblichen Konnexe verlassen (Stuhl-Tisch) und auf syntagmatische oder lockere kommen (Stuhl - sitzen oder Stuhl - Pfuhl), dann weist auch das auf eine Schwächung der Fokussierung hin. Aber die Aufgabe, in einem Kontextfeld, wie z.B bei der Textlektüre oder in der Werbung, ständig Kohärenzen zu beachten und Pointen zu finden, bedarf stets neuer Konzentration, auch wenn sie rechtshemisphärischer Prägung ist.

Vielleicht ist diese lockere Anspannung dadurch gekennzeichnet, daß sie immer wieder pulsierend anspringt. Daran lassen jedenfalls die Interviews *Csikszentmihalyis* (1996) denken, der zu dem Ergebnis kam, daß kreative Menschen ihre Aufmerksamkeit in gleichgültigen Szenen schnell auf Wartestellung herunterschalten können, sie aber blitzschnell und und länger hochfahren, wenn es die Situation erfordert. Hier liegt ein völlig anderer Leistungsbegriff vor als bei der gleichmäßig genauen Fokussierung von Buchhaltern und Mathematikern.

Über die rechte Hemisphäre sind Popularisierungen unter dem Stichwort der Ganzheitlichkeit im Schwange, hier sei das sinnstiftende Denken angesiedelt und diejenigen Qualitäten, die der harschen Berufswelt fehlten. Wir müßten lernen, mit der rechten Hemisphäre zu leben. Der erste Irrtum liegt darin, daß niemand freiwillig mit einer einzigen Gehirnhälfte agiert. Und wenn er durch den WADA-Test für kurze Zeit dazu gezwungen wird, dann überkommt ihn bei der "Wiederanschaltung" seiner zweiten Hälfte eine große Euphorie, nämlich die, das gesamte Gehirn wieder zu haben. Und zweitens bedarf jede Tätigkeit beider Hälften, wenn auch die Steuerung einer Aufgabe unterschiedlichen Arealen anvertraut ist, also durchaus entweder links- oder rechtsseitig dominiert ist. Wir haben das in wünschenswerter Klarheit beim Verstehen von Witzen gesehen: Pointe und Kohärenz gelingen nur, wenn beide Gehirnhälften kooperieren.

Zusammenfassung

Wir stehen vor der Notwendigkeit, eine rohe Skizze des Sprachverhaltens der beiden ungleichen Schwestern zu zeichnen. Man wird als einigermaßen stabil festhalten können:

- Die linke Hälfte dominiert sprachlich, sie ist schneller und stärker auf den Punkt oder die unmittelbare Nähe der Wortbedeutung ausgerichtet.
- Sie blockiert die langsamere rechte Hälfte, die im Hintergrund ihre Assoziationen und Nebenbedeutungen zum Leben erweckt.
- Wenn die linke Leseweise Schiffbruch erleidet, dann darf die rechte mit einem zweiten Blick ihre bildnahe, metaphorische Deutung einbringen.
- Theoretisch hat die rechte Hemisphäre auch Zugang zum inneren Lexikon, aber nur wenn die linke Dominanz es zuläßt. Man kann ihr helfen (so eine These dieses Buches), wenn die rechte Dominanz gestärkt wird, etwa durch Lektüre, durch Witze, durch Humor.
- Mit ihren weiträumigen Verbindungen ist die rechte Hemisphäre in der Lage, sich eine Vielschichtigkeit von Merkmalen aufzubauen und andere, sekundäre Merkmale präsent zu halten.
- Ja, sie ist auch in der Lage, ganz andere Themenkreise in Gang zu setzen und sozusagen den Sprung ins Neue zu wagen, heraus aus den Gleisen der automatischen Korrektheit.
- Chiarello vermutet, daß beide Hemisphären einen Zugang zum inneren Lexikon besitzen, die rechte benutzt dabei einen bildlichen Suchpfad, die linke den sprachlichen Weg im üblichen Sinne.
- Eine leicht andere Auffassung vertritt die schon dargestellte duale Kodierhypothese von Alan Paivio (1986), der davon ausgeht, daß Wörter zunächst in ihrer propositionalen Vernetzung linshemisphärisch kodiert werden, sie können aber auch in imaginative Zusammenhänge der rechten Hemisphäre hineingewoben werden.

8.2 Assoziationen, Aphorismen und der zweite Blick

Es gibt Texte, die unsere rechte Hemisphäre stärker ins Spiel bringen als andere und unsere Sinne für das neue, ungewohnte und frisch Erlebte anfachen. Sie führen uns zu eigenen Assoziationen und erfreuen uns durch ihren Witz, ihre Pointen. Sie geben uns Anregung für kreatives Neusehen, für die Integration des Bildlichen und Episodischen in eigene Bilderwelten, und sie lassen uns auf einmal in einen anderen gedanklichen Rahmen springen! Wir müssen uns nur auf diese Machart einlassen und diesen Text-Eigenarten durch eigene Bilder antworten, um so vielleicht zu Hintergründen vorzustoßen, die nicht im Begrifflichen und genau Definierten liegen. Nehmen wir eine eher trockene Textsorte wie den Fahrbericht über ein neues Auto, der folgendermaßen beginnt:

Dieses Auto ist "*kein Kombi wie alle Tage: [er ist] wertvoll wie das Lächeln der Gärtnerin, die das Geheimnis der Geranien kennt.*" Der technische Bericht endet mit der Bemerkung, das Gefährt sei 5000,- DM teurer als die vergleichbare Limousine desselben Herstellers: "*Um genau diesen Betrag ist der Kombi die bessere Limousine. Mit keinem anderen Auto lassen sich Gärtnerinnen und Geranien schneller bewegen.*" (Wolfgang Peters, 1997). Welcher einigermaßen geneigte Leser bekommt nicht Assoziationen und Bilder vom Gartenbau und von den Geheimnissen der Gärtnerinnen, wie sie zu bewegen seien und was ihr Lächeln bedeutet? Es gibt neben der Ebene des Technischen noch eine zweite, in der andere Spuren "flirren".

Assoziationen hatten wir ja so gekennzeichnet, daß sie in die Weite der rechten Hemisphäre vagabundieren, da wo die dominierende Hälfte nicht hinkommt oder wo sie freie Hand läßt. Dann können die Bedeutungen vom Rand des Themas und die Einträge aus den Erfahrungen der Person zum Vorschein kommen. Es gelingen dabei auch Sprünge in neue Themenbereiche, die immer geprüft werden müssen, ob sie irgend etwas zum Thema beitragen oder ob sie völlig beliebig sind. Im Fahrtbericht über den teuren Kombi stellen sich mit dem Gartenbau Assoziationen automobiler Größe ein, und mit dem Lächeln der Gärtnerin, die schnell bewegt wird, spielen Verführung und Erotik am Rande mit.

Zur Stärkung der Assoziationen bieten sich lockere Texte aus dem Journalismus an. Wir zitieren noch ein zweites Beispiel und nehmen auch hier das "Examen" ab, ob die Unterhaltungskunst mit dem dargestellten Gegenstand übereinstimmt. Diesmal geht es um Schokolade. (Ariane Windhorst, 1996)

> "Wenige Großeltern wissen noch um den durch nichts zu ersetzenden Verbündungsfaktor, den sie gegen vernünftig rationierende Eltern ausspielen können. Statt dessen schließen manche zur Geburt ihrer Enkel einen Bausparvertrag ab oder erwarten Dankbarkeit für eine pränatale Mitgliedschaft im Tennisclub."

Es entstehen großelterliche Bilder, die den Kontrast zwischen altmodischer menschlicher Nähe und moderner Erfolgsorientierung benutzen, was zum Loblied über die einfache Wirkung der übersehenen "braunen Droge" paßt. Im selben Artikel heißt es über Männer, deren Frauen nach dem Sex Schokolade verlangen:

> "In den meisten Fällen sind schlechte Liebhaber nur Ignoranten, die diese Zeichen genausowenig wahrnehmen wie alle anderen auch - außer vielleicht einen toten Hahn, kopfüber an die Wohnungstür genagelt."

Hier kommen die Assoziationen eines Tölpels, der schlichtweg alles übersieht. Der Sprung in die Woodoo-Welt ist sehr kräftig und fällt auf, er wirkt aber noch nicht an den Federn herbeigezogen, weil es in dem Artikel um Magie und Zauber geht, wenn auch europäisch zivilisiert. Der intendierte Assoziationssprung nähert sich in seiner Stärke den Mitteln mancher Fernsehwerbung.

Inferenzen

In die Nähe der Assoziation gehört die Inferenz, die Brücke zwischen sprachlichen Mitteilungen, die der Leser bei jeder Lektüre notwendigerweise selbst herstellen muß. Als Beispiel sei folgende kurze Geschichte erfunden:

> Auf der Fahrt in den Konzern überlegte er, daß es heute Probleme mit der Vorstandssitzung geben würde. *[Der Leser baut sich selbst den nicht genannten Zusammenhang auf: "Arbeitsbeginn eines Managers"].* Das Problem dieser Tage war, daß er ein gutes "Klima" während der schwierigen Übernahmeverhandlungen herstellen mußte. *[Spezifizierung dessen, was der Manger tun muß.]* Er kam an den Rand seiner Fähigkeiten, weil er mit der riesigen Klimaanlage im Keller nicht zurechtkam, er war ja nur ein einfacher Hausmeister. *[Bruch der bisher gebauten Inferenzen durch neue Informationen.]*

An der kleinen Episode ist leicht erkennbar, daß wir mit den Inferenzen zwar kleine Schritte machen, aber keine so großen Sprünge wie mit den Assoziationen. Wir bleiben beim angedeuteten Gegenstand der Darstellung und füllen nur die Lücken. Erneut kommen wir in unserer Darstellung damit zum Thema Wissen und interne Schemata. Die Neuropsychologie hat dazu, wie bereits erwähnt, keine eigenen Untersuchungen. Von der Idee her scheint die Lösung *Tony Basticks* (1982) sinnvoll, der schreibt, die Fähigkeit, das Nichtgesagte selber zu ergänzen, sei außergewöhnlich wichtig und sie beruhe darauf, daß wir zwischen den Knoten unseres bisherigen Wissensnetzes Fäden spinnen und das Netz dichter machen. Diese Vermutung paßt hervorragend in das Modell der synaptischen Schaltkreise, die sich je nach Sachlage neu zusammenschließen. Wir müssen die Fähigkeit zur Inferenzbildung auch der linken Hemisphäre zuweisen, weil damit eine umfassende sprachliche Bedeutungsarbeit geleistet wird, die auch einen positiven Enfluß auf das Behalten von Texten hat. Je mehr Inferenzen jemand bildet, desto mehr bleibt bei ihm vom Text übrig (Mandl & Ballstaedt, 1982).

Aphorismen und Metaphern

Folgende Sätze mögen als Einleitung dienen:

> Er hielt die Fahne hoch - weil er sie nicht sehen wollte. (Lec)
> Straßenschlacht: Das Kopfsteinpflaster besinnt sich auf seinen Namen. (Wiesner)
> Nun hat die Welt ihren Platz auf dem Mond. Fehlt ihr nur noch der Platz an der Sonne. (Wiesner)
> Die Abgeordneten glauben ihre Pflicht schon dann erfüllt zu haben, wenn sie sich gewählt ausdrücken. (Berkensträter)
> Vieles ist bekannt, aber leider in verschiedenen Köpfen. (Kollath)
> Wird die Wahrheit frisiert, muß sie Haare lassen.(Kasper)
> Er ging in sich. Kein Wunder, daß er sich verlief. (Leisegang)

Bei dieser Lektüre wird klar, wie uns die Paradoxie in diesen Sätzen vom Fokus der linken Hemisphäre wegführt und uns mit einem Sprung in andere Sinnfelder leitet, in denen eine sinnvolle Deutung herauskommt. Dieses Phänomen hat der Germanist *Joseph Peter Stern* den zweiten Blick genannt: "Unser erster Blick auf das Wort, um das herum der Aphorismus aufgebaut ist, vermittelt eine erste, d.h. eine übliche Bedeutung, die unseren verbalen und geistigen Erwartungen entspricht, während der zweite Blick den Kontext des Gewohnten durchbricht und uns einen neuen Kontext aufdrängt, von dem versichert wird, daß er in sinnvoller Weise mit dem ersteren in Beziehung steht."

Metaphern sind nicht so auf Paradoxe gegründet, aber sonst ähnlich aufgebaut wie Gedankensplitter, was Georg Brittings Beispiel aus dem "Bayrischen Sonntag" andeuten soll:

> Und hoch oben läuten jetzt die Glocken,
> Grob die große und die kleine zart,
> Maussilbrig zart.

Auch hier muß der Leser verharren, um dem Ton noch einmal nachzuspüren, man könnte fast von einem zweiten Hören sprechen. Hier werden Elemente gleich aus zwei anderen Sphären dem Glockenklang hinzugefügt: Die Mäusewelt und die silbrige Stimme schwingen zu einem neuen Ton zusammen. Dasselbe Prinzip führt eine Zeile Erich Arendts vor:

> Steingrauer Tag, der sein Lid senkt.

Schon die Schwere des Steins legt sich wie eine Last auf die Trübheit des Tages, das zweite Bild setzt noch ein Gewicht obendrauf und fügt weitere Müdigkeit aus einer menschlichen Geste hinzu - so wirkt die Metapher besonders stark mit ihren zwei Bildern, die im ersten Anschein völlig unvereinbar sind: Stein und Augenlid - mit unserer Bilderlust, nicht mit purer Logik, verbinden und verstehen wir beides.
Zur besseren Übersicht fasse ich die rechtshemisphärischen Qualitäten zusammen:

Tabelle 8.2 Die Fähigkeiten der rechten Hemisphäre

Rechtshemisphärische Eigenschaften	**Beispiel**	**Autoren**
1. Assoziationen neben der dominanten Bedeutung.	Der Bauernhof und sein Drumherum: *Enten, Hühner, Geschnatter, Traktoren.*	Cook
2. Metaphern lesen, den zweiten Blick haben.	*Ich habe Leute gekannt, die haben heimlich getrunken und sind öffentlich besoffen gewesen.*	Chiarello, Stern
3. Übersprung ins Neue Weite Bahnen benutzen, weiter entlegene Aspekte verknüpfen, neue Ideen, neue Themen finden.	*Das Lächeln der Gärtnerin.*	Szpir, Gur
4. Die Kohärenz eines Textes beachten (d.h. auf seinen inneren Zusammenhang achten).	Witzergänzungen: *Der blinde Mann bittet um eine kleine Spende.* Sätze in eine Geschichte einfügen	Bihrle et al. Winner& Gardner
5. Vergleich als Fortführung der Kohärenz	*Der Hund ließ es jetzt zu, gestreichelt zu werden. / Der Hund blieb im selben Raum wie sein Besitzer.*	Delis et al.
6. Der soziale Rahmen Diskurs, Geschichten Verlauf, Roten Faden präsenthalten.	*Der Chef, die schlafende Sekretärin und die Erwartung auf eine Gehaltserhöhung. Bilder sozialer Szenen.*	Joanette et al. Kolb & Whishaw

8.3 Subjektivität in Themenfeldern

Beim Thema "Assoziationen" hatten wir bereits das Gleiten oder Springen in andere Themen sehen können. Nun waren die zitierten lockeren Bemerkungen relativ beliebig über die Texte verstreut, um dem Leser zu mehr Amüsement zu verhelfen. Es ist aber auch möglich, Texte generell von der puren Faktenaufzählung zu lösen und sie insgesamt subjektiver zu verfassen.

Führen wir also dieses Thema ausführlicher vor, um die sprachlichen Mittel zu sehen, die uns neben dem korrekten Thema noch in andere Bereiche (ent)führen, und dabei unsere rechtshemisphärische Sprache herauslocken. Die folgenden Texte über Trient sind eine Spiegelung dieser alten Stadt durch verschiedene Temperamente. Sie gehen in der abgedruckten Reihung vom Sachlichen zum Persönlichen. Ich versuche, die Textstellen, die sich vom trocknen Ton des Berichtens, des Wissens und der Faktengenauigkeit entfernen und die subjektive Töne anschlagen, durch Einrückungen nach rechts sichtbar zu machen. Rechts steht das, was nicht jeder sehen konnte, der zur gleichen Zeit dort vorbeigekommen wäre, dabei sind einzelne Adjektive manchmal nicht genügend zu würdigen. Beim Verfahren der Einrückung mußte die Absatz-

gliederung der Originale aufgegeben werden. Dafür gewinnen wir den Spielraum - im konkreten Sinne des Wortes -, um unsere Gedanken ein bißchen laufen zu lassen.

(1.) "Betrachten wir den Dom von dem nördlich vorgelagerten Platz mit dem schönen Neptunsbrunnen, so möchte man argwöhnen, seine Westfassade mit den massiven romanischen Türmen, gekrönt von Zwiebelhauben, sei nördlich der Alpen entworfen, wohingegen der dreischiffige Mittelbau, Querschiff und Vierungsturm einen typischen italienischen Eindruck machen. Fast möchte man von einem Westwerk wie bei deutschen Domen sprechen, doch ist der südliche Turm nie voll ausgebaut worden. Die eigentliche Schauseite ist die Nordwand mit ihrer schönen, gegen 1250 entstandenen romanischen Zwerggalerie, deren Rhythmus im Seitenschiff und dem oktogonalen Vierungsturm wiederaufgenommen wird. Die hohe Renaissance hat ein hübsches Seitenportal eingefügt, das ältere romanische Löwen schlanke jonische Säulen tragen läßt.
Das Innere des Domes leidet darunter, daß der 1757 errichtete barocke Hochaltar den Raumeindruck empfindlich stört - zu allem Überfluß hat man seinetwegen auch die Krypta abgerissen." (1979)

(2.) "Ich bin in der Stadt herumgegangen, die uralt ist und in einigen Straßen neue wohlgebaute Häuser hat. In der Kirche hängt ein Bild, wo das versammelte Konzilium einer Predigt des Jesuitengenerals zuhört.

Ich möchte wohl wissen, was er ihnen aufgebunden hat.

Die Kirche dieser Väter bezeichnet sich gleich von außen durch rote Marmorpilaster an der Fassade; ein schwerer Vorhang schließt die Türe, den Staub abzuhalten. Ich hob ihn auf und trat in eine kleine Vorkirche; die Kirche selbst ist durch ein eisernes Gitter geschlossen, doch so, daß man sie ganz übersehen kann. Es war alles still und ausgestorben, denn es wird hier kein Gottesdienst mehr gehalten. Die vordere Türe stand nur auf, weil zur Vesperzeit alle Kirchen geöffnet sein sollten. [...] Wie ich nun so dastehe und der Bauart nachdenke, die ich den übrigen Kirchen dieser Väter ähnlich fand, tritt ein alter Mann herein, das schwarze Käppchen sogleich abnehmend. Sein alter, schwarzer, vergrauter Rock deutete auf einen verkümmerten Geistlichen; er kniet vor dem Gitter nieder und steht nach einem kurzen Gebet wieder auf. Wie er sich umkehrt, sagt er halblaut für sich: "Da haben sie nun die Jesuiten ausgetrieben; sie hätten ihnen auch zahlen sollen, was die Kirche gekostet hat. Ich weiß wohl, was sie gekostet hat und das Seminarium, wieviele Tausende." Indessen war er hinaus und hinter ihm der Vorhang zugefallen, den ich lüftete und mich stille hielt. " (1786)

(3.) "Trient erschien uns in der grell weißen Staubigkeit des Mittags, mit seinen leer und tot zwischen zerbröckelnden Palastfassaden sich windenden Straßenschluchten,

wie eine von der Inquisition regierte und entvölkerte Stadt, wie ein Wohnort von Menschen, der von der Zeit, abseits vom Wege, vergessen worden ist.

Nur einzelne gleichgültig lungernde und starrende Gestalten waren auf den Gassen zu sehen [...]. Eine verkommene und beschmutzte Monumentalität in den alten Architekturen, eine unverkennbare innere Größe des bedeuten den Alten neben der unverhüllten Armut, Trägheit und Dürftigkeit der Gegenwart wirkte ganz drückend.

Am meisten auf dem Platze, wo eine alte romanische Dombasilika sich mürrisch erhebt, wo die Barockformen eines Neptunbrunnens sich vergebens brüsten. [...]

Ganz überraschend war der Stimmungswechsel, als wir dann nach dem Essen gegen acht Uhr abends wieder die Straßen betraten. Der weite, mit Anlagen und einem Dantedenkmal geschmückte Platz vor dem Bahnhof war mit einem Male belebt. Und auch die in die innere Stadt führenden Straßen waren nun ziemlich volkreich. Die Dämmerung hatte die Menschen aus den Häusern hervorgelockt." (1921)

(4.) "Diese Stadt liegt alt

und gebrochen in einem weiten Kreise von blühend grünen Bergen, die, wie ewig junge Götter, auf das morsche Menschenwerk herabsehen.

Gebrochen und morsch liegt daneben auch die hohe Burg, die einst die Stadt beherrschte, ein abenteuerlicher Bau aus abenteuerlicher Zeit, mit Spitzen, Vorsprüngen, Zinnen und einem breitrunden Turm,

worin nur noch Eulen und österreichische Invaliden hausen. [...]

Solcher Anblick wäre allzu wehmütig, wenn nicht die Natur diese abgestorbenen Steine mit neuem Leben erfrischte [...] und wenn nicht noch süßere Mädchengesichter aus jenen trüben Bogenfenstern heruntergucken, und über den deutschen Fremdling lächeln, der, wie ein schlafwandelnder Träumer, durch die blühenden Ruien einherschwankt.

Als ich den grünseidenen Vorhang, der den Eingang des Doms bedeckte, zurückschob und eintrat in das Gotteshaus,

wurde mir Leib und Herz angenehm erfrischt von der lieblichen Luft, die dort wehte und von dem besänftigenden magischen Lichte,

das durch die buntbemalten Fenster auf die betende Versammlung herabfloß. Es waren meistens Frauenzimmer, in lange Reihen hingestreckt auf den niedrigen Betbänken. Sie beteten mit leiser Lippenbewegung, und fächerten sich dabei beständig mit großen grünen Fächern, so daß man nichts hörte als ein unaufhörlich heimliches Wispern und nichts sah als Fächerschlag und wehende Schleier. Der knarrende Schritt meiner Stiefel störte manche schöne Andacht,

und große katholische Augen sahen mich an, halb neugierig, halb liebwillig, und mochten mir wohl raten, mich ebenfalls hinzustrecken und Seelen sieste zu halten." (1828-30)

(5.) Zum Abschluß noch einen ergänzenden Lexikontext:

"Die ansehnlichsten Plätze sind die Piazza del Duomo mit dem Neptunsbrunnen und die Piazza d'Armi. Unter den Kirchen ragen hervor: der Dom, eine dreischiffige romanische Pfeilerbasilika mit zwei Kuppeln (im 13. Jahrh. begonnen, im 15. vollendet); die Kirche Santa Maria Maggiore, aus rotem Marmor erbaut, mit den Bildnissen der Kirchenfürsten, welche dem in dieser Kirche abgehaltenen Konzil beiwohnten; die Jesuiten-, jetzt Seminarkirche. Andere ansehnliche Gebäude sind: das Renaissanceschloß Buon Consiglio (einst Residenz der Fürstbischöfe, jetzt Kastell) mit vielen Fresken, das Rathaus, der Justizpalast, das Theater und mehrere Privatpaläste." (1890)

8.1 Rudolf von Alt: Der Trientiner Domplatz

8.4 Kohärenz

Hemingways Geschichte "Das Ende von Etwas" war gleichsam ein Lehrstück für das Verknüpfen textueller Elemente, weil der Autor darin zwei Szenerien auf engem Raum parallelisiert hat. Komplizierter sieht es in verschachtelten literarischen Texten aus wie z.B. bei Faulkners Geschichte "Eine Rose für Emily", die wir bereits betrachtet haben (oder auch in komplexeren Sachdarstellungen).

Ich markiere die Themenfelder, die Faulkner im Erzählablauf bewußt zeitlich verstreut hat. Sie zu entdecken ist nötig, damit die Leser den Bruchstück-Charakter der Erinnerung erkennen. Die Erzählung enthält eine motivationale Tiefe, die u.a. aus dem Kaleidoskop der Erinnerungen und der Perspektiven erwächst, mit denen Emily von ihren Nachbarn geschildert wird, die in der Erzählung völlig anonym bleiben. Dadurch entgeht die Geschichte einer simplen Zusammenfassung folgenden Typs: Ältere Jungfer hatte vor 30 Jahren ihren Liebhaber umgebracht, weil er sie nicht heiraten wollte. Der lineare Lektüreverlauf ist in der folgenden Tabelle in den waagerechten Zeilen angedeutet, die Themenbereiche in den senkrechten Spalten.

Tabelle 8.3 Thematische Felder in Faulkners Geschichte: "Eine Rose für Emily"

Emily Grierson	**Die alte Generation**	**Die Moderne(n)**	**Homer Barron**	**Todes-zeichen**
Emily Grierson: Sie ist ein gestürztes Monument. (7)				
Sie lebte in der vor nehmsten Gegend, erlauchte Namen. (7)		Baumwollmühlen jetzt in einer ehemals eleganten Wohngegend. (7)		
Emily ist eine erb-liche Verpflichtung für die Stadt. (7)	Oberst Sartoris half Emily.(7)			
	Sartoris: Negerinnen sollen nur mit Schürze auf die Straße.			
	(Sartoris war ein Gentleman). (8)	Neue Leute: Mo-derne Ideen. (8)		
Emily zahlt keine Steuern. (8)	Sartoris hatte Steuerbefreiung durchgesetzt. (8)	Schicken Steuerzettel und kommen zur Eintreibung. (8)		Dunkle Schatten im oberen Stockwerk. (8)
Emily ist trocken und kalt gegenüber den Steuer-eintreibern.(9)				Emily wirkt aufgedunsen wie eine Leiche. (9)
Sie verweigert Damen den Empfang, nachdem Barron weg ist. (10)				Undefinier-barer Geruch. (10f)
	Richter Stevens weigert sich, Emily wegen des Geruchs zu belästigen. (11)			Emily klam-merte sich einst an den toten Vater. (12)
			Neu in der Stadt / Vorarbeiter beim Straßenbau / Großer, gewandter Yankee. (13)	

Emily Grierson	**Die alte Generation**	**Die Modernen**	**Homer Barron**	**Todes-zeichen**
Sie fährt mit Homer im Buggy (trifft ihn öfters). (13f.)			Er fährt mit Emily zusammen im Buggy. (13)	
Sie trug den Kopf hoch, auch beim Giftkauf. (14f.)				Emily kauft Arsen. (14f.)
Emily mit hocherhobenem Haupt beim Buggyfahren. (15)			Zecht mit jungen Männern und sagt, er tauge nicht für die Ehe. (15)	
			Schief aufgesetzter Hut, Zigarre, Peitsche, gelbe Handschuhe beim Buggyfahren. (15)	

Beim Lesen dieser Tabelle erkennt man die rechtshemisphärische fundierte Kategorie der Kohärenz. Zunächst wird sichtbar, daß der Ablauf der Geschichte sprunghaft ist und daß man die Zusammenhänge selber herstellen muß, um die Gründe für die kommende Katastrophe zu verstehen, in der völlig unterschiedliche Welten und Mentalitäten aufeinanderprallen. Schon in einem linearen Erzählen kann diese Anforderung nicht immer leicht erfüllt werden. Umfangreicher wird sie, wenn es gilt, Zeitsprünge auf die Reihe zu bringen und dabei noch thematische Blöcke in einer Art Wartestellung zu behalten. Hinzukommt, daß man beim ersten Lesen nicht weiß, was später von Bedeutung sein wird. Es geht darum, die zentralen thematischen Felder aufzubauen und neue Aussagen auf ihre Zugehörigkeit zu prüfen. Ein geschickter Autor versteckt seine Hinweise so, daß man nicht gleich auf ein neues Feld schließen kann, wie es Faulkner mit seinen Andeutungen zum Thema "Tod" gemacht hat.

Der Leser, der die Kurzgeschichte zum erstenmal vor sich hat, wird die wenigen Hinweise auf dunkle Zimmer, eine aufgedunsene Frau, auf einen undefinierbaren Geruch (von einem toten Tier?) noch nicht als Leitmotiv erkennen, sie sind ihm zu weit von der bisherigen Zentralhandlung entfernt. Für einen Textinterpreten, der die Geschichte mehrmals liest, erscheint es als möglich, daß die letalen Aspekte von jenem Punkt an in den Vordergrund treten, als Emily den Tod ihres Vaters derart negiert, daß sie seine Leiche nicht herausgeben will. Realiter sieht es so aus, daß in einer mittelgroßen Gruppe studentischer Leser (N 40) nur ganz wenige in ihren subjektiven

Leseprotokollen gezeigt haben, daß sie diese düsteren Signale in der ersten Lektüre als wichtig empfanden.

Ob studentische Leser/innen Kohärenzen verstanden haben, konnten wir relativ leicht an ihren Einschätzungen der Geschichte erkennen, von denen wir bereits im Kapitel "Emotionen" berichtet haben: Bekundungen über interessantes modernes Erzählen oder die seelische Befreiung einer Frau deuten auf eine positive Verarbeitung der narrativen Verschachtelung hin, direkte Hinweise auf Unklarheiten in erzählten Passagen (Giftkauf, Verschwinden Homers, nicht verstandenes Ende) beweisen das Gegenteil. Bei einer zweiten Lektüre wird es den meisten klar, daß sich das Todesmotiv langsam mit dem Thema der vergangenen Epoche, mit ihren andersartigen mentalen Prägungen vermischt und daß hier ein Mensch aus einer vergangenen Epoche auf eine neue Zeit stößt und im Zusammenprall mit ihr in die Katastrophe gerät.

Zusammenfassend kann man sagen, es ist eine Herausforderungen für einen Autor, Vielschichtigkeit in eine Kohärenz zu bringen, damit Kunst zu schaffen und der Trivialität zu entgehen. Und mehrere Ebenen ineinander zu blenden ist auch eine Anforderung für den Leser, der damit der Oberflächlichkeit entrinnt und der schon erwähnten Platitüde, daß es sich in diesem Text nur um das Spintisieren einer alternden Frau handele.

8.6 Vergleichen als verknüpfende Tätigkeit

Wir haben zwei Hauptkategorien der rechten Hemisphäre bisher bei literarischen Texten am Werk gesehen: Kohärenz bei "Emily" und Verknüpfung von Auseinanderliegendem bei Hemingways Kurzgeschichte. Wir können solche Kompetenzen auch in Maßen bei strengen Sachtexten anwenden - es geht dabei in erster Linie um Vergleiche zwischen zwei Texten aber auch um eine Verbindung zwischen Texten und den eigenen Vorstellungen. Eine gewisse Lockerung des fokussierten Lesens wird hier vonnöten sein. Zunächst einige Hinweise zur Fähigkeit des Vergleichens als rechtshemisphärische Leistung in der Fortführung der Kohärenzen.

Wir sehen uns noch einmal die beiden Sätze aus der Untersuchung von Delis et al. (1983) an, die unter der Frage ausgegeben worden waren, ob sie in einen gemeinsamen Text passen und wenn ja, wie sie zusammengehören.

> "Der Hund läßt es jetzt zu, daß er gestreichelt wird.
> Der Hund bleibt im selben Raum wie sein Besitzer."

Menschen mit einer Schädigung der rechten Hemisphäre konnten keine Verbindung dieser beiden Zeilen ausmachen. Um zu spüren, was ihnen fehlt, sehen wir uns das Exempel etwas genauer an. Es wäre das übergeordnete Stichwort "Ausbildung von Hunden" aus den Daten abzuleiten. Wenn man erkennen will, daß die beiden Bemerkungen über einen jungen Rüden aufeinanderfolgen, muß man von den vielen semantischen Möglichkeiten des ersten Satzes diejenigen hervorheben, die auf den zweiten

Satz passen. Der Leser sollte also die möglichen Tendenzen des Satzes vage im Kopf haben und prüfen, ob beim Vergleich mit der zweiten Behauptung eine Passung stattfinden kann.

Tabelle 8.4 Semantische Merkmale des ersten Satzes aus dem Text über Hunde und Vergleich mit Merkmalen und Implikationen des zweiten Satzes

Erster Satz:	**Assoziationen, Merkmale**	**Zweiter Satz:**	**Assoziationen, Merkmale**
Der Hund läßt es jetzt zu,	- war vorher wild, - war ungezähmt, mißtrauisch.	*Er bleibt im selben Raum*	- ist jetzt zutraulicher als vorher
			Ableitung: Das ist eine Folge menschlichen Verhaltens.
daß er gestreichelt wird.	- hat jetzt Vertrauen, - er gibt sich in die Nähe des Menschen.	*wie sein Besitzer*	- Der Besitzer war ihm vorher fremd gewesen,

Es leuchtet ein: Der Leser erzeugt die Hauptmerkmale der Wörter und dann des Satzes, damit er sie mit den passenden Merkmalen des nächsten Satzes in Relation setzen kann. In diesem Beispiel sind zwei Vergleichspunkte erkennbar:

- vorher und jetzt
- hatte Angst - ist zutraulicher

Es zeigt sich ein Zeitablauf und eine größere Nähe, beides kann in den Oberbegriff "Ausbildung eines Hundes" eingebunden werden, deshalb schließen wir die Sätze nach dem Vergleich als folgerichtig zusammen. Andere Aspekte werden dabei nicht aktiviert wie eventuelle Motive für die Angst des Tieres oder die Fremdheit des Besitzers.

Vergleiche werden wichtig, wenn sie ausdrücklich vonnöten sind, um Texte zu entschlüsseln. Wenn wir uns noch einmal an die fünf Berichte über Trient erinnern, dann können wir die Eigenarten komplexeren Vergleichens erkennen. Die Frage geht in zwei Richtungen: Was ist an diesen fünf Texten aus verschiedenen Epochen inhaltlich unterschiedlich und was ist inhaltlich gleich? Die erste Teilfrage muß sich mit den historischen Begleitumständen beschäftigen, die jeweils in die Texte eingeflochten sind und die auf ihre Zeit verweisen. Die zweite Frage zielt auf die Bauwerke - und die werden ja im wesentlichen dieselben sein. Wir finden folgende Differenzen, wenn wir die Ausschnitte in der Chronologie betrachten:

Text 2: Die Vertreibung der Jesuiten. Nachfrage im Lexikon: Papst Clemens XIV löste den Jesuitenorden 1773 auf, weil er politisch und wirtschaftlich zu stark geworden war.
Text 4: Österreichische Veteranen hausen im Kastell. Es wird klar, Trient gehört um 1830 nicht in einen italienischen Herrschaftsbereich, sondern in den österreichischen.
Text 3:Die Stadt wirkt am Ende des Ersten Weltkriegs (eigentlich kurz davor) sehr heruntergekommen. Sie war eine Heimstatt der Irredenta, d.h. jener Bewegung, die italienische Gebiete aus fremder Herrschaft nach Italien zurückführen wollte.
Text 1: Als historischer Aspekt erscheint eine Kritik an der Baumaßnahme des 18. Jahrhunderts (1757). Wir spüren daran, daß der Autor von 1979 einer glücklichen Epoche angehört, die keine weiteren historischen Brüche mehr empfindet.

Der Vergleich der Unterschiede in den Texten fiel studentischen Lesern deshalb schwer, weil sie sich entweder an den Texteen selbst erfreuten oder weil sie versuchten, die Sachtexte zu entschlüsseln. Ein Vergleich hätte eine Anwärmung verlangt, auf deren Folie die Differenzen aufscheinen. Erwähnenswert ist noch, daß die Suche nach dem Identischen noch schwieriger war - alle hatten ja vermutet, daß es dieselben beschriebenen Bauwerke seien, die hier erwähnt werden. Der zweite Texte (Goethe) bezieht sich weder auf den Dom noch auf eine einzelne Kirche - er blendet in diesm kurzen abschnitt zwei Bauwerke ineinander. Von 80 Lesern fand ein einziger diesen Bruch durch das Vergleichen mit dem als trocken empfundenen Lexikontext (5) heraus. Man kann daran sehen, wie schnell scheinbar locker geschriebene Reisebeschreibungen Untiefen aufweisen, und daß waches Vergleichen eine wichtige Fähigkeit ist.

8.6 Anregungen zum Verknüpfen

Rätsel

Die komplexere Fähigkeit des Verknüpfens kann man aufrufen und anwärmen, indem man sich mit kleinen Texten befaßt, für deren Verstehen es konstitutiv ist, daß mehrere Aspekte gleichzeitig geprüft werden müssen. Eine dieser Textsorten ist uralt und hat schon unsere Vorfahren beschäftigt, es ist das Rätsel. Einige Beispiele dieser Art seien angeführt.
1. Das erste ist ein Hund, das zweite ein Junge, das Ganze aber kein Hundejunge, sondern etwas Schlimmeres. Hier sollte der geneigte Rätsellöser auf der ersten Spur verschiedene Bezeichungen für Jungen suchen und gleichzeitig auf der zweiten Spur nach Hundenamen fahnden.
2. Was ist das für ein Blatt? In Heften und Büchern ist es nicht zu finden, auch an Büschen und Bäumen nicht. Zur Lösung muß man das Wort *Blatt* in allen möglichen

Wortkombinationen suchen und quer durch den Wortschatz gehen - immer daran denkend, daß es keine der botanischen Bedeutungen sein soll.

3. Es hat einen seltsamen Sinn - Man ist in dem Ding erst richtig drin, wenn die Füße draußen sind - und doch kein Mensch das komisch findt.

Erzeugen Sie ein Spektrum von Vorstellungen: Wo ist man drin und die Füße sind draußen?

4. Sie ist keine Lampe, und doch gibt sie Licht.
Sie ist keine Nadel, doch Vorsicht - sie sticht.

Die Lichtquellen durchgehen und verbale Verbindungen (mit stechen) untersuchen. Ausführliche Hinweise für den Bau eigener Rätsel gibt das amüsante Buch von Gianni Rodari: "Grammatik der Phantasie" (1973). Und zum Abschluß ein komplexeres Beispiel aus der Überlieferung Reichenauer Mönche des frühen Mittelalters, das ich der Einfachheit halber aus dem Lateinischen übersetzt habe: *Es flog ein Vogel ohne Federn, er setzte sich auf einen Baum ohne Blätter. Es kam eine Frau ohne Hände, bestieg ihn ohne Füße, briet ihn ohne Feuer, aß ihn ohne Mund.*

Sprüche verändern

Bei den kreativen Praktikern in der Werbung gibt es immer wieder Überlegungen, wie man den Sprung ins Neue, Niegesehene trainieren kann. Dieter Urban (1993) geht in seinem Buch über Kreativitätstechniken auf Aspekte unterschiedlichen Denkens ein und benutzt dazu die in der Psychologie geläufige Polarität des konvergenten und divergenten Denkens. Dabei gilt das erste als logisches diszipiniertes Schlußfolgern, das zweite als Abweichung vom Weg und als Wechseln der Denkrichtung. Urban schreibt: "Pointen sind stets divergent". Seine Trainingseinheiten arbeiten in hohem Maße mit Veränderungen von vorhandenen Pointen, sie steigern damit die Divergenz, allerdings, so schreibt Urban zu recht, muß das logische Denken später dem Gefundenen sein Plazet geben. Ein Beispiel, wie man Teile von Redensarten verändern kann und damit einen neuen Sinn erzeugt:

Lügen haben kurze Beine.	
Lügen haben	hübsche lange Beine (Erika Mann).
Lügen haben kurze Beine,	aber einen langen Atem (Walters/Uhlenbruck)
Lügen haben kurze Beine,	aber lange Schatten (G. Hildebrandt)
Kriege haben kurze Beine,	denn, wer einmal *kriegt*, dem glaubt man nicht (Werner Schneyder).
In Analogie zu: Wer einmal lügt,	dem glaubt man nicht.

Wenn die Positionen des Subjekts und des Objekts des einfachen Ausgangssatzes noch weiter verschoben werden, erhalten wir zunächst nur Blödel-Resultate .

Rügen kriegt man auch beim Schaffen.

Bestehende Sprüche sind also Spielmaterial, dessen Steine man einmal auf der linken Seite, einmal auf der rechten variieren kann - eine schöne Übung für Verknüpfer, die immer auf der Suche sind, ob sich beim Umstellen in einen anderen Kontext nicht auch ein Sinn ergibt. Zur besseren Übersicht kennzeichne ich Wolfgang Mieders Neuerungen mit kursiver Schrift:

Der Geist ist *billig*, aber das Fleisch ist *teuer*.
Steter Tropfen höhlt *die Leber*.
"Lieber tot als rot", *sagte der Prüde und starb vor Scham.*
Wer nie beschwipst am Steuer saß, hat von Tuten und Blasen keine Ahnung.
Leute, die große Töne spucken, *sind am wenigstens geeignet, die erste Geige zu spielen.*

Noch einige Übungen für die rechte Seite des Satzes:

Gelegenheit macht...	(Reim bleibt)
Wer im Glashaus sitzt, muß ...	(Konkreter Rahmen bleibt)
Was das Händchen nicht kriegt, ...	
Wer aus der Haut fährt, ...	(konkret)
Wer den Schaden hat, braucht für den	(Reim bleibt, Thema aus der heutigen Welt)

Aphorismen

Aphorismen mit der hübschen deutschen Bezeichnung "Gedankensplitter" beziehen ihren Hauptwitz durch ihre enge Verkoppelung mit der Paradoxie. Wir hatten ja oben bereits den Begriff des zweiten Blicks erwähnt. Paradoxie heißt - frei übertragen - es entsteht ein Sinn durch die Verschiebung in einer andere Sphäre, jenseits des bisherigen normalen Denkens und Redens. Sehen wir uns zur Anregung noch einige Exempel vom Großmeister aller deutschen Sprachschmiede, Georg Christoph Lichtenberg, (1800) an:

"Vom Wahrsagen läßt sich's wohl leben in der Welt, aber nicht vom Wahrheitsagen.
Es ist schade, daß es keine Sünde ist, Wasser zu trinken, rief ein Italiener, wie gut würde es schmecken.
Es ist eine alte Regel: Ein Unverschämter kann bescheiden aussehen, wenn er will, aber kein Bescheidener unverschämt.
Der Vater: Mein Töchterchen, du weißt, Salomo sagt: Wenn dich die bösen Buben locken, so folge ihnen nicht. *Die Tochter:* Aber Papa, was muß ich dann tun, wenn mich die guten Buben locken?"

Es ist schade, daß es keine Sünde ist, Wasser zu trinken, rief ein Italiener, wie gut würde es schmecken.
Es ist eine alte Regel: Ein Unverschämter kann bescheiden aussehen, wenn er will, aber kein Bescheidener unverschämt.
Der Vater: Mein Töchterchen, du weißt, Salomo sagt: Wenn dich die bösen Buben locken, so folge ihnen nicht. *Die Tochter:* Aber Papa, was muß ich dann tun, wenn mich die guten Buben locken?"

Witze ergänzen

Auch Witze bedienen sich dieser Überraschung, im allgemeinen aber nicht so sprachspielerisch wie die Aphorismen. Versetzen wir uns in die Lage eines strengen Denkers, der einen Satz formal korrekt zu Ende führen soll. Oder stellen wir uns bei den folgenden zwei Mustern vor, sie stünden in einem betulichen Erziehungsbuch der Jahrhundertwende. Dann sehen wir Abweichung deutlicher, die so ein Witzeerfinder leisten mußte:

Die Mutter ruft ihrer Tochter zu: "Sei schön brav und amüsier dich gut!" Vermuteter Ratschlag des Erziehungsbuches: *"Ja, Mama, das werde ich tun."* Der Einfall des Witzmachers: *Die Tochter genervt: "Ja, was denn nun?".*
In diesem pädagogischen Stilbruch geht es weiter: *Klaus kommt am Sonntagmittag mit einem Eis nach Hause. Fragt die Mutter erstaunt: "Woher hast du das Eis?" "Du hast mir doch eine Mark mitgegeben!" "Die war doch für die Kirche!" "Ja, schon, die war aber umsonst."*
Und zuletzt eine Variante zum eigenen Üben:
Johann, Diener eines alten, schwerhörigen Grafen, erwartet seinen Herrn. Als dieser spät nach Hause kommt, hilft ihm Johann aus dem Mantel und flachst: "Na, du alter tauber Korkenzieher, wieder an der Bar rumgelungert und Sekt getrunken?" Der Graf antwortet: [Hoppla, wieso antwortet der schwerhörige Alte?]

Sprachliche Bilder

Heines Reise-Impression über Trient (1828-30) ging folgendermaßen weiter: Der Träumer stolpert an der Marktecke über eine dicke Obstfrau, die ihm einige Feigen um die Ohren wirft. Als er etwas später zurückkehrt, beschreibt er diese Markthalterin, und zwar möchte er mitteilen, daß sie wieder freundlich, ziemlich korpulent und mit einer eigenartigen Frisur versehen ist. Es sei dem angeregten Leser oder der Leserin angeboten, etwas Ungewohntes, milde Belebendes in die frei gelassenen Lücken hineinzuschreiben:

"Als ich wieder über den Marktplatz ging, grüßte mich an der Ecke die bereits erwähnte Obstfrau recht freundlich und recht zutraulich, als wären wir alte Bekannte. Gleichviel dachte ich, wie man eine Bekanntschaft macht, wenn man nur miteinander bekannt wird. Ein paar an die Ohren geworfenen Feigen sind zwar nicht die beste Einführung; aber ich und die Obstfrau sahen uns jetzt so freundlich an, als hätten wir

....

Die Frau hatte auch keineswegs ein übles Aussehen. Sie war freilich schon etwas in jenem Alter, wo

....

jedoch war sie auch desto korpulenter, und was sie an Jugend eingebüßt, das hatte sie an Gewicht gewonnen. Dazu trug ihr Gesicht noch immer die Spuren großer Schönheit, und wie auf alten Töpfen stand darauf geschrieben:

....

Was ihr aber den köstlichsten Reiz verlieh, das war die Frisur, die gekräuselten Locken, mit Pomade reichlich gedüngt, und idyllisch mit weißen Glockenblumen durchschlungen. Ich betrachtete die Frau mit derselben Aufmerksamkeit, wie

....

Studentische Lösungen:
- den Tanzstundenwalzer miteinander getanzt.
- wo die Erfahrungen durch die Schminke schauen.
- rund ist gesund.
- wie ein Liebhaber seine zweite Braut.

Heines Lösungen:
- uns wechselseitig die besten Empfehlungsschreiben überreicht
- wo die Zeit unsere Dienstjahre mit Strichen auf die Stirne anzeichnet;
- "Lieben und geliebt zu werden, ist das größte Glück auf Erden."
- irgendein Antiquar seine ausgegrabenen Marmortorsos betrachtet.

Insgesamt ließen sich etwa 30% der Studenten, mit denen ich solche Spiele durchgeführt hatte, bereitwillig und erfolgreich anregen, selber witziger und pointierter zu schreiben. In dem Zusammenhang dieses Buches, Lesefähigkeiten zu entwickeln, käme es darauf an, solche heiteren Einschübe in Texten zu goutieren und wenn sie gut gemacht sind, aus ihnen auch Sinnaspekte zu entnehmen. Aber auch die studentische Bereitschaft, subjektive Texte als gute Informationsquellen anzunehmen, blieb im Bereich dreißigprozentiger Akzeptanz. Das führt uns zu zwei Überlegungen

a) Öffnungen, Anwärmungen und Trainings bringen Effekte, aber nicht in allumfassender Weise. Das zeigen alle Trainingsstudien etwa zu den Strategien des Lernens. Nur in mehrmonatigen intensiven Studien lassen sich stabile Wirkungen nachweisen. Diese Experimente sind deshalb so schwierig, weil in einem halben Jahr auf jede Versuchsperson eine Fülle anderer Einwirkungen einstürzen, die jeden Einzeleffekt schwer meßbar machen.

b) Jeder Mensch hat einen Ausgangspunkt, von dem er mit seinen Teilfähigkeiten an eine jeweilige Aufgabe herangeht. Und nur von diesem Startpunkt lassen sich Beobachtungen einschätzen. Dazu werden wir im Schlußkapitel noch einige Befunde mitteilen.

8.6 Erziehungsprobleme

Gewisse Erfahrungen in der Schule kehren immer wieder: Mädchen sind sprachlich fähiger, auch eher arbeitswillig. Jungen stören öfter, versuchen zu dominieren und klinken sich früher aus. Zwei Forscherinnen, die ca. 1500 Untersuchungen zu den psychologischen Unterschieden zwischen Männern und Frauen analysiert haben (Maccoby und Jacklin, 1974), konnten dabei viele Vorurteile abbauen: Männer und Frauen sind, was die Begabungsrichtungen anlangt, nur in drei Sparten unterschiedlich ausgestattet: Frauen erweisen sich im Durchschnitt als sprachlich qualifizierter, besitzen einen größeren Wortschatz, verfügen über eine größere Flüssigkeit des Sprechens und eine schnellere Wortfindung. Männer dominieren eher in Algebra und in der räumlichen Orientierung sowie in der. In der Mathematik der oberen Leistungklasse verstärken sich die Unterschiede noch zugunsten der Männer, was, wie auch die beiden Forscherinnen betonen, nicht sozial erklärbar ist. Zu einem anderen Ergebnis von Maccoby & Jacklin gibt es vielleicht Widersprüche, daß nämlich die Aggressivität bei Männern nicht deutlich höher sei als bei Frauen - dieser Befund spielt für unsere Zwecke aber keine Rolle. Wir versuchen, einige Deutungsmuster für die unbestrittenen Divergenzen zu finden.

Die Hemisphärenverbindung und die Hormone

Bei Frauen ist die Hemisphärenverbindung möglicherweise dichter, sie spezialisieren sich nicht so stark. Die Vernetzung bei Männern ist geringer, die Spezialisierung der Areale auf eine bestimmte Aufgabe ist größer und deshalb oft effizienter. Bisweilen geht dieser Blick auf den Punkt mit einem getrübteren Blick auf Menschen, auf ihre Moral und ihre Gefühle zusammen.

Testosteron verlangsamt schon in der frühen schwachen Dosierung die Reifung der linken, sprachlichen Hemisphäre und gibt der rechten Hälfte die Chance zur schnelleren Reifung (Geschwind und Galaburda, 1987). Testosteron stärkt in größerer Dosierung aber die neuronale Ausdauer, das fokussierte Arbeiten. Der Umkehrschluß ist, daß Frauen ihre sprachlichen Fähigkeiten früher entwickeln können, weil sie dort nicht gestoppt werden. Oder wie ein milder männlicher Spott sagt: Sie fangen früher an zu reden und hören später auf.

Frauen stärken durch diesen Vorteil aber ihre speziellen räumlichen Fähigkeiten nicht - im Gegenteil: Hohe Östrogenspiegel behindern die Fokussierung und die räumliche Orientierung stark. Männer und Jungen entwickeln zunächst räumliche, bildliche Fähigkeiten und sind von sprachlichen Varianten und Nuancen nicht so angesprochen.

Nach der Pubertät erleichtert das männliche Hormon eine höhere Konzentration auf die punktuelle Aufgabe. Bei sehr hohen Dosierungen kommt es zunächst zu stark fokussiertem, konzentriertem Arbeiten, dann reicht die Spanne bis hin zu Zwangsverhalten, Stereotypien und Aggressivität.

Bei Jugendlichen beiderlei Geschlechts entpuppt sich der Frontalkortex als der Spätentwickler im Vergleich zu anderen Regionen. Seine Myelinisierung, also die Ausstattung mit den schnell und weit leitenden Nervenbahnen, hält bis zum 16. Lebensjahr an und ist damit diejenige kortikale Region, die am spätesten fertig wird. Das hat eine Parallele in der phylogenetischen Entwicklung, weil wir Menschen diese innere Leitstelle als letzte "hinzuerwarben" und unseren älteren Regionen hinzufügten. Eine augenfällige Tafel hat Wolfgang Schlote (1990) zusammengestellt, die hier gekürzt abgedruckt sei, um zu zeigen, daß die Erwachsenen einen anderen kortikalen Reifungszustand besitzen als die meisten jungen Leute!

Tabelle 8.5 Tafel der Myelinisierungen verschiedener Nervenbahnen von der Kindheit bis ins Jugend- und Erwachsenenalter mit dem erkennbaren Fazit: Die Reifungsprozesse dauern lange an. (Nach: Wolfgang Schlote, (gekürzt), 1990)

Monate im ersten Lebensjahr — Jahre

4 8 12 — 2 3 4 7 10 20 30

► Sehstrahlung
► Tastbahn
► Hörbahn
► unspezifische thalamo - kortikale Verbindungen
► Pyramidenbahn
► Cingulum
► Große Kommissuren (Corpus Callosum)
► Myelinisierte Assoziationsfasern (Intracortikale Bahnen)

Unterschiede in der kortikalen Reifung bei Jungen und Mädchen

Tabelle 8.6 Unterschiede in der neuronalen Reifung bei Jungen und Mädchen

Mädchen	Jungen
Corpus Callosum-Hypothese	
Bessere Verbindung der rechten und linken Hemisphäre.	
1. Höhere Wahrnehmungsgeschwindigkeit und interne Kohärenz	*1. Eher Neigung, partielle Aspekte zu sehen*
Testosteron-Hypothese	
Frühere Reifung der linken Hemisphäre:	Stärkere Reifung der rechten Hemisphäre
2. Größerer Wortschatz und bessere Sprachflüssigkeit	*2. Sprachlich schwächer*
3. Allgemeine Konzentrationsbereitschaft	*3. Lange Zeit Unlust zu längerer Konzentration*
4. Eher schwächere Orientierung	*4. Bessere räumliche Orientierung, in der Geometrie und in der Landschaft*
Bewegunsdominanz im liniken Frontalkortex, nahe der Feinmotorik:	Bewegungsdominanz eher im rechten Parietallappen, also besser in der Fernmotorik
5. Bessere Feinmotorik (z.B. in der Handarbeit)	*5. Bessere Fernmotorik, z.B. größere Treffsicherheit beim Schießen (Kimura, 1993)*

Reifung der rechten Hemisphäre bei Kindern und Jugendlichen

Geschwind und Galaburda (1987) weisen daraufhin, daß unabhängig vom Geschlecht bei Kindern und Jugendlichen zunächst die rechte Hemisphäre schneller reift als die linke. Im Vergleich zu Erwachsenen können die jungen Menschen mehr Leistungen der Kreativität abrufen und sie setzen mehr auf Witze, Humor und uneigentliche Redeformen, und im müden Zustand gleiten sie leichter in unkontrollierte Versionen des Unlogischen hinein, die von den Erwachsenen mit dem Wort Albernheiten gekennzeichnet und abgewertet werden.

Erst in letzter Zeit gibt es einige Hinweise bei Erziehungswissenschaftlern, wie wichtig die Rolle des Humor bei der Jugend ist! Helga Kotthoff (1997), die sich ausführlicher damit beschäftigt hat, schreibt: "Unter Jugendlichen haben Witz und Scherz einen hohen Stellenwert." So kommt es dazu, daß "flotte Sprüche hoch im Kurs stehen, eine Pointe die nächste jagt". Die Jugendlichen gehen locker mit ästhetischen Formen um wie "mit Wortspielen, Hyperbolik, Ironie, Metaphern und Parallelismen unterschiedlichster Art."

Mögliche Schlußfolgerungen für Lehrende

- Die Aufgabentypik sollte variieren und nicht nur sprachliche Elemente enthalten, sondern auch bildliche.
- Wirklicher Humor, der nicht im Witz endet, sondern die divergente und ungewöhnliche Sichtweise mit heranzieht, könnte eine Brücke zu den Jugendlichen bilden.
- Logische Aufgaben fordern eine Art der Anstrengung, die zwar lebensnotwendig ist, die aber Jugendliche eher erschöpft, als Erwachsene dies glauben.
- Das Planungsverhalten der jungen Leute schaut nicht so weit, wie es auch moderne Formen des Unterrichts manchmal vorausetzen (z.B. im Offenen Unterricht).
- Die Konzentration in kleinen Schritten zu fördern oder wieder anzuwerfen könnte hilfreich sein. Dazu gehört auch ein sinnvoller Methodenwechsel, denn nur wache Menschen lernen. Wachheit kommt aus dem Körper wie aus der emotionalen Einschätzung des Themas. So kann z.B. das Vertrauen, mit dem Thema zurechtzukommen den Körper zusätzlich aktivieren.

Teil III

Synthesen

9. Empirie

9.1 Texte haben verschiedene Schichten

Gute Texte haben wie ergiebige Bergwerke mehrere Schichten, und sie fordern deshalb unsere Kompetenz heraus, diese Ebenen zu durchdringen. Wenn die Flöze des Textes nicht vom selben Stoff sind, müssen auch erfahrene Leser verschiedenartige Werkzeuge des Durchdringens einsetzen. Konkret gesprochen: Es verlangen Imagination oder Verknüpfung andere mentale Register als Sprach- oder Analysefähigkeiten. Deshalb gibt es viele Texte, in denen wir zwei, drei oder vier unterschiedliche Leseweisen brauchen, um sie zu ergründen.

Für ein Denken in Kompetenzen, wie es in diesem Buch vertreten wird, ist es eine natürliche Forderung, das Kollegium unserer Kompetenzen immer wieder zusammenzuführen. Dietrich Doerner (1989) schreibt in seinem Buch über strategisches Denken in komplexen Situationen, es komme nicht darauf an, einen bestimmten Denkstil zu fördern. Das vernetzte Denken sei keine isolierte Fähigkeit, sondern "ein Bündel von Fähigkeiten, und im wesentlichen ist es die Fähigkeit, sein ganz normales Denken auf die Umstände der jeweiligen Situation einzustellen" (S. 309).

Befragen wir zunächst die Leseforschung, was sie zu diesem "Bündel von Fähigkeiten" meint. Bereits in den dreißiger Jahren hatte Roman Ingarden gezeigt, daß:

- ein Werk viele Schichten hat wie Lautungen, dargestellte Gegenstände, Ansichten, Zeitfolgen und literarisch-metaphorische Verdichtungen,
- daß die Leser eigentlich die Fähigkeit besitzen müßten, alle Schichten gleichzeitig zu erfassen,
- daß dies kaum möglich ist und es deshalb zu individuellen Auswahlen kommt (Leser bevorzugen das bildhafte Lesen oder die philologische oder die kritisch abwehrende Rezeption),
- und daß Leser, um näher an die Bedeutungsschichten der Textsymphonie heranzukommen, während oder nach der Lektüre eine Synthese der potentiellen Ebenen vollziehen sollten. (Ingarden, 1997)

Bei Ingarden imponiert der klare Hinweis, daß es kaum gelingt, alle Schichten bei der ersten Lektüre zu sehen und zu verbinden, sondern erst in späteren Reflexionen oder in einer zweiten Lektüre. In der Nachfolge seines polnischen Landsmannes ist Juri Lotman (1972) spezieller auf die Teilaspekte literarischen Erzählens eingegangen. Er zeigt uns die räumliche Basis, die eine Geschichte braucht und die wir mehr oder weniger bewußt beim Lesen wahrnehmen. Er weist auf die kleinsten Einheiten der Handlung hin, die er Motive nennt, und die sich in ein und demselben semantischen Feld bewegen müssen, damit der Leser sie zu einer Einheit zusammenfügen kann. Und er warnt uns, daß die Perspektive im Erzählten nicht die des Autors ist, sondern einzelner Figuren. So sollte die Kompetenz entwickelt werden, eine Addition der vielfachen Sichtweise vorzunehmen und sie in einer Reflexion zur Einheit zu verbinden. Dem aufmerksame Leser wird nicht entgangen sein, daß Lotman in anderen Termini so etwas wie die Wahrnehmung (zumindest von Räumen), sprachliche Bezugnahmen und nachfolgende Verknüpfungen beschrieben hat.

Beide Ansätze, Ingardens wie Lotmans, sind aus der Analyse von Lektüreerfahrungen entstanden. Beobachtungen von Lesern an relativ einfachen und kurzen Geschichten führten Graesser und Tabasso zu einer diffizilen Beschreibung dessen, was sie Inferenzen nennen, also die Ausfüllung der Leerstellen, die jeder Text läßt, weil es ja öde Langeweile bereiten würde, wenn jemand versuchen wollte, einen Ausschnitt der Welt ohne jegliche Lücke zu beschreiben. Die beiden Autoren benutzen folgende skurrile Geschichte von Ambroise Bierce, um die notwendigen Konstruktionstätigkeiten von Lesern zu beobachten:

> Ein Mann, für den Zeit Geld war und der gerade sein Frühstück runterschlang, weil er den Zug noch bekommen wollte, lehnte seine Zeitung an die Zuckerschale und las beim Essen darin. In seiner Hast und Ablenkung stieß er mit einer kleinen Gabel in sein rechtes Auge, als er die Gabel wieder herauszog, kam das Auge mit. Beim Kauf einer Brille brachte ihn die sinnlose Ausgabe für die rechte Linse in Armut - und so mußte der Mann, für den Zeit Geld war, seinen Unterhalt als Fischer am Ende des Piers bestreiten. (S. 375)

Was tun die Leser, um mit dieser Skizze eines Unglücks zurechtzukommen? Zunächst stellen sie auf der untersten Ebene sprachliche und kausale Bezüge her, beispielsweise die logische Ergänzung, daß sich der unerwartete Satz *kam das Auge mit* auf den gesamten Augapfel bezieht. In einer so kurzen Geschichte gibt es wenig wahrzunehmende Räumlichkeit - immerhin kann man sich vorstellen, wie der vorgebeugte hastige Mann in die Zeitung stiert. Wichtiger sind für Graesser und Tabasso die emotionalen Reaktionen, die sich sowohl auf die neue Armut der Figur beziehen als sich auch im Ekel der Leser äußern. Sprachliche Signale vertiefen dann den Eindruck: So sollte z.B. jeder aus seiner Lebenswelt das Merkmal ableiten können, daß ein Fischer am Ende des Piers ein armer Kerl ist. Und all das, weil er vorher hastig und unaufmerksam war - so weit reicht die Verknüpfung im Text selber, und so weit kann man sich das Thema der Passage vergegenwärtigen.

Zur Synthese gehört die Frage, wieso Bierce ein solches Stück aus dem Tollhaus schreibt, warum er uns so große Sprünge zumutet? Irgendwann kommen die Leser zur Auffassung, Bierce wolle damit die Arbeitssüchtigen und Gehetzten aufs Korn nehmen.

Graesser und Tabassos Pointe ist, daß die Leser erst dann solche Inferenzen machen, wenn sie den Wunsch zur Erklärung spüren - sie beginnen mit den Mikro-Inferenzen und schalten nach Bedarf auf komplexere Schlußfolgerungen hoch, wobei sie mehr Material des Textes in ihr Denken einbeziehen.

Wir können diese These, die an einer kurzen Geschichten gewonnen wurde, auch für unser Vorhaben benutzen. Wir hatten in diesem Buch Teilfähigkeiten vorgestellt, die jeweils für sich einen Sinn erfassen können, die aber in einer Koalition mehrere Textaspekte zum Leuchten bringen. Ob das bei routinierten Lesern ziemlich schnell geschieht oder bei einem jüngeren erst noch "zusammengenäht" werden muß, ist zunächst irrelevant. Wichtig ist, daß vertiefendes Lesen Zeit braucht, am besten in einer zweiten Lektüre oder in einer Phase des Nachsinnens.

Zwischen den beiden Eckpunkten der frühen literaturwissenschaftlichen und der neueren psychologischen Forschung ist eine große Zahl von Listen publiziert worden, die sich mit den notwendigen Abfolgen und Schritten beim Lesen geschriebener Produkte beschäftigen. Eine auf vier Punkte vereinfachte von Norbert Groeben (1982) sei erwähnt Er sieht folgende vier Stufen als praktikabel an:

- Kenntnis von Wortbedeutungen
- Schlußfolgerungen innerhalb des Lesens
- Nachvollzug der Textstruktur und -gliederung
- Identifizierung mit der Intentionen des Textes oder Autors (S. 23).

Beach und Hynds haben in ihrer 1991 veröffentlichen Arbeit für eine Übersichtsdarstellung ca. 20 Kategorienlisten durchgearbeitet, die meistens vier bis sieben Stufen der Annäherung an Texte enthalten (S. 457f.). Eine kleine Auswahl sei aufgezählt:

- Sinnsuche, Visualisierung, Vorstellung, Gefahr der Übersentimentalität und des Haftenbleibens an einer Doktrin.
- Einstieg in den Text, Wahrnehmung, Deutung, Bewertung.
- Entziffern, Werten, Einfügen sozialer Deutungen, private Assoziationen.
- Unreflektiertes Interesse an der Handlung, Empathie aufbringen, Analogisieren, Bedeutungen suchen, Blick auf das Werk als Arrangement des Autors, die eigene Gedankenwelt und die des Autors kennzeichnen.

Auffällig ist die Beschränkung auf eine überschaubare Anzahl von Fähigkeiten oder Stufenfolgen, wobei einige Aspekte fast überall wiederkehren: Vorstellung, Gefühl, Bewertung, kritische Einordnung. Andere hingegen scheinen unterbelichtet zu sein wie die aktive und kreative Mitarbeit des Lesers. Wir wollen nicht über einzelne Positionen der Listen rechten, sondern die hauptsächliche Schlußfolgerung von Richard Hunt u.a. (1993) heranziehen, die lautet, daß die volle Lesefähigkeit darin besteht, alle notwendigen Zugangsweisen zu benutzen und dabei auch, wenn es nötig ist, flexibel von einer Leseweise zur anderen zu wechseln.

Wie das bei erfahrenen und intensiven Lesern aussieht, möge ein Zitat aus Sven Birkerts (1997) Buch über seine Exkursionen in der Welt intensiven Lesens andeuten. Er schlägt die erste Seite eines zeitgenössischen Romans auf (Patrick Mc Grath: Dr. Haggards Krankheit) und kommt zu folgenden Bemerkungen über das Buch und das Lesen:

"Ein lockerer und vielversprechender Anfang, keine Frage, im Gesprächston, mit viel Sinn für Atmosphäre und von bestrickender Geheimnishaftigkeit.

Da will zunächst ein Kontext aufgebaut werden. Die ersten Abschnitte lese ich zwei-, dreimal und öfter, nicht nur um ein klares Bild von der Szenerie und der Figurenkonstellation zu bekommen - um die "Leerstellen" und "Unbestimmtheiten", von denen die Literaturtheoretiker sprechen, auszufüllen -, sondern auch um mich an den Sprachrhythmus und die Stimmlage des Werkes zu gewöhnen.
Auf einer fünfzehnminütigen U-Bahn-Fahrt lasse ich mich in Haggards Welt hineinfallen wie in einen Brunnenschacht. " (S. 135 -138)

Es scheinen die Konzepte der vorliegenden Untersuchung durch wie genaues Lesen, Bilderwelten aufbauen, Verknüpfen als Ausfüllen von Lücken, emotionale Nähe scheinen, sie sind im originalen Lesebericht lebendig und selbstverständlich dargestellt.

9.2 Neuropsychologie der Konvergenz

Im Bereich der Neuropsychologie kommen für die Beschreibung der Synthese zwei Stichwörter in Frage, die schon erwähnte Konvergenz und am Rande die Frage nach der Bewußtheit menschlichen Tuns.

Beginnen wir mit der *Konvergenz*. Im derzeitigen Denken der Gehirnforscher stellt sich immer wieder die Frage, wie all die beobachteten Details zu einem Gesamtbild zusammenpassen. Einige Thesen hatten wir bereits erwähnt:

- *Singers* Synchronizität elektrischer Schwingungen bindet die Myriaden von Einzelinfomationen für Augenblicke zu einer erkennbaren Wahrnehmung und zu einem Bild.
- Für *Spitzer* sowie für *Calvin und Ojemann* können die Synthesekräfte dieselben neuronalen Bereiche teilweise für jeweils andere Inhalte heranziehen.
- *Damasio* beschreibt anhand einer Tasse exemplarisch, welche acht oder zehn Datengeber sich zu einem Gefüge verbinden, das einen Vordergrund und einen aktivierbaren Hintergrund hat: Im Augenblick ist die Tasse heiß, glatt, schwer und duftend. Latent ist sie zerbrechlich, ein Kunstgegenstand, farblich abgestimmt oder gar ein Maskottchen für den Arbeitskollegen. Viele dieser Stränge kommen über unterschiedliche Sinne oder Wissensbereiche ins Gesamtbild hinein.

Die Arbeiten über das *Bewußtsein* gehen ähnliche Wege wie diejenigen über die Konvergenz:

- *Rudolf Hernegger* (1995) sieht Bewußtheit nur dadurch als möglich an, daß wir in der Lage sind, einen unspezifischen Erregungszustand über das retikuläre System aufrechtzuerhalten und auf dieser Basis dann mit Hilfe des Frontalen Kortex die spezifischen Inhalte in eine Synthese zu bringen und sie eine Weile präsentzuhalten.

- Und die Inhalte, so fügt *Tor Nörretranders* (1994) hinzu, gelangen dann ins Licht unseres Wissens, wenn sie lange genug im Fokus der Aufmerksamkeit gehalten werden können, mindestens 500 msec.
- Höhere Ziele können nur angestrebt werden und Einordnungen nur stattfinden, wenn die Regiezentrale sich lange genug auf ein Thema konzentriert, mit ihm planend und vergleichend umgeht (so Calvin und Ojemann).
- Dem kann man von seiten der Textforschung hinzufügen: Ein vielschichtiger und halbwegs stabiler Sinn ergibt sich erst, wenn man einen Text wie die Entwicklung eines Fotos behandelt: Man muß den Lösungsmitteln genügend Zeit geben, damit sich das Bild von den groben Konturen bis zu allen Feintönungen, Farben und Tiefenschärfen entwickeln kann. Dazu müssen die neuronalen Kreise so lange schwingen, bis sie von ihren mehrfachen Attraktoren, sprich Teilfähigkeiten, in ein Modell integriert worden sind.

Erkenntnistheoretisch gesprochen bekommt ein Ding wie die exemplarische Kann oder ein Text um so mehr Bedeutung, je mehr Sinnschichten angesprochen sind: Ein Text kann sich von einem blassen Gebilde in einem beliebigen Buch zu einem Gegenstand unseres Bewußtseins entwickeln, wenn wir ihn nur intensiv genug betrachtet haben. Nehmen wir das häufig zitierte und bekannte Palindrom der Antike (Texte, die man vorwärts und rückwärts lesen kann)

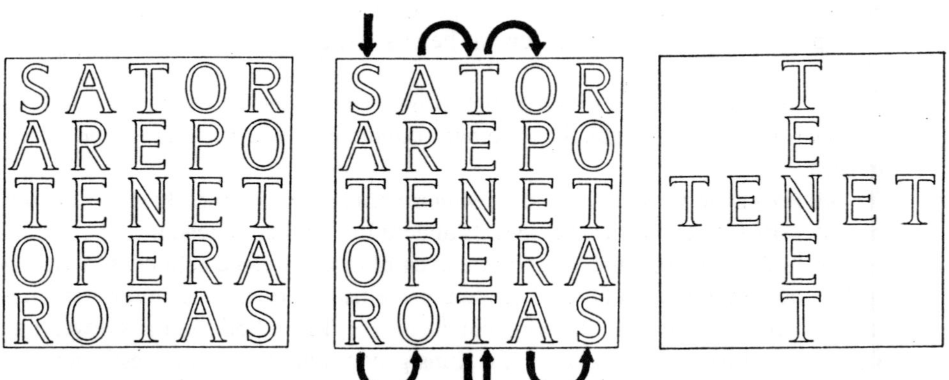

9.1 Bekanntestes Palindrom aus der Antike und Jan van Koolwijks Deutungsvariante (1997) optisch, theologisch und mit einem Wisseneinschub aus dem Ackerbau

Wir lesen es, fokussieren unseren Blick, so daß wir die Verfugung der Wörter in allen Richtungen erkennen, wir wenden die Übersetzung auf die Wörter an: "Der Sämann Arepo hält die Welt (die sich drehenden Werke)." Wir sinnieren über die Bedeutung v.a. des Namens, wir fassen eventuell einen Stein mit dieser Inschrift an, wenden ihn hin und her und werden uns doch nicht schlüssig, was der Name Arepo bedeuten soll: Kommt er zufällig in dieses Spiel, weil sich nur mit ihm alle Leserichtungen ergeben? Oder müssen wir ihn mit unserem Wissen aus der Gnosis verbinden, so daß wir hier auf ein verborgenes Zeichen aus dieser oder einer anderen antiken Geheimlehre stoßen? Solche Anziehungskräfte wirken über Generationen und führen zu immer neuen Deutungen. Der sinnende Blick auf diesen rätselhaften Text findet irgendwann eine andere Spur: Der Sämann und der Leser werden zum Pflüger, der seine Furchen folgendermaßen zieht, wie die Pfeile es markieren, von oben nach unten und zurück:

Dann öffnet sich der Sinn in eine ganz andere Richtung: "Der Sämann hält die Welt - es hält die Welt der Sämann". Mit dem verstärkten Kreuz in der Mitte ist der Text nun ein Symbol christlicher Herkunft und Bedeutung, das zugleich Spuren der Stoa enthält, insofern der Sämann synonym mit dem Schöpfer und Erzeuger gesetzt wird, dem wir vertrauen können, daß er seine Ernte auch mit Freundlichkeit erhält (s.a. Hildbrecht Hommel, 1953).

Man könnte dieses Spiel mit der Vertiefung an vielen Texte weiterführen, so hat z.B. Thomas Mann in manchen seiner Romane bis zu vierfache Bedeutungsschichten unter seine Erzähloberfläche gelegt, wiederum mit dem Effekt, daß manche Leser geradezu süchtig nach solcher verstärkten Sinngebung werden.

Doerners Zitat von dem Bündel der Fähigkeiten, das wir immer wieder auf die Umstände anwenden müssen, schließt mit dem Ausruf: "Die Umstände sind immer verschieden!" Man kann hinzufügen: Auch Texte sind verschieden. Ihre Offenheit ist nicht so groß wie die des Lebens - und so können wir versuchen, die erwünschte Bündelung der Lesekompetenzen auf wenige Grundtypen zu beschränken. Dadurch wird die Kooperation der Kompetenzen pragmatischer und übersichtlicher:

a) Ein einzelner Text kann verlangen, daß wir fast unsere gesamte Lesekomplexität "anschalten". Wir werden das an einem Beispiel über die Kultur Weimars vorführen.
b) Ein Thema mag uns animieren, zwei Texte verschiedener Machart zu suchen, um bei unserer Präferenz einzusteigen und sie dann ins Weitere fortzuführen. Unsere Beispiele kommen aus der Philosophie (Heidegger), aus der Biologie (Genforschung) und aus der Literatur (Eichendorff).
c) Und schließlich ist es möglich, daß uns die Vielfalt des Lesestoffes dazu veranlaßt, eine Textreihe aufzubauen, die eine Kombination der Lesefähigkeiten verlangt, um die Potentiale aufzuschließen. Wir probieren es mit der Kunstwissenschaft (Tiepolo) und der Geschichte (Abälard).

9.3 Untersuchungen

Bevor wir mit den konkreten Lesestücken beginnen, sollten wir noch eine Überlegung zur Verteilung von Lesefähigkeiten bei Rezipienten anstellen, soweit wir einen Zugang zu ihnen bekommen.

Es ist zu fragen, wieso Kompetenzen mit guten Trainingsmethoden immer nur partiell oder nur in bestimmten Segmenten zu verbessern sind, wieso man nicht einfach in Schulen und Universitäten gehen und mit einigen ausgesuchten Programmen jedem zu einem kompletten Satz von Fähigkeiten verhelfen kann. Die erste Vermutung ist richtig, daß Kompetenzen nicht wie lockeres Geröll in unserer Psyche herumliegen und deshalb nur ein bißchen angestoßen werden müßten, um sich zu bewegen, sondern daß eine gewisse Ausstattung des Individuums und auch seine bisherige Lernbiographie wohl dafür verantwortlich zu machen sind.

Ein großer Lesetest

Trotzdem sollten wir etwas genauer in diese Gemengelage hineinschauen. Zunächst kann man konstatieren, daß sich Teilbegabungen auch in großen Untersuchungen mit vielen Probanden finden lassen und daß sie - wenn vorhanden - ihre positive Wirkung entfalten. Ich hatte 1991 am IEA-Lesetest mitgearbeitet, in dem ca. 7000 deutsche Achtklässler mit einem dreistündigen Lesetest untersucht wurden, der 32 Aufgaben zu Texten aller Art umfaßte - von differenzierter Prosa bis zu Tabellen und Karten. Durch mehrfache Faktorenanalysen fand ich, daß bei den ca. 4000 Probanden, die alle Aufgaben gelöst hatten, sieben Teilfähigkeiten gefragt waren:

- Wiederfinden von Wörtern in einem größeren Text,
- Eine gewisse Belastbarkeit des Arbeitsgedächtnisses (v.a. beim Umgang mit Tabellen),
- Unterscheidung von Bedeutungsnuancen bei ausgesuchten Wörtern,
- Fähigkeit zur Lektüre visueller Texte (u.a. Karten) und zur Vorstellungsbildung bei Erzählungen,
- Fähigkeit, Motive von Figuren zu erkennen bzw. weiter auseinander liegende Textstellen zu verknüpfen,
- Analytische Genauigkeit,
- Bereitschaft, sich auf emotionale Texte einzulassen..

Die ersten beiden Aspekte waren fast allen Schülern/innen zugänglich, auch solchen mit einfachen Leseleistungen. Die sprachliche Anforderung (Bedeutungsnuancen erkennen) und die visuelle (Kartenlesen, Vorstellungen bilden) rangierten auf einer Ebene mittlerer Schwierigkeit. Die drei letzten Kompetenzen waren ausschlaggebend dafür, ob die Leser/innen mit allen Arten von Texten zurechtkommen konnten oder nicht. Anders herum formuliert, Probanden mit guten Testergebnissen verfügten auch über die drei anspruchsvolleren Kompetenzen. Dies allerdings nicht in der Weise, daß jeder gute Leser oder jede gute Leserin allen drei Ansprüchen gleich gut gerecht wurde.

Die Deutungen lassen erkennen, daß in diesem Test die semantische Leistung nicht so kompliziert war und daß sie nur der untersten Gruppe schwer fiel. Die Vorstellungsbildung fiel etwa einem Drittel der Schüler nicht leicht, sonst war sie in ausreichendem Maße vorhanden. Man muß aber als Einschränkung hinzufügen, daß ein solcher Test nicht genügend Zeit und Motivation bietet, sich geruhsam auf Imaginationen einzulassen, deshalb kann man die lediglich mittlere Differenzierung, die durch diesen Faktor erfolgt, nicht auf alle Leseformen übertragen. Deutlich ist, daß drei der in diesem Buch vorgestellten Teilfähigkeiten eine Schlüsselstellung für das

Verstehen der Texte einnahmen, die Verknüpfung, das genaue Lesen und die Bereitschaft, sich auf Gefühle einzulassen.

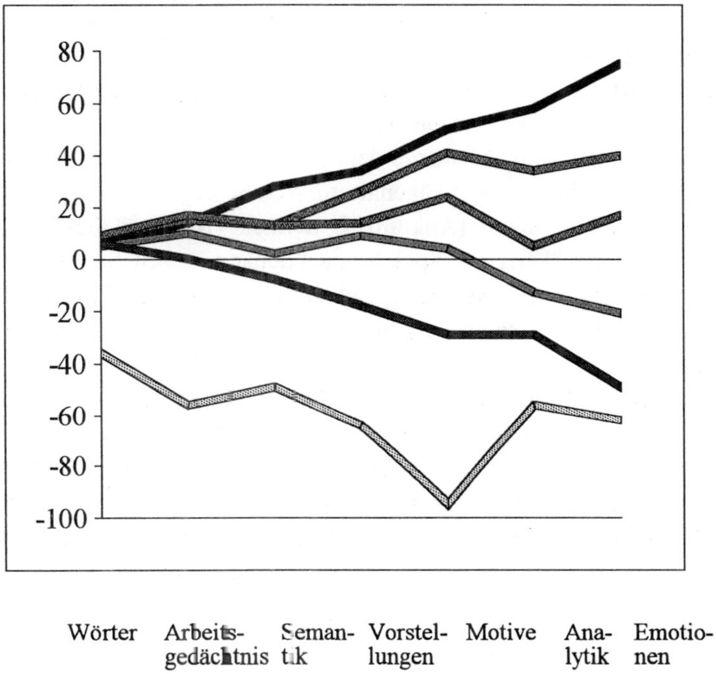

9.2 Heiner Willenberg (1995): Ergebnisse aus dem IEA-Lesetest von 1991: Die Linien zeigen die Leistungsdaten von ca. 4000 Achtklässlern, die nach ihrem Gesamtergebnis in sechs Gruppen dargestellt werden. Die Knickstellen zeigen jeweils, wie weit eine Gruppe in einer Teilfähigkeit unter oder über dem Durchschnitt (0-Linie) liegt.

Kleine Beobachtungsprojekte

In vielen kleineren Untersuchungen mit Studentengruppen und einigen Schulklassen habe ich wiederholt ein Spektrum von Texten zum selben Thema angeboten und dabei Zugangsweisen im Sinne der hier vorgestellten Teilfähigkeiten ermöglicht. Die Funde waren immer gleich strukturiert und ergaben eine Normalverteilungskurve über alle Kompetenzen. Das heißt, es gab keine mittelgroßen Gruppen (N 40-150), in denen nicht jede der Kompetenzen als Zugangsweg gewählt worden war, wenn ihnen eine eigene Leseweise offeriert wurde. Das folgende Beispiel dreht sich um das Thema Irland, ausgehend von Heinrich Bölls Geschichtensammlung "Irisches Tagebuch". Fünfzig Germanistikstudenten/innen wählten sich eine der Zugangsweisen, um die Texte (ergänzt um externe Sachtexte) zu behandeln.

- Die *analytische* Aufgabe forderte auf, Widersprüche in zwei Berichten über dasselbe Thema zu finden, die dreißig Jahre auseinanderlagen.

- Die *imaginative* lautete: "Irische Bilder: Wollen oder können Sie sich vorstellen, wie die Szene des obigen Textes aussehen könnte: Interieur, Kleidung, Wetter ..."
- Die Möglichkeit zur *Bewegung* bot an: "Wollen Sie eine kleine Pantomime der letzten Szene probieren - Gehen Sie zur Anwärmung und zum Üben auf den Flur. (Sie können auch einen kleinen Dialog hinzufügen)."
- *Emotionalität* wurde hervorgelockt durch die Frage: "Die Iren haben viel Zeit - mehr als wir. Woran könnte das liegen?"
- Die *sprachliche* Aufgabe wurde dem Anlaß angemessen in zwei Varianten gestellt: - "Die Iren haben viele Eigenarten. Welche Eigenarten der Iren lernen Sie in dieser Böll-Geschichte (Ankunft I) kennen? Machen Sie sich eine Liste!" (Merkmale) Oder: "Über die Sprache nachdenken. Lesen Sie den folgenden Anfang und überlegen Sie, welche typischen Redensarten Sie für die Deutschen und für andere Völker kennen." Grundlage Heinrich Bölls Text: "Redensarten". (Reflexion)
- *Verknüpfung*. Material war die erzählte Ablenkung eines Verkehrspolizisten: "Bereiten Sie eine Geschichte vor, die Sie jemandem erzählen wollen, der Sie im Auto kontrolliert. Denken Sie daran, er muß freundlich gestimmt werden und er muß zuhören wollen. Und denken Sie daran, wenn er sich auf den Arm genommen fühlt, bekommen Sie einen Strafzettel. Am besten machen Sie sich ein paar Stichwörter, damit Sie einen sinnvollen Ablauf herstellen können."

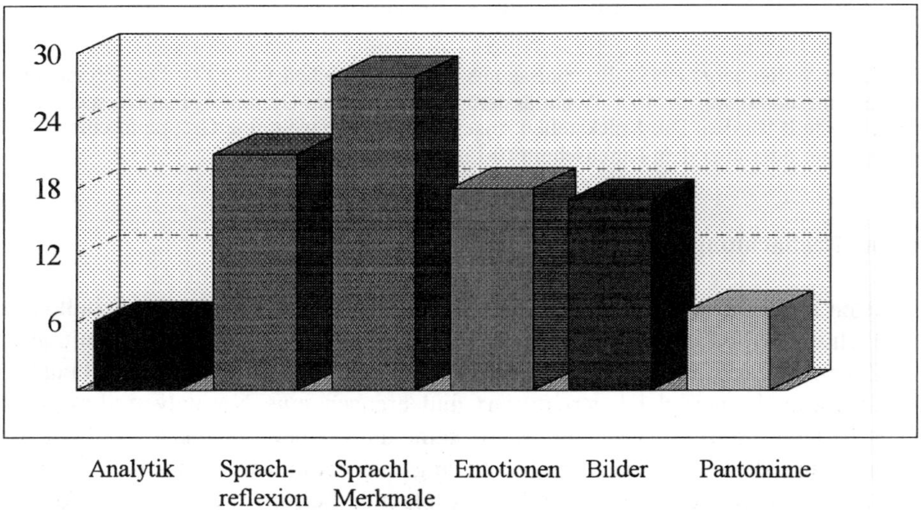

9.3 Aufgabenwahl als Beispiel für Lesepräferenzen (N = 50 Germanistikstudenten/innen)

Zwar auch normalverteilt aber ganz anders gewichtet sah die Lösung einer gleichgroßen Gruppe von Studierenden der Pädagogik aus:

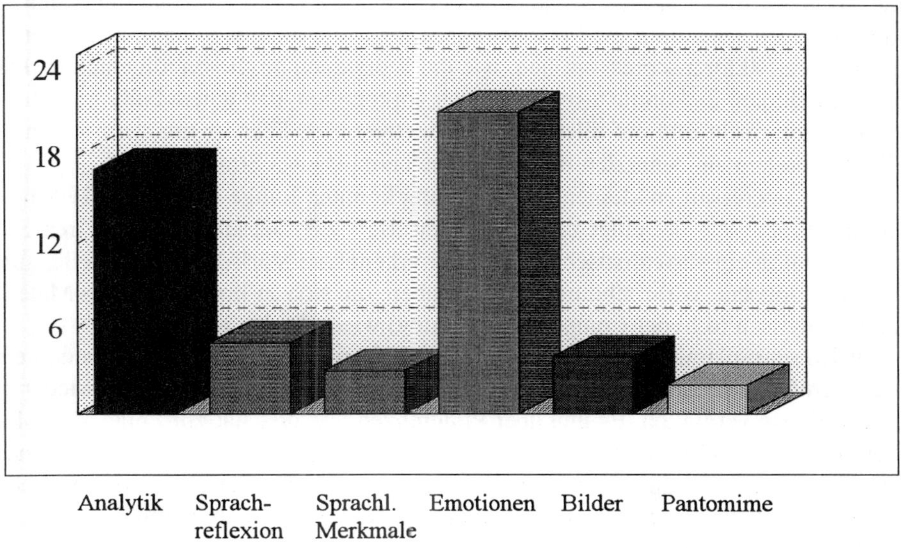

9.4 Aufgabenwahl als Beispiel für Lesepräferenzen (N = 49 Pädagogikstudenten/innen aller Fächer)

Bei dieser Gruppe von Pädagogikstudenten aus allen Fächern verschob sich der Schwerpunkt von den sprachlichen Bevorzugungen zu der emotionalen und der analytischen Aufgabe. Die Studienschwerpunkte bringen andere Gewichtungen zutage.

Ein bißchen tiefer in die Arbeitsweisen von Lesern ging eine andere Aufgabe. Ich hatte 78 Studenten aufgefordert, die weiter unten (Kapitel 10) folgenden zwei Texte von Martin Heidegger zunächst mit ihren eigenen Lernstrategien zu lesen und sich später Notizen darüber zu machen. In einem zweiten Durchgang bot ich den Leser/innen fünf Zugangsweisen, die dem Konzept dieses Buches entsprechen, nacheinander und mit ausreichender Zeit an. Interessant war dann die abschließende Befragung der Leser/innen, welche Methoden sie nun benutzen und unterscheiden. Ich gebe die Fakorenanalyse der Fragebögen nur in Stichworten wieder:

Faktor 1: *Begriffsarbeit leisten*
Faktor 2: *Imagination benutzen*
Faktor 3: *Kommunikation suchen und Gefühle über den Text äußern*
Faktor 4: *Arbeitstechniken benutzen (Wörter unterstreichen / Stichworte finden.)*
Faktor 5: *Genaues Lesen verbunden mit Ablehnung der Imagination*

Auch hier scheint die Struktur der Fähigkeiten durch, wenngleich sie nicht dieselbe Aufmachung hat wie bei den Böll-Texten. Wir erkennen bei diesen beiden philosophischen Texten trotzdem wieder eine Auffächerung der Leseweisen: Sprachliche Arbeit an den Begriffen und analytisches Verhalten / Vorstellungen bilden / die Äußerung von Gefühlen in der Kommunikation. Bewegungsaufgaben waren den Lesern vorstellbar, erschienen ihnen aber nicht als angemessen.

Eine Zusatzinformation zu dem statistischen Verfahren: Faktorenanalysen sammeln Daten ohne Rücksicht auf die Personenmischung. Man kann sich dann aber über die sogenannten Faktorenscores ansehen, wie die Individuen an diesen allgemeinen Faktoren teilnehmen. Es könnte also theoretisch vorkommen, daß jemand alle Lernstrategien gut beherrscht und auf allen Faktoren vertreten ist. Dies ist nur ganz selten der Fall, die Leser/innen benutzten im allgemeinen ein bis zwei Strategietypen.

In einer interessanten kleinen Untersuchung konnten Lange und Kuhn (1996) zeigen, daß Probanden bei einer offenen "Leseweise", z.B. bei einem imaginären Spaziergang durch ein surrealistisches Bild, klar erkennbare Vorlieben für visuelle, auditive oder haptische Wahrnehmungen kundgaben, die sich in ihrem verbalen Material inhaltsanalytisch (d.h. per Computerauszählung) wiederfinden ließen.

Zur Einschränkung muß man hinzufügen: In Langzeitbeobachtungen traten keine puren Lerntypen in Erscheinung, die sich unter allen Bedingungen immer wieder auf dieselbe Weise verhielten. Es gibt aber Präferenzen und dies hat zur Folge, daß Menschen ihre Lern-und Leseweisen auch nach dem jeweiligen Sujet aktivieren oder nach ihrer Tagesform. So kann es vorkommen, daß gute Imaginierer mit dem visuellen Spezialangebot eines Themas nichts anfangen können und ihre emotionalen oder analytischen Fähigkeiten "aus der Tasche "ziehen (s. dazu auch Ute Frey, 1997).

Genau so wichtig ist aber die komplementäre Beobachtung, die das Beharren auf einer Leseweise dokumentiert: Probanden äußerten nämlich immer wieder Erstaunen, daß jemand überhaupt auf die Idee kam, eine andere Aufgabe zu wählen als ihre eigene, z.B. daß "diese trockene Sprachanalyse" gewählt wurde oder daß jemand gar spielerisch und mit Bewegungen des Körpers lernen wollte! Daraus ziehen wir vier Schlußfolgerungen:

- Die Vielfalt vorhandener Lern- und Leseweisen bei Menschen ist groß.
- Eine erkleckliche Anzahl von Menschen arbeitet eingeschlossen in die eigene Leseweise vor sich hin.
- Komplexe Texte verlangen ein Bündel an Leseweisen, die in eine Konvergenz münden müssen. Es ist sinnvoll, sich von einem Ausgangspunkt zu den weiteren Sichtweisen vorzutasten, um die Texte einigermaßen auszuschöpfen.
- Lehrende aller Fächer wären gut beraten, verschiedene angemessene Ausgangspunkte zu einem Thema zu suchen. Selten werden sie mit völliger Ablehnung einer Zugangsform konfrontiert sein.

10. Textschichten

10.1 Ein einzelner Text: Anna Amalias Palast

Als Beispiel für die Ebenen eines Einzeltextes sei eine Annäherung an die kulturreiche Stadt Weimar vorgeführt. Eine der schönsten Städte Deutschlands verdankt ihre Vielfalt auch den Impulsen einer jungen Fürstin, der Herzogin Anna Amalia. Vergleichen wir zwei Texte, wie sie uns in den Wohnsitz der Landesmutter nähern, die in jungen Jahren Witwe geworden war.

> "Einen architektonisch eindrucksvollen Übergang zum Theaterpatz schafft das Wittumspalais, also der Witwensitz der Herzogin Anna Amalia (1739 - 1807). Der von ihr geschätzte Minister Jakob Friedrich Freiherr von Fritsch, leitender Beamter des Geheimen Consiliums und nicht gerade sonderlich erfreut über die Berufung Goethes in die oberste Landesbehörde durch Herzog Carl August, ließ sich das Gebäude 1767 als repräsentatives Wohnhaus erbauen, verkaufte es aber schon 1774, nach dem Brand des Schlosses, der Herzogin Anna Amalia." (Hendel & Meßner, 1992, S. 108)

Die Beschreibung wirkt kühl. Hinzu kommt, daß der Minister Fritsch just beim Wittumspalais aus dem Zettelkasten gezogen werden mußte. Lesen wir nun einen längeren Bericht aus Effi Biedrzynskis Buch "Goethes Weimar", der vielfache Informationsschichten bietet:

> "Wittumspalais. Der Herzoginmutter Witwensitz: am Westrand des damaligen Weimar gelegen, Abschluß der Esplanande, des Spazierweges, den Anna Amalia, mit Baumallee und Blumenboskett, 1757 aus einem feuchten, verrotteten Winkel der Stadtbefestigung geschaffen hatte. Bauherr des Palais im schlichten Barock war Jakob Friedrich von Fritsch, Erster Minister des Landes, der 1767 das Haus für sich und seine Familie errichtete. Sieben Jahre später aber überließ er das Palais nicht ungern (da er sich finanziell übernommen hatte) zu einem Kaufpreis von 21.000 Talern seiner Fürstin, die, durch den verheerenden Schloßbrand im Mai 1774 plötzlich obdachlos, froh sein mußte, diese Bleibe zu finden. - Als Bauplatz hatte Fritsch hatte Fritsch das seit alters viel genutzte ehemals geistliche Revier nahe beim Erfurter Tor gewählt. Eine Färberei, die "Schönfarbe" am Lottenbach, mußte fast ganz weichen; vielerlei altes Gemäuer, darunter auch Reste eines Franziskanerklosters, wurde niedergerissen oder in den Neubau einbezogen, was für Zufahrt und Schloßhof mancherlei Enge und Winkelei mit sich brachte. Mit dem Kauf des Zwingers jedoch, in vorreformatorischer Zeit Klostergarten, gewann

Fritsch Raum für einen Hausgarten, den Anna Amalia sehr bald durch die Pachtung eines Streifens Land jenseits der Stadtmauer beträchtlich erweiterte. Mit Buschwerk und Schlängelwegen gesellte sich den abgezirkelten Rokokobeeten ihres Ministers eine reizvoll bewegte englische Anlage. Der Wehrturm, der rund und fest der Mauer, die erst 1793 fiel, aufsaß, ließ sie in einen luftigen Teepavillon verwandeln und mit modischen Chinoiserien durch "Freund Oeser" dekorieren. [...] Dem einfachen Äußeren entspricht das einfache Interieur dieser Fürstenwohnung. [...] Zur Beletage führt [...] nur ein schlichter Aufgang. [...] Auch das Meublement, dem Rokoko verpflichtet wie dem Empire und Klassizismus, meidet Aufwand und Prunk. Doch die Wahl der Möbel, der dekorativen Vasen, Leuchter, Uhren, die Auswahl der bestickten oder gemalten Ofen-und Lampenschirme zeugt von sicherstem Geschmack, und Freude an Leichtigkeit und Helle verrät die Anordnung dieser Zierlichkeiten vor dem zartfarbigen Hintergrund sparsam ornamentierter Wände.

10.1 Ausschnitt aus dem Stadtplan von Weimar. Der Wittumspalais umschließt den mit **V** gekennzeichneten Hof (Nach: Lossins)

In diesem Ambiente, festlich, doch ohne ängstliche Prätention, empfing die Fürstin ihre Gäste. Sie habe sich, wie Goethe sagte, sehr "im Umgang geistreicher Personen" gefallen, und es sei, wie er weiter meinte, kein bedeutender Name von Weimar ausgegangen, der nicht früher oder später in ihrem Kreis wirkte. Am Aquarell von Melchior Kraus, dem Bild von Anna Amalias geselliger Runde (1795), ist abzulesen, wie degagiert sich die Damen, die Kavaliere, doch auch die Gelehrten, die Dichter an der Fürstin Tisch (der noch heute im "Tafelrunde-Zimmer" steht) niederließen, wie fröhliche Gastlichkeit Welt und Geist einte, wie hier, und das war das Novum für Deutschland, in der Herzoginwitwe kleinem Palais sich ein erster literarischer Salon bildete, und das mit so großen Namen wie Goethe, Wieland, Herder, Schiller." (Effi Biedrzynski, 1992, S. 482 ff.)

Die Schichten des Textes

Wir aktivieren zunächst drei unserer Teilfähigkeiten und suchen ihre Funde dann im Text. Um den Blick auf die Schichten leichter zu machen, drucke ich den Text noch einmal ab und kennzeichne seine Elemente mit unterschiedlichen Hervorhebungen:

1. Zunächst brauchen wir eine Anregung unseres **Sehvermögens**, denn die Autorin hat durchaus ihre eigene Imagination in Gang gesetzt und visuelle Signale im Text untergebracht.

2. Wir sollten auch bereit sein, *Motive und Gefühle von Menschen* zu erspüren, denn sie kommen in einem Text an die Oberfläche, der sich mit Wünschen und Plänen solcher historischen Figuren befaßt, die Kultur als Bereicherung ihres Lebens aufgefaßt hatten.

3. Dann fallen uns **SPRACHLICHE SIGNALE** auf, die sehr reichhaltig sind, kein Wunder bei einer Verfasserin, die sich mit den Protagonisten der Weimarer Klassik beschäftigt. Wir suchen primär die die Leitaussagen der Absätze aber auch nach einzelnen hervorstechenden Formulierungen. Zur Hilfe schlagen wir die beiden unterstrichenen Fremdwörter nach und finden: "Prätention": Anmaßung oder Anspruch - hier verbunden mit "ängstlich". Daraus folgt die Übersetzung: Sie kannte keine Anmaßung, die aus Angst (um ihre Reputation) hätte kommen können. Und das Wort "degagiert" heißt: frei von Verpflichtungen.)
Nun der Text noch einmal mit den angezeigten Kennzeichnungen für die Schichten:

> "DER HERZOGINMUTTER WITWENSITZ: am Westrand des damaligen Weimar gelegen, **Abschluß der Esplanande, des Spazierweges**, den Anna Amalia, **mit Baumallee und Blumenboskett**, 1757 *aus einem feuchten, verrotteten Winkel der Stadtbefestigung geschaffen* hatte. Bauherr des Palais **im schlichten Barock** war Jakob Friedrich von Fritsch, Erster Minister des Landes, der 1767 das Haus für sich und seine Familie errichtete. Sieben Jahre später aber *überließ er das Palais nicht ungern (da er sich finanziell übernommen hatte*) zu einem Kaufpreis von 21.000 Talern seiner Fürstin, die, durch den *verheerenden Schloßbrand im Mai 1774 plötzlich obdachlos, froh sein mußte, diese Bleibe zu finden.* - ALS BAUPLATZ hatte Fritsch das seit alters viel genutzte ehemals geistliche Revier nahe beim Erfurter Tor gewählt. Eine Färberei, die "Schönfarbe" am Lottenbach, mußte fast ganz weichen; **vielerlei altes Gemäuer,** darunter auch Reste eines Franziskanerklosters, wurde niedergerissen oder **in den Neubau einbezogen, was für Zufahrt und Schloßhof mancherlei Enge und Winkelei mit sich brachte.** Mit dem Kauf des Zwingers jedoch, in vorreformatorischer Zeit Klostergarten, gewann Fritsch **Raum für einen Hausgarten**, den Anna Amalia sehr bald durch die Pachtung eines **Streifens Land jenseits der Stadtmauer beträchtlich erweiterte. Mit Buschwerk und Schlängelwegen gesellte sich den abgezirkelten Rokokobeeten ihres Ministers eine reizvoll bewegte englische Anlage.** Der **Wehrturm**, der rund und fest der Mauer, die erst 1793 fiel, aufsaß, ließ sie in einen **luftigen**

Teepavillon verwandeln und **mit modischen Chinoiserien** durch "Freund Oeser" dekorieren." [...]
"Auch das MEUBLEMENT, dem Rokoko verpflichtet wie dem Empire und Klassizismus, *meidet Aufwand und Prunk.* Doch die **Wahl der Möbel, der dekorativen Vasen, Leuchter, Uhren, die Auswahl der bestickten oder gemalten Ofen-und Lampenschirme** zeugt von sicherstem Geschmack, und **Freude an Leichtigkeit und Helle** verrät die Anordnung dieser **Zierlichkeiten vor dem zartfarbigen Hintergrund sparsam ornamentierter Wände.** - IN DIESEM AMBIENTE, festlich, *doch OHNE ÄNGSTLICHE PRÄTENTION*, empfing die Fürstin ihre Gäste. Sie habe sich, wie Goethe sagte, sehr "im Umgang geistreicher Personen" gefallen, und es sei, wie er weiter meinte, kein bedeutender Name von Weimar ausgegangen, der nicht früher oder später in ihrem Kreis wirkte. Am **Aquarell** von Melchior Kraus, dem Bild von Anna Amalias geselliger Runde (1795), ist abzulesen, wie **DEGAGIERT sich die Damen, die Kavaliere, doch auch die Gelehrten, die Dichter** an der Fürstin Tisch (der noch heute im "Tafelrunde-Zimmer" steht) **niederließen**, wie *fröhliche Gastlichkeit Welt und Geist einte,* wie hier, und das war *das Novum für Deutschland*, in der Herzoginwitwe kleinem Palais sich ein erster literarischer Salon bildet., und das mit so großen Namen wie Goethe, Wieland, herder, Schiller"

4. Bildliche Analyse

Wir prüfen das Gebäude auf dem Stadtplan (S. 234) suchen die Gärten, den Eingang mit der Boskettenallee (gestutzte Bäume), sehen winklige Anbauten und die nahe Nachbarschaft zu einem anderen Komplex, in dessen Hof Kanonen stehen. Wir fragen uns, wie die abendlichen Besucher wohl zum Palast gekommen sind: zu Fuß, mit einer Kutsche, in Begleitung? Und hätten sie auch einen gemeinsamen Spaziergang an hellen Sommerabenden unternehmen können?

5. Verknüpfungen

Am Schluß haben wir die Möglichkeit, die baulichen Initiativen der Herzogin mit ihren geselligen Aktivitäten zu vergleichen und zu einem Gesamteindruck zu verknüpfen. Welches Bild würde sich zeigen? Dazu schneiden wir Beschreibungen aus, meist eine pro Absatz, deren Aussagen mehr als nur ein Merkmal in sich tragen, so daß sie Stoff für den Vergleich hergeben. Versuchen wir also, die gekennzeichneten Stellen nacheinander oder miteinander aufzunehmen:

a) (Abschluß) des Spazierweges, den Anna Amalia, mit Baumallee und Blumenboskett, 1757 aus einem feuchten, verrotteten Winkel der Stadtbefestigung geschaffen hatte.
b) Mit Buschwerk und Schlängelwegen gesellte sich den abgezirkelten Rokokobeeten ihres Ministers eine reizvoll bewegte englische Anlage.

c) Auch das Meublement, dem Rokoko verpflichtet wie dem Empire und Klassizismus, meidet Aufwand und Prunk.
d) In diesem Ambiente, festlich, doch ohne ängstliche Prätention, empfing die Fürstin ihre Gäste.
e) Am Aquarell von Melchior Kraus, dem Bild von Anna Amalias geselliger Runde (1795), ist abzulesen, wie degagiert sich die Damen, die Kavaliere, doch auch die Gelehrten, die Dichter an der Fürstin Tisch (der noch heute im "Tafelrunde-Zimmer" steht) niederließen.
Als Abschluß dieser dargestellten Fülle nehmen wir wahr, daß uns eine Stilistin ein Porträt gemalt hat, in dem wir erkennen, wie der bauliche Geschmack Anna Amalias mit ihren geselligen und ihren zentralen charakterlichen Zügen zu einer einheitlichen Erscheinung wird.

10.2 Zwei Texte: Zur Philosophie Heideggers

Wir probieren es, in eine philosopische Reflexion ein Stück weit einzudringen, indem wir zwei Texte des Autors lesen, die unterschiedliche Zugangsweisen erlauben, ja eigentlich verlangen. Danach bringen wir die Bilder und Gedanken mittels der Verknüpfungen und v.a. der Vergleiche zusammen.

Im Mittelpunkt steht Martin Heideggers Aufsatz: *Vom Wesen der Wahrheit,* den er seit 1930 immer wieder als Vortrag gehalten und dann 1943 gedruckt hat. Zum Vergleich und zum Einstieg bietet sich ein Aufsatz an, der mit Bildern und Konkretionen arbeitet und sich auf diesem Weg den Überlegungen zur Wahrheit nähert. Auch philologisch ist dies gerechtfertigt, weil der Aufsatz aus derselben Zeit stammt (1933). Heideggers Sohn hat ihn allerdings erst 1983 in einem Band mit dem Titel "Denkerfahrungen" veröffentlicht. Dieser Aufsatz heißt: *"Schöpferische Landschaft: Warum bleiben wir in der Provinz?"*

Wir beginnen damit, unsere Imaginationen zu aufzumuntern

"Am Steilhang eines weiten Hochtales des südlichen Schwarzwaldes steht in der Höhe von 1150 m eine kleine Skihütte.[...] Den Hang hinauf ziehen die Matten und Weideflächen bis zum Wald mit seinen alten, hochragenden, dunklen Tannen. Über allem steht ein klarer Sommerhimmel, in dessen strahlenden Raum sich zwei Habichte in weiten Kreisen hinauf schrauben.
Das ist meine Arbeitswelt - gesehen mit den betrachtenden Augen des Gastes und des Sommerfrischlers. Ich selbst betrachte eigentlich die Landschaft gar nie. Ich erfahre ihren stündlichen, täglich-nächtlichen Wandel im großen Auf und Ab der Jahreszeiten. Die Schwere der Berge und die Härte ihres Urgesteins, das bedächtige Wachsen der Tannen, die leuchtende, schlichte Pracht der blühenden Matten, das Rauschen des Bergbaches in der weiten Herbstnacht, die strenge Einfachheit

der tiefverschneiten Flächen, all das schiebt sich und drängt sich und schwingt durch das tägliche Dasein dort oben.
Und das wiederum nicht in gewollten Augenblicken einer genießerischen Versenkung und künstlichen Einfühlung, sondern nur, wenn das eigene Dasein in seiner Arbeit steht. Die Arbeit öffnet erst den Raum für diese Bergwirklichkeit. Der Gang der Arbeit bleibt in das Geschehen der Landschaft eingesenkt.
Wenn in tiefer Winternacht ein wilder Schneesturm mit seinen Stößen um die Hütte rast und alles verhängt und verhüllt, dann ist die hohe Zeit der Philosophie. Ihr Fragen muß dann einfach und wesentlich werden. Die Durcharbeitung jedes Gedankens kann nicht anders denn hart und scharf sein. Die Mühe der sprachlichen Prägung ist wie der Widerstand der ragenden Tannen gegen den Sturm.
[...]
Die Städter wundern sich oft über das lange, eintönige Alleinsein unter den Bauern zwischen den Bergen. Doch es ist kein Alleinsein, wohl aber Einsamkeit. In den großen Städten kann der Mensch zwar mit Leichtigkeit so allein sein, wie kaum irgendwer sonst. Aber er kann dort nie einsam sein. Denn die Einsamkeit hat die ureigene Macht, daß sie uns nicht vereinzelt, sondern das ganze Dasein loswirft in die weite Nähe des Wesens aller Dinge.
Eine sehr laute und sehr betriebsame und sehr geschmäcklerische Aufdringlichkeit scheint sich oft um die Welt des Bauern und sein Dasein zu kümmern. Man verleugnet aber so gerade das, was jetzt allein nottut: Abstand halten von dem bäuerlichen Dasein, es mehr denn je seinem eigenen Gesetz überlassen; Hände weg - um es nicht hinauszuzerren in ein verlogenes Gerede der Literaten über Volkstum und Bodenständigkeit." [S. 9-11]

Einige Bilder sollten so klar sein, daß sie im Gedächtnis oder auf dem Papier bestehen bleiben.

Eine Umschaltung auf die sprachliche Arbeit am Begriff

Hier sollten wir auch immer begrenzte Konkretionen mitsehen. Heidegger fragt im ersten Teilkapitel seines Aufsatzes "Vom Wesen der Wahrheit". was man unter dem geläufigen Begriff der Wahrheit versteht und antwortet dann im zweiten mit dem Begriff der Übereinstimmung:

"Von Übereinstimmen sprechen wir in verschiedener Bedeutung. Wir sagen z.B. angesichts zweier auf dem Tisch vorhandener Fünfmarkstücke: sie stimmen miteinander überein. Beide kommen überein in dem Einem ihres Aussehens. Deshalb haben sie dieses gemeinsam und daher sind sie in dieser Hinsicht gleich." [S. 10]
"Die Aussage über das Geldstück bezieht "sich" aber auf dieses Ding, indem sie es vor-stellt und vom vor-gestellten sagt, wie es mit ihm nach der je leitenden Hinsicht bestellt sei. [...] Vor-stellen bedeutet hier, unter Ausschaltung aller "psychologischen" und "bewußtseinstheoretischen" Vormeinungen, das Entgegenstehen des Dinges als Gegenstand. Das Entgegenstehende muß als das so Gestellte ein offenes Entgegen durchmessen und dabei doch in sich als das Ding stehenbleiben und als

ein Ständiges sich zeigen. [...] Das so und im strengen Sinne allein Offenbare wird frühzeitig im abendländischen Denken als "das Anwesende" erfahren und seit langem "das Seiende" genannt." [S. 11f]

Im vierten Teilkapitel fordert Heidegger, den Dingen ihr Recht zu belassen:

"Das hier nötige Wort vom Sein-lassen des Seienden denkt jedoch nicht an Unterlassung und Gleichgültigkeit, sondern an das Gegenteil. Sein-lassen ist das Sicheinlassen auf das Seiende. Dies wird freilich wiederum nicht nur als bloße Betreibung, Behütung, Pflege und Planung des jeweils begegnenden oder aufgesuchten Seienden verstanden. Seinlassen - das Seiende nämlich als das Seiende, das es ist - bedeutet, sich einlassen auf das Offene und dessen Offenheit, in die jegliches Seiende hereinsteht, das jene (Offenheit) gleichsam mit sich bringt." [S. 15f]
"Der Mensch verhält sich zwar ständig in seinem Verhalten zu Seiendem, aber er läßt es auch zumeist immer bei diesem oder jenem Seiendem und seiner jeweiligen Offenheit bewenden. Der Mensch hält sich im Gangbaren und Beherrschbaren auch da, wo es das Erste und Letzte gilt. Und wenn er sich aufmacht, die Offenbarkeit des Seienden in den verschiedensten Bezirken seines Tuns und Lassens zu erweitern, zu ändern, neu anzueignen und zu sichern, dann nimmt er doch die Anweisungen dazu aus dem Umkreis der gangbaren Absichten und Bedürfnisse. Die Ansässigkeit im Gängigen ist aber in sich das Nichtwaltenlassen der Verbergung des Verborgenen. Zwar gibt es auch im Gangbaren Rätsel, Unaufgeklärtes, Unentschiedenes, Fragliches. Aber diese ihrer selbst sicheren Fragen sind nur Durchgänge und Zwischenstellen für die Gänge im Gangbaren und deshalb nicht wesentlich." [S. 22]
"Die Umgetriebenheit des Menschen weg vom Geheimnis hin zum Gangbaren, fort von einem Gängigen, fort zum nächsten und vorbei am Geheimnis, ist das Irren." [S. 24]
Im achten Kapitel heißt es, der gemeine Verstand (die Sophistik) "beruft sich auf die Fraglosigkeit des offenbaren Seienden und deutet jedes denkende Fragen als einen Angriff auf den gesunden Menschenverstand und seine unglückliche Gereiztheit." [S. 26]

Die sprachliche Arbeit wirkt asketischer, strenger an die Vorgabe gebunden. Wir folgen einem der dargestellten Sprachprinzipien, nämlich Wort- oder Sachfelder zu etablieren und finden dann fünf Bereiche:

a) Die Dinge: Das Seiende, Beispiel: das Fünfmarkstück,
b) Entgegenstehen der Dinge: Sie vor sich stellen, sie seinlassen,
c) Eine Offenheit: sich einlassen auf das Offene der Dinge, sie stehen in die Offenheit hinein,
d) Das Gangbare: das Beherrschbare, das Gängige, gangbare Absichten und Bedürfnisse,
e) Das Erste und Letzte: die Geheimnisse, das Verborgene.

In einem zweiten Durchgang versuchen wir, das nächste Sprachprinzip anzuwenden und die Wortfelder gemäß den Textabsätzen in eine Kernaussage zu bringen:

1. Wahrheit heißt (auch) Übereinstimmung.
2. Das Ding (der Mensch) steht mir zur Erarbeitung der Wahrnehmung frei gegenüber.
3. Wir sollen den Dingen ihr Recht belassen.
4. Wenn der Mensch in der Routine bleibt, findet er die wichtigsten Fragen nicht und verfällt damit dem Irrtum.
5. Den nur praktischen Verstand machen Fragen nach dem tieferen Sinn gereizt.

Setzen wir nun in unserer Vorstellung die Bilder Heideggers aus dem Schwarzwald dazu, versuchen wir, jeden der fünf Punkte mit Bildern und Beispielen aufzufüllen. Die Fähigkeit, die wir jetzt brauchen, ist nun eher rechtshemisphärisch dominiert: Bedeutungen präsent zu halten, Kohärenz zu suchen und auch weite Wege zu gehen:

Vergleichen

1. Wahrheit heißt (auch) Übereinstimmung:

> "Wenn in tiefer Winternacht ein wilder Schneesturm mit seinen Stößen um die Hütte rast und alles verhängt und verhüllt, dann ist die hohe Zeit der Philosophie. Ihr Fragen muß dann einfach und wesentlich werden. Die Arbeit öffnet erst den Raum für diese Bergwirklichkeit. Der Gang der Arbeit bleibt in das Geschehen der Landschaft eingesenkt. Die Durcharbeitung jedes Gedankens kann nicht anders denn hart und scharf sein. Die Mühe der sprachlichen Prägung ist wie der Widerstand der ragenden Tannen gegen den Sturm."

Die Übereinstimmung der Arbeit mit der Landschaft, d.h. mit einem Teil des Seienden, nähert sich der Wahrheit.

2. Die Dinge (die Menschen) stehen mir zur Wahrnehmung frei gegenüber, ich muß offen für die Eigenarten sein:

> "Die Wahrnehmung der Landschaft geschieht "nicht in gewollten Augenblicken einer genießerischen Versenkung und künstlichen Einfühlung, sondern nur, wenn das eigene Dasein in seiner Arbeit steht. Die Arbeit öffnet erst den Raum für diese Bergwirklichkeit."

3. Wir sollen dem Seienden sein Recht belassen. Dazu gehören die Dinge und auch die Menschen:

> "Ich selbst betrachte eigentlich die Landschaft gar nie mit den betrachtenden Augen des Gastes und des Sommerfrischlers. Ich erfahre ihren stündlichen, täglichnächtlichen Wandel im großen Auf und Ab der Jahreszeiten.

> Man verleugnet aber so gerade das, was jwas jetzt allein nottut: Abstand halten von dem bäuerlichen Dasein, es mehr denn je seinem eigenen Gesetz überlassen; Hände weg - um es nicht hinauszuzerren in ein verlogenes Gerede der Literaten über Volkstum und Bodenständigkeit "

4. Wenn der Mensch in der Routine bleibt, findet er die wichtigsten Fragen nicht und verfällt damit dem Irrtum:

> "In den großen Städten kann der Mensch zwar mit Leichtigkeit so allein sein, wie kaum irgendwer sonst. Aber er kann dort nie einsam sein. Denn die Einsamkeit hat die ureigene Macht, daß sie uns nicht vereinzelt, sondern das ganze Dasein loswirft in die weite Nähe des Wesens aller Dinge."

Heidegger trifft hier die Unterscheidung zwischen den beiden Wörtern Alleinsein und Einsamkeit, die heute eher ungebräuchlich ist. Wir benötigen einen Wissenseinschub und finden diese Dichotomie in der romantische Tradition und noch bei Karl Jaspers, der formuliert, sie sei ein Außerhalb-Stehen des "universal Wissenden" und "nicht identisch mit dem soziologischen Isoliertsein." Dieser Einschub stammt aus dem größten einschlägigen Lexikon, dem Historischen Wörterbuch zur Philosophie.

5. Den nur praktischen Verstand machen Fragen nach dem tieferen Sinn gereizt. Dafür gibt es lediglich indirekte Hinweise:

> "Eine sehr laute und sehr betriebsame und sehr geschmäcklerische Aufdringlichkeit scheint sich oft um die Welt des Bauern und sein Dasein zu kümmern. Um es hinauszuzerren in ein verlogenes Gerede der Literaten über Volkstum und Bodenständigkeit."

Die Unrast modischen Denkens ist ein Beispiel für das Verharren im Gängigen, und sie macht vor unangemessenen Themen nicht halt. Diese These steht, nebenbei gesagt, in Vorträgen während der dreißiger und vierziger Jahre.

Analytik, Kritikpunkte finden

Dazu müssen wir doch wieder Imaginationen aufrufen: Wenn wir uns des tieferen Fragens und der Übereinstimmung mit Landschaften und Menschen vergewissern, welche Bilder kommen uns dann vor Augen? Die eines ringenden Philosophen, der mit wesentlichen Fragen in seiner Berghütte umgeht. Von innehaltenden Menschen, die zur Besinnung kommen.

Im Gegensatz dazu diejenigen, die im Gängigen hasten, in der täglichen Routine versinken, ohne ein Gefühl für das Leben jenseits der Hetze zu erreichen. Sie bleiben in der Stadt und ihren Unterhaltungen. Und es kommen auch Bilder von Bauern im Winter des Schwarzwalds, in ihren Häusern mit doppelten Wänden und tiefen

Dächern, eingeschneit und einsam. Sind sie wesentlich? Manche vielleicht, offene Individuen, die in der Ruhe ihres uralten Hofes zu Hause sind. Andere versinken dort gleichfalls in der Arbeit und kennen nichts anderes als Traditionen sowie überkommene Wertungen. Es gibt für den analytischen Blick eine erkennbare Diskrepanz zwischen der von Heidegger gelobten Einsamkeit in der Natur und unseren Vorstellungen vom bäuerlichen Leben. Wesentliche Fragen werden wohl auch im Leben der Wäldler selten gestellt, das in harter Arbeit steckt.

Wissenseinschub

Zu den Verfahren verständigen Lesens, die eher im "Gängigen" angesiedelt sind, gehört es, bereits publizierte Meinungen zu einem Thema heranzuziehen. In diesem Fall greifen wir zu Rüdiger Safranskis Monographie (1994) und lernen daraus, daß Heidegger sich mit seinem Begriff der offenen Wahrheit v.a. gegen Platon richtet, der Wahrheit als etwas auffaßte, was man finden muß, was gleichsam aus dem Verborgenen gezogen werden kann. Heidegger dagegen siedelt die Wahrheit in einem Suchraum an. Damit etabliert er zwischen dem Fragenden und den Dingen eine Sphäre, in der der Mensch sinnvolle Arbeit und Mühe anwendet, um zu einer vorläufigen Antwort zu gelangen und nicht zu einer immer gültigen Lösung. Diese Nuancierung entspricht heutigem Denken eher als die These von der wahren Philosophie auf Berges Höhen.

10.3 Zwei Texte: Naturwissenschaft und Wissenschaftsjournalismus

Naturwissenschaftliche Texte in Originalpublikationen wollen dem Fachpublikum meistens einen neuen Fund mitteilen, sie brauchen dazu das Thema nur kurz anzureißen, auf das sie sich beziehen, denn ihre primäre Absicht besteht darin, die Fortentwicklung des Wissens klar zu machen. Etwas allgemeinverständlicher sind gute wissenschaftsjournalistische Darstellungen verfaßt. Wir gehen an ein solches Exempel heran: Zunächst benötigen wir die Einstellung des genauen und des sprachbetonten Lesen, danach müssen wir unsere Kapazität zu einer mindestens vagen Bebilderung aufrufen.

Sprachliche und genaue Arbeit am Text

"Gemeinsame Wurzel in Afrika
Genetische Analysen bestätigen Abstammung des Menschen

Der moderne Mensch stammt aus Afrika. Davon sind jedenfalls die meisten Forscher überzeugt. Seit längerem gibt es Belege dafür, daß der direkte Vorläufer des Homo sapiens, der Homo erectus, vor etwa 1,5 Millionen Jahren begann, von Afrika nach Europa auszuwandern. Wie sich aber die Evolution zum Homo sapiens abspielte, ist unklar. Eine Theorie besagt, diese Entwicklung habe an vielen Stellen der Welt parallel stattgefunden. Eine andere Möglichkeit besteht darin, daß der moderne Mensch nur in Afrika entstand und von dort aus in einer weiteren großen Wanderung den Rest der Welt besiedelte.
Seit einiger Zeit mehren sich die Hinweise auf die Richtigkeit der zweiten Theorie. Aufgrund von Analysen am Y-Chromosom und an der Erbsubstanz von Mitochondrien postulierte man einen ursprünglichen "Adam" und eine "Eva", aus der sich alle heutigen Menschen entwickelt haben sollen. Jetzt haben Wissenschaftler die Erbsubstanz des Zellkerns von mehr als 1600 Individuen aus 42 verschiedenen Volksgruppen untersucht ("Science", Bd. 271, S. 1380). Sie analysierten zwei dicht beieinanderliegende "Marker" im Erbgut, die sich im Laufe der Jahrtausende durch Mutationen ständig verändert haben.
Es stellte sich heraus, daß alle Volksgruppen außerhalb Afrikas fast ausschließlich eine bestimmte Kombination dieser Marker tragen, während Menschen südlich der Sahara ein viel weiteres Spektrum aufweisen. Das deutet darauf hin, daß der Homo sapiens in der südlichen Hälfte Afrikas länger als anderswo existiert. Seine genetischen Marker haben in dieser Zeit mannigfaltige Veränderungen erfahren. Verhältnismäßig spät muß sich dann eine Gruppe Menschen abgespaltet haben, deren Erbgut seither nicht mehr vielen Änderungen unterworfen war. Die Wissenschaftler schätzen, daß dies nicht länger als 100 000 Jahre zurückliegt."
(tho. Frankfurter Allgemeine Zeitung 1996).

Die Absatzthesen sind schnell gefunden:

a) Die Menschen stammen aus Afrika.
b) Sie sind von dort ausgewandert.
c) Das stellte sich an einer Chromosomenuntersuchung heraus.

Wir fügen noch zwei Zeitaspekte hinzu:

zu a) Die Menschwerdung begann vor 1,5 Millionen Jahren.
zu c) Die Abwanderung startete vor ca. 100.000 Jahren.

Wissenseinschub

Bei der Begriffsbildung wird es etwas kritischer - wir klären einige Begriffe auf Lexikonebene, andere durch den Rückgriff auf die Originalarbe :

Gene "Erbeinheit. Die Gene liegen hintereinander aufgereiht in den Chromosomen des Zellkernse. Dort nimmt jedes Gen einen genau festgelegten Platz ein (den

Genlocus)." (Encarta, 1997). Gene können mutieren, d.h. sie können ihren genetischen Code, die Zahl ihrer Basenpaare verändern. Die Mutationen von Genen können so ausfallen, daß sie keine erkennbaren Auswirkungen haben müssen.
Chromosomen: "kommen in den Zellkernen [...] bei Pflanzen, Tieren [Menschen] und Pilzen vor. Die Erbinformationen sind auf den Chromosomen in zahlreichen Abschnitten, den Genen, organisiert". (Encarta, 1997)
Mitochondrien: Teile einer Zelle. Liegen im Cytoplasma, das den Kern umschließt, versorgen die Zelle mit Energie. Ihre Erbinformationen eignen sich zur Analyse genetischer Veränderungen besonders gut, weil sie immer über die mütterliche Linie weitergegeben werden. Sie gehören nicht zum Zellkern selbst.
Marker bezeichnet die untersuchten Stellen auf dem Chromosom, auf dem die Gene fest verankert sind.
Y-Chromosom: Das einzige Chromosom, das keine X-Form hat, dem also ein Balken fehlt. Es trägt die männlichen Geschlechtsmerkmale weiter.

Zu den weiteren Informationen folgt die Grafik aus dem Originalaufsatz:

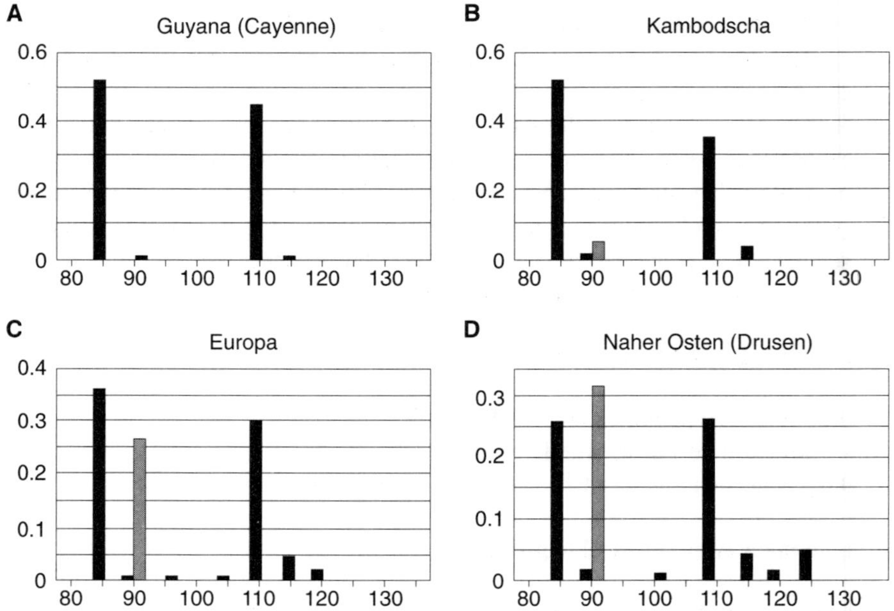

10.2 Tiskoff u.a. (1996): Die waagerechte Darstellung bezeichnet die Zahl der Basenpaare des ausgesuchten Gens. Die senkrechte Balken weisen auf die prozentuale Verteilung der jeweiligen Genmutation in den gezeigten sechs Populationen hin. Die Prozentlinien der sechs Populationen sind leider nicht im selben Maßstab ausgebracht.

Interpretiert heißt dies, die vier unten stehenden afrikanischen Stämme besitzen eine deutlich größere Variation dieses einen Gens. Und das bedeutet für die meisten Genforscher, daß diese Bevölkerung schon über eine sehr lange Zeit zusammen ist, denn nur in langen Phasen kann eine solche Breite von Mutationen zustande kommen (s. dazu Leakey und Lewin, 1993).

Visuelle Vorstellung als Basis für analytisches Denken

Wir benutzen nun diese Art Strichcode, um uns eine Vorstellung zu bilden:

- Vor ca. 1,5 Millionen Jahren haben sich die Menschen in Afrika von ihren Verwandten abgetrennt. Wir haben ein Bild eines behaarten Vorfahren, der schon erkenntlich Werkzeuge benutzt.
- Sein genetisches Spektrum im ausgesuchten Y-Chromosom und in den Mitochondrien ist einfach, bringt aber im Verlauf dieser langen Zeit ein breiteres Band durch Mutationen hervor.
- Vor ca. 100.000 Jahren nun wandert eine Teilgruppe aus, die künftigen Europäer und Asiaten. Wie sieht eigentlich ihr genetisches Spektrum nun aus? Nach 1,4 Millionen Jahren des Zusammenlebens mit den anderen Afrikanern eigentlich schon ziemlich vielfältig!
- Wieso haben dann die Ausgewanderten eine so einfache genetische Variationsbreite? Stammen sie aus einer engen räumlichen Region, in der sich nichts geändert hatte? Das ist eine Zusatzannahme, die überhaupt nicht in den Rahmen paßt. Oder kann man an den Veränderungen des Genbildes eine Selektion durch das Klima erkennen. Auch das ist eher unwahrscheinlich. Denn in Kambodscha und bei den Drusen (im Libanon) herrscht gleichfalls ziemlich warmes Wetter vor.

Als Fazit ergibt sich: Entweder haben wir einen Widerspruch im Denken: In bestimmten räumlichen Regionen hat sich in anderhalb Millionen Jahren nichts geändert, oder wir haben eine Lücke in der Darstellung, daß die Veränderung durch beschreibbare Selektionen entstanden sind. Gehen wir also noch einmal an den Originaltext und examinieren wir ihn.

In der Tat setzen die Autoren (Tishkoff u.a.) voraus, daß sich das vielfältige Spektrum der Genbildung in den beiden untersuchten Bereichen (Y-Chromosom und Mitochondrien) in einem Teil Afrikas wieder vereinfacht habe, und zwar in Nordafrika. Von dort aus seien die Menschen auf ihre Wanderung "out of Africa" gegangen. Hier haben wir die wichtige logische Mitbedingung gefunden, die im Zeitungsartikel fehlt.

Wir bewundern im wissenschaftlichen Artikel zwar ein imposantes Ergebnis: Vielfalt der Genmutationen südlich der Sahara - geringere Mutationsbreite in den anderen Bereichen, wie es die Grafik vorführt. Die Schlußfolgerungen daraus könnten aber genauso gut andersherum lauten:

a) Es gibt zwar die ältesten menschliche Stränge im Süden Afrikas.
b) Es gibt jüngere Stränge der menschlichen Entwicklung unabhängig davon in einem anderen Bereich (vielleicht Nordafrika, vielleicht auch woanders).
c) Oder die Vielfalt der Genmutation kann sich eventuell wieder reduzieren. Dann wäre aber die sogenannte genetische Uhr prinzipiell in Frage gestellt. Wenn nämlich diese Möglichkeit bestünde, würde jegliche Zeitlinie heikel. Dann wäre es ja

auch möglich, daß die einfachere europäische Variante einer ganz alten Linie entspränge, die sich irgendwann durch Zufall und zwischendrin zu der geringen Mutationsbreite zurückentwickelt hätte! Und dann wäre die Tür offen für eine parallele Entwicklung der Hominiden, wie sie der Forscher Antoni Rosas behauptet, der einen 800.000 Jahre alten "Homo antecessor" in Nordspanien gefunden zu haben glaubt.

Wir können hier mit Sicherheit die komplizierten Probleme der Paläoanthropologie und ihres Verhältnisses zur Genforschung nicht lösen, aber mit einer Verbindung aus analytischem Lesen und einer wachen Imagination sind wir doch in der Lage, kritische Fragen zu stellen.

10.4 Zwei Texte: Eichendorff und die Illustratoren

Hier können wir zwei andere Kombinationen unserer Fähigkeiten anwenden, die nicht so häufig in den Vordergrund treten, die aber ihre eigene Kraft besitzen, nämlich die Deutung mithilfe des Vorlesens, wobei auch die Gefühle des Lese-Interpreten auftreten. Danach soll die exakte Analyse des bildlichen Materials zur sprachlichen Genauigkeit führen.

Wir gehen zu Eichendorffs Roman "Die Abenteuer eines Taugenichts" (1820). Ein Mensch mit leichtem Gemüt, von Haus aus Müllerssohn, verläßt seine baumumstandene Heimat und kommt als Wanderbursche mit seiner Fiedel nach Süden. In einem Schloß ist gerade die Stelle des Zolleinnehmers frei geworden. Unser Taugenichts bekommt sie, er beschäftigt sich aber lieber mit den Pflanzen im Garten und trifft dabei eine schöne Frau aus der Entourage des Schlosses, von der er nicht weiß, wer sie ist. Fortan legt er ihr regelmäßig üppige bunte Sträuße an eine bestimmte Stelle. Eines Tages werden sie nicht mehr abgeholt - er bekommt über ein Dienstmädchen die Aufforderung, zu einem Fest einen üppigen Strauß zu bereiten und ihn zu einem Birnbaum zu bringen. An dieser Stelle beginnt unser Ausschnitt.

Vorlesen - Intonation

Lesen Sie die Passage laut vor und versuchen Sie dabei, Ihre und des Textes Stimmung zu gestalten:

"Als endlich die Nacht hereinbrach, nahm ich mein Körbchen an den Arm und machte mich auf den Weg nach dem großen Garten. In dem Körbchen lag alles so

bunt und anmutig durcheinander, weiß, rot, blau und duftig, daß mir ordentlich das Herz lachte, wenn ich hineinsah.
Ich ging voller fröhlicher Gedanken bei dem schönen Mondenschein durch die stillen, reinlich mit Sand bestreuten Gänge, über die kleinen weißen Brücken, unter denen die Schwäne eingeschlafen und auf dem Wasser saßen, an den zierlichen Lauben und Lusthäusern vorüber. Den großen Birnbaum hatte ich gar bald aufgefunden, denn es war derselbe, unter dem ich sonst, als ich noch Gärtnerbursche war, an schwülen Nachmittagen gelegen.
Hier war es so einsam dunkel. Nur eine hohe Espe zitterte und flüsterte mit ihren silbernen Blättern in einem fort. Vom Schlosse schallte manchmal die Tanzmusik herüber. Auch Menschenstimmen hörte ich zuweilen im Garten, die kamen oft ganz nahe an mich heran, dann wurde es auf einmal wieder ganz still.
Mir klopfte das Herz. Es war mir schauerlich und seltsam zumute, als wenn ich jemand bestehlen wollte. Ich stand lange Zeit stockstill an den Baum gelehnt und lauschte nach allen Seiten, da aber immer niemand kam, konnt´ ich es nicht länger aushalten. Ich hing mein Körbchen an den Arm und kletterte schnell auf den Birnbaum hinauf, um wieder im Freien Luft zu schöpfen.
Da droben schallte mir die Tanzmusik erst recht über die Wipfel entgegen. Ich übersah den ganzen Garten und gerade in die hellerleuchteten Fenster des Schlosses hinein. Dort drehten sich die Kronleuchter langsam wie Kränze von Sternen, unzählige geputzte Herren und Damen, wie in einem Schattenspiele, wogten und walzten da bunt und unkenntlich durcheinander, manchmal legten sich welche ins Fenster und sahen hinunter in den Garten. Draußen vor dem Schlosse aber waren der Rasen und die Bäume von den vielen Lichtern aus dem Saale wie vergoldet, so daß ordentlich die Blumen und die Vögel aufzuwachen schienen. Weiterhin um mich herum und hinter mir lag der Garten so schwarz und still.
Da tanzt sie nun, dacht´ ich in dem Baume droben bei mir selber, und hat gewiß lange dich und deine Blumen wieder vergessen. Alles ist so fröhlich, um dich kümmert sich kein Mensch." (Eichendorff, 1974, S. 34 f.)

Welche Stimmung haben Sie gefunden, welche Sicht dieser Figur formt sich durch die Lektüre?

Bilder imaginieren

Von dieser Position aus können Sie Ihre optische Imagination zu Rate ziehen. Welche Stelle des Ausschnitts sehen Sie besonders deutlich, und was signalisiert diese Stelle für Ihre Deutung? Auch hier wieder sollte sich das Gesehene stabilisiert haben. Danach ist es angebracht, die Illustrationen dreier Künstler anzuschauen und sie einzuordnen, an welche Stelle sie gehören und welche Deutung sie übermitteln.

10.3 Philipp Grot Johann: Illustration zu Eichendorff: "Aus dem Leben eines Taugenichts" (1900)

10.4 Heiner Vogel: Illustration zu Eichendorff: "Aus dem Leben eines Taugenichts" (1970)

10.5 Gunter Böhmer: Illustration zu Eichendorff: "Aus dem Leben eines Taugenichts" (1975)

Vergleich und Deutung

Nun muß die Interpretation wieder ins Sprachliche einschwenken. Und jetzt ist ein Vergleich am Platz: Halten Sie die Bilder gegeneinander und analysieren Sie ihre Unterschiede und v.a. die Tendenz, die diese Grafiken dem Erzählten beigeben. Auch Bilder sind Interpretationen, und zwar solche, die ins Netz der Sprache übersetzt werden sollten, denn nur auf diese Weise erreichen wir ein Stück bewußter Lektüre auch in den offenen Zugängen. Hier einige Bemerkungen zu den Illustrationen und ihren Tendenzen:

Philipp Grot Johann plaziert unseren Gesellen oben im Birnbaum, mit dem Körbchen in der Hand, den Blick ins Land. Ein riesiger Baum umfängt den Einsamen, er sitzt aber vor einer offenen Mitte, die den Blick gewährt. Dieser Wanderer wird weiterziehen, und er kann es, weil ihn die Natur freundlich umfängt, so daß er gleichsam als Teil von ihr erscheint.

Heiner Vogel zeigt einen Überblick über den Garten, eine Idylle mit Brücken, Schwan und Lusthaus. Die bildnerischen Mittel sind: Statik, Raum und eine Perspektive aus des Taugenichts Wohnung. Das Bild ist sehr voll und doch klar. Dieses Ensemble wirkt am ehesten wie ein Zaubergarten. So liegt die Vermutung nahe, der Künstler habe ein Zauberspiel gestaltet, in dem alle Wehwehchen der Welt, die wir mitbekommen, gnädig aufgehoben sind.

Gunter Böhmers Szene schließlich bezieht sich auf das Gehen des Taugenichts, der allein unter der Espe dahinläuft. Die Zeichnung ist eher dämmerig, verschwommen, motivarm und ohne Konturen. Hier wird also eine völlig andere Textschicht hervorgehoben: Der Protagonist ist einsam, er hat keinen Menschen in seiner Nähe. Und insgesamt scheint der Aspekt durch, dem Einsamen hilft die dunkle, konturenlose Natur überhaupt nichts.

Wir deuten nur kurz an, daß diese Bilder auch "Kinder" ihrer Zeit sind. Groot Johann zeichnete seine Variante um 1900, als Eichendorffs Taugenichts zum Inbild des freien und sehnsuchtsvollen Deutschen geworden war. Vogel schnitt seine Vision in den sechziger Jahren in Leipzig. Ungeachtet der Tatsache, daß die damalige Ideologie nichts mit der deutschen Romantik zu tun haben wollte, erschuf er seinen eigenen Garten des Rückzugs. Und Böhmer sieht eher die melancholischen Züge dieses Wanderburschen ohne festen Boden unter den Füßen - eine der Sichtweisen auf Eichendorff am Ende des 20. Jahrhunderts.

Unser eigentliches Thema ist es aber zu zeigen, daß die Schichten eines literarischen Textes auch in einer kurzen Szene aufscheinen. Die Deutungen im Bildlichen wie im Sprachlichen müssen schließlich in der Verknüpfung münden, um mitteilbar zu werden. Das Modell der Textschichten verlangt auch, daß Elemente in wichtigen Szenen mit wesentlichen Elementen des Gesamttextes in eine Verbindung treten. In unserem kleinen Segment wurde diese letzte Forderung erfüllt, weil jeder Zeichner auf seine spezielle Textstelle verweisen kann und weil jeder seine Sehweise auch im Werk findet. Sicherlich können sich die beiden Deutungen der Novelle als einer Zaubergeschichte auf größere Passagen in Eichendorffs Text beziehen. Aber Böhmers Variante vom isolierten, gebeugten Menschen in der Einsamkeit erkennt die ebenfalls mitschwingende Gefährdung des Wanderers durch Philister aller Art.

Mit dieser Bemerkung kommen wir aber an die Grenze des hier vorgestellten Modells. Es dient dazu, Kompetenzen anzuregen, mit denen vielerlei Textelemente zu erfassen sind. Und zwar Aspekte des Textes, die primär in ihm selber oder in seinem textuellen Umfeld liegen. Dieses Modell dient nicht dazu, Wahrheit zu bestimmen, es will auch nicht begründen, ob die neueste Deutung auch die richtige ist. Solche Kategorien dienen ja nur als regulative Ideen und Werte, denen wir uns lediglich annähern. Auch ein neuropsycholgisch fundiertes Modell ist kein Nürnberger Tricher. Aber es regt an, in ein Gespräch darüber einzutreten, daß Sichtweisen anderer Menschen ihr Recht besitzen, wenn sie eine andere Schneise zwischen den Bäumen des Textwaldes erkennen. Allerdings sollten es Perspektiven sein, die zwischen den Bäumen und auf dem Boden bleiben, indem sie primär erkennbare textuelle Faktoren ins Kalkül ziehen und weniger die Privatismen von Lesern.

10.5 Eine Textreihe: Kritisches Lesen bei Tiepolo

Wir erinnern uns noch einmal an Tiepolos Bild aus dem komplizierten Zwickel der Würzburger Residenz, das auf S. 90 abgedruckt ist.. Wir profitieren von unserer visuellen Lesefähigkeit und gehen ein Stück in das Bild hinein, um uns zu vergewissern, was wir sehen:
Ein Mann mittleren Alters lehnt sich hinter der Rückseite einer Muschel und hinter zwei vollplastisch ausgearbeiteten Figuren nach rechts. Er hat eine braune Kappe auf dem Kopf, trägt einen hellbraunen Seidenschal und eine dunkelbraune Jacke. Über seine Schulter schaut ein jüngerer Mann auf den Betrachter, er trägt eine helle Perükke und eine blaue Jacke. Links von beiden die Rückenansicht eines Mannes, der sich abwendet, und ganz links sieht man noch den Kopf einer weiteren männlichen Figur, die von weiter oben auf den Betrachter schaut. Die Szene spielt vor einem offenkundig unfertigen Bauwerk, das mit Stangen und Brettern eingerüstet ist. Dahinter ein Turm oder ein gerundetes Bauteil mit einem ovalen Fensterchen und einem kräftigem Gesims. Über dem Ganzen eine mehrfach gewulstete Dachkugel mit Fahne.

Lesen wir nun, was die Fachleute zu diesem Bild geschrieben haben. Wir sollten dabei unsere mehrfachen Fähigkeiten benutzen und fragen:

- Sind die Beschreibungen genau?
- Können sie bildliche Reize hervorheben?
- Wie sieht es mit ihrem Raumgefühl aus, gehen sie auf die Positionierung der Trias in einem heiklen Gewölbewinkel ein?
- Äußern sie Gefühle?
- Benutzen sie verständliche Fachwörter?
- Können sie verknüpfen?
- Wo taucht ihr Wissen auf?

Antonio Morassi:

"In der Ecke linker Hand, über der Muschel-Kartusche mit den zwei nackten Figuren in Stuck, erscheint Tiepolos Selbstporträt und das Bildnis Domenicos [...], und neben ihnen eine andere Person mit grobem Gesicht und glänzender Nase, wahrscheinlich einer seiner Mitarbeiter, vielleicht Urlaub." Vorher zur Einführung: "Über dem Gesims der ausgezeichneten Architektur mit ihren rhythmischen Intervallen gerillter Säulen bedeckt das Fresko die sanftgekrümmte Decke, und die gemalten Gestalten sind auf ein zweites Gesims gestellt, mit Stuckfiguren an den Ekken, die die optische Illusion noch täuschender machen, so daß es schwerfällt, zwischen wirklichen und gemalten Elementen zu unterscheiden." (1955, S. 31f.)

Was konnten wir erkennen: Ja, Antonio Morassi kann Visuelles einleuchtend zusammenfassen und mit einer leichten Wertung versehen. Er kann uns auch die räumlichen Ebenen und ihre Täuschungen gut erklären. Ansonsten fügt er sein Wissen ein, wer die drei erkennbaren Männer sind. Gehen wir eine Hausnummer weiter und lesen wir:

Massimo Gemin & Filippo Pedrocco

> "Europa ist, wie gesagt, von zwei Seiten her zu erreichen. Man kreist sie sozusagen ein, und auch wir werden Tiepolos Erzählfolge akzeptieren und uns von beiden Seiten auf sie zubewegen. [...] Wenn wir von der gegenüberliegenden Seite kommen, so begegnen wir drei weiteren Bildnissen: dem Maler Ignaz, der bei der Arbeit derartig geholfen hatte, daß er sich gleichsam in dessen Diensten [befand]. Tiepolo mit einem heiteren, intensiven Ausdruck - ganz anders als jenes verärgerte Gesicht, das er sich im Palazzo Labia aufgesetzt hatte: Mit sichtlicher innerer Genugtuung blickt er wohl auf seine eben vollbrachte Leistung. Und als dritter neben ihm Giandomenico. Im Zentrum der Komposition ist schließlich Europa wiedergegeben." (1995, S. 157)

Auch hier eine große räumliche Geste, die Abfolge der Kontinente auf Würzburgs Decke nachzuvollziehen und gleichsam im Bild entlang zu wandern. Gemin und Pedrocco bringen auch ihre gefühlsmäßigen Sehweisen zum Ausdruck und deuten die Emotionen der Gesichter. Sie erkennen Tiepolos Zufriedenheit, dazu benötigen sie einen Vergleich, der ihrem Wissen über andere Bilder Tiepolos entspringt. Nun der letzte Text:

Svetlana Alpers & Michael Baxandal

> "Tiepolo taucht in einer Ecke des großen Deckengewölbes auf. Er ist kein junger Mann mehr und hat gerade sein Meisterwerk vollendet. Abgebildet ist er am Rande des Kontinents Europa in Begleitung seines Sohnes Domenico. In einem dritten Gesicht hat man einen weiteren Mitarbeiter, den deutschen Maler Roth, erkannt. Der markante Hinterkopf gehört vielleicht seinem Sohn Lorenzo und ein zweiter Hinterkopf links außen, kaum zu sehen, einem weiteren unbekannten Helfer. Domenicos nach außen gerichteter Blick deutet an, daß er diese Gruppe gemalt hat. Es ist die Hommage des Sohnes an den Vater, der von den ausführenden Künstlern seiner Werkstatt begleitet ist. Doch es ist Tiepolo, der in dieser Gruppe wie der Maler aussieht: Seine schlichte Kappe und der bloße Hals bilden offenbar bewußt einen Gegensatz zum förmlich gepuderten Haar und den Kragen der beiden Mitarbeiter - "ich putze mich nicht heraus." (Die Kappe steht im Einklang mit der Anekdote, daß Giambattista es in Würzburg vorzog, mit den Dienern an einem Tisch zu essen, statt die Einladung anzunehmen, mit dem Adel zu speisen. Die zielstrebig konzentrierte Haltung paßt zum Ausgang dieses Konflikts: Tiepolo aß letztlich in seinen Gemächern). [...]

Doch Tiepolo stellt die Beziehung zu ihnen und zur Malerei anders dar. Er hat die Arbeit abgeschlossen, auch wenn es nicht korrekt wäre zu sagen, er ruhe sich aus. Er löst sich von der Gruppe, beugt sich mit angestrengter Stirn und starrem Blick vor, den Kopf (wieder!) von einer Art Stange gehalten. Seine Konzentration kontrastiert mit dem genauen Gegenteil - einem abgewandten Kopf, von hinten gesehen, zur Linken und dem Rücken einer Stuckfigur, der einzigen der vier Paare in den Ecken der Decke, die dem Betrachter den Rücken kehrt. Nach Domenicos malerischer Darstellung - er spürte das sicher bei seinem Vater - trägt Tiepolo die Welt, die er heraufbeschworen hat: heraufbeschworen, weil seine Haltung die eines Zauberers ist, wie er sie als Bestandteil der mysteriösen Riten der *Scherzi*-Radierungen ersonnen hat, an denen er noch unmittelbar vor seiner Reise nach Würzburg gearbeitet hatte; und er trägt sie, weil man spürt, daß der Bann bräche und alles verschwände, würde er in seiner Konzentration nachlassen. Eine wahre Explosion von Pfostenelementen zeichnet sich am Himmel ab. Der Malstock an seinem Kopf ist ähnlich fehl am Platz wie die Hellebarde, die in seiner Signatur im Kaisersaal an deren letzten Buchstaben stößt. Ein gebogener Balken ragt über die Ecke hinaus bis unter den Kreuzungspunkt dreier Balken, an denen ein seltsam glockenförmiger Gegenstand zu hängen scheint; und all das hebt sich gegen den Himmel ab. Diese Sicht ist weder falsch noch richtig. Es gibt verschiedene Lesarten. Für alle Kenner der Residenz und für Tiepolo ist dieses Gebilde der gewölbte Rand des Kuppeldaches über dem sogenannten Nordoval, durch die Fenster unterhalb des Erdteils Amerika jenseits des Hofes gerade noch zu sehen. Der Gegenstand, der scheinbar an einem Gerüst hängt, erweist sich als Wetterfahne, deren Nachfolger heute die Kuppel krönt. [...] Sobald wir es als gemalte Architektur erkennen, sehen wir auch deutlich das Mauerwerk einer Fensterrahmung." (1996, S. 47 ff.)

Hier ist nun eine ganze Fülle von Beobachtungen: Die bei weitem genaueste Beschreibung der Figuren und des räumlichen Ambientes. Aber dann kommen die Deutungen:

- Der Helfer sei der deutsche Maler Roth, so habe man es erkannt (Morassi hatte den Maler Urlaub vermutet), eine andere Figur sei Tiepolos zweiter Sohn Lorenzo.
- Maler dieser Szene sei der Sohn Domenico, weil der den Betrachter anblickt (das tut aber die dritte Person ebenfalls).
- Der angestrengte Blick Giovanni Battistas zum nicht abgebildeten Zentrum des Deckengemäldes hält diese Welt zusammen, wie es ein Schöpfer mit seinem Werk tut.
- Es gibt Hinweise auf diverse Pfosten, die Svetlana Alpers in vielen Bildern Tiepolos findet.
- Tiepolo wirke bescheidener als der gepuderte Sohn, darin drücke sich seine Selbsteinschätzung als Künstler und Handwerker aus - als ergänzender Beleg wird die Geschichte berichtet, daß Tiepolo lieber bei den Künstlern statt mit den Adligen speisen wollte - die Quelle wird allerdings nicht genannt.

Wir erkennen als zentrale Leistung eine kreative Sehweise mit vielen Verbindungen, aber auch mit einer Fülle von Vermutungen, die nicht bewiesen sind. Die Autorin kann viele Details verknüpfen und zu einer integrierten Interpretation bringen: Weil Domenico den Betrachter anschaut, hat er den Vater gemalt, und er zeigt ihn, wie er seine Schöpfung im angespannten Blick hält. Dann müßte allerdings die Sehrichtung der anderen Personen auch gedeutet werden: Der Helfer könnte dann wohl mitgemalt haben (was ja möglich und sogar sinnvoll wäre). Der sich abwendende Bruder Lorenzo hätte sich demnach dem großen Werk verweigert - oder er wäre absichtlich in einen hinteren Rang verwiesen worden, weil er ein geringerer Künstler war? Da steht eine fast dramatische Familiengeschichte vor uns auf. Diese weitergeführte Verknüpfung arbeitet mit den sichtbaren Aspekten - bewiesen ist sie aber nicht.

Denn auch das Gegenteil könnte wahr sein: Der Vater hätte selbst sein Programm als das eines Künstlers gemalt, der eine Welt durch die Malerei schafft, fast gottgleich. Oder eher im konventionellen Sinn, der Maler verdrückt sich in die hinterste Ecke links unten, von der aus er die höfische Gesellschaft beobachtet, eventuell auch, daß er seinen Blick dem kongenialen Architekten Balthasar Neumann im Europabild zuwendet. Es bliebe dann noch die Pointe vom kleinen und vom großen Malersohn, von Lorenzo und von Domenico! Lorenzo war bei der Fertigstellung der Würzburger Fresken 17 und Domenico 26 Jahre alt- der jüngere hatte sich in der Tat nicht selbständig mit großen Wandmalerien befaßt, er wurde aber ein geschätzter Radierer seiner Zeit.

Es soll nicht verschwiegen werden, daß die herrschende Meinung der Kunsthistoriker den Vater als den Maler auch des Selbstporträts ansieht, so unter anderem Peter O. Krückmann und seine Kollegen im Würzburger Tiepolo-Katalog von 1996.

10.6 Eine Textreihe: Abälards Leseweisen

Emotionen

Auf der Suche nach einem lebendigen Bild mittelalterlichen Schul- und Hochschulwesens fällt dem Leser irgendwann einmal der Briefwechsel zwischen Abälard und Heloise (1133 ff.) in die Hand. Bald erfährt man von der unglaublich bewegten Liebesgeschichte der beiden, einem vierunddreißigjährigen Philosophieprofessor in Paris und seiner achtzehnjährigen Privatschülerin. Dieser "amour fou", eine der intimsten Liebesgeschichten, die wir aus dem Mittelalter kennen (die Geschichte spielte sich im Jahre 1117/18 ab), öffnet Gefühlswelten - und viele Schriftsteller haben davon ausgiebig Gebrauch gemacht. Wir lesen eine andere Stelle in diesen Briefen gleichfalls mit großer Aufmerksamkeit, nämlich Abälards Bericht, wie er vier Jahre vorher seine ersten akademischen Erfolge gegen etablierte Meister erzielte. Abälard erzählt in seinem Ersten Brief an Heloise, daß er den berühmten Anselm von Laon "durchschaut":

"Wer in irgendeiner Frage unsicher an seine Tür pochte, um ihn aufzusuchen, der kehrte noch unsicherer zurück. Bewundernswert war er zwar in den Augen von Hörern, aber ein Nichts im Anblick von Fragern. Er verfügte über eine ungewöhnliche Redegewandtheit, aber sie war gedankenarm und vernunftleer. Das Feuer, das er anzündete, füllte sein Haus nur mit Rauch, statt es zu erleuchten." (S. 10)

Mit modernen Worten: Da konnte einer Systeme entwerfen, aber kritischen Fragen nach den Lücken nicht standhalten. Abälard blieb also Anselms Vorlesungen fern. Das empörte einige seiner Schüler und sie provozierten ihn:

"Einer meiner Mitschüler fragte mich in der Absicht, mir eine Falle zu stellen, was ich vom Lesen der Heiligen Schrift halte. Ich, der ich bis jetzt nur weltliche Wissenschaft betrieben hatte, antwortete, daß es kein heilsameres Studium gebe [...]; nur müsse ich mich sehr darüber wundern, daß den Gelehrten zum Verständnis der Auslegungsmöglichkeiten der heiligen Schriftsteller nicht der einfache Text und etwa die Glossen dazu genügten, sondern daß sie noch weitere Anleitungen nötig hätten. Darüber lachten die meisten Anwesenden, und man fragte mich, ob ich mir zutraue und dazu fähig sei, dies in Angriff zu nehmen." Abälard stimmt zu, und die Kommilitonen geben ihm ein "höchst dunkles Kapitel des Propheten Ezechiel." (S. 11)

Hier wird es spannend: Abälard, der Adept der weltlichen Philosophie, wird vor die Frage gestellt, der er nicht ausweichen kann, was er von der Bibellektüre halte. Eine Herabsetzung des christlichen Fundaments wäre für Leib und Seele gefährlich gewesen! Abälard nimmt also die Herausforderung an und behauptet, er könne dieses Studium besser bewältigen als der herrschende Lehrstuhlinhaber und er brauche dazu keine weiteren Anleitungen, sondern nur die Glossen. Die jungen Kontrahenten bieten ihm eines der dunkelsten Kapitel des Alten Testaments an, und Abälard versteift sich darauf, schon am nächsten Tag in den Ring zu steigen. Hören wir noch seinen Bericht über den Ausgang des Experiments:

"Denen [wenigen] aber, die meiner Vorlesung beiwohnten, gefiel sie so gut, daß sie sie in den höchsten Tönen lobten und drängten, meine Erklärung nach dieser meiner Methode fortzusetzen. Als dies bekannt wurde, beeilten sich auch die um die Wette, die bisher ferngeblieben waren, in die zweite und dritte Vorlesung zu kommen, und waren eifrig darauf bedacht, von den Erläuterungen, die ich am ersten Tag begonnen hatte, sich noch zu ihrem Anfang eine Abschrift zu verschaffen." (S. 12)

Wir haben hier alle Ingredienzien einer spannenden Geschichte, einen Helden, eine Bedrohung und einen Sieg. Bevor wir uns zu leicht damit zufrieden geben, sollten wir unser analytisches Denken anschalten und fragen, wie Abälard wohl vorgegangen sein wird?

Wissenseinschub

Bevor wir das können, müssen wir einiges an Wissen hinzufügen. Klären wir zuerst den Begriff der *Glosse*, den er ja als ausreichend für die richtige Auslegung hinstellt. Glossen waren im griechischen Altertum Erläuterungen von Mundartausdrücken, Fremdwörtern oder verstaubten Benennungen, die kaum jemand mehr verstand. Später, in der Bibellektüre des Mittelalters, bedeutete diese Bezeichnung gewissermaßen eine eigene Textsorte, daß nämlich die Erläuterungen der Kirchenväter dem Bibeltext Zeile für Zeile oder Stelle für Stelle hinzugefügt wurden. Haben wir es bei Abälard mit einem Wortfetischisten oder einem Fundamentalisten zu tun, der jedes eigene Denken hintanstellt?
Dann sollten wir einem der bisherigen Ratschläge folgend ein lesbares historisches Buch heranziehen, um uns abzusichern. Wir greifen zu *Arno Borst*s "Lebensformen im Mittelalter" (1979). Borst hat im wesentlichen denselben Textausschnitt wiedergegeben, der hier verwendet wurde. Und wir erfahren von ihm, daß Anselm versuchte, biblische Texte für moralische und rechtliche Fragen heranzuziehen, daß er also eine Art Lebensanweisung aus den Heiligen Schriften zu gewinnen suchte. Abälard hingegen, so sieht es Borst, wollte, "daß der Text durch die systematische Diskussion seiner sprachlichen Zusammenhänge eindeutig definiert wird." (S. 549f.) Da wir die Begeisterung der Kommilitonen vor einem dreiviertel Jahrtausend immer noch nicht verstehen, gehen wir zu weiterer Fachliteratur, nämlich zu einschlägigen Handbüchern:

Friedrich Überweg: Geschichte der Philosophie (Bd. 2): "Das früheste Werk sind wohl die kleinen Glossen, von denen V[ictor] Cousin (Ouvrages inédites, S. 553ff.) Proben ediert hat und die Abaelard selbst als Introductiones parvulorum zitiert. Sie sind Literalerklärungen ohne selbständige Untersuchungen." Dann die allgemeine Darstellung: "Universale est sermo. Er will damit zum Ausdruck bringen, daß das Universale nicht in dem Wort als physischer Erscheinung, sondern in der Bedeutung, significatio, gelegen ist. Die Allgemeinheit kommt dem conceptus oder intellectus zu (Konzeptualismus), aber so daß der Allgemeinbegriff irgendwie eine Grundlage in den Dingen selbst hat." (213 ff.)

Das hilft nicht viel, wir suchen also die mittelalterliche Sprachauffassung ins moderne Bewußtsein zu bringen und stoßen unweigerlich auf den berühmten *Universalienstreit*. Der ging nach Lexikonauskunft so: Der extreme Realismus behauptet: Die Begriffe stammen von den Menschen und gehen den Dingen voraus. Der Nominalismus dagegen: Begriffe sind bloße Verstandesschöpfungen und beliebige Etikette. Eine mittlere Position nahm der gemäßigte Realismus oder Konzeptualismus ein: Die Begriffe sind in den Dingen als deren wahre Bedeutung enthalten (so auch Abälard). Was bedeutet das für eine eventuelle Auslegung?

Wir versuchen, mit einem weiteren Standardwerk, dem *Historischen Wörterbuch der Philosophie*, mehr Licht ins Dunkel zu bringen. Wir finden dort eine Vielzahl von Linien, die von den mittelalterlichen Theorien zum modernen Denken führen, das sich mit der Reichweite semantischer Bedeutung und ihrer Beziehung zu logischem Denken immer noch intensiv befaßt. Die Spuren führen bis zu Wittgenstein, der bekanntlich die Bedeutung von Prädikatoren aus ihrem Gebrauch ableitete und den Bezug zu universalen Ideen als unnötig deklarierte. Wir erkennen, daß die Nominalismus-Debatte nicht ad acta gelegt werden kann.

Abälard wählt mit seiner Variante des Konzeptualismus eine Deutung, die stärker psychologisch orientiert ist und die man etwa so kennzeichnen kann: Der Sprecher braucht innere Konzepte (Begriffe), um sich die Erscheinungen der Welt zu ordnen und zu erklären, und der Hörer benutzt solche sprachlichen Gliederungen, um zu verstehen, worauf sich der Sprecher bezieht. Wir übersetzen diese Anschauung als Aufforderung des Professors an seine Studenten: "Ihr könnt euch die Erscheinungen der Welt mit der Sprache und ihrer genauen Logik ordnen - und ihr könnt eure Partner zu einer ähnlichen Sichtweise bringen."

Analytik und Verknüpfung

So vorbereitet lesen wir ein Stück Abälard'schen Philosophierens im Original. Leider sind die Kommentare und Bemerkungen zu Ezechiel nicht mehr vorhanden, obwohl sie vielfältig mit- und abgeschrieben wurden. Zwei Texte stammen aus der frühen akademischen Sturmzeit, eine Vorlesung über Logik (Dialectica) und und einige Glossen zum spätantiken Philosophen Porphyrius (S. 233 - 304), der mit seinem eigenen Logikbuch "Isagoge" den Universalienstreit angestoßen hatte, weil er nämlich fragte, ob Gattungen und Arten etwas Wirkliches oder etwas bloß Gedachtes sind. Abälard kommentiert einen schwierigen Satz des Porphyrius:

Genus enim est collectio aliquorum habentium se ad unum aliquid ad se invicem.

Zentralwort ist das lateinische genus, das im Deutschen entweder die "Art" irgendwelcher Dinge bezeichnet oder sich mit seiner Variante "Geschlecht" auf menschliche Zusammengehörigkeiten (wie in dem Wort Geschlechterfolge) bezieht. Der Satz heißt also etwa in der Übersetzung: *Die "Art" ist nämlich eine Zusammenfügung von Erscheinungen, die in ihrer Eigenheit irgend etwas gemeinsam haben.* Ich fasse Abälards Kommentar zur Bedeutung dieses Satzes in etwas freierem Deutsch zusammen:

> Ihr findet zwei Grundkategorien, die euch helfen, "genus" zu verstehen: Es sind der gemeinsame Ursprung und die sprachliche Zusammenfassung verschiedenartigen Vorkommens. Die Zusammenfassung unterschiedlicher Erscheinungen in einem Wort reicht nicht aus, daß man von einer Art sprechen kann: Steine oder das Volk sind zwar mit in einem Wort zusammengefaßt, sie besitzen aber keinen gemeinsamen Ursprung. Familien hingegen lassen sich in einem Wort zusammenfassen und sind zudem gemeinsamer Herkunft, sie sind sogar aus zwei Wesen zu einem geworden, nämlich vom Vater und von der Mutter herkommend. Und die Römer gehören ebenfalls zum Begriff Geschlecht oder gemeinsamer Art, weil sie sich alle auf Romulus zurückführen.

Nun versuchen wir, Gefühle, Wissen und Text zu verknüpfen. Abälards Impetus ist es sicher gewesen, den Zuhörern folgendes klar zu machen: Das richtige Wort zeigt die wesentliche Eigenart der Welt deutlich und gliedert sie in richtiger Weise. Mit

Sprachlogik bekommt man Einsichten mindestens in die Erscheinungen der Welt, vielleicht in ihren inneren Bau. Hans-Wolfgang Krautz (1989) fomuliert, daß es für Abälards Denken die "göttliche Weltseele" war, die sich "die allgemeinen Gattungen und Arten der Schöpfung vor ihrer Materialisation und Individuation idealtypisch ausgedacht" habe (S. 379).

Derjenige also, der die Sprache durchdringt, bekommt auch einen Blick auf die Weltordnung. Wir erhalten eine Ahnung, daß die Pariser Kommilitionen begeistert waren, weil sie glaubten, eine Erkenntnis zu erlangen, die immer gilt und immer anwendbar ist. Wenn es gelingt, Zusammenhänge und Ursprünge von Erscheinungen als sinnvolle Schöpfungskategorien zu verstehen und sie gegen die bloße äußerliche Ansammlung von Beliebigem wie bei einem Steinhaufen zu setzen, dann war man Gottes Gedanken nahe.

Dieser Elan erinnert an Nabokovs Lektürekurse, von denen im Kapitel über das genaue Lesen die Rede war. Es gibt den Bericht einer Studentin, die zwar Schnupfen hatte, aber trotzdem zu seiner Vorlesung eilte, mit der Begründung: "Hier lerne ich etwas, das ich immer bei mir habe und immer anwenden kann." Diese Brücke aus dem 20. Jahrhundert leitet über zum Pariser Kolloquium des 13. Jahrhunderts, dessen Zuhörer so ähnlich argumentiert haben werden.

ANMERKUNGEN / QUELLENNACHWEISE

Die Anmerkungen und Quellennachweise folgen der Seitenzählung*

Motto
Lessing: Sogenannte Briefe an verschiedene Gottesgelehrte, 1779. Gotthold Ephraim Lessings Sämtliche Schriften. Herausgegeben von Karl Lachmann. Leipzig: Göschen (3. Aufl.), Bd. 16, S. 503.

I. Grundlagen - 1. Texte als Filter für Informationen

2 Das OECD Zitat steht in der Studie: Literacy, Economy and Society. Paris 1995, S. 22.
3 Abbildung 1.1: Foto Heiner Willenberg.
3 Peter Hille:Ich bin, also ist Schönheit. Leipzig: Reclam, 1975, S. 173.
5 Thomas Mann: Doktor Faustus, Frankfurt(M) 1980, S. 321.
6 Rosamunde Pilcher: September, Reinbek 1991, S. 10 f.
6 Peggy Guggenheim: Ich habe alles gelebt, 1980 (3. Aufl.) S. 101 f.
7 Die Geheimnisse der Eisenbahn, Schenker, E. (Redaktion) 1955. Basel: Verlag für Wissenschaft, Technik und Industrie. S. 191.
7 Werner Deinert: Eisenbahnwagen, Berlin 1985, S. 95.
8 Hier sind verschiedene Thesen zur Rolle der Limbik bei den Emotionen zusammengefügt, (LeDoux, Damasio, Pribram und Markowitsch), die später im Kapitel Emotionen noch ausführlicher dargestellt werden.
10 Betty Edwards hat ein Buch über das Zeichnen geschrieben, das auf neuropsychologischer Grundlage fußt und v.a. die Sehfähigkeiten der rechten Hemisphäre aktiviert. ("Garantiert zeichnen lernen. Das Geheimnis unserer rechten Hirn-Hemisphäre und die Befreiung unserer schöpferischen Gestaltungskräfte". Reinbek 1982).
11 Die Darstellung der Stufen in der akustischen Wahrnehmung von den einfachen Signalen zur höheren Verarbeitung in den entsprechenden Kortexarealen folgt dem Handbuch von John P. J. Pinel "Biopsychologie" (1997) und dem Artikel von Günter Ehret "Auditorische Systeme" 1996 in: Dudel, Menzel und Schmidt: "Neurowissenschaft". Wenn auch die generelle Schrittfolge klar ist, so sind es die Details der höheren Verarbeitung noch keineswegs. Eine ins Wernicke-Geschwind-Modell integrierte Darstellung des Hörens findet sich auf den Seiten 164 f.
13 Jordan Grafman (1995): Similarities and Distinctions among Current Models of Prefrontal Cortical Functions. In: Grafman, Jordan; Holyoak, Keith J.; Boller, Francois (eds.): Structure and Functions of the Human Prefrontal Cortex, 337 -368. New York: The New York Academy of Sciences. Die Grafik steht auf S. 363.
14 Neuronale Kreise, die sich auf immer höheren Ebenen zusammenbinden, bieten eine gutes Denkmodell zum Thema Bewußtsein, siehe den Sammelband zu diesem Thema von Thomas Metzinger.

---

* Soweit bei Zeichnungen keine Rechteinhaber genannt sind, liegen die Rechte beim Verlag. Wir haben uns bemüht, sämtliche Rechteinhaber zu ermitteln. Sollte dem Verlag gegenüber dennoch der Nachweis der Rechtsinhaberschaft geführt werden, wird das branchenübliche Honorar gezahlt.

14 Per Rolands Darstellungen in seinem Buch Brain Activation auf den Seiten 341-355.
14 Wolfgang Bürger: Unveröffentlichtes Manuskript, Hamburg 1997.
14 Die erste Arbeit der Singer'schen Arbeitsgruppe erschien unter dem Erstautor C. M. Gray u.a. 1992. Eine neuere Darstellung der Schwingungstheorie gibt Singer 1994 in einem Sammelband von Sporns und Tononi (Selectionism and the Brain). Bisher gibt es noch keinen experimentellen Beweis für Parallelen zwischen Synchronizität und Verhalten. Es existiert aber eine große Zahl von Indizien, aus denen Singer elf Thesen ableitet.
14 Der Begriff der Schwingung als Grundlage für neuronale Variabilität wird ausführlich bei Spitzer beschrieben. Der Gedanke wurde offenkundig schon 1973 bei Lurija (deutsch 1992, S. 27 ff.) mit den Begriff "neue funktionale Verbindung" oder im Anschluß an Wygotski mit dem Terminus "dynamische Lokalisierung" dargestellt.
14 Damasio hatte diese These der sprachlichen Gruppeneinteilungen erstmals 1990 Artikeln publiziert: Neural regionaliziation of knowledge access. Cold Spring Harbor Symposia on Quantitative Biology, 1990.
14 Konorski führt seine Beobachtungen der Sinnesmodalitäten (die sich ja immer wieder überlappen - z.B. sehen und spüren wir die Stellung unserer Glieder oder wir sehen und hören fremde Sprache) bis zum Begriff der gnostischen Neurone weiter, also zu Endpositionen für kategoriales Wahrnehmen. Diese Position wird heute durch die funktionalen neuronalen Schaltkreise als überwunden angesehen.
16 Das Zitat Posners lautet wörtlich (S. 220): "It is remarkable that at the millimeter range of precision most studies have shown it possible to sum activation over subjects who perform the same tasks in order to obtain significance. This suggests that even high-level semantic tasks have <u>considerable anatomical specifity in different subjects</u> and is perhaps the most important results of the PET work."
17 Gardners Thesen sind 1991 erschienen in: Abschied vom IQ. Die Rahmen-Theorie der vielfachen Intelligenzen. Stuttgart: Klett-Cotta. Englisch schon 1983 unter dem Titel: Frames of Mind. The Theory of Multiple Intelligence. Eine ausgiebige Diskussion der Thesen und der dazugehörigen Forschungen findet sich in: Howard Gardner, Mindy L. Kornhaber und Warren K. Wake: Intelligence. Multiple Perspectives. Fort Worth 1996 (Harcourt Brace College).
18 Jerome Kagan hat vier Arten der Lernweisen bei Schülern beobachtet, die in deutsch am besten über das Buch von Ingeborg Wagner zu rezipieren sind: Aufmerksamkeitstraining mit impulsiven Kindern. Frankfurt(M) 1981. Diese Einteilung geht vereinfacht folgendermaßen: Schnelle und genaue Lerner (Gut Begabte) / Schnelle und ungenaue Lerner (ein Problem unserer Zeit) / Langsame und gründliche Kinder (Die vernachlässigten zehn Prozent der Lerner) / Langsame und ungenaue Schüler (Kinder mit Lernstörungen).
19 Diese Darstellung folgt Ludwig Pongratz: Problemgeschichte der Psychologie. Bern 1967, S. 65-72. Das dort angegebene Buch von Christian Wolff: "Psychologia empirica" von 1734 war in zugänglichen Bibliotheken nicht zu eruieren.
19 Das Zitat von William Stern (1911) in der Neuauflage von 1921, S. 25.
20 Das schon auf Seite 17 erwähnte Diktum von Jerry Fodor lautet im Original: "The present suggestion is that associations are the means whereby stupid processing systems manage to behave as though they were smart ones." Und Fodor erläutert direkt danach, was er meint: "In particular, interlexial associations are the means whereby the language processor is enabled to act as though it knows that spies have to do with bugs (whereas, in fact, it knows no such thing)." Jerry A. Fodor: The Modularity of Mind, S. 81.
22 Jürgen Grzesik hat in einem neuen Buch (1998) noch einmal seine Trainingsmethoden für analytische und holistische Lesemethoden empirisch vorgestellt. Eines seiner Ergebnisse ist, daß eigentlich nur Methoden wirken, die schnell auf den gesamten Sinn des Textes zielen (also ganzheitliche oder holistische). Wir gehen mit dem Konzept der Teilfähigkeiten einen anderen Weg, insofern wir im Konzert der Lesefähigkeiten immer eine Kompetenz besonders

anwärmen, die gerade nötig ist und dabei keine Detailvorschriften machen, sondern die Erfahrung mit der jeweiligen Leseweise in den Vordergrund stellen.

22 Umberto Ecos Auseinandersetzungen mit der postmodernen Beliebigkeit der Textdeutung stehen v.a. in seinem Buch: Die Grenzen der Interpretation, München 1995.

23 Eine gewisse Abgrenzung gegenüber Gadamers Konzept des Verstehens sei noch erwähnt. Er setzt einen Horizont voraus (was man psychologisch gesehen mit dem nötigen Vorwissen übersetzen könnte) und eine Perspektive (z.B. die zentrale Fragestellung). Nach Gadamer kann ein Text nur vom jeweiligen historischen Punkt verstanden werden. Die Folge davon wäre, daß alle Textdeutungen lediglich als Stücke einer Wirkungsgeschichte anzusehen wären. Dem setzt K.O. Apel ein Wahrheitskriterium gegenüber, das es geben und auf das man sich beziehen müsse, denn die bloße Wirkungsgeschichte habe ihr Maß lediglich in sich selbst (Apel 1971) und öffne sich damit zu sehr der Subjektseite des Verstehens und zu wenig dem unbestrittenen Sinnkern der Vorlage.

23 Unausgesprochen klar ist auch, daß die Deutungen von Texten immer in Gesprächen überprüft werden müssen. Jegliches Lernen und jegliche Textdeutung hat einen großen kommunikativen Anteil (s. Max Miller 1986). Die Lesefähigkeiten, die hier beschrieben werden, beziehen sich auf unterschiedlich offene Aspekte von Texten: Analysieren (Kap. 3) und das Erkennen sprachlicher Signale (Kap. 7) suchen eher quantifizierbare Details, Wahrnehmungen (Kap. 4), das Nutzen von Bewegungen (Kap. 5) und das Öffnen von Emotionen (Kap. 6) fußen auf der Bereitschaft des Individuums, sich als Person auf Textpartikel einzulassen. Und schließlich sind Verknüpfungen (Kap. 8) sowie das Synthetisieren (Kap. 9 und 10) zwar primär Anforderungen an das lesende Subjekt, sie tendieren aber auch zu einer intraindividuellen Kooperation über die Angebote des Textes.

I. Grundlagen - 2. Lernbereitschaft

24 Die Aufteilung Zuckermans zur Wachheit entspricht im Prinzip der Kurve von Yerkes und Dodson, die schon früh darauf hingewiesen haben, "daß ein mittlerer Grad von Wachheit förderlich für Leistung ist, während zu starke oder zu geringe Erregung für die Leistung abträglich ist." Gerhard Rapp: Aufmerksamkeit und Konzentration (1982), S. 46.

28 Abildung 2.3: IMSI's MasterClips-und MasterPhotos-Kollektion, IMSI 1985, Francisco Blvd.East, San Rafael, CA 94901-5505, USA.

31 Geruch s. dazu den Übersichtsartikel von H. Hatt in: Dudel, Menzel & Schmidt: Neurowissenschaft, S. 297-316.

31 f. Zu den musikalischen Wirkungen s. v.a. Bruhn; Oerter & Rösing: "Musikpsychologie" und de la Motte-Haber: "Handbuch der Musikpsychologie".

34 Zum Cocain s. Pinel, S. 104 Die Wiederaufnahme von Noradrenalin in den Synapsen wird blockiert, und dadurch wird eine Dauererregung erzeugt.

34 Zu den Anwärmungen der Sportler s. v.a. das Buch von Stemme und Reinhardt: Supertraining. Siehe auch das Interview mit Jürgen Kohler im FAZ-Magazin vom 30.5.1997.

35 Der Begriff des neuronalen Darwinismus wurde ungefähr zur gleichen Zeit von George Calvin und Gerald Edelman geprägt: Gerald Edelman (1985): Neural Darwinism: Population thinking and higher brain function. In: How we know: The inner frontier of cognitive science. Proceedings of Nobel Conference XX, ed. M. Shafto, 1-30. San Francisco: Harper and Row. William H. Calvin (1987): The brain as a Darwin Machine. In: Nature 330, 33-34.

39 Abbildung 2.8: IMSI's MasterClips-und MasterPhotos-Kollektion, IMSI 1985, Francisco Blvd.East, San Rafael, CA 94901-5505, USA.

39 Cluster: englisches Wort für enge Gruppierung, eigentlich Büschel oder Klumpen.

41 Philipps Geschichte beschäftigt ein ganzes Heft der Zeitschrift "Der Deutschunterricht" 46:1994, Heft 2.
42 Die übersetzten Zitate stammen aus Mihaly Csiskzentmihalyi und Isabella Selega Csikszentmihalyi: Optimal experience (1988).
43 Anregungen und einige Beispiele zum Rückwärtslesen stammen aus Tom Wujec: Schneller schalten als andere (1991).
44 Abbildung 2.10: Mit Genehmigung Heiner Willenbergs.
45 Abbildung 2.12: IMSI's MasterClips-und MasterPhotos-Kollektion, IMSI 1985, Francisco Blvd.East, San Rafael, CA 94901-5505, USA.
46 Die CDs von Hübner und Steinbach sind im Literaturverzeichnis angegeben. Ingo Steinbach hat ein Buch zu seinem Verfahren geschrieben: Handbuch Samonas-Klangtherapie (1994).

II. Die Teilfähigkeiten - 3. Genaues Lesen: Damit fängt alles an

55 Reuben Gur et al. (1980): .Differences in the Distribution of Gray and White Matter in Human Cerebral Hemispheres. In: Science 107, 1226-1228. Die Zitatstellen stehen auf S. 1227. In neueren Arbeiten haben sich Gur und Kollegen mit der Messung des Gehirnvolumens durch Kernspintomographie befaßt, um Prozesse des Alterns und der Schizophrenie zu beschreiben. Eine der prinzipiellen Einsichten dieser Arbeitsgruppe lautet, daß die kognitive Funktion von Gesunden und Kranken mit dem Gehirnvolumen korreliert. s. Kareken, David; Gur, Reuben; Mozley, David P.; Mozley Lyn H. et al. (1995): Cognitive functioning and neuroanatomic volume measures in schizophrenie. In: Neuropsychology 9, 211 - 219.
55 Das Tempo in den beiden Nerventypen wird mit bis zu 100m/sek in der weißen Substanz und mit etwa 1 m/sek in der grauen Substanz angegeben, s. Pinel: Biopsychologie, S. 93. Siehe dazu auch Dudel (in Dudel; Menzel und Roth: Neurowissenschaft) S. 112 f.
55 Nicht alle Leser von Kriminalgeschichten sind von vornherein auf die Exaktheit aus und ahnen oder suchen die Lösung. Eine Fragebogen zum Leseverhalten zeigte, daß ca. die Hälfte der Krimileser ihre Lektüre eher als bloße Zerstreuung betreibt.
68 Die Autobiographie Samuel Morses wurde 1991 von Christian Brauner neu herausgegeben.
69 Christoph Türcke: Religionswende. Eine Dogmatik in Bruchstücken 1995, S. 58.
70 Jürgen Grzesik: Textverstehen lernen und lehren. 1990, S.225.
71 In eine ähnliche Richtung wie Grzesik und Belgrad geht Elisabeth Paefgen (1998), die zu der Forderung kommt "Wenig lesen - viel denken" und dafür u.a. vorschlägt, die Textmenge zu reduzieren und auch Texte abzuschreiben.
71 Nabokovs Lektüre von Jane Austen findet sich mitsamt weiterer genauer Lesekurse zu Dikkens, Flaubert, Stevenson, Proust, Kafka und Joyce in dem Band: Die Kunst des Lesens. Meisterwerke europäischer Literatur. Unsere Stelle S. 35ff. Nabokov hat noch zwei weitere Bände mit demselben Titel zu russischen Meisterwerken und zum Don Quichote veröffentlicht.

II. Die Teilfähigkeiten - 4. Die äußere Wahrnehmung und die innere Kamera

74 Schwitters Text steht in: Klaus Siebenhaar (Hrsg.): Einakter und kleine Dramen der Zwanziger Jahre. Stuttgart: Reclam (1988).
74 Vissarion G. Belinskij ist ein russischer Philosoph und Pädagoge, der sich mit ästhetischen Fragen beschäftigt hat. Das Zitat stammt aus: Die Idee der Kunst, in: Ausgewählte philosophische Schriften, Moskau 1950, S. 191.
75 Das Lehrbuchwissen bezieht sich auf die Bücher von Silbernagl & Despopoulos (1983) und von Frank H. Netter (1987):Farbatlanten der Medizin, Bd. 5: Nervensystem I. Stuttgart: Thieme.

76 Das Bild nach Livingstone aus ihrem Aufsatz: Kunst, Schein und Wahrnehmung. In: Spektrum der Wissenschaft 1988, H. 3, 114-121. Das Bild steht auf S. 121, das Zitat auf S. 116. Die Zeichnung stammt von Jan van Koolwijk, Stuttgart.
77 Semir Zeki (1993). A Vision of the Brain. Oxford: Blackwell.
77 Die Grafik 4.2 ist aus dem zentralen Werk Per Rolands abgedruckt: Brain Activation (1993) S. 174 (gekürzt). Mit freundlicher Genehmigung von Wiley-Liss, New York.
79 Die Abbildung 4.3 stammt aus dem Buch Rolands die farbige Sonderseite C 14. Mit freundllicher Genehmigung von Wiley-Liss, New York.
81 Phelps arbeitete beim komplexen Sehen allerdings nur mit zwei Studenten von insgesamt 15 Probanden. Vom weißen Licht zur Parkszene nahm die Aktivität des Stoffwechsels in den peripheren Arealen (1 + 2, Brodmann 17) um das Vierfache zu, in den assoziativen Arealen 3 + 4 (Brodmann 18 + 19) um das Zehnfache. (Phelps S. 527).
82 Ähnliche Ergebnisse hatte Haxby, der beim Einprägen neuer Gesichter auch den rechten mittleren Schläfenlappen aktiviert sah (daneben den Frontallappen, den linke Schläfenlappen, den Zingulären Kortex und den Hippokampus), so jedenfalls der Bericht von Rüdiger Vaas: Wie wir uns Gesichter merken und [uns] an sie erinnern, In: Spektrum der Wissenschaft 1997, Heft 3, S. 25 f.
84 Das Schema wurde von mir nach den Ergebnissen Farahs hergestellt.
84 Die Darstellung Goldenbergs folgt den Seiten 131f. in seinem Buch: Neurologische Grundlagen bildlicher Vorstellungen.
86 Ich habe Marrs dritte Stufe in zwei Phasen auseinandergezogen.
86 In der ersten Skizze gibt es bei ihm eine Zweidimensionalität mit Intensitätsänderungen bis zur lokalen Geometrie. Danach kommen Tiefe, Orientierung an sichtbaren Oberflächen und Konturen und die Lokalisierung des Objekts im Raum. (s. Marr, S. 330f).
87 Die Zeichnung 4.6 stammt von Jan van Koolwijk, Stuttgart.
88 Thorpes These wurde zitiert nach Hunzicker und Mazzola: Ansichten eines Hirns, S. 73.
89 Foto 4.7 mit freundlicher Genehmigung von Charlotte Timm-Willenberg.
90 Eine Ansicht Lindaus von 1838. Mit Genehmigung Heiner Willenbergs.
90 Das Selbstbild Tiepolos mit freundlicher Genehmigung der Verwaltung der Bayerischen Schlösser, Gärten und Seen in München.
91 Abbildung 4.10: Aquarell im Privatbesitz.
92 Carl Otto Conrady: Das große Deutsche Gedichtbuch (Der Text "Herbst" von Georg Britting wurde von mir hinzugefügt, er stammt aus Britting: Gedichte. 1930 bis 1940 (1993), S. 188.
100 f. Die Räuber, In: Schillers Werke, (Hrsg.) Reinhard Buchwald und K. F. Reining, Bd. II, S. 20f. Hamburg: Standard-Verlag.
101 f. Schillerbilder Bild 1: Emil Orlik (1908) in: Die Maler und das Theater des 20. Jahrhunderts. Katalog der Schirn Kunsthalle Frankfurt(M) 1986, S. 163. Bild 2 und 3: Geschichte der deutschen Literatur. Vom Ausgang des 17. Jahrhunderts bis 1789. Von einem Autorenkollektiv. Berlin 1979: Volk und Wissen, S. 817. Die Zeichnungen stammt von Jan van Koolwijk, Stuttgart.
104 Ich habe die Absatzgliederung des Textes von Michael Blake leicht vereinfacht.
109 Dürrenmatts Einstein-Rede wurde 1984 gehalten und 1986 veröffentlicht.
112 Fritz Lampert: Pädiatrie in der Praxis, S. 9.
112 Die meisten populären Medizinbücher geben auch keine anderen Hinweise. Einen verständlicheren Text bietet der Gesundheits-Brockhaus.
113 f. H. Denecke; B. Reichart & G. Muhr (Hrsg.): Saegesser: Spezielle chirurgische Therapie, Bern 1996 (11. Aufl.), S. 505 und 507. Abdruck mit freundlicher Genehmigung des Hans Huber Verlags Bern.

II Die Teilfähigkeiten - 5. Bewegung vertieft das Verstehen

117 Das Interview mit dem Koch stammt aus einer ARD-Sendung der achtziger Jahr. Das Gespräch mit Jossy Wieler findet sich in einer Videodokumentation des Instituts für Film und Bild in Wissenschaft und Unterricht: Wie entsteht "Theater" Das Regiekonzept. Georg Büchners "Woyzeck" am Staatstehater Stuttgart, Grünwald 1987.
118 Nach: Lassen; Ingvar & Skinhoj: Hirnfunktion und Hirndurchblutung. In: Spektrum der Wissenschaft 1978, H. 12, S. 58.
120 Arno Holz: Ausgewählte Werke, Deutsches Verlagshaus Bong & Co, Berlin 1919, S. 361.
121 Sarah Kirsch: Brief. In: Hundert Gedichte (1985), S. 120. Die Erstveröffentlichung war 1979 im Band "Drachensteigen" erfolgt.
122 Gerald M. Edelman: Unser Gehirn - ein dynamisches System (1993), S. 336.**123** Ulric Neisser: Die Theorie, daß im Sprachverstehen die "Analyse durch Synthese" erfolgt, wurde von Neisser popularisiert und ausgebaut. Erstmals vorgeschlagen wurde sie 1964 von Halle und Stevens.
124 Das Buch von Desmond Morris: Der Mensch, mit dem wir leben. München: Droemer Knaur (1977) bietet einen guten Überblick über die Gestenforschungen.
124 Die Grundlagen zur deutschen Betonung finden sich in: Eberhard Stock & Christina Zacharias: Deutsche Intonation. Stuttgart: Langenscheidt 1995.
126 Was die pantomimische Vertiefung eines Textes anlangt, so stammen die Anregungen aus Vorträgen von Werner Müller (Universität Nürnberg), der auch eine Publikation über die Pantomime vorgelegt hat (Dillingen 1988, 3. Auflage).
126 Ähnliche Versuche mit Vorleseübungen in verschiedenen Stimmungen hat Eberhard Ockel vorgestellt, der sich intensiv mit dem interpretierenden Vorlesen von Texten befaßt hat. Er läßt Schüler Gedichte auch zunächst im klapprigen Metrum lesen und fordert sie erst dann auf, eine Sinnbetonung darüber zu legen. s. Ockel: Zur Didaktik und Methodik des Vorlesens. In: Diskussion Deutsch Heft 85 (1985), 541 - 569.
126 Peter Huchel: Gesammelte Werke, Frankfurt(M) 184, S. 155. Das Gedicht wurde 1962 veröffentlicht.

II. Die Teilfähigkeiten - 6. Emotionen, die verborgene Basis des Lesens

127 Zur Darstellung der Psychologiegeschichte s. Ludwig J. Pongratz: Problemgeschichte der Psychologie, (1967). Bern: Francke.
129 Abbildung 6.1: Grafik: SAV.
135 In einem späteren Buch führt Hertha Sturm (Fernsehdiktate: Die Veränderungen von Gedanken und Gefühlen, 1991) die Reaktionen der Kinder für die Macharten von Filmen auf die Piaget'schen Stufen der Intelligenzentwicklung zurück (S. 42-48). Sie resümiert, daß die Kinder bis vier eigentlich Standbilder brauchten, die bis sieben ganz klare einlinige Handlungen und daß erst die sieben-bis elfjährigen imstande seien, mehrere Handlungen zu integrieren, allerdings nur wenn es sich um "konkret-verständliche Darstellungen" (S. 47) handelt. Zweifellos bilden die kognitiven Fähigkeiten eine notwendige Basis für die angemessene Wahrnehmung des Roten Fadens.
137 Die mündlichen Texte der beiden Kunsthistorikerinnen stammen aus Führungen, die der Autor besucht hatte.
138 Zu den Schachspielern s. Wolfhart Mattäus: Sowjetische Denkpsychologie 1986.
140 Die Zitate stammen aus Norman Hollands Buch: Five Reader's Readings und wurden von mir übersetzt, S. 132 f. und 143. Faulkners Geschichte ist schon mehrfach für Leseforschungen benutzt worden: Dillon (1982); Andringa & Davis (1994). Els Andringa hat an anderen Beispielen eindrucksvoll gezeigt, daß auch ausgebildete Leser ihre Sympathie für die Hauptfigur

(mehr oder weniger unbewußt) zur Grundlage einer elaborierten Deutung machen (Andringa 1996).
146 Die Geschichte von Dr. Takaki steht in Ulrich Rückert: Vitamine und Mineralstoffe, München 1985, S. 12. Der Text wird weiter unten noch ausführlicher behandelt.
147 Abbildung 6.3: Grafik: SAV nach: IMSI's MasterClips-und MasterPhotos-Kollektion, IMSI 1985, Francisco Blvd.East, San Rafael, CA 94901-5505, USA.
147 Das Zitat aus: Antonio R. Damasio und Hanna Damasio: Sprache und Gehirn, in: Spektrum der Wissenschaft, Spezial 1: Gehirn und Geist (1993), S. 52.
147 Racoon heißt auf deutsch Waschbär.
148 Zitat: Antonio R. Damasio: Category-related recognition defects as a clue to the neural substrates of knowledge, TINS, 13:1990((3), S. S. 398: "In short, meaning is probably achieved by coactivating a set of records that is sufficient to produce the experience of familiarity and define some traits of an entity "
150 Zum linguistischen Begriff des Prototyps als eines Vorbildtextes, der den Einstieg in ein Thema erleichtert, s. Jüngst (1983).
154 Zum Prototyp s. die obige Angabe unter S. 150.

II. Die Teilfähigkeiten - 7. Sprachliche Signale in Texten

160 Per Roland (1993): Brain Activation, S. 279.
163 Die Abbildung aus: Korbinian Brodmann: Vergleichende Lokalisationslehre der Großhirnrinde. Leipzig: Barth, 1909.
163 Nach: Daniel Tranel: Higher Brain Function, in: Conn: Neuroscience, 1995, S. 557.
164 Larsen et al. (1978) vermuten, daß die rechte Hemisphäre einen so hohen Anteil an der erforderlichen Grundwachheit leistet, die lediglich für automatisches Sprechen nötig ist, daß keine Unterschiede zwischen linker und rechter Hemisphäre zu erkennen sind!
167 Entwicklungspsychologie der Wörter s. die Darstellung George Millers.
Ojemanns Untersuchungen zitiert nach [Anonymus] Das Hirn und der kleine Unterschied. In: Illustrierte Wissenschaft 1994, Heft 1, s. 23-33 und S. 81.
167 Zur Propositionstheorie und ihrer Verwendung beim Analysieren von Texten s. Ursula Christmann 1987.
168 Das Bild nach dem Buch von Hans Pöppel: Lust und Schmerz (1993), Berlin: Siedler, Tafel I nach S. 136. Grafik: SAV.
169 Das Sprachbastelbuch wurde von Hans Domengo und anderen Mitarbeitern 1977 herausgegeben. Das Zitat steht auf S. 24.
172 Der Text von Marion Gräfin Dönhoff wird nach Weinrich zitiert: Textgrammatik, S. 784. Die Passage über die Vitamine aus dem Werk von Wilhelm Friedrich: Handbuch der Vitamine, München 1987.
172 Der Text von Peggy Guggenheim wurde bereits auf Seite 7 vorgestellt.
176 Jean-Claude Corbeil und Ariane Archambault haben das viersprachige Pons-Bild-Wörterbuch im Klett Verlag herausgegeben.
177 Der Pädagoge und Physikdidaktiker Martin Wagenschein hat immer wieder den Aha-Effekt gesucht, jenen fruchtbaren Moment, in dem ein Lernender "aha, so ist das!" ausruft (oder denkt).
177 Der Begriff "Aha-Erlebnis" stammt von Karl Bühler: Die geistige Entwicklung des Kindes, S. 19 (1920, 2. Auflage).
187 ff. Zur Einteilung des Wortschatzes s. die Monographien von Miller, Stachowiak oder Hayakawa.
183 Zu diesem Kapitel hat Manfred Buth einige kritische Anmerkungen gemacht, u.a., daß die zitierten Texte nicht aus Lehrbüchern stammen. Ich habe die beiden Sammelbände nur aus

Platzgründen genommen. Die Sprache von Lehrbüchern ist nicht sehr unterschiedlich und wirkt auch auf ehemalige Abiturienten unglücklich: Einem Seminar von ca. 80 Pädagogikstudenten/innen habe ich die entsprechende Einheit aus einem Schulbuch für die 5. Klasse vorgestellt. Nach der Lektüre hatten sie 15 Minuten Zeit, die sechs Aufgaben des Buches zu lösen. Die erste (und einfachste) Aufgabe zur Produktregel schafften alle, zur Lösung der zweiten Aufgabe kamen noch ca. 20 %, zur dritten und zu weiteren nur eine Handvoll Mathematiker! Das heißt: Die Einheit für Fünftklässler hatte die Studenten nicht in die Lösungsmuster einführen können.

183 Hans-Karl Eder: Mathematik. Von 5 bis 10. Von A bis Z. Paderborn: Schöningh, 1996, S. 30.

183 Das Zitat von Richard P. Feynman in: Morris Kline: Warum kann Hänschen nicht rechnen? Das Versagen der neuen Mathematik, Weinheim 1974: Beltz, S. 90.

184 Hans Magnus Enzensberger (1997). Der Zahlenteufel. Ein Kopfkissenbuch für alle, die Angst vor der Mathematik haben. München: Hanser, S.156.

187 Shield, Mal & Swinson, Kevan (1996).The Link Sheet: A Communication Aid for Clarifying and Developing Mathematical Ideas and Processes. In: Communication in Mathematics, K-12 and Beyond. Yearbook 1996, 35 - 39. Reston: National Council of Teachers of Mathematics.

188 Ich stütze mich in der neurologischen Darstellung vorzugsweise auf Roland und auf Gaddes. Es ist aber Konsens in der Gehirnforschung, daß Mathematik mehrere kortikale und subkortikale Bereiche zur Speicherung und für die rechnerischen Prozeduren benötigt. Das zeigt u.a. ein neuerer Übersichtsartikel (Rosselli & Ardila, 1997) sowie Untersuchungen zu einzelnen Patienten mit genau umschriebenen Läsionen (z.B. Dahaene & Cohen, 1997), die bei ihren beiden Patienten fanden: Es existiert ein Speicher für das auswendig gelernte mathematische Wissen im linken Subkortex, und die mentale Manipulation numerischer Quantitäten läuft im unteren Parietallappen beider Hemisphären ab.

188 Die Abbildung 7.4 stammt aus Per Rolands Buch: Brain Activation, 1993, S. 295. Mit freundlicher Genehmigung von Wiley-Liss, New York.

189 Zu den Zahlenräumen: Gaddes & Edgell: Learning Disabilites and Brain Function 1994, S. 418.

189 Den Hinweis auf den Aufsatz Thiesemanns verdanke ich Manfred Buth.

II. Die Teilfähigkeiten - 8. Das Verknüpfen von Textteilen

198 Otto Duchácek: Über verschiedene Typen sprachlicher Felder und die Bedeutung ihrer Erforschung, S. 443.

199 Der Satz der Sekretärin bei: Joanette; Goulet & Hannequin: Right Hemisphere and Verbal Communication, S. 165.

199 Ulrich Schiefele: Motivation und Lernen mit Texten, S. 262 ff.

199 Manfred Spitzer: Geist im Netz, S. 237 f.

199 Csikszentmihalyi: Creativity, S.58.

201 Wolfgang Peters: Der Kurier des Baren. Frankfurter Allgemeine Zeitung vom 15.4.1997, Seite T4.

201 Ariane Windhorst: Schokolade, in: Brigitte H 22/1996, S. 147f.

203 Joseph Peter Stern: Eine literarische Definition des Aphorismus, 249 in: Neumann, Gerhard: (Hg.): Der Aphorismus, Darmstadt 1976: WBG.

203 Das Arendt-Zitat aus Carl-Otto Conradys Gedichtbuch, S. 1098.

232 Sämtliche Aphorismen aus: Gerhard Fieguth (Hg.): Deutsche Aphorismen (Reclam).

203 Georg Britting: Gedichte 1930-1940, S. 188

205 Text (1.): Werner Krum: Gardasee. Prestel, München 1979, S. 254.

205 Text (2.): Johann Wolfgang von Goethe: Italienische Reise 1786-1789, S. 24.
206 Text (3.): Karl Scheffler: Italien. Tagebuch einer Reise, Leipzig 1921, S. 18.
206 Text (4.): Heine: Italien. Reise von München bis Genua 1828. S. 263f.
207 Text (5.): Meyers Lexikon in 26 Bänden von 1890.
207 Rudolf von Alt (18..-1910) Abdruck mit freundlicher Genehmigung der Graphischen Sammlung Albertina in Wien. Es zeigt den Blick vom Trientiner Dom auf den Platz mit Neptunsbrunnen, einen Turm des Palazzo Pretório, zwei Bürgerhäuser und im Hintergrund die Kirche SS. Anunziata. S. dazu Werner Krum, 1979.
212 f. Rätsel und ihre Lösungen: *Spitzbube; Sägeblatt; Hose; Sonne; Schnee und Sonne.*
213 f. Beispiele aus Dieter Urban: Kreativitätstechniken für Werbung und Design, das Zitat steht auf S. 149.
214 Die Antisprüche aus Wolfgang Mieders gleichnamigem Buch.
Mögliche Lösungen: *Gelegenheit macht Liebe. Wer im Glashaus sitzt, muß Fenster putzen. Was das Händchen nicht kriegt, kriegt die Hand nimmermehr. Wer aus der Haut fährt, steht ziemlich nackt da. Wer den Schaden hat, braucht für den Schrott nicht zu sorgen.*
214 f. Die Lichtenberg-Beispiele stammen ebenfalls aus Fieguths Sammlung "Deutsche Aphorismen" bei Reclam. Lichtenberg (1742 - 1799) schrieb sie in den letzten drei Jahrzehnten des 18. Jahrhunderts, sie wurden erstmals zusammenhängend 1800 veröffentlicht und finden sich seitdem in vielen Aphorismensammlungen an prominenter Stelle.
215 *Der Graf antwortet: "Nein, in der Stadt gewesen und Hörgerät gekauft!"*
216 Heines Beispiels stammen aus seiner Weiterführung des zitierten Trienttextes. S. 267 f.
217 Die Zusammenfassung stützt sich u.a. auf: Anne Moir & David Jessel: Brainsex, Düsseldorf 1990 und auf S. Marc Breedlove: Sexual differentiation of the human brain. In: Annual Review of Psychology 1994, S. 389 - 418. Breedlove weist zu Recht daraufhin, daß die Untersuchungen zur größeren Dichte des Corpus Callosum bei Frauen allesamt auf schwachen Füßen stehen, v.a. wegen der sehr geringen Probandenzahl und wegen unterschiedlicher Meßverfahren. Aber auch er konstatiert die größere funktionale Lateralisierung im männlichen Gehirn als fundiert, weil sie aus der Einwirkung des Testosterons und verwandter Androgene stammt.
220 Zum offenen Unterricht s. u.a. Weinhäupl oder Wallrabenstein.

III. Synthesen - 9. Empirie

223 Die Geschichte von Bierce wurde von mir nach der englischen Fassung aus dem Aufsatz von Graesser und Tabasso relativ wörtlich übersetzt, um die sprachlichen Steuerungsfunktionen zu erhalten. Die deutsche Version von Eigenberz und Neetix bringt eine sinnvolle aber freie Überschrift "Von Muße ereilt". (s. Bierce 1998).
224 Groeben bezieht sich in seiner Liste auf eine Untersuchung von Spearrit (1972), der eine große Datenmenenge aus einem Lesetest (David-Reading-Test) bearbeitet hat und zwar bezeichnenderweise mithilfe der Faktorenanalyse, die per se für das Erkennen von Teilfähigkeiten förderlich ist.
225 Die zitierte These Rudolf Herreggers durchzieht das gesamt Buch, so daß ich keine einzelne Stelle angebe.
225 Nörretranders. Spüre die Welt. Die Wissenschaft des Bewußtseins, S. 336.
226 Das Satorproblem hat eine Fülle von Arbeiten angezogen, die von Hommel 1953 zusammengefaßt wurden. Überraschend ist, daß ein aktuelles Buch über Palindrome (Körber 1997) darauf überhaupt nicht eingeht. Aber ebenso überraschend ist es, daß ein kreativer Leser von selber auf die dargestellte Deutung kommen konnte. In einer eher abgelegenen Zeitschrift ("Trödler" 1997, H. 1) hat Jan van Koolwijk mithilfe des stierwendigen Pflügens die dargestellte Lösung vorgeschlagen - er befindet sich damit in einer guten Tradition, denn erstmals

wurde diese Idee 1854 von einem anonymen Leser in dem französischen "Magasin Pittoresque" geäußert. Die Zeichnung stammt von Jan van Koolwijk, Stuttgart.
227 Das Zitat von Dietrich Doerner: Die Logik des Mißlingens, steht wie das erste auf S. 309.

III. Synthesen - 10. Textschichten

234 Die Zeichnung stammt von Jan van Koolwijk, Stuttgart.
236 Das Aquarell von Melchior Kraus haben wir nicht wiedergegeben, weil es so schlecht abzudrucken ist, daß man keine Nuancen erkennt. Gesehen hätte man eine heitere höfisch-bürgerliche Gesellschaft von Damen und Herren, die sich eng gedrängt um einen Tisch versammelt und dabei plaudert, liest und stickt!
245 Die Argumentation von Leakey und Levin findet sich in ihrem Buch: Leakey, Richard & Lewin, Roger (1993): Der Ursprung des Menschen. Frankfurt(M): S. Fischer, S. 91 und öfters.
246 Die Argumentationen von Antonio Rosas waren mir bisher nur durch Zeitungs- und Rundfunkberichte zugänglich.
248 Illustration: Philipp Grot Johann, Englisch Verlag Wiesbaden, Faksimile 1978, Original Leipzig 1900, S. 20.
248 Illustration: Heiner Vogel, Union Verlag Berlin 1970, S. 31.
249 Illustration: Gunter Böhmer , Rainer Wunderlich Verlag Tübingen 1975. S. 37.
255 Das Abälard-Zitat aus: Der Briefwechsel mit Heloisa. Übersetzt von Hans-Wolfgang Krautz, (Reclam) S. 11 f.
256 Arno Borst: Lebensformen des Mittelalters, S. 549 ff.
258 Es ist eine angenehme Unterstützung dieser Synthese-Darstellung, daß während der Drucklegung 1997 John Marenbons Buch über Abälard erschien, der aufgrund seiner Studien zu einer ähnlichen Position gelangt. Marenbon schreibt, daß Abälards Logik überraschend (embarrassing) gewesen sein muß (S. 45), weil er mit ihr eine Art grundsätzlichen Verstehens anstrebte und dabei Semantik mit Erkenntnistheorie verband. Er sei besonders erfolgreich gewesen, Allgemeines, Spezifisches und Differenzen (als sprachliche Mittel) auf eine Welt von Partikularitäten anzuwenden. Denn er erkannte früh zwei philosophische Probleme. Zunächst, daß jeder Mensch eine unverwechselbare Individualität besitze, weshalb man ihn nicht in ein Prokrustesbett der Begriffe zwängen dürfe. Gleichzeitig aber gehöre jeder mit wesentlichen Elementen unübersehbar zur Gattung Mensch - wie könne man dieses Allgemeine und zugleich Besondere beschreiben? Und zweitens: Was vermag denn die Sprache in diesem Gemenge von Fakten und Etiketten überhaupt zu leisten? Abälards Antwort zielt darauf, daß sie das entscheidende Hilfsmittel sei, um eine Ordnung zu erkennen, aber eine, die nicht starr ist, sondern die man immer wieder umkreisen müsse.
258 Zu Nabokovs Erfolgen mit diesen Vorlesungen s.a. Boris Nossik: Nabokov: Es kamen bis zu vierhundert Studenten und drei von ihnen wurden intensive Nabokovforscher, S. 349. Siehe auch den Artikel in der Frankfurter Allgemeinen Zeitung über Nabokov vom 24. 12. 1996, S. 25, in dem das Zitat der Studentin zu finden ist.

Literaturverzeichnis

Abaelard, Petrus (1133) Der Briefwechsel mit Heloisa. Übersetzt von Hans-Wolfgang Krautz (1989), Stuttgart: Reclam.

Abelard, [Pierre] (1838) Ouvrages inédits d'Abélard. V[ictor] Cousin, ed. Paris: Imprimerie Royale.

Adelhoefer, Mathias (1990) Wolfdietrich Schnurre ein deutscher Nachkriegsautor. Pfaffenweiler: Centaurus.

Ader, Dorothea; Kress, Axel & Riemen, Alfred (1975) Literatur im Unterricht - linguistisch. München: Kösel.

Aebli, Hans (1979) Zur Darstellung von Handlungen und Begriffserklärungen mit Baumdiagrammen und Netzen. In: Ueckert, Hans & Rhenius, Detlef (Hrsg.) Komplexe menschliche Informationsverarbeitung, Bern: Huber. 311- 322.

Aebli, Hans (1983) Zwölf Grundformen des Lehrens. Stuttgart: Klett.

Aeschbacher, Jörg (1989) Unterrichtsziel: Verstehen. 2. Aufl. Stuttgart: Klett.

Alpers, Svetlana & Baxandall, Michael (1996) Tiepolo oder die Intelligenz der Malerei. Berlin: Reimer.

Anderson, John R. (1989) Kognitive Psychologie. Heidelberg: Spektrum.

Andringa, Els (1979) Text - Assoziation - Konnotation. Königstein: Athenäum.

Andringa, Els (1996) Effects of 'narrative distance' on readers' emotional involvement and response. In: Poetics 23, 431-452.

Andringa, Els & Davis, Sara (1994) Literary Narrative and Mental Representation or How Readers Deal With 'A Rose for Emily'. In: Oostendorp, Herre van & Zwaan, Rolf A. (Hrsg.): Naturalistic Text Comprehension, 243-268. Norwood: Ablex.

[Anonymus] (1994) Das Hirn und der kleine Unterschied. In: Illustrierte Wissenschaft., Heft 1, S. 28-33 und S. 81

Apel, Karl-Otto (1971) Transformation der Philosophie. Frankfurt(M): Suhrkamp.

Armstrong, David F. et al. (1995) Gesture and the Nature of Language. Cambridge: University Press.

Armstrong, Thomas (1994) Multiple Intelligences in the classroom. Alexandria: Sky.

Arnheim, Rudolf (1978) Kunst und Sehen. Zur Psychologie des schöpferischen Auges. Berlin: de Gruyter.

Austen, Jane (1814) Mansfield Park. Deutsch von Margit Meyer. Frankfurt(M): Fischer (1990).

Axel, Richard (1995) Die Entschlüsselung des Riechens. In: Spektrum der Wissenschaft, H.12, 72-78.

Baddeley, Alan (1986) So denkt der Mensch. Unser Gedächtnis und wie es funktioniert. München: Droemer Knaur.

Baddeley, Alan & Weiskrantz, Lawrence (Hrsg.) (1993) Attention: Selection, Awareness, and Control. Oxford: Clarendon Press.

Ballstaedt, Steffen-Peter (1997) Wissensvermittlung. Die Gestaltung von Lernmaterial. Weinheim: Beltz. Psychologie Verlags Union.

Ballstaedt, Steffen-Peter; Mandl, Heinz; Schnotz, Wolfgang; Tergan, S.O. (1981) Texte verstehen, Texte gestalten. München: Urban und Schwarzenberg.

Bastick, Tony (1982) Intuition. How we think and act. Chichester: John Wiley.

Baumann, Manfred (1982) Lernen aus Texten und Lehrtextgestaltung. Berlin: Volk und Wissen.

Beach, Richard & Hynds, Susan (1991) Research on Response to Literature. In: Handbook of Reading Research, Vol. II., eds. Barr, Rebecca; Kamil, Michael L.; Mosenthal, Peter & Pearson, David E. White Plains: Longman.

Beauport, Elaine de & Diaz, Aura Sofia (1996). Three Faces of Minvelopping Your Brain's Multiple Intelligences. Needham Heights: Sky.

Beck, Erwin; Guldimann, Titus & Zutavern, Michael (1994) Lernen lernen und das eigene Lernen verstehen. In: Reusser, Kurt & Reusser-Weyeneth, Marianne (Hrsg.) (1994), Verstehen. Psychologischer Prozeß und didaktische Aufgabe. Bern: Huber, 207-225.

Becker, Gerhard et al. (1979) Anwendungsorientierter Mathematikunterricht. In der Sekundarstufe I. Bad Heilbrunn: Julius Klinkhardt.

Beisbart, Ortwin et al. (1993) Leseförderung und Leseerziehung. Theorie und Praxis des Umgangs mit Büchern für junge Leser. Donauwörth: Auer.

Belgrad, Jürgen (1996) Detektivische Spurensuche und archäologische Sinnrekonstruktion - die tiefenhermeneutische Textinterpretation als literaturdidaktisches Verfahren. In: Jürgen Belgrad & Hartmut Melenk (Hrsg.): Literarisches Verstehen - Literarisches Schreiben, Hohengehren: Schneider, 133-148.

Belgrad, Jürgen & Fingerhut, Karlheinz (1987) Willst feiner Knabe du mit mir gehn? Rezeption und Interpretation, Phantasiearbeit und archäologische Methode - aufgezeigt an Goethes "Erlkönig". In: Diskussion Deutsch, Heft 97, 436-461.

Belgrad, Jürgen & Fingerhut, Karlheinz (Hrsg.) (1998) Textnahes Lesen. Annäherungen an Literatur im Unterricht. Hohengehren: Schneider.

Belinskij, Vissarion G. (1950) Ausgewählte philosophische Schriften. Moskau: Verlag für Fremd- sprachige Literatur.

Berlyne, David (1960) Konflikt, Erregung, Neugier. Stuttgart 1974: Ernst Klett.

Biedrzynski, Effi (1992) Goethes Weimar. Das Lexikon der Personen und Schauplätze. Zürich: Artemis und Winkler.

Bierce, Amboise (1998) Fantastische Geschichten. Zürich: Haffmann.

Bihrle, Amy. M.; Brownell, Hiram H. & Powelson, John A. (1986) Comprehension of humorous and nonhumorous material by left and right brain-damaged patients. In: Brain and Cognition, 399-411.

Billstein, Rick; Libeskind, Shlomo & Lott, Johnny W. (1981) A Problem Solving Approach to Mathematics for Elementary School Teachers. Menlo Park: Benjamin Cummings.

Birkenbihl, Vera F. (1983) Stroh im Kopf? Gebrauchsanleitung fürs Gehirn. München: mgv

Birkerts, Sven (1997) Die Gutenberg Elegien. Lesen im elektronischen Zeitalter. Frankfurt (M): S. Fischer.

Blake, Michael (1989) Der mit dem Wolf tanzt. Bergisch Gladbach: Lübbe.

Bleckwenn, Helga & Loska, Rainer (1989) "Phantasiereise". Über imaginative Verfahren im Deutschunterricht. In: Themenzentrierte Interaktion, 54 -71.

Bleich, David (1975) Readings and Feelings. Urbana: NCTE.

Bleissem, Isabella (1995) Unterrichtsideen: Textarbeit im Deutschunterricht. Stuttgart: Klett.

Blume, Bernhard (1960) Rilkes "Spätherbst in Venedig". In: Wirkendes Wort 10, 237-255.

Bogdal, Klaus-Michael (Hrsg.) (1993) Neue Literaturtheorien in der Praxis. Opladen: Westdeutscher Verlag.

Böll, Heinrich (1954) Irisches Tagebuch. München: dtv.

Borod, Joan C. ; Koff, Elissa & Caron, Herbert S. (1983) Right Hemispheric Specialization for the Expression an Appreciation of Emotion: A Focus on the Face. In Perecman, Ellen (Hrsg.) Cognitive Processing in the Right Hemisphere, 83 - 109. New York: Academic Press.

Borst, Arno (1979) Lebensformen im Mittelalter. Frankfurt(M): Ullstein.

Breedlove, S.Marc (1994) Sexual differentiation of the human brain. In: Annual Review of Psychology 45, 389 - 418.

Bremerich-Vos, Albert (1989) Textanalyse. Frakfurt(M): Diesterweg.

Brinker, Klaus (1992) Linguistische Textanalyse. Berlin: Erich Schmidt.

Britting, Georg (1993) Gedichte 1930 bis 1940. Hrsg.: Walter Schmitz. München: List.

Britton, Bruce K. & Black, John B. (Hrsg.) 1985. Understanding Expository Text. Hillsdale: Erlbaum

Britton, Bruce K. & Graesser, Arthur C. (Hrsg.) 1996 Models of Understanding Text. Mahwah: Erlbaum.

Brodmann, Korbinian (1909) Vergleichende Lokalisationslehre der Großhirnrinde. Leipzig: Barth.

Broek, Paul van den (1990) Causal Inferences and the Comprehension of Narrative Texts. In: Graesser, Arthur & Bower, Gordon H. (eds.): Inferences and Text Comprehension, 174 - 197. San Diego: Academic Press.

Brownell, Hiram H. ; Potter, Heather H.; Michelow, Diane & Gardner, Howard (1984) Sensitivity to Lexical Denotation and Connotation in Brain-Damaged Patients: A Double Dissociation. In: Brain and Language 22, 253 - 265.

Brownell, Hiram H.; Potter, Heather H.; Bihrle, Amy M. & Gardner, Howard (1986).	Inference Deficits in Right-Damaged Patients. In: Brain and Language 27, 310 - 321.
Brownell, Hiram H.; Michel, Dee; Powelson, John & Gardner, Howard (1983).	Surprise But No Coherence: Sensitivity to Verbal Humor in Right- Hemisphere Patients. In: Brain and Language 18, 20-27.
Brügelmann, Hans (1995)	Die Architektur des Gehirns und Methoden ihrer Vermessung. In: Balhorn, Heiko & Brügelmann, Hans (Hrsg.): Rätsel des Schriftspracherwerbs, 37- 67. Konstanz: Libelle.
Bruhn, Herbert; Oerter, Rolf & Rösing, Helmut (Hrsg.) 1993	Musikpsychologie. Ein Handbuch. Reinbek: Rowohlt.
Buchner, Axel (1993)	Implizites Lernen: Probleme und Perspektiven. Weinheim: PVU.
Bugdahl, Volker (1995)	Kreatives Problemlösen im Unterricht. Frankfurt(M): Cornelsen-Scriptor.
Bühler, Karl (1920)	Die geistige Entwicklung des Kindes (2. Aufl.). Jena: Fischer.
Bürger, Wolfgang (1997)	Zur Erkenntnis des inhaltlich Allgemeinen in unterrichtlichen Lernprozessen. Ms.: Univ. Hamburg.
Burgess, Curt & Simpson, Greg B. (1988)	Cerebral hemispheric Mechanisms in the Retrieval of Ambigous Word Meanings. In: Brain and Language 33, 86 - 103.
Calvin, William H. (1987)	The brain as a Darwin Machine. In: Nature 330, 33-34.
Calvin, William H. (1993).	Die Symphonie des Denkens. Wie aus Neuronen Bewußtsein entsteht. München: Carl Hanser.
Calvin, William H. & Ojemann, George A. (1995).	Einsicht ins Gehirn. Wie Denken und Sprache entstehen. München: Carl Hanser.
Campbell, Linda et al. (1996).	Teaching and Learning through Multiple Intelligences. Needham Heights: Sky.
Cantor, Judy & Engle, Randall W. (1993)	Working-Memory Capacity as Long-term memory Activation: An Individual-Differences Approach. in: Journal of Experimental Psychology, Learning, Memory, and Cognition 19, No.5, 1101 - 1114.
Changeux, Jean-Pierre (1984)	Der neuronale Mensch. Reinbek: Rowohlt.
Chiarello, Christine (Hrsg.) (1988)	Right Hemisphere Contributions to Lexical Semantics. Berlin: Springer.
Chiarello, Christine; Senehi, Jessica & Nuding, Sarah (1987)	Semantic Priming with Abstract and Concrete Words: Differential Asymmetry May Be Postlexical. in: Brain and Language 31, 43-60.
Christmann, Fred (1994)	Mentales Training. Göttingen: Verlag für Angewandte Psychologie.
Christmann, Ursula (1989)	Modelle der Textverarbeitung: Textbeschreibung als Textverstehen. Münster: Aschendorff.
Ciompi, Luc (1993)	Die Hypothese der Affektlogik. In: Spektrum der Wissenschaft (2), 76-87.

Ciompi, Luc (1994)	Affektlogik - die Untrennbarkeit von Fühlen und Denken. In: Fedrowitz, Jutta et al. (Hrsg.): Neuroworlds, 117 -130. Frankfurt(M): Campus.
Clauss, Günter (1984)	Differentielle Lernpsychologie. Berlin: Volk und Wissen.
Cohen, Ronald A. (1993)	The Neuropsychology of Attention. New York: Plenum.
Collins, Allan M. & Loftus, Elizabeth F. (1975)	A Spreading-Activation Theory of Semantic Processing. In: Psychological Review 82, No.6, 407 - 428.
Conn, P. Michael (Hrsg.) (1994)	Neuroscience in Medicine. Philadelphia: J.B. Lippincott.
Conrady, Carl-Otto (Hrsg.) (1977)	Das große Deutsche Gedichtbuch. Kronberg: Athenäum.
Cook, Norman D. (1986)	The Brain Code. Mechanisms of Information Transfer and the Role of the Corpus Callosum. London: Methuen.
Corbeil, Jean-Claude & Archambault, Ariane (1992)	Pons Bildwörterbuch. Stuttgart: Klett.
Costner, Kevin (1991)	Der mit dem Wolf tanzt. Constantin Video. Vertrieb der VCL/CAROLCO Communications: München.
Cousin, V[ictor] (1838)	Ouvrages inédits d'Abélard. Paris: Imprimerie Royale.
Creutzfeldt, O.D. (1983)	Cortex Cerebri. Leistung, struktruelle und funktionelle Organisation der Hirnrinde. Berlin: Springer.
Crick, Francis & Koch, Christof. (1992)	Das Problem des Bewußtseins. Abgedruckt in: Gehirn und Bewußtsein. Mit einer Enführung von Wolf Singer, Heidelberg 1994: Spektrum, 162-170.
Crosson, Bruce (1992)	Subcortical Functions in Language and Memory. New York: Guilford Press.
Csikszentmihalyi, Mihalyi & Csikszentmihalyi, Isabella A. (1988).	Optimal Experience. Experimental Studies of flow in Consciousness. Cambridge: Cambridge University.
Csikszentmihalyi, Mihalyi (1996).	Creativity. Flow and the Psychology of Discovery and Invention. New York: Harper Collins.
Cytowic, Richard E. (1989)	Synesthesia. A Union of the Senses. Berlin: Springer.
Damasio, Antonio R. & Damasio, Hanna (1992)	Sprache und Gehirn. Abgedruckt in: Gehirn und Bewußtsein. Mit einer Enführung von Wolf Singer,Heidelberg 1994. Spektrum, 58-66.
Damasio, Antonio R. (1990)	Cortical relates recognition deficit as a clue to the neural substrates of knowledge. In: Trend in Neurosciences 13, 395-398.
Damasio, Antonio R. (1996)	Descartes' Irrtum. Fühlen, Denken und das menschliche Gehirn. München: List.
Deane, Paul D. (1992)	Grammar in Mind and Brain. Explorations in Cognitive Syntax. Berlin: Mouton de Gruyter.

Degen, Rolf (1997)	Eine Duftspur in das Gehirn. Frankfurter Allgemeine Zeitung vom 15.10.97, S. N 3.
Dehaene, Stanislas & Cohen, Laurent (1997)	Cerebral pathways for calculation. Double dissociation between rote verbal and quantitative knowledge of arithmetic. In: Cortex 33, 219-250.
Dehn, Mechthild (1996)	Elementare Schriftkultur. Abschlußbericht des Modellversuches. Hamburg: Amt für Schule.
Deinert, Werner (1985)	Eisenbahnwagen. Berlin:
Delis, D.C. ; Wapner, W.; Gardner, H. & Moses, J.A. (1983)	The contribution of the right hemisphere to the organization of paragraphs. In: Cortex 19, 43 - 50.
Dillon, G. (1982)	Styles of Reading. In: Poetics Today, 3 (2), 77-88.
Dobie Jeanne (1986)	Making Color Sing. New York: Watson-Guptill.
Doerner, Dietrich (1989)	Die Logik des Mißlingens. Reinbek: Rowohlt.
Domenego, Hans et al. (1977)	Das Sprachbastelbuch. Ravensburg: Otto Maier.
Dornseiff, Franz (1933)	Der deutsche Wortschatz nach Sachgruppen. Berlin: Walter de Gruyter (7. Aufl. 1970).
Doty, R.W. (1989)	Some Anatomical Substrates of Emotion, and their Bi-hemispherical Coordination, in: Guido Gainotti / Carlo Caltagirone (Hrsg.): Emotions, and the Dual Brain, 56- 82. Berlin: Springer.
Duchácek, Otto (1973)	Über verschiedene Typen sprachlicher Felder und die Bedeutung ihrer Erforschung. In: Lothar Schmidt (Hrsg.): Wortfeldforschung. Zur Geschichte und Theorie des sprachlichen Feldes, 436 - 452. Darmstadt: Wissenschaftliche Buchgesellschaft.
Duden (1993-1995)	Das große Wörterbuch der deutschen Sprache. 8 Bde. (Hrsg.): Günther Drosdowski. Mannheim: Dudenverlag.
Dürrenmatt, Friedrich (1986)	Albert Einstein. In: Philosphie und Naturwissenschaft. Essays und Reden. Zürich: Diogenes.
Eccles, John C. (1982)	Das Rätsel Mensch. München: Ernst Reinhard.
Eccles, John C. (1989)	Die Evolution des Gehirns - die Erschaffung des Selbst. München: Piper.
Eco, Umberto (1995)	Die Grenzen der Interpretation. München: dtv.
Edelman, Gerald M. (1985)	Neural Darwinism: Population thinking and higher brain function. In: How we know: The inner frontier of cognitive science. Proceedings of Nobel Conference XX, Hrsg. M. Shafto, 1-30. San Francisco: Harper and Row.
Edelman, Gerald M (1993)	Unser Gehirn - ein dynamisches System. München: Piper.
Edelmann, Walter (1996)	Lernpsychologie, 5. Aufl. Beltz: Weinheim.
Eder, Hans-Karl (1996)	Mathematik. Von 5 bis 10. Von A bis Z. Paderborn: Schöningh.

Edwards, Betty (1982)	Garantiert zeichnen lernen. Das Geheimnis der rechten Hirn-Hemisphäre und die Befreiung unserer schöpferischen Gestaltungskräfte. Reinbek: Rowohlt.
Ehret, G[ünter] (1996)	Auditorische Systeme. In: Dudel, Josef; Menzel, Randolf & Schmidt, Robert F. (Hrsg.): Neurowissenschaft. Vom Molekül zur Kognition, 353- 381. Berlin: Springer.
Eichelberger, Ursula (1986)	Ziatenlexikon. Leipzig: VEB Bibliographisches Institut.
Eichendorff, Joseph von (1820)	Aus dem Leben eines Taugenichts. Insel: Frankfurt(M) (1976).
Elger, Christian; Schramm, Johannes & Wiestler, Otmar D. (1997)	Einsichten in die Funktionen des menschlichen Gehirns. Epilepsieforschung in den modernen Neurowissenschaften. In: Forschung. Mitteilungen der DFG 1, 27-29.
Ellison, James (1985)	"Ich versuche, Sprache und Logik vom Podest zu stürzen". Gespräch mit Howard Gardner. In: Psychologie heute, H. 2, 22-27.
Emrich, Hinderk M. (1994)	Die Bedeutung des Konstruktivismus für Emotion, Traum und Imagination. In: Fedrowitz, Jutta et al. (Hrsg.): Neuroworlds, 93 - 115. Frankfurt(M): Campus.
Encarta 97 (1997)	Enzyklopädie auf CD-Rom. Microsoft.
Endres, Wolfgang & Bernard, Elisabeth (1994)	Voll bei der Sache. Das Konzentrationsprogramm für Kinder. Ein Elternratgeber. München: Kösel.
Enzensberger, Hans Magnus (1997)	Der Zahlenteufel. Ein Kopfkissenbuch für alle, die Angst vor der Mathematik haben. München: Carl Hanser.
Erdely, Matthew Hugh (1984)	Psychoanalysis: Freud's Cognitive Psychology. New York: Freeman.
Esrock, Ellen J. (1994)	The Reader's Eye. Boston: John Hopkins University Press.
Farah, Martha J. (1994)	Specialization within Visual Object Recognition: Clues from Prosop- agnosia and Alexia. In: Farah, Martha J. & Ratcliff, Graham (Hrsg): The Neuropsychology of High-Level Vision, 133-146. Hillsdale: Erlbaum.
Faulkner, William (1972)	Eine Rose für Emily. Zürich: Diogenes.
Fieguth, Gerhard (Hrsg.) (1978)	Deutsche Aphorismen. Stuttgart: Reclam.
Fingerhut, Karlheinz (1996)	Kafka für die Schule. Berlin: Volk und Wissen.
Fodor, Jerry A. (1983)	The Modularity of Mind.An Essay on Faculty Psychology. Cambridge: MIT.
Frankl, Viktor E. (1982)	Der Mensch vor der Frage nach dem Sinn. Eine Auswahl aus dem Gesamtwerk. München: Piper.
Frankl, Viktor, E. (1996)	Zeiten der Entscheidung. Hrsg. von Elisabeth Lukas. Freiburg: Herder.
Frey, Eberhard (1974).	Rezeption literarischer Stilmittel. Beobachtungen am "Durchschnittsleser". In: Lili, H.15, 80 - 94.
Frey, Ute (1997)	"Nagle einen Pudding an die Wand." In: Deutschunterricht, 10, 479-486.

Friberg, L.; Olsen, T.S.; Roland, P.E. & Lassen, N.A. (1985)	Cortical activation during conversation. In: Neuroscience Letters, Supplement 22, S. 78.
Friederici, Angela D. (1984)	Neuropsychologie der Sprache. Stuttgart: Kohlhammer.
Friedrich, H.F.; Fischer, H.P., Mandl, H. & Weis, I. (1987)	Vom Umgang mit Lehrtexten. Tübingen: Deutsches Institut für Fernstudien.
Friedrich, Wilhelm (1987)	Handbuch der Vitamine. München: Urban und Schwarzenberg.
Friedrichs, Jürgen (1973).	Methoden empirischer Sozialforschung. Reinbek: Rowohlt.
Fuchs, Rainer (1991)	Einführung in die Lernpsychologie, 2. Aufl. Darmstadt: Wissenschaftliche Buchgesellschaft.
Gadamer, Hans-Georg (1990)	Hermeneutik I. Wahrheit und Methode. Tübingen: Mohr.
Gaddes, William H. & Edgell, Dorothy (1994)	Learning disabilites and Brain Function. A Neuropsychological Approach. New York: Springer.
Gainotti, Guido & Caltagirone, Carlo (Hrsg.) (1989)	Emotions and the Dual Brain, Berlin: Springer.
Gall, Franz-Joseph (1805)	Vorlesungen über die Verrichtungen des Gehirns und die Möglichkeiten die Anlagen aus dem Bau des Schädels zu erkennen. Berlin: Wagner.
Garbe, Christine (1993)	Frauen - das lesende Geschlecht? Perspektiven einer geschlechts- differenzierenden Leseforschung. In Literatur und Erfahrung 26/27, 7 - 33.
Gardner, Howard (1983)	Frames of Mind. Theory of Multiple Intelligences. New York: Basic. Books. deutsch (1991). Abschied vom IQ. Stuttgart: Klett-Cotta.
Gardner, Howard (1991)	Abschied vom IQ. Die Rahmen-Theorie der vielfachen Intelligenzen. Stuttgart: Klett-Cotta.
Gardner, Howard. (1993)	Multiple intelligences: The theory in practice. New York: Basic Books.
Gardner, Howard; Kornhuber, Mindy L. & Wake Warren K. (Hrsg.) (1996)	Intelligence: Multiple Perspectives. A Reader. Fort Worth: Harcourt Brace.
Garfield, Jay (Hrsg.) (1987)	Modularity in Knowledge. Representation and Natural Language Processing. Cambridge: MIT.
Gazzaniga, Michael S. (1988)	Das erkennende Gehirn. Entdeckungen in den Netzwerken des Geistes. Paderborn: Junfermann.
Gemin, Massimo & Pedrocco, Filippo (1995)	Giambattista Tiepolo. Leben und Werk. München: Hirmer.
Geschwind, Norman & Galaburda, Albert M. (1987)	Cerebral Lateralization. Cambridge: MIT.
Gerstenberg, Kurt (Hrsg.) (1952)	Claude Lorrain. Landschaftszeichnungen. Baden - Baden: Woldemar Klein.
Geschwind, Norman (1972)	Language and the brain. In: Scientific American 226, 76-83.

Geyer, Bernhard (Hrsg.) 1967	Friedrich Überwegs Grundriss der Geschichte der Philosophie, Bd. 2. Die patristische und scholastische Philosophie. Darmstadt Wissenschaftliche Buchgesellschaft.
Glinz, Hans (1993)	Methoden zur Objektivierung des Verstehens von Texten, gezeigt an Kafkas "Kinder auf der Landstraße". In: Sprachwissenschaft und Schule, 224 - 258. Zürich: sabe.
Glubrecht, Michae u.a. (1992)	Besser lernen. Lichtenau: AOL.
Goethe, Johann Wolfgang (1786-1788)	Italienische Reise. München: Hirmer o.J.
Goldenberg, Georg (1987)	Neurologische Grundlagen bildlicher Vorstellungen. Wien: Springer.
Goleman, Daniel (1996)	Emotionale Intelligenz. München: Carl Hanser.
Gombrich, Ernst H. (1984)	Bild und Auge. Neue Studien zur Psychologie der bildlichen Darstellung. Stuttgart: Klett-Cotta.
Graesser, Arthur C.; Singer, M.& Tabasso, T. (1994)	Constructing inferences during narrative text comprehension. In: Psychological Review 101, 371-395.
Grafman, Jordan (1995)	Similarities and Distinctions among Current Models of Prefrontal Cortical Functions. In: Grafman, Jordan; Holyoak, Keith J.; Boller, Francois (Hrsg.): Structure and Functions of the Human Prefrontal Cortex, 337- 368. New York: The New York Academy of Sciences.
Gray, C.M.; Engel. A.K.; König, P. & Singer, W. (1992)	Synchronization of oscillary neuronal responses in cat striate cortex: Temporal properties. In: Visual Neuroscience 8, 337 - 347.
Groeben, Norbert (1982)	Leserpsychologie: Textverständnis - Textverständlichkeit. Münster: Aschendorff.
Groeben, Norbert & Vorderer, Peter (1988)	Leserpsychologie: Lesemotivation - Lektürewirkung. Münster: Aschendorff.
Gross, Sabine (1994)	Lese-Zeichen. Darmstadt: WBG.
Grüsser, Otto-Joachim; Selke, Thomas & Zynda, Barbara (1988)	Cerebral Lateralization and Some Implications for Art, Aesthetic Perception, and Artistic Creativity. In: Rentzschler, Ingo; Herzberger, Barabara & Epstein, David (Hrsg.): Beauty and the Brain. 257-293. Basel: Birkhäuser.
Grzesik, Jürgen (1988)	Begriffe lernen und lehren. Stuttgart: Klett.
Grzesik, Jürgen (1990)	Textverstehen lernen und lehren. Stuttgart: Klett.
Grzesik, Jürgen et al. (1998)	Kann das Verstehen wissenschaftlicher Texte gelernt und gelehrt werden? Münster: Aschendorff
Guggenheim, Peggy (1980)	Ich habe alles gelebt. Bern: Scherz.
Gur, Reuben C. et al. (1980)	Differences in the Distribution of Gray and White Matter in Human Cerebral Hemispheres. In: Science 107, 1226-1228.

Halgren, Eric (1992)	Emotional Neurophysiology of the Amygdala Within the Context of Human Cognition. In: Aggleton, John P. (Hrsg.) The Amygdala. Neurobiological Aspects of Emotion, Memory, and Mental Dsyfunction, 191-228. New York: Wiley-Lyss.
Halle, M & Stevens, K.N. (1964)	Speech recognition: A model and a program for research. In: J.A. Fodor & J.J. Katz (Hrsg.): The structure of language, 504 - 612. Engelwood Cliffs.
Hamm, Heinrich (Hrsg.) (1986)	Allgemeinmedizin - Familienmedizin. Stuttgart: Thieme.
Hamm, Heinrich (1992)	"Nur" der Blinddarm. In: Fortschritte der Medizin 110, H. 34, S. 16.
Hasselhorn, Marcus & Mähler, Claudia (1993)	Möglichkeiten und Grenzen der Beeinflußbarkeit des Lern- und Gedächt- nisverhaltens von Kindern. In: Klauer, Karl Josef (Hrsg.) Kognitives Training, 301 - 318. Göttingen: Hogrefe.
Hatt, H[anns] (1996)	Chemosensiblität, Geruch und Geschmack. In: Dudel, Josef; Menzel, Randolf & Schmidt, Robert F. (Hrsg.): Neurowissenschaft. Vom Molekül zur Kognition, 297 - 316. Berlin: Springer.
Hayakawa, S.I. (1987)	Sprache im Denken und Handeln. Allgemeinsemantik. Darmstadt: Verlag Darmstädter Blätter.
Hecker, Ulrich (1996)	Ohr-, Schädel-, Mund-, Hand-Akupunktur. Stuttgart: Hippokrates.
Heeschen, Claus (1979)	On the Representation of Classificatory and Propositional Lexical Relations in the Human Brain. In: Bäuerle, R., Egli, U. & von Stechow, A. (Hrsg.): Semantics from Different Points of View, 364-375. Berlin: Springer,
Heidegger, Martin (1933)	Schöpferische Landschaft: Warum bleiben wir in der Provinz? (1933). In: Denkerfahrungen 1910 - 1976. Frankfurt(M): Klostermann.
Heidegger, Martin (1943)	Vom Wesen der Wahrheit. Frankfurt(M): Klostermann (1986).
Heine, Heinrich (1828)	Italien. Reise von München nach Genua. In: Werke. Hrsg. Gerhard Preisendanz. Frankfurt(M): Insel 1968, Bd. 2.
Hellhammer, Dirk (1983)	Gehirn und Verhalten. Eine anwendungsorientierte Einführung in die Psychobiologie. Münster: Aschendorff.
Hemingway, Ernst (1926)	Sämtliche Erzählungen.Reinbek: Rowohlt (1966).
Hempen, Carl-Herrmann (1995)	dtv-Atlas zur Akupunkur. München: dtv.
Hendel, Gerhard & Meßner, Paul (1992)	Weimar. Köln: Dumont.
Hernegger, Rudolf (1995)	Wahrnehmung und Bewußtsein. Heidelberg: Spektrum.
Herrmann, Theo & Grabowski, Joachim (1994)	Sprechen. Psychologie der Sprachproduktion. Heidelberg: Spektrum
Hille, Peter (1975)	Ich bin, also ist Schönheit. Leipzig: Reclam.

Hinton, Geoffrey E.; Plaut, David C. & Shallice, Tim (1993). Simulating Brain Damage. In: Scientific American, H. 10, 58-65.

Historisches Wörterbuch der Philosophie 1971ff. (Hrsg.) Joachim Ritter & Karlfried Grüner. Darmstadt: Wissenschaftliche Buchgesellschaft.

Hobson, Allan, J. (1990) Schlaf. Gehirnaktivität im Ruhestand. Heidelberg: Spektrum.

Hoffmann, F. & Schneider, H.J. (1984) Nominalismus. In: Historisches Wörterbuch der Philosophie, Bd. 6. Herausgegeben von Ritter, Joachim & Grüner, Karlfried. Darmstadt: Wissenschaftliche Buchgesellschaft.

Holland, Norman H. (1968) The Dynamics of Literary Response. New York: Oxford University Press.

Holland, Norman N. (1975) Five Reader´s Readings. New Haven: Yale University Press.

Holling, Heinz & Otto, Jürgen (1981) Der Einfluß kapazitätsbeanspruchender Motivationskomponenten auf die Schulleistung. Zeitschrift für experimentelle und angewandte Psychologie 28, 587-601.

Hollmann, Wildor & Fischer, Hans-Günther (1994) Gehirn, muskuläre Arbeit und Psyche. In: Spektrum der Wissenschaft, H. 8, 25-27.

Holz, Arno (1919) Ausgewählte Werke. Berlin: Deutsches Verlagshaus Bong&Co.

Hommel, Hildebrecht (1953) Die Satorformel und ihr Ursprung. Berlin: Laaber.

Hubel, David H. (1989) Auge und Gehirn. Neurobiologie des Sehens. Heidelberg: Spektrum.

Hübener, W. (1976) Konzeptualismus. In: Historisches Wörterbuch der Philosophie, Bd. 4. Herausgegeben von Ritter, Joachim & Grüner, Karlfried. Darsmtadt: Wissenschaftliche Buchgesellschaft.

Hübner, Peter (1993). Medizinische Resonanz Therapie Musik: Stärkung der Konzentrations- fähigkeit (CD). Edermünde: Enjoy Records.

Hüholdt, Jürgen (1995) Wunderland des Lernens. Lernbiologie, Lernmethodik, Lerntechnik. Bochum: Studienkreis,

Hundert, Edward (1987) Can Neuroscience Contribute to Philosophy? In: Blakemore, Colin & Greenfield, Susan (Hrsg.): Mindwaves. Thoughts on Intelligence, Identity and Consciousness, 407 - 429. Oxford: Basil Blackwell.

Hunt, R.; Vipond, D; Jewett, T. & Reither, J. (1993) The social dimensions of reading. In: R. Beach & S. Hynds (Hrsg.) Developing discourse practices in adolescence and adulthood. Norwood: Ablex.

Hunzicker, Ernst & Mazzola, Guerino (1990) Ansichten eines Hirns. Basel: Birkhäuser.

Hurrelmann, Bettina; Hammer, Michael & Stelberg, Klaus (1996) Famillienmitglied Fernsehen. Fernsehgebrauch und Probleme der Fernseherziehung in verschiedenen Familienformen. Opladen: Leske + Budrich.

Ingarden, Roman (1997) Vom Erkennen des literarischen Kunstwerks (Hrsg.): Rolf Fieguth und Edward M. Swiderski. Tübingen: Niemeyer

Innes, Jocasta (1990) Exterior Details. London: Collins and Brown.

Izard, Carrol E. (1981) Die Emotionen des Menschen. Weinheim: Beltz.

Jansen, Fritz (1992) Eltern als Erzieher. Berlin: Springer.

Jellen, Hans G. & Verduin, John R. (1989). Differentielle Erziehung besonders Begabter. Köln: Böhlau.

Joanette Yves; Goulet, Pierre & Hannequin, Didier (1990) Right Hemisphere and Verbal Communication. New York: Springer.

Joerger, Konrad (1975) Lernprozesse bei Schülern. Stuttgart: Klett.

Johnson, George (1991) In den Palästen der Erinnerung. Wie die Welt im Kopf entsteht. München: Knaur.

Jourdain, Robert (1998) Das wohltemperierte Gehirn. Heidelberg: Spektrum.

Joseph, R. (1994) Limbic System. In: Ramachandran, V.S. (Hrsg.) Encylopedia of Human Behavoir, Bd. 2, 67-81. San Diego: Academic Press.

Jost, Dominik; Erni, Jakob & Schmassmann, Margret (1992) Mit Fehlern muss gerechnet werden. Mathematischer Lernprozess, Fehleranalyse, Beispiele und Übungen. Zürich: Sabe.

Jüngst, Karl Ludwig (1983) Prototypen im Zusammenhang des Lehrens und Lernens von Begriffen. In Ludwig Kötter & Heinz Mandl (Hrsg.): Kognitive Prozesse und Unterricht, 77 - 107. (Jahrbuch für Empirische Erziehungswissenschaft). Düsseldorf: Schwann.

Just, Marcel Adam & Carpenter, Patricia A.(1987) The Psychology of Reading and Language Comprehension. Boston : Allyn and Bacon.

Kahle, Werner (1991) dtv-Atlas der Anatomie, Bd. 3. Nervensystem und Sinnesorgane. Stuttgart: Thieme/dtv.

Kaiser, Jürgen; Scharmann, Alexander & Poyck-Scharmann, Beate (1994) Hand-Reflexzonen-Massage. Wien: Orac.

Kalin, Ned H. (1993) The Neurobiology of Fear. In: Scientific American, H. 3, 54-60.

Kappstein, Stefan (1985) Tafeln zur Akupunktur und Akupressur. Seeshaupt: Ryvellus/VSB.

Kareken, David; Gur, Reuben; Mozley, David P.; Mozley Lyn H. et al. (1995) Cognitive functioning and neuroanatomic volume measures in schizophrenie. In: Neuropsychology 9, 211 - 219.

Karr, H.-P. (1991) Mörder können nicht an alles denken. In: Mord! Kriminalstories zum Selberlösen. Reinbek: Rowohlt.

Kieras, David E. & Just, Marcel A. (1984) New Methods in Reading Comprehension Research. Hillsdale: Erlbaum.

Kimura, Doreen (1992) Weibliches und männliches Gehirn. Abgedruckt in: Gehirn und Bewußtsein. Mit einer Enführung von Wolf Singer, Heidelberg 1994: Spektrum, 87-87.

Kimura, Doreen (1993) Neuromotor Mechanisms of Human Communication. New York: Oxford University Press.

Kintsch, Walter (1982) Gedächtnis und Kognition. Berlin: Springer.

Kimura, Doreen (1993) Neuromotor Mechanisms of Human Communication. New York: Oxford University Press.

Kintsch, Walter (1982) Gedächtnis und Kognition. Berlin: Springer.

Kintsch, Walter & van Dijk, Teun (1983) Strategies of Discourse Comprehension. New York: Academic Press.

Kirsch, Sarah (1985) Hundert Gedichte. Ebenhausen: Langewiesche-Brandt.

Klappenbach, Ruth & Steinitz, Wolfgang (Hrsg.) 1980 ff. Wörterbuch der deutschen Gegenwartssprache, 6 Bde. Berlin: Akademie-Verlag.

Klauer, Karl Josef (Hrsg.) 1993 Kognitives Training. Göttingen: Hogrefe.

Klauer, Karl Josef (1996) Denktraining oder Lesetraining? Über die Auswirkungen eines Trainings zum induktiven Denken sowie eines Lesetrainings auf Leseverständnis und iondutives Denken. In: Zeitschrift für Entwicklungspsychologie und Pädagogische Psychologie 28, 67-89.

Kliem, Eckhard & Rüppell, Hermann (1983) Die Bedeutung und Förderung des bildlichen Denkens im Unterricht. In Ludwig Kötter & Heinz Mandl (Hrsg.): Kognitive Prozesse und Unterricht. (Jahrbuch für Empirische Erziehungswissenschaft). Düsseldorf: Schwann, 109-138.

Kline, Morris (1974) Warum kann Hänschen nicht rechnen? Das Versagen der neuen Mathematik. Weinheim: Beltz.

Kolb, Bryan & Whishaw, Ian Q. (1993) Neuropsychologie. Heidelberg: Spektrum.

Konorski, Jerzy (1970) Integrative activity ot the brain: An interdisciplinary approach. Chicago: University of Chicago Press.

Koolwijk, Jan van (1997) Der große Brockhaus. In: Trödler und sammeln 1, 17.

Körber, K. Günter (1997) Palindrome, Perioden und Chaoten. Thun: Harri Deutsch.

Körkel, Joachim & Hasselhorn, Marcus (1987) Textlernen als Problemlösen: Differentielle Aspekte und Förderperspektiven im Schulalter. In: Neber, Heinz (Hrsg.): Angewandte Problemlösepsychologie, 193-214. Münster: Aschendorff.

Kosslyn, Stephen M. (1995) Image and Brain. Cambridge: MIT.

Kosslyn, Stephen M. & Shin, Lisa M. (1994) Visual Mental Images in the Brain: Current Issues. In. Martha J. Farah & Graham Ratcliff (Hrsg.): The Neuropsychology of High-Level-Vision, 269- 296. Hillsdale: Erlbaum.

Kotthoff, Helga (1997) Humoristische Aktivitäten im Gespräch. Witzige Wortspiele, Scherzphantasien und Frotzeleien im Deutschunterricht. In: Didaktik Deutsch, 17-34.

Krautz, Hans-Wolfgang (1989) Nachwort. In: Abaelard. Der Briefwechsel mit Heloisa, 377 - 419. Stuttgart: Reclam,

Kreft, Jürgen (1977) Grundprobleme der Literaturdidaktik. Heidelberg: Quelle & Meyer.

Krückmann, Peter O. (Hrsg.) (1996) Der Himmel auf Erden. Tiepolo in Würzburg, Bd. 1. München: Prestel.

Krum, Werner (1979) Gardasee: München: Prestel.

Kübler, Hans-Dieter (1993) Literatur und Lektüre in der Medienwelt von Kindern und Jugendlichen heute. In: Mitteilungen des Deutschen Germanistenverbandes 40, 16 - 29.

Kühn, Peter (1994) Mein Schulwörterbuch. Düsseldorf: Dümmler.

Lampert, Fritz (Hrsg.) (1981) Pädiatrie in der Praxis. Weinheim: Edition Medizin.

Lange, Bernward & Kuhn, Jürgen (1996) BildErleben und BilderLeben. Zur Analyse von Bildimaginationen in Schülertexten. In: Jürgen Belgrad & Hartmut Melenk (Hrsg.): Literarisches Verstehen - Literarisches Schreiben, 149 - 161. Hohengehren: Schneider.

Lange, Bernward & Willenberg, Heiner (1989) Inhaltsanalysen in der literaturdidaktischen Unterrichtsforschung. In: Bos, Wilfried & Tarnai, Christian (Hrsg.): Angewandte Inhaltsanalyse in Empirischer Pädagogik und Psychologie, 173 - 190. Münster: Waxman.

Language Activator (1993) The World's First Production Dictionary. Burnt Mill: Longman.

Larsen, B.; Skinhöj, E. & Lassen, N. A (1978) Variations in regional blood flow in the right and left hemisphere during automatic speech. In: Brain 101, 193 - 209.

Lassen, Niels A.; Ingvar, David H. & Skinhoj, Erik (1978) Hirnfunktion und Hirndurchblutung. In: Spektrum der Wissenschaft, H. 12, 51-61.

Lattmann, Dieter (1979) Das Anekdotenbuch. Frankfurt(M): Fischer.

Lazear, David (1994) Seven Pathways of Learning. Tuscon: Zephyr.

Leakey, Richard & Lewin, Roger (1993) Der Ursprung des Menschen. Frankfurt(M): S. Fischer.

LeDoux, Joseph (1997) The Emotional Brain. The mysterious underpinnings of emotionale life. New York: Simon & Schuster.

Lefrancois, Guy R. (1986) Psychologie des Lernens, 2. Aufl. Berlin: Springer.

Lehmann, Rainer; Peek, Rainer; Pieper, Iris & von Stritzky, Regine (1995) Leseverständnis und Lesegewohnheiten deutscher Schüler und Schülerinnen. Weinheim: Beltz.

Lehrl, Siegfried & Fischer, Bernd (1994) Gehirn-Jogging: Selber Denken macht fit. Ebersberg: Vless

Leuninger, Helen (1995) Reden ist Schweigen, Silber ist Gold. Gesammelte Versprecher. München: dtv.

Lichtenberg, Georg Christoph (1800) Aphorismen. Hrsg. von Wolfgang und Barbara Promies. München: Hanser 1991.

Lisch, Ralf & Kriz, Jürgen (1978) Grundlagen und Modelle der Inhaltsanalyse. Reinbek: Rowohlt.

Livingstone, Margaret S. (1988) Kunst, Schein und Wahrnehmung. In: Spektrum der Wissenschaft, H. 3, 114-121.

Löbsack, Theo (1992)	Unterm Smoking das Bärenfell. Was aus der Urzeit noch in uns steckt. München: dtv.
Longman (1993)	Language Activator. The World's First Production Dictionary. Burnt Mill: Longman.
Lorrain Claude (1952)	Landschaftzeichnungen. Eingeleitet von Kutz Gerstenberg, Baden-Baden: Woldemar Klein.
Löschmann, Martin (1993)	Effiziente Wortschatzarbeit. Tübingen: Niemayer.
Lotman, Jurij M. (1972)	Die Struktur literarischer Texte. München: Fink.
Ludwig, Christiane von (1994)	Kollagen als "Biosensor" der Akupunktur? In: Fortschritte der Medizin, 112, S. 14.
Lurija, Alexander A. (1992)	Das Gehirn in Aktion. Einführung in die Neuropsychologie. Reinbek: Rowohlt.
Luscombe, David (1970)	The school of Peter Abelard. Cambridge: University Press.
Lyons, John (1983)	Semantik II. München: Beck.
Maccoby, Eleanor Emmons & Jacklin, Carol Nagy (1974)	The Psychology of Sex Differences, 2 Bde. Stanford: Stanford University Press.
MacGaugh, James (ed.) (1995)	Plasticitiy in the central nervous system. Mahwah: Erlbaum.
Malmgren, Lars-Göran & van de Ven, Piet-Hein (1990)	Kalle. A Reader's Portrait. Enschede: Valo-M.
Malsburg, Christoph von der (1994)	Gehirn und Computer. In: Fedrowitz, Jutta et al. (Hg.): Neuroworlds, 277- 291. Frankfurt(M): Campus.
Man de, Paul (1988)	Allegorien des Lesens. Mit einer Einleitung von Werner Hamacher. Frankfurt(M): Suhrkamp.
Mandl, Heinz & Ballstaedt, Steffen-Peter (1982)	Effects of elaboration on recall of texts. In: Flammer, August & Kintsch, Walter (Hrsg.): Discourse processing, 482-494. Amsterdam: North Holland Publishing Company.
Mandl, Heinz & Huber, Günter L. (Hrsg.) (1978)	Kognitive Komplexität. Bedeutung, Weiterentwicklung, Anwendung. Göttingen: Hogrefe.
Mandl, Heinz & Friedrich, Helmut E. (Hrsg.) (1992)	Lern-und Denkstrategien. Analyse und Intervention. Göttingen: Hogrefe.
Mandl, Heinz; Reinmann-Rothmeier, G. & Kroschel E. (1995)	Lerngeschichten. Lernerfahrungen als wirksamer Zugang zum Lernen. Lengerich: Papst.
Mann, Thomas (1980)	Doktor Faustus. Frankfurt(M): S. Fischer.
Marenbon, John (1997)	The philosophy of Peter Abelard. Cambridge: University Press.
Markowitsch, Hans J. (1996)	Neuropsychologie des menschlichen Gedächtnisses. In: Spektrum der Wissenschaft, H.5, 52 -61.
Marr, David (1982)	Vision: a computational investigation into the human representation and processing of visual information. New York: Freeman.

Masson, Michael E.J. & Miller, Jo An (1983)	Working Memory and Individual Differences in Comprehension and Memory of Text. In: Journal of Educational Psychology 75, No 2, 314-318.
Matthäus, Wolfhart (1986)	Sowjetische Denkpsychologie. Göttingen: Hogrefe
Maturana, Humberto & Varela, Franciso J. (1987)	Der Baum der Erkenntnis. Bern: Scherz.
Mattenklott, Gundel (1979)	Literarische Geselligkeit - Schreiben in der Schule. Stuttgart: Metzler.
McGrath, Patrick (1994)	Dr. Haggards Krankheit. Frankfurt(M): S. Fischer.
Mecacci, Luciano (1988)	Das einzigartige Gehirn. Über den Zusammenhang von Hirnstruktur und Individualität. Frankfurt (M): Campus.
Merzenich, M[ichael] M.; Nelson, J.R.; Stryker, M.P.; Cynader, M.; Schoppman, A. & Zook, J.M. (1984)	Somatosensory cortical map changes following digit amputation in adult monkeys. In: Journal of Comparative Neurology 224, 591-605.
Metzig, Werner & Schuster, Martin (1982)	Lernen zu lernen. Anwendung, Begründung und Bewertung von Lernstrategien. Berlin: Springer.
Metzinger, Thomas (Hrsg.) (1995)	Bewußtsein. Beiträge aus der Gegenwartsphilosophie. Paderborn: Schöningh.
Meyers Großer Rechenduden (1964)	Mannheim: Bibliographisches Institut.
Mieder, Wolfgang (1985)	Antisprüche. Wiesbaden. Verlag für deutsche Sprache.
Mietzel, Gerhard & Willenberg, Heiner (1996)	Kombinierter Schulleitungstest 4/5. Hamburger Version (KS-Ham). Göttingen: Hogrefe.
Miller, George A. (1993)	Wörter. Streifzüge durch die Psycholinguistik. Heidelberg: Spektrum.
Miller, Max (1986)	Kollektive Lernprozesse. Studien zur Grundlegung einer soziologischen Lerntheorie. Frankfurt (M): Suhrkamp.
Moir, Anne & Jessel, David (1990)	Brainsex. Der wahre Unterschied zwischen Mann und Frau. Düsseldorf: Econ.
Morassi, Antonio (1955)	Tiepolo. Köln: Phaidon.
Morawietz, Holger (1995)	Lerntypen im lehrgangsorientierten und im offenen Unterricht. In: Schulmagazin 5 bis 10, H. 3, 76-81.
Morris, Desmond (1977)	Der Mensch, mit dem wir leben. München: Droemer Knaur.
Morrow, Daniel G.; Bower, Gordin H. & Greenspan, Steven L. (1990)	Situation- Based Inferences. In: : Graesser, Arthur C. & Bower, Gordon H. (Hrsg.): Inferences and Text Comprehension 123 -136. San Diego: Academic Press.
Morse, Samuel F.B. (1991)	Eine Biographie herausgegeben von Christian Brauner Basel: Birkhäuser.
Moscovich, M. (1983)	The Linguistic and Emotional Functions of the Normal Right Hemisphere. In: Perecman, Ellen (Hrsg.): Cognitive Processing in the Right Hemi- sphere, 57-81. New York: Academic Press.

Moskalskaja, Olga I. (1984)	Textgrammatik. Leipzig: Bibliographisches Institut.
Motte-Haber, Helga de la (1990)	Handbuch der Musikpsychologie. Laaber: Laaber.
Müller, Doris (1994)	Phantasiereisen im Unterricht. Braunschweig: Westermann.
Müller, Else (1983)	Du spürst unter deinen Füßen das Gras. Autogenes Training in Phantasie-und Märchenreisen. Frankfurt(M): Fischer.
Müller, Ralph-Axel (1992)	Modularism, holism, connectionism: old conflicts and new perspectives in aphasiology and neuropsychology. In: Aphasiology 6, 443 - 475.
Müller, Werner (1988)	Pantomime. Eine Einführung für Schauspieler, Laienspieler und Jugendgruppen (3. Aufl.). Dillingen: Pfeiffer.
Müller-Michaels, Harro (1987)	Deutschkurse. Modell und Erprobung. Frankfurt(M): Scriptor.
Nabokov, Vladimir (1984)	Die Kunst des Lesens: Meisterwerke der russischen Literatur. Frankfurt(M): S. Fischer.
Nabokov, Vladimir (1991)	Die Kunst des Lesens: Cervantes: Don Quichote. Frankfurt(M): S. Fischer.
Nabokov, Vladimir (1992)	Die Kunst des Lesens. Meisterwerke der europäischen Literatur. Frankfurt(M): S. Fischer.
Nauta, Walle J. H. & Feirtag, Michael (1990)	Neuroanatomie. Eine Einführung. Heidelberg: Spektrum.
Nedden, Otto C. A. & Ruppel, Karl H. (Hrsg.) (1959)	Reclams Schauspielführer. Stuttgart: Reclam.
Neisser, Ulric (1974)	Kognitive Psychologie. Stuttgart: Klett.
Netter, Frank H. (1987)	Farbatlanten der Medizin, Bd. 5: Nervensystem I. Stuttgart: Thieme.
Neuser, Wolfgang (1995)	Natur und Begriff. Studien zur Theoriekonstitution und Begriffsgeschichte von Newton bis Hegel. Stuttgart: J.B. Metzler.
Nida-Rümelin, Julian (Hrsg.) 1991	Philosophie der Gegenwar in Einzelsdarstellungen. Stuttgart: Kröner.
Nörretranders, Tor (1994)	Spüre die Welt. Die Wissenschaft des Bewußtseins. Reinbek: Rowohlt.
Nossik, Boris (1997)	Vladimir Nabokov. Die Biographie. Berlin: Aufbau Verlag.
Nündel, Ernst & Schlotthaus, Werner (1978)	Angenommen Agamemnon: Wie Lehrer mit Texten umgehen. München: Urban & Schwarzenberg.
Nüse, Ralf (1995)	Über die Erfindung/en des Radikalen Konstruktivismus. Kritische Gegen- argumente aus psychologischer Sicht. Weinheim: Deutscher Studien Verlag.
Ockel, Eberhard (1985)	Zur Didaktik und Methodik des Vorlesens. In: Diskussion Deutsch, Heft 85, 541 - 569.
OECD-Studie (1995)	Literacy, Economy and Society. Paris: OECD.

Oeser, Erhard & Seitelberger, Franz (1988)	Gehirn, Bewußtsein und Erkenntnis. Darmstadt: Wissenschaftliche Buchgesellschaft.
Ojemann, George A. (1991)	Cortex Organization of Language. In: The Journal of Neurosciences (8), 281-287.
Opolka, Uwe (1987)	Neurobiologie, Sprache und Lesen. Ein Literaturbericht. Wiesbaden: Bertelsmann.
Ornstein, Robert ((1989)	Multimind. Ein neues Modell des menschlichen Geistes. Paderborn: Junfermann.
Oser, Fritz; Patry, Jean-Luc et al. (1995)	Choreographien unterrichtlichen Lernens. Dritter Zwischenbericht. Freiburg (CH): Pädagogisches Institut der Universität.
Paefgen, Elisabeth K. (1998)	Textnahes Lesen. 6 Thesen aus didaktischer Perspektive. In: Belgrad, Jürgen & Fingerhut, Karlheinz (Hrsg.): Textnahes Lesen, 14-23. Hohen- gehren: Schneider.
Paivio, Allan (1971)	Imagery and Verbal Processes. New York: Holt, Rinehart and Winston.
Paivio, Allan (1986)	Mental Representations: A Dual coding Approach. New York: Oxford University Press.
Paivio, Allan (1991).	Images in Mind. The Evolution of a Theory. New York: Harvester / Wheatsheaf.
Palm, Günther (1988)	Assoziatives Gedächtnis und Gehirntheorie. In: Spektrum der Wissenschaft, H.6, 54-64.
Patterson, Becky (1993)	Concentration. Strategies for Attaining Focus. Dubuque: Kendall & Hunt.
Perecman, Ellen (Hrsg.)(1983)	Cognitive Processing in the Right Hemisphere. New York: Academic Press.
Perfetti, Charles (1985)	Reading Ability. New York: Oxford University Press.
Perrig, Walter J. (1982)	Wissensstrukturen und Informationsentnahme aus Prosatext. Bern: Peter Lang.
Perrig, Walter J. (1988)	Vorstellung und Gedächtnis. Berlin: Springer.
Peters, Wolfgang (1997)	Der Kurier des Baren. In: Frankfurter Allgemeine Zeitung vom 15.4. S. T4.
Phelps, Michael E. et al. (1981)	Tomographic mapping of human cerebral metabolism: Visual stimulation and deprivation. In: Neurology 31, 517-529.
Pilcher, Rosemarie (1991)	September. Tübingen: Wunderlich.
Pinel, John P.J. (1997)	Biopsychologie. Eine Einführung. Heidelberg: Spektrum.
Pinker, Steven (1996)	Der Sprachinstinkt. München: Knaur.
Poeck, Klaus (1995)	Sprache im Gehirn: eng lokalisierbar? In: Spektrum der Wissenschaft, H.5, 92-98.
Pongratz, Ludwig J. (1967)	Problemgeschichte der Psychologie. Bern: Francke.
Pons - Bildwörterbuch (1992)	Herausgegeben von Jean-Claude Corbeil und Ariane Archambault. Stuttgart: Klett

Pöppel, Ernst (1982) Lust und Schmerz. Berlin: Severin und Siedler.

Pöppel, Ernst (1996) Grenzen des Bewußtseins. Frankfurt (M): Insel-Suhrkamp.

Posner, Michael; Grossenbacher, Peter G. & Compton, Paul E. (1994) Visual Attention. In: Farah, Martha J. & Ratcliff, Graham (Hrsg.): The Neuropsychology of High-Level Vision, 217-239. Hillsdale: Erlbaum.

Posner, Michael I. & Raichle, Marcus E. (1996) Bilder des Geistes. Hirnforscher auf den Spuren des Denkens. Heidelberg: Spektrum.

Pribram, Karl (1992) Brain and the Structure of Narrative. Ms. Mainz: Stiftung Lesen.

Raichle, Marcus E. (1994) Bildliches Erfassen von kognitiven Prozessen. In: Spektrum der Wissenschaft, H.6, 56-63

Randow, Gero von (Hrsg.) (1993) Mein paranormales Fahrrad und andere Anläße zur Skepsis, entdeckt im "Skeptical Inquirer". Reinbek: Rowohlt.

Rapp, Gerhard, (1982) Aufmerksamkeit und Konzentration. München: Klinkhardt

Rayner, Keith (Hrsg.) (1983) Eye Movements in Reading. Perceptual ans Language Processes. New York: Academic Press.

Rentzschler, Ingo; Herzberger, Barabara & Epstein, David (Hrsg.)(1988) Beauty and the Brain. Basel: Birkhäuser.

Restak, Richard M. (1981) Geist, Gehirn und Psyche. Frankfurt(M): Umschau.

Reusser, Kurt & Reusser-Weyeneth, Marianne (Hrsg.) (1994) Verstehen. Psychologischer Prozeß und didaktische Aufgabe. Bern: Huber.

Rheinland-Pfalz - Pädagogisches Zentrum (1992) Leseförderung in Schulen. Bad Kreuznach.

Rico, Gabriele L. (1984). Garantiert schreiben lernen. Sprachliche Kreativität methodisch ent- wickeln - ein Intensivkurs auf der Grundlage der modernen Gehirn- forschung. Reinbek: Rowohlt.

Ripley, Austin (1989) Die Erpressung. In: "Wer ist der beste Detektiv?" Fordneys Fälle. Köln: Dumont. (Erstausgabe 1934).

Rodari, Gianni (1973) Grammatik der Phantasie. Die Kunst, Geschichten zu erfinden. Leipzig: Reclam.

Roland, Per (1993) Brain Acitvation. New York: John Wiley.

Roland, P[er] E.; Lassen, N. A. & Friberg, L. (1985) Regional cortical blood flow changes during fluent speech in subjects with verified hemispheric dominance. In: Journal of Cerebral Blood Flow Metabolism 5 (suppl.1), 205-206.

Rosselli, Mónica & Ardila, Alfredo (1997) Rehabilitation of discalculation disorders. In: León-Carrión, José (Hrsg.): Neuropsychological rehabilitation: Fundamentals, innovation and directions, 353-370. Delray Beach: Lucie Press.

Rost, Detlef H. (Hrsg.) 1998 Handwörterbuch Pädagogische Psychologie. Weinheim: Beltz-Psychologische Verlags Union.

Roth, Gerhard (1987) Autopoiese und Kognition: Die Theorie H. R. Maturanas und die Notwendigkeit ihrer Weiterentwicklung. In: Siegfried J.Schmidt (Hrsg.): Der Diskurs des Radikalen Konstruktivismus, 256 - 286. Frankfurt(M): Suhrkamp.

Roth, Gerhard (1992) Das konstruktive Gehirn. In: Schmidt, Siegfried J. (Hrsg.) Gesellschaft und Kognition, 277-336. Frankfurt(M): Suhrkamp.

Roth, Gerhard (1994) Das Gehirn und seine Wirklichkeit. Frankfurt(M): Suhrkamp.

Roth, Gerhard & Menzel Randolf (1996) Neuronale Grundlagen kognitiver Leistungen. In: Dudel, Josef; Menzel, Randolf & Schmidt, Robert F. (Hrsg.): Neurowissenschaft. Vom Molekül zur Kognition, 539 - 559. Berlin: Springer.

Rückert, Ulrich (1985) Vitamine und Mineralstoffe. Genf: Ariston.

Ruf-Münzing, Ingeborg (1991) Kursbuch für gesunde Ernährung: Die Küche als Apotheke. München: Wilhelm Heyne.

Rupp, Gerhard (1987) Kulturelles Handeln mit Texten. Fallstudien aus dem Schulalltag. Paderborn: Schöningh.

Saegesser, Max (1996) Spezielle chirurgische Therapie. (Hrsg.): H. Denecke; B. Reichart & G. Muhr. Bern: Huber. (11. Aufl.).

Safranski, Rüdiger (1994) Ein Meister aus Deutschland. Heidegger und seine Zeit. München: Carl Hanser.

Savant, Marylin vos & Fleischer, Leonore (1993) Brain Building. Das Supertraining für Gedächtnis, Logik, Kreativität. Niedernhausen: Falken.

Saxer, Ulrich & Bonfadelli, Heinz (1986) Lesen, Fernsehehen und Lernen. Zug: Klett und Balmer.

Schau-Bühne (1984) Schillers Dramen 1945 - 1984. Marbach: Schillermuseum.

Scheele, Brigitte & Groeben, Norbert (1988) Dialog-Konsens-Methoden zur Rekonstruktion Subjektiver Theorien. Tübingen: A. Francke.

Scheffler, Karl (1921) Italien. Tagebuch einer Reise. Leipzig: Insel.

Scheler, Klaus (Hrsg.) (1991) Sprachliche Kommunikation im Mathematikunterricht. Seelze: Friedrich.

Schenker, E. (Redaktion) (1955) Die Geheimnisse der Eisenbahn. Basel: Verlag für Wissenschaft, Technik und Industrie.

Schenzinger, K.A. (1957) Magie der lebenden Zelle. München: Wilhelm Andermann.

Schiefele, Ulrich (1996) Motivation und Lernen mit Texten. Göttingen: Hogrefe.

Schiller, Friedrich (1781) Die Räuber. In: Schillers Werke. Nationalausgabe Bd. 3. Weimar.

Schlote, Wolfgang (1990) Grundlagen der neurophysiologischen Entwicklung von Kindern im Vorschulalter. Stiftung zur Förderung köperbehinderter Hochbegabter.

Schmalhofer, Franz, Boschert, Stefan & Kühn, Otto (1990) Der Aufbau allgemeinen Situationswissens aus Text und Beispielen. Zeitschrift für Pädagogische Psychologie 4, Heft 3, 177-186.

Schnotz, Wolfgang (1993) Aufbau von Wissensstrukturen. Untersuchungen zur Kohärenzbildung beim Wissenserwerb mit Texten. Weinheim: Beltz-PVU.

Schnotz, Wolfgang (1998) Textverständnis. In: Detlef H. Rost (Hrsg.): Handwörterbuch Pädagogische Psychologie, 508-513. Weinheim: Beltz-Psychologische Verlags Union,

Schnurre, Wolfdietrich (1958) Als Vaters Bart noch rot war. Ein Roman in Geschichten. Berlin 1965: Ullstein.

Scholl, Wolfgang & Drews, Rainer (1997) Falken Handbuch Mathematik. Niedernhausen: Falken.

Schön, Erich (1990) Die Entwicklung literarischer Rezeptionskompetenz. Ergebnisse einer Untersuchung zum Lesen bei Kindern und Jugendlichen. In: Siegener Periodicum für Internationale empirische Literaturwissenschaft, 9, 229- 276.

Schön, Erich (1993) Die gegenwärtige Lesekultur in historischer Perspektive. In: Mitteilungen des Deutschen Germanistenverbandes, 40. 4 - 16.

Schrader, Heide (1995) Lesen im Französischunterricht - Perspektiven einer Didaktik des Leseverstehens. Hamburg: Kovacs.

Schürer-Necker, Elisabeth (1991) Der Einfluß des emotionalen Gehaltes eines Textes auf seine Verständlichkeit. Zeitschrifft für experimentelle und angewandte Psychologie 38, 63-75.

Schwarz, Egon (1966) Zu Rilkes "Spätherbst in Venedig". In: Wirkendes Wort 16, 273-275.

Schwitters, Kurt (1925) Schattenspiel. In: Siebenhaar, Klaus (Hrsg.) (1988). Einakter und Kleine Dramen der Zwanziger Jahre. Stuttgart: Reclam.

Sell, Robert (1988) Angewandtes Peoblemlösungsverhalten. Denken und Handeln in komplexen Zusammenhängen. Berlin: Springer.

Shallice, Tim (1991) From Neuropsychology to Mental Structures. Cambridge: Cambridge University Press.

Shield, Mal & Swinson, Kevan (1996) The Link Sheet: A Communication Aid for Clarifying and Developing Mathematical Ideas and Processes. In: Communication in Mathematics, K-12 and Beyond. Yearbook 1996, 35 - 39. Reston: National Council of Teachers of Mathematics.

Silbernagl, Stefan & Despopoulos, Agamemnon (1983) Taschenatlas der Physiologie. Stuttgart: Thieme.

Singer, Sally P. & Deutsch, Georg (1988) Linkes Gehirn, rechts Gehirn. Funktionelle Asymmetrien. Heidelberg: Spektrum (2. Aufl.).

Singer, Wolf (1994) Coherence as an Organizing Principle of Cortical functions. In: Sporns, Olaf & Tononi, Giulio (Hrsg.): Selectionism and the Brain, 153 - 183. San Diego: Academic Press.

Skupy, Hans-Horst (1993) Das große Handbuch der Zitate. Gütersloh: Bertelsmann.

Snyder, Solomon H. (1988) Chemie der Psyche. Heidelberg: Spektrum.

Spearrit, D. (1972) Identification of Subskills of Reading Comprehension by Maximum Likelohood Factor Analysis. In: Reading Research Quarterly, 8, 1, 92-111.

Spies, Joachim (1985) Stadträume - Plätze in Venedig. Stuttgart: Kohlhammer.

Spies, Kordelia (1994) Einfluß von emotionalem Gehalt und Ichbezug des Lernmaterials auf die Behaltensleistung. Zeitschrift für experimentelle und angewandte Psychologie 41, 617-630.

Spinner, Kaspar H. (1980) Identität und Deutschunterricht. Mit einem Beitrag von Henriette Herwig. Göttingen: Vandenhoek und Ruprecht.

Spittel, Olaf R. (1988) Kleines Rätselbuch für Kinder. Berlin: Der Kinderbuchverlag Berlin.

Spitzer, Manfred (1996) Geist im Netz. Heidelberg: Spektrum.

Sporns, Olaf (1994) Selectionism and the Brain. New York: Academic Press.

Stachowiak, Franz-Josef (1979) Zur semantischen Struktur des subjektiven Lexikons. München: Wilhelm Fink.

Stalb, Heinrich (1990) Deutsch für Studenten. Lesegrammatik. Ismaning: Verlag für Deutsch.

Steinbach, Ingo (1994) Handbuch Samonas-Klangtherapie. Südergellersen: Bruno Martin.

Steiner, Gerhard (1988) Lernen. 20 Szenarien aus dem Alltag. Bern: Huber.

Stemme, Fritz & Reinhardt, Karl-Walter (1992) Supertraining. Düsseldorf: Econ.

Stephan, Joachim (1985) Lesen und Verstehen: Eine Anleitung zum besseren Umgang mit fiktionaler Literatur. Darmstadt: Wissenschaftliche Buchgesellschaft.

Steputat, Willy (1993) Reimlexikon. Neu bearbeitet von Karl Martin Schiller. Stuttgart: Reclam

Stern, Joseph Peter (1976) Eine literarische Definition des Aphorismus., in: Neumann, Gerhard (Hrsg.): Der Aphorismus. Darmstadt: Wissenschaftliche Buchgesellschaft.

Stern, William (1921) Die differentielle Psychologie in ihren methodischen Grundlagen. Nachdruck der Ausgabe von 1911. Bern: Huber.

Sternel, Friedemann (1988) Mietrecht (3. Aufl.). Köln: Otto Schmidt.

Stevens, John O. (1975) Die Kunst der Wahrnehmung. Übungen der Gestalttherapie. München: Kaiser.

Stock, Eberhard & Zacharias, Christina (1995) Deutsche Intonation. Stuttgart: Langenscheidt.

Stückrath, Jörn (1987) Wider den Relativismus im Umgang mit Literatur. Ein Vorschlag zur inhaltsbezogenen Erschließung narrativer Texte am Beispiel von Goethes "Erlkönig". In: Diskussion Deutsch, Heft 97, 468 -487.

Sturm, Hertha (1979) Wie Kinder mit dem Fernsehen umgehen. Stuttgart: Klett.

Sturm, Hertha (1991)	Fernsehdiktate: Die Veränderung von Gedanken und Gefühlen. Ergebnisse und Folgerungen für eine rezipientenorientierte Mediendramaturgie. Gütersloh: Bertelsmann Stiftung.
Szpir, Michael (1992)	Accustomed to your face. In: American Scientist (Nov-Dec.), 537-539.
Tandem (1996)	Ein Deutschbuch für die Jahrgangsstufe 5. Herausgeber Jakob Ossner und Rudolf Denk. Paderborn: Schöningh.
Thieme, Alfred (1994)	Konzentration. Trainingsprogramm. 6.-9. Klasse. Weinheim: Beltz.
Thiesemann, Friedel H. H. (1988)	Zum Textverstehen von Anwendungsaufgaben. Aspekte zur Förderung des Leseverstehens im Mathematikunterricht. In: Mathematik lehren, Heft 2, 20-31.
tho (1996)	Gemeinsame Wurzel in Afrika. In: Frankfurter Allgemeine Zeitung vom 13.3. 1996, S. N 3.
Thomas, E.L. & Robinson, H.A. (1972)	Improving reading in every class.A Sourcebook for teachers. Boston: Allyn and Bacon.
Thorpe, Simon (1988)	Traitement d'images chez l'homme. In: Technique et Sciences Informatiques 7, Nr. 6.
Thurstone, Louis L. (1924)	The nature of intelligence. New York: Harcourt Brace.
Tishkoff, S.A. et al. (1996)	Global Patterns of Linkage Disequilibrium at the CD4 Locus and Modern Human Origins. In: Science 71, 1380-1387.
Titzmann, Michael (1989)	Strukturale Textanalye. München: W. Fink.
Tranel, Daniel (1995)	Higher Brain Functions. In: Conn, P. Michael (Hrsg.) Neuroscience in Medicine, 555-580. Philadelphia: Lippincott
Treat, Lawrence (1994)	Detektive aufs Glatteis! Criminal-Bilderrätsel mit Hintersinn. Köln: Dumont. Erstausgabe 1935.
Trier, Jost (1931)	Über Wort- und Begriffsfelder. In: Lothar Schmidt (Hrsg.): Wortfeldforschung. Zur Geschichte und Theorie des sprachlichen Feldes, 1 - 38. Darmstadt: Wissenschaftliche Buchgesellschaft (1973).
Tucker, D. M. (1989)	Neural Substrates of Thought and Affective Disorders. In: Guido Gainotti & Carlo Caltagirone (Hrsg.): Emotions, and the Dual Brain, 225 - 234. Berlin: Springer.
Türcke, Christoph (1995)	Religionswende. Eine Dogmatik in Bruchstücken. Lüneburg: zu Klampen.
Turner, Frederick & Pöppel, Ernst (1988)	Metered Poetry, the Brain, and Time. In. Rentzschler, Ingo; Herzberger, Barabara & Epstein, David (Hrsg.), 71-90. Basel: Birkhäuser.
Tye, Michael (1991)	The Imagery Debate. Cambridge: The MIT Press.
Ueckert, Hans & Rhenius, Detlef (Hrsg.) (1979)	Komplexe menschliche Informationsverarbeitung. Bern: Huber.

Urban, Dieter (1993) Kreativitätstechniken für Werbung und Design. Düsseldorf: Econ.

Vaas, Rüdiger (1997) Wie wir uns Gesichter merken und [uns] an sie erinnern, In: Spektrum der Wissenschaft, Heft 3, 25 - 26.

Vester, Frederic (1975) Denken, Lernen, Vergessen. dtv: München (2. Aufl. 1996).

Vester, Frederic; Beier, Günther & Hirschfeld, Malte (1996). Aufmerksamkeitstraining in der Schule (3. Aufl.). Wiesbaden: Quelle & Meyer.

Vorderer, Peter & Groeben, Norbert (1987) Textanalyse als Kognitionskritik. Tübingen: Narr

Wagenschein, Martin (1970) Ursprüngliches Verstehen und exaktes Denken II. Stuttgart: Klett.

Wagner, Ingeborg (1981) Aufmerksamkeitstraining mit impulsiven Kindern. Frankfurt(M): Klett-Cotta/Ullstein.

Wagner, Klaus R. (1986) Erzähl-Erwerb und Erzählungs-Typen. In: Wirkendes Wort, 142 -156.

Waldschmidt, Jürgen (1990) Das akute Abdomen im Kindesalter. Diagnose und Differentialdiagnose. Weinheim: Edition Medizin.

Wallrabenstein, Wulf (1991) Offener Unterricht. Reinbek: Rowohlt.

Weinhäupl, Wilhelm (Hrsg.) (1995) Lust auf Schule. Offener Unterricht in der Mittelstufe. Linz: Veritas.

Weinrich, Harald (1993) Textgrammatik der deutschen Sprache. Mannheim: Dudenverlag.

Welsh, John P. & Harvey, John A. (1989) The Role of the Cerebellum in Voluntary and Reflexive Movements: History and Current Status. In: Llinás, Rodolfo & Sotelo, Constantino (Hrsg.): The Cerebellum Revisited, 331-334. New York: Springer.

Wernicke, Carl (1874) Der aphasische Symptomenkomplex. Breslau: Frank & Weigert.

White, Edward L. (1987) Cortical Circuits. Synaptic Organization of the Cerebral Cortex. Boston: Birkhäuser.

Willenberg, Heiner (1978) Zur Psychologie literarischen Lesens. Frankfurt: Schöningh.

Willenberg, Heiner (1986) Kognitive und emotionale Komplexität im Deutschunterricht. In: Mitteilungen des Deutschen Germanistenverbandes 33, 2 - 9.

Willenberg, Heiner (1993a) Lernpräferenzen im Deutschunterricht. In: Diskussion Deutsch, Heft 129, 45-58.

Willenberg, Heiner (1993b) Krimilektüre - Anregungen aus der Leseforschung. In: Lehren und Lernen 19, 5- 17.

Willenberg, Heiner (1995) Die Strategien des Lesens und Lernens sind individuell gemischt. In: Empirische Pädagogik, 9, 263-283.

Willenberg, Heiner (1997)	Leseforschung führt zum Differenzierten Unterricht. In: Deutschunterricht, H. 10, 450-460.
Willenberg, Heiner und andere (1987)	Zur Psychologie des Literaturunterrichts. Frankfurt (M): Diesterweg
Windhorst, Ariane (1996)	Schokolade ist Glück. In: Brigitte, H. 22, 147-150.
Wolff, Christian (1734)	Psychologia rationalis meth. scient. tract. (zit. nach Pongratz).
Wujec, Tom (1991)	Schneller schalten als andere. Vom spielerischen Denken zur geistigen Überlegenheit. Genf: Ariston.
Yarbus, Alfred L. (1967)	Eye Movements and Vision. New York: Plenum Press.
Zaidel, Eric (1978)	Lexical Organization in the Right Hemisphere. In: Pierre A. Buser & Arlette Rougeul-Buser (Hrsg.): Cerebral Correlates of Conscious Experience, 177 - 213. Amsterdam: North Holland Publishing Company.
Zeki, Semir (1993)	A Vision of the Brain. Oxford: Blackwell.
Zinnecker, Jürgen (1985)	Literarische und ästhetische Praxen in Jugendkultur und Jugendbiografie. In: Jugendliche und Erwachsene - 85. Generationen im Vergleich. (Shell-Studie), 143 -348. Opladen: Leske + Budrich.
Zuckerman, Marvin (1984)	Sensation seeking: A comparative approach to a human trait. In: The Behavioral and Brain Sciences 7, 413 - 471.

Namensindex

L

M

N

O

P

R

S

T

U

V

W

Y

Z

Sachindex

H

I

J

K

L

M

N

O

P